제3판

외식사업의 이해

김관식 · 이봉식 공저

Introduction to
Foodservice Business

기문사
www.kimoonsa.co.kr

머리말 Preface

제3판 국내의 외식산업은 장기적인 소비지수 감소 추세와 해외 관광수지 적자 환경 등 외식산업 발전에 영향을 미치는 통제 불가능요소에 의해서도 지속적으로 성장과 변화를 추구하면서 경제적, 사회적 변화와 문화적 변화를 흡수하면서 규모와 품질적인 측면에서 외식업 범위를 서서히 확대하며 성장하고 있습니다.

우리의 외식산업 문화는 국내 및 해외의 사회, 경제, 문화 환경 변화를 기반으로 새롭고 독특한 외식시장을 개척하면서 국가 경제의 한 부분을 대표하는 산업으로 성장하고 있습니다. 해외시장에서 우리나라의 외식업 진출은 성공과 실패를 거듭하면서 자리매김을 하고 있는 새로운 문화산업이라고 할 수 있습니다. 해외의 젊은 층들이 선호하는 K-POP 문화와 같이 우리나라의 외식산업도 세계의 음식문화로 꾸준히 성장하는 융 · 복합적인 산업으로 발전할 것입니다.

세계의 많은 나라들은 4차 혁명의 글로벌 환경에서 선두주자가 되기 위하여 여러 산업분야에서 기존 산업과의 연계를 연구하고 있습니다. 외식산업도 보다 나은 경영환경과 고객편의 서비스를 위하여 노력하고 있는 환경입니다. 세계의 다양한 외식문화를 담은 다국적 외식브랜드와 전통적인 식생활문화인 한식 및 국내환경에 알맞게 퓨전화된 다양한 국가의 식생활문화를 소개하는 온라인 외식업체들이 많이 생겨나고 있다. 외식브랜드들이 차별화를 추구하며 우위경쟁을 통한 양적 · 질적으로 성장하는 국내 외식산업환경은 고객지향적인 메뉴, 고객서비스와 더욱 향상 IT 기술을 활용한 경영관리 개발은 외식산업 발전의 새로운 추진력이 되고 있습니다.

이러한 4차 혁명과 함께하는 외식산업 환경은 외식브랜드의 라이프 사이클과 고객 경쟁력을 확보하기 위하여 지속적이고 차별화된 콘셉트를 개발하여 고객에게 제공하는 중요한 요소로 부각되고 있습니다.

제3판 교재는 국내 외식산업의 기본적인 이해를 위하여 국내 및 해외의 외식시장 환경을 비교분석하였으며, 외식브랜드를 이해할 수 있는 다양한 사례를 제시함으로써 외식 · 조리 · 관광산업 관련 학생들과 외식산업체 현장의 실무자들에게 이론적인 기본내용 및 사례를 제공하여 손쉽게 외식산업을 이해할 수 있도록 구성하였습니다.

본 교재의 구성은 외식사업에 대한 일반적인 이해를 위하여 전체적으로 제1부~제4부에 나누어 총 11장으로 구성하였습니다.

제1부에서는 외식사업의 이해를 위하여 국내 식생활의 변천, 외식사업의 특성과 범위과 외식사업의 분류를 국내와 해외의 사례를 수록하였습니다.

제2부에서는 외식사업의 발전 배경과 경영전략에 대하여 국내와 해외의 사례를 들어 향후 경영환경의 전망을 제시하였습니다.

제3부에서는 외식사업경영의 실무에 대하여 마케팅전략, 환경분석, 고객만족과 서비스품질관리 방안을 제시하고, 메뉴 상품개발과 관리방법 및 주방관리 방법을 제시하였으며, 마지막으로 제4부에서는 외식사업의 성공적인 창업과 체인사업으로 발전하기 위한 전략적인 내용을 제시하였습니다.

향후, 더욱 더 충실한 제4판 교재를 완성하기 위하여 노력할 것을 약속드리며, 본 교재를 선택하여 미래를 설계하는 학생과 외식산업현장 실무자 여러분의 앞날에 무궁한 발전이 있기를 기원합니다.

끝으로, 본 교재 내용이 더욱 충실하도록 전반적으로 국내 외식산업 환경에 대한 조언을 주신 많은 교수님들, 녹록치 않은 환경에서도 본 교재 출판을 위하여 애써주신 기문사 한인환 사장님을 비롯한 모든 직원분들께도 깊은 감사를 드리며, 기문사의 무궁한 발전을 기원합니다.

2017년 8월

저자 일동

C·o·n·t·e·n·t·s

차례

제**1**부

외식사업의 이해

학습 초점 식생활과 변화하는 외식업의 환경을 이해하며, 외식사업 특성과 정의 및 외식 사업의 분류를 파악한다.

제1장

식생활과 외식의 이해

1 식생활의 이해

1) 식사의 개념

식사(食事)는 인간이 일상생활을 하면서 하루 중 일정한 시간에 음식(foods, 飮食)을 먹고 음료(beverage, 飮料)를 마시는 활동이며, 생존을 위한 본능적인 행위로 인간에게 필수불가결한 생활의 일부분이라고 할 수 있다.

오늘날 동서양을 막론하고 인간의 식사활동은 일반적으로 아침, 점심과 저녁으로 3번으로 구분했다. 이러한 1일 3빈의 규칙적인 식사활동은 서양의 산업회와 함께 시작이 되었으며, 대략 200년 전 유럽에서 산업혁명이 시작된 시기부터이다.

아침식사(breakfast, 조찬)는 보통 오전 6시부터 9시까지 식사를 하는 것이 일반적이다. 점심식사(lunch, 오찬)는 정오 12시 이후부터 오후 2시경에 먹는 식사로 아침보다 좀 더 많은 양을 먹는 것이 보통이다. 저녁식사(dinner, 만찬)는 대부분 오후 6시 이후부터 밤 9시경까지 격식 있는 식사이며, 늦은 밤 야식으로 간단하게 차려먹는 저녁식사는 서퍼(supper)라고 한다. 저녁식사는 하루의 중요한 식사로서 아침과 점심보다는 양과 시간을 좀 더 길게 가지며 가족 및 지인들과의 사회교류를 목적으로도 이용되는 중요한 활동으로 의미가 서서히 변화하고 있다.

오늘날 식사활동은 경제적 변화, 사회변화 및 다양한 주변환경에 따라 영향을 받아 1일 3번 및 규칙적인 식사시간에 구애받지 않고 여러 형태로 변화하고 있다. 이러한 변화에 의하여 새롭게 나타나는 식사활동의 형태로는 '아점(아침+점심: Breakfast +Lunch=Brunch)' 이 있다. 이 식사형태는 전통적인 아침식사 시간 후 점심식사 시간 전에 식사를 함으로서 아침과 점심식사를 동시에 해결한다. 또한, 점심과 저녁식사 사이에는 간식으로서 차와 스낵(afternoon tea time)과 '점저(점심+저녁 : Lunch +Dinner=Lundi)' 가 생겨나는데 이는 점심과 저녁을 함께 해결하는 식사형태이다.

[그림 1-1] **식사활동이 외식사업으로 발전**

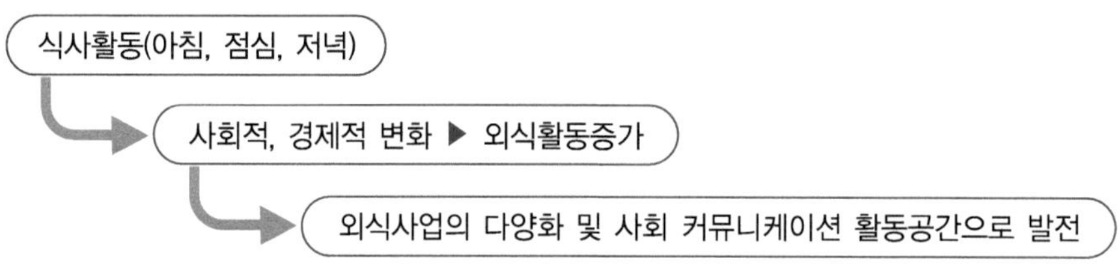

이러한 새로운 식사형태들은 현대인의 바쁜 생활을 바탕으로 새롭게 나타나는 일부의 현상이라고 할 수 있다.

현대인의 식사활동은 사회생활에서 중요한 부분을 차지하며 생리적인 충족기능과 다양한 사회적인 활동을 원활하게 하는 커뮤니케이션(communication) 활동 등 다기능의 역할을 담당하고 있다. 또한, 상대방과 함께 만족스러운 식사를 위하여 훌륭한 메뉴, 좋은 장소, 좋은 분위기 등을 선택하는 차별화된 욕구를 꾸준히 표출하고 있으며, 이러한 고객의 새로운 식사욕구에 대응하기 위한 외식업체의 차별화 전략변화에도 영향을 미치는 요소가 되고 있다.

또한, 외식업체들의 고객만족(CS : Customer Satisfaction) 증진을 위한 경영활동은 소규모 외식사업이 대규모의 외식산업으로 발전할 수 있는 밑거름이 되는 계기가 되었고, 외식산업 발전은 외식산업과 관련된 기타 식자재 유통, 신규건축 및 인테리어, 창업금융, 컨설팅 등의 산업과 함께 동반성장에 영향을 끼치고 있다.

참고 **Supper means ...**

Supper may refer to, on largely class-based distinctions, either a late-evening snack(working and middle class usage) or to make a distinction between "supper" as an informal family meal. from "Oxford English Dictionary"

조선시대의 식생활

왕이나 왕족들은 사옹전에서 점심식사를 준비하였으나 재정이 넉넉하지 않아 관리들은 따로 자신들의 집에서 시켜서 먹었다. 궁궐에서는 조석(朝夕)에는 '수라'를 드셨으나 점심은 간단한 다과나 국수로 상을 차렸다.

조선시대의 식사는 조석(朝夕)으로 하루 두 끼 식사가 일반적이었으며, 점심이란 표현이 조선 초기부터 있었으나 먹을 수도 안 먹을 수도 있는 간식 정도의 식사였다. 점심이란 것이 쌀밥 몇 숟가락이랑 미역 몇 조각 정도였으며 먹는 시기는 일 년 중 낮이 긴 여름에만 일반화되었고 다른 계절에는 조석(朝夕)으로 두 끼가 일반적이었으며 20세기 후반에 세 끼식사가 일반화되었다. 조선 시대에는 이렇게 아주 적게 먹는 식사를 '점심'이라 부르고, 푸짐하게 잘 차려서 먹는 식사를 '늦밥'이라고 하였다.

조선시대 "소박한 서민의 음식"
〈http://blog.daum.net〉

하루에 먹는 끼니 수도 계절에 따라 달랐다. 19세기 중엽까지는 2월부터 8월까지 세끼를 먹고 9월부터 1월까지는 두 끼니를 먹었다.

조선시대 일반 백성의 점심식사

식사라 함은 하루에 두 끼를 하였으며, 새벽 6시경에 보리밥과 산나물, 염장 채소류로 아침을 먹고, 일 나가고, 해가질 무렵 된장을 묽게 푼 국에 채소를 넣어 끓이고, 염장채소류를 반찬으로 하여 보리밥을 먹었다고 한다. 비록 하루 두 끼지만, 아무리 못살아도 밥 먹는 양은 지금의 밥보다 약 2.5배가 되서 충분하지 않았을까 고기는 일 년에 서너 번 먹었는데, 대부분이 부위에 관련 없이 그냥 삶아먹었다고 한다.

조선 사람은 하루에 두 끼만을 먹는 경우가 많았다. 낮 시간이 짧은 겨울철에는 보통 두 끼를 먹었으며 힘든 일을 하는 농번기나 특별한 일이 있는 경우 새참이나 점심을 먹기도 하였다. 그렇지만 아침과 저녁은 중요시하여 새로 밥을 짓고 반찬을 차렸다. 일반 농가에서는 밥을 준비하기 위해 절구질, 키질 등 여러 번의 취사 과정을 거쳐야 했으므로 여성들이 고역이었다. 벼농사가 주업인 남부지방에서는 쌀밥을, 북쪽 지방에서는 조를 주식으로 하는 형편이었다. 반면에 점심은 가볍게 식사를 하였는데, 아침에 남은 밥을 먹거나 국수 같은 간단한 식사를 하였다. 물론 감자, 고구마, 옥수수 등으로 하는 경우도 많았을 것이다.

조선시대 후기 "나그네의 식사"
<http://ko.wikipedia.org>

일반 농가의 상차림을 보면 개다리 소반 위로 막사발에 고봉으로 담은 밥과 김치, 종지에 담긴 장이 기본 형태였다. 그리고 계절에 따라 많은 종류의 채소와 물고기를 먹기도 하였다. 주발, 탕기, 대접, 보시기, 합 등 여러 종류의 그릇은 양반이나 부잣집에서 볼 수 있는 것이고 대다수 가난한 백성의 집에서는 나무 수저에 막사발이 보통이었다. 반찬으로 김치 종류는 떨어지지 않았는데, 특히 김장은 겨울에 야채를 먹을 수 있는 거의 유일한 방법이었다고 한다.

2) 식사기능과 식생활의 변화

(1) 식사의 단계적 충족 기능

- 1단계 – 생리적 충족 기능으로 생명유지, 발육, 건강상태 회복 및 유지 목적
- 2단계 – 심리적, 감각적 충족기능으로 맛, 분위기, 편안함 등 추구
- 3단계 – 사회적, 문화적 충족기능으로 화합, 친목, 소속감 향상 등 추구

[그림 1-2] 식사의 단계적 기능

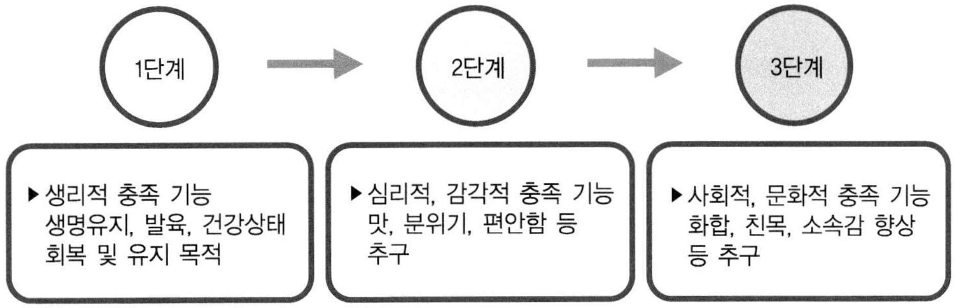

(2) 식생활의 변화

현대인의 식생활은 경제적 성장 및 사회적 환경변화 등의 영향으로 기존의 전통적인 식생활과 여러모로 다른 질적·양적 변화와 발전을 거듭하고 있다.

일반적으로 식생활의 주체인 인간 본인의 의지, 주변에 다양한 식사대용 식품의 등장과 식품정보 및 경제적인 여유가 식생활 변화의 기본배경이라고 할 수 있다.

식생활의 변화는 축산물이나 과일 등의 생산증가와 외국 식품의 수입증가, 소득 수준 향상에 의한 식생활의 고급화와 다양화, 핵가족화와 여가시간의 증가 등 사회 환경의 변화, 여성의 사회 진출로 인한 가정식이 외식으로 대체, 서양식 등의 생활양식의 도입, 가공식품과 냉동식품의 보급 등이 중요한 식생활 변화요인이 되었다.

(3) 식생활 습관과 외식의 환경 형성

식생활 습관의 형성은 넓은 의미에서는 국가적, 민족적, 지역적, 가정적으로 특성을 가지고 형성된다. 특성집단의 식생활 습관은 오늘날 외식소비자로 연결되어 있으며, 외식소비자는 식사메뉴와 식사장소를 선택할 때 여러 가지 다양한 식생활 습관에 근거한 요인들에 의하여 영향을 받는다.

외식소비자는 본인이 선호하는 음식과 조리방법을 선택하며 충분한 사전지식과 경험으로 새로운 식생활 습관을 형성한다.

외식소비자는 구매하는 음식의 질과 서비스를 비교하여 다음 구매행동을 위한 자료로 삼으며 구매선호행동은 순간 또는 지속적인 선택행동으로 지속된다고 할 수 있다.

식생활 습관은 개인에 있어서 사회적, 문화적 환경에 대한 반응으로써 음식을 선택하고 소비하는 방식이다. 식생활 습관과 적응태도는 꾸준히 지속되며 경험으로 습득되어 새롭게 형성된다. 따라서 외식업체는 변화하는 소비자의 식습관과 환경을 이해하고 외식소비자의 욕구와 요구를 새로운 콘셉트(메뉴, 분위기, 서비스, 가격 등)개발에 반영하여야 한다.

외식 주력상품인 "메뉴는 고객이 지불하는 가치 이상으로 평가되어야만 고객은 만족하며 기대 이상의 서비스가 제공될 때 고객은 재방문의 가치를 느낀다"는 소비자행동을 반드시 인식하고 있어야 한다. 왜냐하면, 외식소비자는 만족하는 식사를 위하여 선호하는 메뉴와 장소를 결정함에 있어서 가격에 대비 음식의 질과 서비스 기대감을 갖고 레스토랑을 선택하게 된다.

따라서 외식소비자 행동은 기본적으로 추구하는 레스토랑의 품격과 기대감에 대한 고객의 가치판단이 상호작용하여 이루어지는 선택행동이라고 할 수 있으며 이러한 소비자 행동은 다양한 사회적, 경제적 환경변화와 연관성이 항상 함께 있다는 것이다.

[그림 1-3] **식사의 단계적 기능**

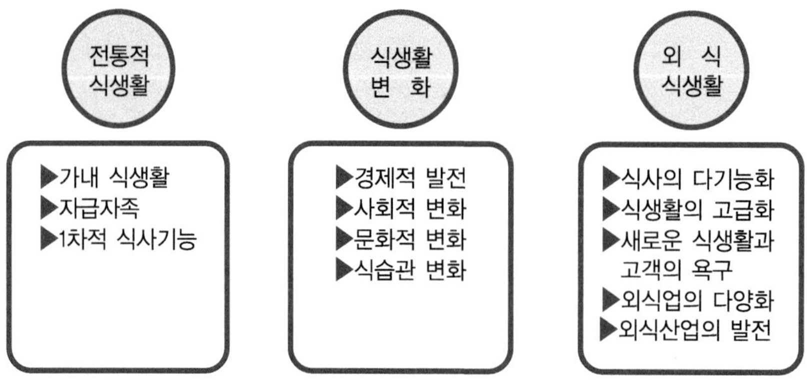

2 외식의 이해

1) 외식의 정의

인간은 하루 활동에 필요한 식사의 횟수는 하루 평균 3번 또는 그 이상 필요하다. 이러한 인간의 식사의 활동은 장소적인 기준으로 보면 가정과 가정 밖에서 이루어지진다.

따라서 외식산업전공 측면에서는 인간의 식사활동을 장소적인 개념을 적용하여 가정 밖에서 식사, 즉 외식(dining-out, eating-out, 外食)과 가정 내에서 식사, 즉 내식(eating-in, 內食)으로 구분하는 경향이 있다.

우리나라 '국어사전' 에 의하면 일상적으로 외식이라는 용어를 "자기 집이 아닌 밖에서 식사하는 것" 으로 정의하고 있다.

국내 대부분 학자들의 경우 "가정 밖에서 행하는 식사행위의 총칭" 으로 개념 정립을 하고 있지만, 일본의 도이토시오 학자는 외식을 좀 더 구체적으로 세분하여 정의를 설명하고 있다. 도이토시오의 구분은 식생활 중에는 가정 내의 식생활인 내식과 가정 밖의 식생활인 외식으로 구분하고 있다.

내식의 경우 내식적인 내식과 외식적인 내식, 외식의 경우 내식적인 외식과 외식적인 외식으로 구분하면서 외식적인 내식과 내식적인 외식을 가정의 연장선에서 보고 있는데 반해, 외식적인 외식에 대해서는 가정의 연장선이 아님을 표현하고 있다.

일반적인 외식활동을 위한 기본적인 부대조건은 식사를 위한 식음료(food & beverage), 식사를 위한 장소(restaurant), 식음료 조리와 준비를 위한 장소(kitchen, bar)와 식사의 목적(purpose)이 있어야 한다.

[표 1-1] 일반적인 식사와 외식의 정의

구분	정의	비고
식사	일상적인 가정 내에서 식사활동	가정 내 식생활
외식	가정 밖에서 식사활동으로 사회적, 문화적 활동의 기능적 역할	가정 밖 식생활

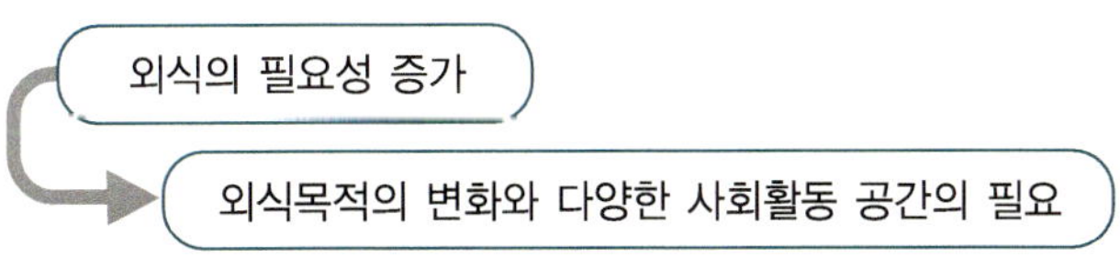

(1) 내식(eating-in, 內食)

"가정 내에서의 식사활동을 의미한다"

전통적으로 가정에서의 식사활동은 모든 식재료 및 식품을 직접 구입하여 조리하여 가정의 구성원과 함께 가정 내에서 하였으며 이러한 활동을 내식이라고 구분할 수 있다. 하지만 오늘날 내식이란 식사활동의 범위가 다양화되어 가정 내, 외에서 조리된 음식을 가정 내에서 소비하는 활동을 내식이라고 구분한다.

[표 1-2] 현대인의 내식과 외식의 기능

구분	식사의 주요 기능	변화
내식	1차적인 기능 담당 가정 내 식사 - 편의성, 건강성 위주의 식생활 변화	외부조리 - 가정 내 식사로 이동 증가 (반가공식품 개발)
외식	2차적인 기능 담당 가정 외 식사 - 1차적 기능에 따라 고객욕구의 변화, 사회적 활동 목적에 따라 식생활 차별화 추구	• 다양한 업종과 업태 • 조리음식 및 식음료 메뉴에 따라 맞춤 고객서비스 개발

[그림 1-4] 일본 학자 도이토시오의 외식 구분

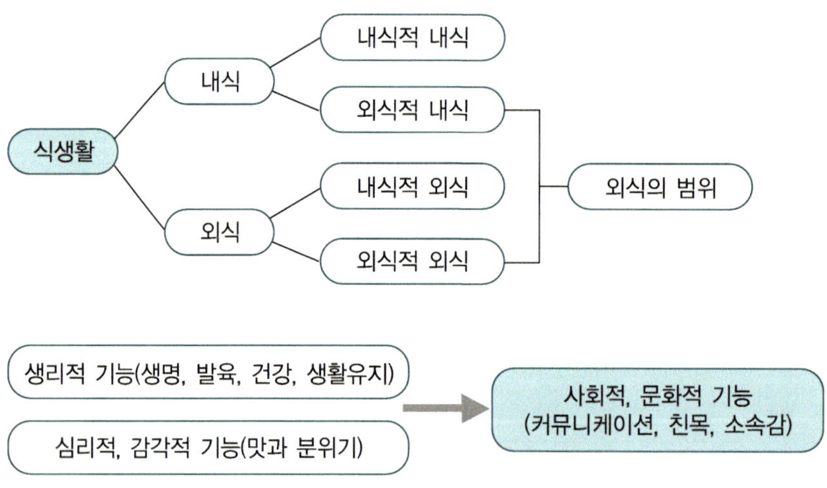

(2)외식(eating-out, 外食)

"가정 외부에서의 식사활동을 의미한다".

외식활동의 기본적인 시작은 "가정이 아닌 밖" 외부에 나가서 조리된 음식을 사서

먹는 활동을 말한다. 즉, 식사를 위한 음식의 조리가 가정 외부에서 이루어지며, 조리 장소와 식사장소도 가정이 아닌 외부에서 이루어지는 활동이다.

오늘날의 외식활동 범위는 점차 확대되어 가정 외에서 조리가 완성된 음식이 가정 내의 식사활동을 위하여 가공되고 반입되고 있다. 조리식품은 가정식을 대용할 수 있는 델리숍 식품, 간편 도시락, 반가공 인스턴트식품 등으로 꾸준히 개발되고 있다.

또한, 패스트푸드 및 패밀리 레스토랑 음식의 포장판매, 홈쇼핑 판매 및 택배서비스, 간편한 카페 메뉴의 테이크아웃, 단체 케이터링(off-premise catering) 등을 목적으로 하는 외식업체 등장으로 외식활동도 범위와 규모가 점차 확대되고 있다.

일반적인 외식의 행위는 일반적으로 가정을 기준으로 하여 외부에서 식사를 하는 것으로 인식하고 있지만, 외식소비자의 생활변화와 함께 가정 외부에서 조리된 음식이 가정으로 배달되는 배달서비스(delivery service)의 등장과 출장연회(catering), 도시락, 패스트푸드, 야식 등이 완제품형태로 포장·배달이 되어 외식행위의 범위도 음식이 조리되는 장소 기준에서 음식을 먹는 장소까지 다양하게 구분해야 하는 외식의 범위가 확대되는 환경이 되었다.

따라서 오늘날의 외식이란 가정을 중심으로 가정 외부의 식사활동과 외부에서 조리된 식품의 가정 내 식사활동을 포함할 수 있으며, 전통적으로 외식업(레스토랑=식당)은 가정 이외에서 음식, 장소, 서비스, 분위기, 편의사항 등을 제공하고 그 대가를 받는 운영업체라고 할 수 있다.

외식업을 폭 넓게 정의한다면 인간의 식사활동에 필요한 식음료를 조리하여 제공하는 사업이며, 다양한 고객층에 따라 음식 제공, 인적 서비스 제공, 분위기 연출, 식사활동에 관련된 다양한 편익 서비스제공 등으로 상품(유형+무형)을 판매하는 환대서비스 전문사업이라고 할 수 있다.

2) **외식용어의 사용**(eating-out, dinning-out, foodservice, 外食)

외식이란 용어의 사용 시기는 나라별로 차이가 있는데 미국의 경우에는 1950~60년대 경제적 성장, 사회적, 식생활 변화 환경과 함께 푸드서비스산업(Dining-out, Foodservice Industry)이란 용어가 사용되기 시작하였다.

일본의 경우에는 "외식"이란 용어가 1970년대 이후 "마스코미"지(誌)가 푸드서비스 산업을 외식산업으로 번역하여 사용하기 시작했으며 1978년에는 일본 정부의 공식문서인 경제백서에 이 용어가 정식으로 사용되었다.

우리나라의 경우에는 1980년대 전반까지 우리나라의 외식업 호칭은 식당업, 요식업, 음식업이란 명칭으로 혼용되어 사용했으며, 1980년대 후반부터 "외식"이라는 용어가 서서히 일반화되어 사용되었다.

이 시기의 국내 시대적 환경은 1960년대 경제개발계획 및 시작과 1970년대 이후의 성공적으로 진행되었던 경제개발 효과에 따른 전반적인 경제성장과 산업화, 생활수준의 향상, 서구식 생활패턴의 확산, 맞벌이 부부의 증가로 인해 외식기회의 증가, 외식문화의 변화로 인해 외식산업은 더욱 더 성장할 수 있는 환경이 되었다.

이에 따라 우리나라도 일본과 같이 외식이란 용어의 사용이 외식적 외식과 외식적 내식을 포함하며 변화하였고, 외식의 추세는 변화하는 사회생활과 함께 가정외의 조리음식이 가정으로 들어옴에 따라 가정 내 식사가 간편하고 다양한 식음료 상품들이 고객의 요구수준에 알맞게 발전하고 있는 환경이 되고 있다.

[표 1-3] 국가별 외식용어의 사용 시기

국가	시대	시대적 특징
미국	1950년대~	산업화 성공단계 이후 경제적 성장과 사회적 변화
일본	1970년대~	1964 도쿄올림픽, 경제적 성장과 사회적 변화
한국	1980년대 후반~	1986 아시안게임, 1988 서울올림픽, 경제적 성장과 사회적 변화

1980년대 중반 이후의 우리나라 외식산업의 환경은 해외의 다양한 패스트푸드, 패밀리레스토랑 콘셉트의 다양한 외식 기업들이 국내에 진출하여 과학적이고 체계적인 레스토랑 운영시스템을 이용하여 새로운 외식문화를 창출하며 외식산업을 주도하였던 시기이다.

국내에 진출한 해외 외식기업들은 레스토랑 운영업무 표준화, 매뉴얼화, 시스템화, 체인화 사업 등의 선진화된 경영방법을 활용하여 양과 질적으로 꾸준하게 성장하였으며, 국내 외식기업들은 레스토랑 경영 전반에 대하여 선진화된 외국 외식기업들의 운영

방식의 장단점을 도입하고, 국내에서 체험한 경영방식을 개발 및 접목하여 성장할 수 있는 기회를 마련한 시기였다.

선진화된 해외 레스토랑의 국내 진출은 국내 외식산업을 한층 발전시키는 계기가 되었고 현재의 외식산업 형성에 기반이 되는 계기가 되었다.

또한, 경제적인 성장과 사회 문화적인 환경의 변화에 따라 "외식"이라는 용어도 자연스럽게 사용되기 시작하였다. 식생활의 변화에 따라 외식업은 고객의 변화된 욕구 충족을 위하여 식음료를 제공하는 단순한 범위를 넘어 고객을 위한 서비스, 메뉴, 운영방법을 개선하며 한층 더 발전하였다.

오늘날 외식업은 튼튼한 기업의 자본력, 새로운 경영기법, 체계적인 생산시스템, 새로운 마케팅기법, 체인경영시스템을 갖춘 글로벌 해외 외식기업의 국내진출로 "외식산업"이라는 용어가 사용되었으며 국내에서는 1990년대부터 본격적인 외식산업 시장을 형성하기 시작하였다.

3) 요식업에서 외식업으로 발전

현대의 외식업을 정의해 본다면 외식업은 식사를 위한 식음료를 조리해서 제공하는 식품제조업의 성격, 고객(소비자)에게 직접 대면하며 소매하는 소매업 성격, 고객서비스가 판매상품의 중심이 되는 서비스업 성격이 결합된 복합적인 환대산업이라 할 수 있다.

외식업 경영 및 성공운영을 위해서는 기업의 사업적인 영리성과 고객욕구(needs) 충족을 위한 차별화된 마케팅서비스, 인적서비스와 물적 서비스가 지속적으로 필요하며, 이를 위하여 고객층 욕구에 부합되는 일정한 시설이 구비되어야 한다.

우리나라에서 1980년대 초까지 외식업은 요식업이라는 용어로 폭 넓게 사용하였다. 국내 전통적인 요식업은 식당운영의 운영방침을 점포만의 독특한 개성화와 분위기 및 메뉴의 차별화에 중점을 두고 경영주의 경험과 조리장의 감성에 의한 관리와 현장교육을 중시하고 있었다. 하지만, 1986년 아시안게임과 1988년 서울 하계올림픽의 성공적인 개최와 해외여행자율화 실시로 인한 다양한 해외문화 소개 및 도입은 사회적인 변화의 원인 제공과 국가의 경제적인 성장은 식생활의 변화와 함께 1980년대 후반 "외식"이라는 단어가 등장하는 시대적인 계기가 되었다고 볼 수 있다.

요식업에서 외식업으로 변천의 시작은 경제적 성장과 사회적 환경의 변화가 밑거름이 되었으며 1990년대의 외식업은 양적·질적인 팽창과 함께 외식산업으로 불리게 되었다.

요식업 상권특징은 주변지역에 제한된 소상권을 지향하고 반가공된 식재료 대신에 직접 주방에서 가공하는 식재료를 사용하였으며, 미래지향적인 사업경영보다는 현실위주의 생존을 위한 장사에 가까운 외식업이라 할 수 있다.

오늘날 외식업은 업무운영 방침을 표준화, 신속화, 매뉴얼화, 서비스화에 초점을 두었으며 점포 분위기 및 업무의 효율성을 중시하는 운영매뉴얼에 의한 관리와 교육을 지향하고 있다. 요식업의 소규모 지역상권보다는 외식업의 대규모 상권을 목표로 하고 있다.

오늘날 외식업 조리를 위한 식재료의 특징은 가공되지 않은 식재료보다는 조리와 원가 효율성을 위한 반가공된 식재료 등도 함께 사용하여 균일한 조리품질을 유지할 수 있도록 하였다. 또한, 조리특성에 맞는 조리기기 개발 및 조리기술의 발전은 외식사업 경영과 운영에 함께 활용하였다.

우리나라의 외식산업은 기존의 2014년 연간 90조 이상의 매출 규모를 형성하며 꾸준히 성장하는 미래지향적인 산업으로 발전하고 있다.

[표 1-4] 요식업과 외식업의 차이점

	요식업	외식업
식재료	원재료 구매	식자재(반가공 포함) 구매
조리방법	조리장 경험에 의존 (품질의 불균일)	매뉴얼 및 조리설비 활용 (균일한 품질, 맛 제공)
운영방침	경험 및 개성 중요	표준화된 서비스 중요
시설 및 인테리어	전통 & 개성 중요	차별화된 분위기 강조
직원교육	경험적 교육	매뉴얼 & 과학적 교육
영업상권	소상권주의	대상권주의

참고 **외식의 동기와 트렌드 : Eating-out Motivation & Trend**

외식 동기 시작 : 배고픔의 충족, 사교 및 친교, 사회활동, 식생활의 변화(여성의 사회진출 증가, 핵가족화, 글로벌경영의 확대 등 사회 - 경제적 요인들)

외식 트렌드 요인 : 라이프스타일의 변화, 제품수명주기에 따른 식문화로서의 패턴, 외식의 레저화, 교통수단의 발전, 외국문화 흡수 등

사례 **롯데도 숟가락 얹었네요, 한식뷔페 '침 넘어가는 전쟁'**

롯데 '별미가' 올 가을 문 열어… CJ · 이랜드 · 신세계 등 대기업 4파전으로, 하루 1000명 줄서서 먹어… 패밀리레스토랑보다 인기

대기업이 운영하는 '브랜드 한식(韓食) 뷔페' 시장 경쟁이 뜨겁다. 2013년 CJ그룹을 시작으로 지난해 이랜드와 신세계그룹이 사업에 뛰어든 데 이어 롯데그룹도 올 하반기 1호점 오픈을 확정하면서 대기업 간 격돌 구도가 형성되고 있다.

'브랜드 한식 뷔페'의 매력은 가격이 1인당 2만 원 이하로 고급 한정식(3만~5만 원)이나 패밀리레스토랑(2만~3만 원)보다 저렴한 데다 웰빙형(型) 메뉴가 많다는 점이다. 특히 자체 유통망을 갖춘 대기업이 대량으로 싸고 질 좋은 식자재를 공급하면서 품질과 브랜드 신뢰도가 높아져 주부와 여성은 물론 직장인과 대학생들 사이에 인기가 치솟고 있다.

◇롯데그룹 진출로 大기업 4파전

한식 뷔페는 2013년 7월 처음 등장했다. CJ푸드빌이 경기 판교신도시의 스트리트형 상가인 '아브뉴프랑'에 처음 선보인 '계절밥상'이 주인공이다. 판교 1호점은 개점 한 달 만에 누적 고객 3만 명을 돌파해 불황에 허덕이던 외식업계에 충격을 던졌다. 이화선 CJ푸드빌 부장은 "계절밥상의 매장당 하루 평균 고객 수는 1000명 수준"이라며 "좌석 수가 200석 정도인 점을 고려하면 사실상 하루 종일 가득 차 있다는 뜻"이라고 말했다.

'계절밥상'의 성업(盛業) 소문이 퍼지면서 대기업들이 시장에 연속 뛰어들었다. 작년 4월 이랜드파크는 경기 분당에 '자연별곡' 1호점을, 그해 10월엔 신세계푸드가 '올반'을 서울 여의도에 열었다.국내 최대 유통기업인 롯데그룹도 뒤늦게 시장 참여를 선언했다. 롯데리아는 "올 9~10월에 한식 뷔페 '별미가' 1호점을 열기로 했다"며 "로고 등 디자인 작업과 메뉴 개발 마무리 작업을 하고 있다"고 4일 밝혔다. 롯데아울렛이 있는 경기 고양 종합터미널과 서울 잠실 제2롯데월드몰 등이 후보지로 꼽힌다.

◇패밀리레스토랑을 추월?

식음료 업계에서는 롯데그룹의 가세로 '브랜드 한식 뷔페'가 최근 쇠락 조짐을 보이는 '서구형 패밀리 레스토랑'을 대체할 것이란 관측이 나온다. 실제 한식 뷔페의 매장 수는 패밀리레스토랑 도입 당시보다 훨씬 빠른 속도로 늘고 있다.

CJ푸드빌의 '빕스'는 1997년 3월 1호점(서울 등촌점)을 열고 5년 뒤인 2002년 12월에야 11호점을 열었으나 같은 회사의 '계절밥상'은 1년 9개월 만인 지난달 말 11호점 고지를 돌파했다. 이랜드파크의 '자연별곡'은 1년여 만에 전국에 매장을 32개까지 확장하며 매장 수 기준 업계 1위가 됐다.

업체 간 경쟁은 더 치열해질 전망이다. 이미 '자연별곡'은 NC백화점 · 뉴코아아울렛 등 그룹 계열 유통매장을 체인점 확대에 적극 활용하고 있다. '올반'도 경기 용인 죽전점 등 기존 이마트 점포에 매장을 추가하고 있다. 롯데의 경우 전국적으로 백화점 · 아웃렛 · 대형마트가 160여 개 있어 단번에 경쟁 구도를 바꿀 수 있는 게 강점이다.

조선일보 & Chosun.com, 2015

제2장

외식사업의 특성과 범위

1 외식사업의 특성

오늘날 외식산업(foodservice industry)의 규모는 환대산업(hospitality industry), 관광산업(tourism industry)과 함께 꾸준히 성장과 발전하는 미래산업으로 점점 중요한 영역을 차지하고 있다.

일반적으로 외식산업 성장은 호텔산업, 유통 및 식품산업, 관광레저산업, 주방산업, 건축산업, 농수축산업, 교통산업, 컨벤션산업 등의 산업과 서로 간의 연계성이 있는 특징을 가지고 있으며 외식사업의 꾸준한 성장과 발전은 서비스 부가가치가 높은 미래의 성장산업으로 분류되고 있다.

미래 성장산업이라고 할 수 있는 외식산업은 인간의 기본적인 식생활과 변화하는 사회, 경제 및 문화생활에 따라 발전하며 고부가가치 형태로 변화하고 있다. 외식산업 발전효과는 고객들의 식생활 향상, 고용인구 창출, 농수축산물의 소비 증진 및 레저문화생활의 활성화에도 영향을 미치고 있다.

외식업은 인간의 생리적(식욕) 욕구 충족, 정신적(감성 · 심리) 욕구충족에 역할을 담당하고 있으며 점진적으로 사회적(커뮤니티) · 문화적 욕구를 충족시키고 있다.

다양한 욕구 충족을 위하여 외식업은 고객의 외식목적과 동기요구에 따라 외식의 기능이 서비스와 시설의 차별화로 진화하고 있다.

차별화 전략은 일반 음식업이 외식사업으로 발전하기 위해서 영세성 탈피, 조직 대규모화, 시설현대화, 조리집중화, 서비스 균일화라는 점이 반드시 필요하다.

[그림 2-1] **외식산업과 함께 발전하는 연관 산업**

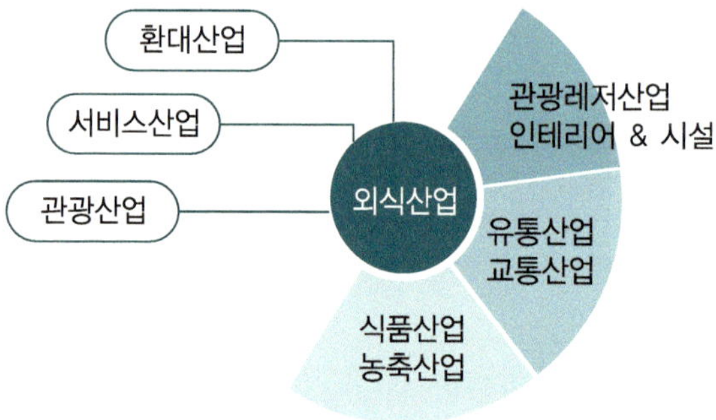

1) 외식사업의 일반적인 특성

외식업의 운영 특성은 매출성과에 비하여 노동집약 및 낮은 생산성, 인적서비스 및 조리기능 집약성, 특정지역에 대한 입지의존성, 한 장소에서의 소비동시성(생산+판매), 식음료 유형성(메뉴상품), 인적서비스인 무형성(서비스상품) 및 유형상품의 원거리 이동 제한성이 있다.

외식사업의 경영구조는 소규모 생계형 독립경영구조 외식업과 기업형의 대규모, 중규모, 소규모 외식업 및 기업형 체인(프랜차이즈)경영형태로 구성되고 있다.

외식업의 독특한 사업형태는 일반적으로 식품제조업과 소매업 성격을 지닌 동시에 인적서비스를 제공하는 복합적인 특성을 가지고 운영되고 있으며, 외식업 경영의 일반적인 특성은 다음과 같이 요약할 수 있다.

(1) **노동집약성**(인적 서비스)

타 산업은 기술, 자본 집약적인데 비하여 외식산업은 판매상품의 자동화 한계와 판매를 위한 높은 인적서비스 의존성(service business)으로 인하여 제품 판매 규모에 비하여 대단히 노동집약적인 특성이 있다. 따라서 외식사업은 판매 매출 확대를 위하여 반드시 차별화된 서비스 개발, 서비스 질 향상, 서비스 직원의 자질향상과 노동생산성 증대를 위해 끊임없는 서비스교육과 연구개발(R&D)이 요구되는 사업특성이 있다.

(2) 생산, 판매, 소비의 동시성(시설 서비스)

전통적인 외식업은 대부분 일정한 장소(레스토랑)에서 제품생산(조리), 판매(주문), 소비(식사)가 이루어지기 때문에 생산, 판매, 소비의 동시성이라고 한다. 하지만, 현대적인 외식업의 발전은 소비자 환경변화에 알맞게 레스토랑을 떠난 장소에서도 소비할 수 있는 제품을 위하여 다양한 포장판매 상품(take-out, HMR ; home meal replacement)을 개발하여 제공하고 있다.

(3) 다양한 판매메뉴 상품과 소량판매 지향(상품 서비스)

외식업 즉, 대부분의 레스토랑은 다품목 조리와 고객 주문에 의한 소량판매 메뉴가 일반적이며, 동일한 식사시간에 다양한 주문에 의하여 음식을 조리하기 때문에 일정한 제품규격을 갖추고 자동화 생산을 하는 일반 제조업에 비하여 대량 판매를 할 수 없다. 따라서 매출향상 및 고객만족도 증진을 위해서는 지속적인 메뉴개발 및 마케팅전략 개발이 요구된다.

(4) 시간 및 공간적인 장소의 제약성(공간 서비스)

동일한 식사시간에 의한 고객집중 방문 현상과 레스토랑이 입지해야 하는 상권(장소) 및 규모에 따른 좌석의 한계가 있는 제약성이 있다. 24시간 운영하는 외식업체가 있는 터미널, 역전, 젊음의 거리 등이 있지만, 대부분 외식업체들은 점심~저녁영업을 위해 12시간 정도를 운영한다.

(5) 수요 예측의 불확실성

외식업은 정치적, 경제적 환경적, 시간별, 계절별, 날씨, 전염병, 사회적 환경변화 등, 다양한 불가항적인 외부변수에 의하여 고객수요 예측이 어려운 경우가 많다. 이러한 변수는 고객의 메뉴선택, 방문 및 고객 수, 매출이 영향을 줄 수 있기 때문에 주변 환경을 고려하여 세심한 매출증대 방안을 강구해야 하는 특성이 있다.

■한국 경제에 대한 중국의 영향력

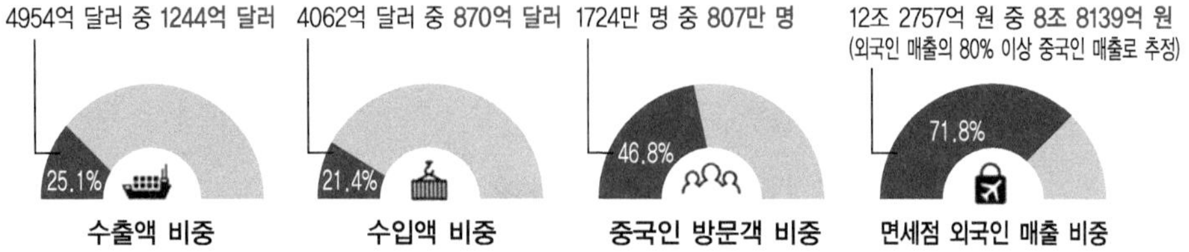

(2016년 기준, 단위 : %) 자료 : 한국무역협회, 한국관광공사, 관세청

출처: 한계레 커뮤니티

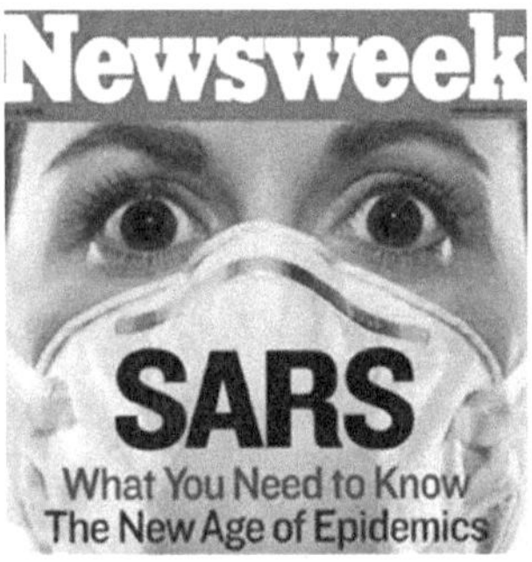

출처:http://pann.nate.com

(6) 상권 및 입지의존성

외식업 성공의 절반은 입지의 우수성이라고 할 수 있다. 고객은 외식업체를 직접 방문해서 식음료 상품을 구매하기 때문에 고객의 유동이 많은 상권과 편리한 입지가 운영 및 매출에 가장 중요한 영향을 미치는 특성이 있는 사업이다.

■업종별 프랜차이즈 식당 폐점 현황

(2015년 기준, 단위 : 개)

※ 폐업 프랜차이즈 식당 수 1만 3241개(하루 평균 36곳 꼴)

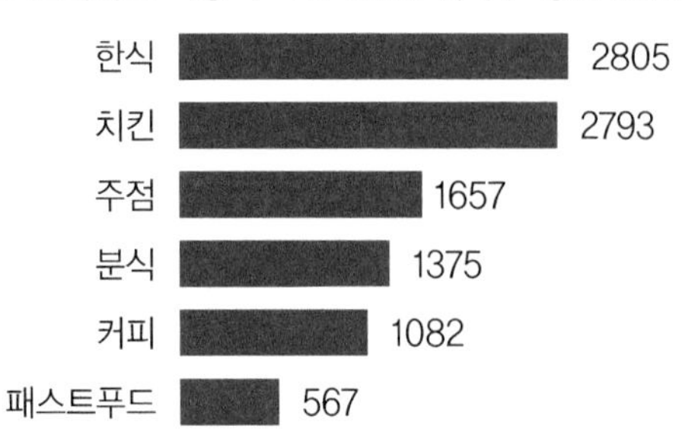

자료 : 공정거래위원회

(7) 높은 창업 희망 분야

예비 창업자가 가장 많이 창업을 시도하는 외식산업분야는 소자본으로 창업가능하여 예비 창업자들 중 약 40% 이상이 외식업을 희망업종으로 한다. 하지만 3년 후 생존율은 10%에도 미치지 못할 만큼 성공확률이 어려운 특성이 있다.

외식 창업환경은 브랜드와 지역의 글로벌화, 건강과 휴식, 공짜와 덤(쿠폰), 중산층, 착한 가격에 의한 통큰 거래, 착한 가게, 고객연령과 성별, 재난-안전, 교육, 문화와 기쁨, 여가와 즐거움을 추구하는 1%의 가치(편리성-안전)에 의하여 빠르게 변한다.

(8) 무한 경쟁의 치열

창업과 성공을 위한 경쟁업체의 대한 메뉴 및, 서비스 모방이 쉬운 특성이 있기 때문에 외식업은 서로 간의 경쟁우위를 위한 개발과 지속적이고 차별화된 마케팅 전략을 꾸준히 요구한다.

(9) 외식체인 및 프랜차이즈사업으로 성장

개인 및 중소기업이 운영하는 소규모 점포들의 성장과 함께 다점포 사업이 가능한 체인 프랜차이즈 형태로 경영방식을 변화·확장을 하며, 대기업의 경우에도 다양한 외식 브랜드 성공경험을 발판으로 국내시장 확장 및 해외시장(동남아시아, 미국, 유럽)으로 고유의 브랜드를 가지고 진출하여 빌진을 지속히고 있다.

[그림 2-2] **외식사업의 일반적인 특성**

구분	특성
효율성	▶ 노동집약성, 서비스 및 조리 기능 집약성 ▶ 상품생산, 판매, 소비활동의 동시성, 고객별 주문생산의 원칙 ▶ 제조업에 비해 경영합리화 및 서비스 수준 기준의 곤란성
생산성	▶ 다품목 소량생산에 따라 대량생산 및 구매의 비합리성 ▶ 메뉴별 차별화 용이, 조리기술의 모방, 유출의 용이성 ▶ 색생활 변화에 따른 제품수명주기 변화성
경영성	▶ 판매형식(신용카드, 현금)의 자금 회전 용이성 ▶ 판매수요예측의 곤란성(일기, 정치, 경제상황 등) ▶ 식재료 상품 보관의 시한성 ▶ 상권, 입지, 건물 내외부, 설비, 분위기에 의한 고객 선택 의존성 ▶ 신규 창업, 폐업의 용이성 ▶ 경영자의 이념 등 개인적 요소가 경영 전반에 미치는 영향성

2 외식사업의 범위

1) 외식사업의 발전

외식산업(Foodservice industry)은 식음료 조리 및 가공판매와 인적서비스 제공을 주목적으로 하는 산업으로써, 식사와 관련된 음식, 음료, 주류 등을 일정한 장소에서 직접 또는 간접적으로 생산(조리), 제조(가공) 및 인적 서비스할 수 있는 시설을 갖추고 특정인 또는 불특정다수에게 상업적 또는 비상업적으로 판매 및 환대서비스 경영활동을 하는 기업들의 사업집단이라고 할 수 있다.

외식업은 식재료를 이용해서 조리 및 가공된 상품을 제공함으로써 특성상 제조업의 기능과 고객에게 직접 제품을 판매함으로 소매업의 기능을 그리고 판매된 메뉴를 맛있고 즐겁게 먹을 수 있는 실내분위기와 인적서비스를 제공하는 서비스업의 기능이 있는 복합적인 성격을 가지고 있는 산업이다.

또한, 시대적인 변화에 민감한 외식산업은 오늘날 EAST상품을 판매하는 미래지향적인 신성장 산업이라고 말할 수 있다.

EATS의 의미는 Entertainment – 즐거운 접대(인적서비스), Atmosphere – 차별화된 분위기(물적 서비스), Taste – 맛(요리), Sanitation – 위생(청결)을 포함한다.

식당업, 요식업, 식음업 등으로 불렸던 우리나라의 외식산업은 해외 외식기업브랜드들이 본격적으로 국내에 진출하기 시작한 1980년대 후반부터 외식업체들의 업종 및 업태가 다양화되었다. 이 시기의 외식업은 경영 및 운영 측면에서도 대규모화, 전문화, 체계화되면서 본격적으로 외식산업이란 용어가 일반적으로 사용되기 시작했다.

[그림 2-3] 외식업의 기본적인 주요 4가지 유형적 무형적 상품

한국표준산업분류표에서 외식업은 음식점업으로 분류하며, 숙박업과 함께 서비스업으로 분류하여 소비지향적 산업에서 레저와 문화생활의 한 부분 및 사회적 활동의 공간으로 인식하고 있다.

[그림 2-4] 외식산업의 일반적인 분류

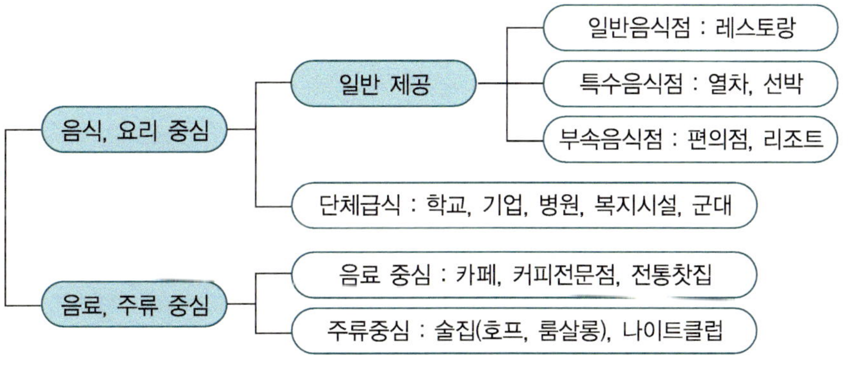

2) 외식사업의 복합적 기능

외식업은 제조업(식음료제조 또는 조리과정), 소매업(최종소비자를 고객), 서비스업 즉, 환대서비스, 식음료와 실내외 분위기 등 고객이 희망하는 다양한 커뮤니케이션부가서비스(인터넷, 교육 및 회식장소 등)를 제공하는 복합적인 기능으로 변모하고 있다.

(1) 제조업 측면의 외식업 기능

조리시스템(조리방법)에 따라 소품종 대량생산과 다품종 소량생산 두 방법을 병행할 수 있으며 근본적 차이점은 "대량생산의 제조 기술성"에 있다. 물리적·화학적 변화를 통해서 새로운 제품을 생산한다는 점에서 제조업의 특징이 있으며 식음료 재료는 가공과정(조리과정)을 통하여 제품(음식)으로 변화된다.

완성형 조리시스템은 음식생산과 서비스가 동일한 공간과 시설에서 시간적 · 순차적으로 계속하여 진행되는 방법으로 감독자의 권한과 역할이 아주 크다. 소규모 소유 직영의 경우에 사용되는 시스템이다.

개방형 조리시스템은 조리의 전 처리과정, 주 조리과정 및 음식담기와 서비스제공 등이 공간적으로 진행된다. 생산 상품의 규격화 및 표준화 가능하여 대량생산이 가능하게 한다.

위와 같은 조리시스템은 외식의 대중화 현상에 따라 변화하며 외식의 고객이 집단화, 대량화, 일상화할수록 소비자는 동질화를 지향한다.

외식업은 고객시장이 커짐에 따라 상품의 규격화, 표준화, 안정성에 중점을 두는 대량생산시스템으로 기능이 전환될 수밖에 없다. 따라서 제공하는 식음료 자체도 분위기 연출의 대상이 되므로 외식업은 조리적 측면뿐만 아니라 심리적 측면에서의 운영도 중요하다.

(2) 소매업 측면의 외식업 기능

고객은 외식경영에서 중요한 소비자로서 시간과 공간의 제약, 불특정 다수의 집단이므로 경쟁적인 타 산업체에 비하여 1인 독점적 지위가 어렵다.

따라서 경쟁이 치열한 외식상권, 변화하는 입지, 방문하는 소비자, 인적 요인(접객태도 등) 및 인테리어 분위기, 상품(메뉴) 등의 차별화된 전략이 요구된다.

(3) 서비스업 측면의 외식업 기능

외식업은 서비스산업의 특징을 대부분 가지고 있는 서비스산업으로 분류되는 산업이다. 또한, 외식업은 서비스 제공시간에 의한 제약이 아주 크며 경쟁의 치열함으로 인한 전문화된 서비스와 서비스 차별화(메뉴의 차별화, 인적 · 물적 서비스 차별화 등)가 중요하다.

제3장

외식사업의 분류

1 외식사업 분류

1) 외식업의 업종과 업태

식사를 할 수 있는 식당(레스토랑)은 "고객이 식사를 할 수 있도록 시설이 되어 있는 장소로서 방문하는 고객에게 식당 고유의 식음료 상품과 인적서비스를 제공하고 이익을 추구하는 일반대중을 위한 시설이다."

식당(레스도랑)은 "a public cating house, an establishment where refreshments or meals may be obtained" 영어로 표현한다.

조리, 식사, 장소 등 3가지 상품을 갖추고 준비된 식사와 음료 등의 물적 상품과 인적 서비스 및 여흥까지도 제공하는 곳이라고 할 수 있다.

외식업소(外食業所)는 요식업소(料食業所), 식당, 음식점, 레스토랑(restaurant)과 같은 의미로 소, 중, 대규모 형태에 따라서 약간은 다른 의미로 통용되기도 한다.

(1) 업종(type of business, 業種)

업종은 영업의 종류, 판매하는 음식의 종류 즉, 판매하는 식음료 메뉴를 1차적으로 구분한다. 고객이 먼저 어떠한 메뉴를 선택할까에 의한 구분이며, 일반적인 예로써는 한식, 중식, 일식, 프랑스식, 이탈리아식, 태국식 등의 판매하는 음식의 종류로 구분한다.

업종을 크게 구분하면 한식, 일식, 양식, 중식 등으로 구분할 수 있다. 그러나 단일 전문 메뉴 햄버거, 프라이드 치킨, 라면 등도 업종으로 분류된다. 최근에는 복합 업종이 등장하여 새로운 형태로 고객집객을 확보하는 경우를 많이 볼 수가 있다.

선진국인 미국이나 일본에서 오래전에 등장한 베이커리 카페, 베이커리, 디저트 레스토랑 등의 전문점이 우리나라에도 등장하고 있어 변화하는 고객의 소비 트렌드를 읽을 수 있는 것이다. 이처럼 업종은 대표적인 메뉴로 구분하는 것이 보편적이었지만, 최근에는 새로운 전문업종의 등장으로 그 경계선이 무너지고 있다.

(2) 업태(type of service, 業態)

업태는 업종에 의해 판매하는 메뉴, 이미지, 연출, 고객서비스 등에 의한 분류에 따라 구분한다. "주요 고객을 대상으로 품질 · 가격 · 분위기 · 서비스를 제공하고 있는가?"에 따른 어떤 콘셉트의 서비스 상품을 제공하는 레스토랑인가?로 구분한다.

고객의 선택에 따라 단순한 음식에서 T(time), P(place), O(object) 등의 이용 동기로 차별화되며 이에 따라 고객의 입장에서 각각 다른 개성과 특징을 가진 레스토랑이 등장한다.

오늘날 미국의 외식기업 분류 기준인 패스트푸드 레스토랑(FF : fastfood restaurant), 패밀리 레스토랑(FR : family restaurant), 캐주얼 다이닝 레스토랑(CDR : casual dining restaurant), 파인다이닝(PDR : pine dining restaurant-최고급) 레스토랑 등으로 구분을 많이 하고 있다.

참고 **레스토랑 업태의 구성 조건**

- What(무엇을) 업종 및 주력 상품
- Why(왜, 무엇을 위해) 고객의 이용 동기
- Who(누구에게) 주된 고객층
- When(언제) 영업시간 및 고객이 주로 이용하는 시간
- Where(어디에서) 레스토랑의 입지
- How(어떻게) 판매스타일(고객입장에서는 즐기는 스타일)
- How Much(얼마에) 가격결정

업종이 즉 판매하는 메뉴의 종류와 밀접한 관련이 있다면 업태는 업종을 기반으로 운영하는 서비스 형태와 관련이 깊다. 서비스 형태는 객단가와 소비자 이용 동기에 따라 좌우된다.

가. 객단가(客單價)와 서비스 형태

일반적으로 객단가가 높으면 서비스 기대수준이 높아진다. 그 이유는 가격이 높을수록 손님의 기대치가 높아지기 때문일 것이다. 즉, 값이 비싼 음식점을 찾는 손님은 음식의 품질이나 맛에 대한 기대는 물론 높은 서비스, 좋은 분위기를 기대한다. 따라서 이를 만족시켜야 좋은 점포로 번성할 수 있게 되므로 서비스와 품질 및 청결을 기대수순에 맞세 제공하게 되는 것이다.

예를 들면, 패스트푸드점에서는 셀프 서비스이거나 포장판매(take-out)가 주로 이루어진다. 이러한 곳의 객단가는 3000원에서 5000원 내외로서 요리제공 시간도 1분에서 5분이다. 우리나라의 경우 롯데리아, 버거킹, 맥도날드, 파파이스 등이 이에 속한다. 또한 패밀리레스토랑은 패스트푸드보다는 다소 높은 객단가로 정형화된 풀 서비스(full-service) 형태에 요리 제공시간은 15분 내외에 이루어진다. 여기에는 스카이락, 씨즐러, 빕스, T.G.I.프라이데이스, 베니건스 등이 있다. 객단가 수준에 따라 이를 패밀리레스토랑(스카이락), 패밀리다이닝(씨즐러, 빕스, TGIF, 베니건스 등), 디너레스토랑(호텔 및 고급 레스토랑) 등으로 구분하기도 한다.

[표 3-1] 레스토랑 업태별 특징

<table>
<tr><th rowspan="2">구분</th><th>Fast food Restaurant</th><th>Family Restaurant</th><th>Casual Dining Restaurant</th><th>Pine Dining Restaurant</th></tr>
<tr><th>Quick Service</th><th colspan="2">Mid-scale Service</th><th>Up-scale</th></tr>
<tr><td>서비스형태</td><td>셀프서비스</td><td>테이블 서비스</td><td>테이블 서비스</td><td>테이블 서비스</td></tr>
<tr><td>제공시간</td><td>1분~10분 이내</td><td>1~20분 이내</td><td>5~30분 이내</td><td>10~30분 이내</td></tr>
<tr><td>객단가</td><td>1~5천 원</td><td>5천 원~3만 원</td><td>1만 원 이내</td><td>1~3만 원</td></tr>
<tr><td>주메뉴</td><td>커피, 음료, 햄버거, 치킨, 피자 등</td><td>샐러드, 스파게티, 피자 등</td><td>스테이크, 커틀렛, 샐러드 등</td><td>호텔 및 고급전문음식점</td></tr>
<tr><td>메뉴 수</td><td>10~20종류</td><td>10~100종류</td><td>20~100종류</td><td>전문메뉴
(60종류 이내)</td></tr>
<tr><td>메뉴구성</td><td>음료와 스낵, 단일메뉴 구성의 한계 간단한 세트 메뉴</td><td>가벼운 메뉴,
코스메뉴와 개별 선택 가능한 메뉴</td><td>코스메뉴와 개별 선택 가능한 전문 메뉴</td><td>개별 선택메뉴 및 코스 메뉴</td></tr>
<tr><td>이용시간</td><td>아침, 점심, 저녁</td><td>아침, 점심, 저녁</td><td>점심, 저녁</td><td>점심, 저녁</td></tr>
<tr><td>대상고객</td><td>10대~20대
개별 청소년</td><td>20~30대층
가족단위</td><td>30~40대층
가족단위</td><td>30~50대층
가족 및 기업고객, 상류 층</td></tr>
<tr><td>주차장</td><td>없음</td><td>필수</td><td>필수</td><td>필수</td></tr>
<tr><td>이용가능 빈도</td><td>수회/주</td><td>수회/월</td><td>1~2회/월</td><td>1~2회/월</td></tr>
<tr><td>대표브랜드</td><td>롯데리아, KFC, 맥도날드, 김밥천국</td><td>TGIF, Outback Todai, Vips</td><td>한식, 일식, 양식 스테이크하우스, 이탈리안 전문음식점</td><td>호텔고급 레스토랑, 고급전문음식점</td></tr>
</table>

참고 **레스토랑(restaurant)의 어원**

1760년 루이 15세 때 몽 블랑제(Mon Boulanger)가 양고기 수프를 만들어 판매하였는데 그 곳에서 팔던 수프를 Restaurers(의미 : 기력을 회복시키다), 그 장소를 Restorante 이라고 불렀다는 데서 유래하였다.

나. 고객의 이용동기와 서비스 형태

고객의 이용동기는 생활환경과 관계가 많다. 예를 들면, 시간 제약을 많이 받는 고객은 경제적 여유와 관계없이 빠른 시간 내에 식사를 해결하려고 한다. 시간적 여유가 있고 경제적 여유가 있는 고객은 좋은 분위기 속에서 보다 높은 서비스와 음식을 이용하려는 구매형태가 있다.

음식점을 방문하는 고객의 목적이 단순히 한 끼의 식사를 해결하고자 하는가? 아니면 시간적, 경제적 여유를 갖고 사회활동을 위한 2~3차적 기능을 위하여 레스토랑을 방문하는가에 따라 서비스 형태는 다르게 제공해야 한다. 고객의 레스토랑 이용동기는 방문목적에 따라 빈도와 관련이 있기 때문이다.

참고 **패스트 캐주얼 레스토랑(fast casual restaurant, quick casual restaurant)**

"casual dining + fast food"의 장점을 결합한 업태를 말한다.

예 : bakery cafe, deli sandwich, mexican food, italian food, soups & salads, pan-asian food, premium sandwich, 가정식 대용식품(예 : 죽 전문점 등)

2) 외식업체의 유형별 분류

(1) 영업형태에 따른 분류

국내의 외식업체는 일반적으로 판매하는 식음료 메뉴와 영업형태를 기준으로 유형별로 분류한다. 외식업체는 유형별로 한식, 일식, 중식, 분식, 양식, 뷔페식, 패밀리 레스토랑, 패스트푸드 등으로 판매하는 식음료를 기준으로 크게 구분하여 분류할 수 있다.

그러나 한식과 분식의 경우와 횟집과 일식의 경우에는 유형별 구분 방법이 애매할 수는 있다. 실제적으로 한식의 경우 한정식, 고기전문집(갈비, 삼겹살, 삼계탕 등) 등의 개념을 갖고 있고, 회를 취급하는 외식업체의 경우 대중적인 곳은 횟집, 고급스러운 곳은 일식으로 구분하는 게 일반적이다. 또한 푸드코트, 퓨전메뉴 등 새로운 형태의 시설의 등장과 새로운 퓨전메뉴의 개발에 따라 외식산업 분류상 기준이 명확하지 않은 경우도 있다.

외식업체들은 목표고객(target market)을 유치하기 위해 대형 주차장이나 놀이방 등의 시설을 구비하여 편의성을 높이고 메뉴의 평준화와 가격의 대중화를 통해 부담 없는 조건을 제공한다.

이러한 이유는 어느 한 가지의 전략으로는 경쟁우위를 할 수 없으며 상황에 따라 식사, 가족, 회의모임 등의 다목적 고객을 유치할 수도 있기 때문이다.

❶ 일반음식점

- 대중음식점 : 일반적으로 식사를 중심으로 운영되는 업소다. 설렁탕전문점, 분식점 등이 해당된다.
- 일반한식점 : 중간 규모 음식점으로 식사보다는 중저가형 주메뉴로 운영한다. 육류 및 한식 전문점 등이 해당된다.
- 횟집 : 200년대 증가한 중저가형 횟집이나 대형 횟집 등이 해당된다.

❷ 가족음식점

- 서양식 패밀리레스토랑 : 국내 및 해외 브랜드의 서양식 패밀리레스토랑이 해당된다.
- 한식 가족 및 모임 음식점 : 고급 또는 대형 규모 음식점으로 주로 육류가 주 메뉴다. 과거에는 육류 중심의 대형업체의 테이블서비스가 주를 이루었으나 최근에는 중저가형 육류업체(정육점식)가 증가하고 있다.

(2) 서비스제공 방법에 의한 분류

❶ 셀프서비스 레스토랑(self-service restaurant)

고객이 직접 음식을 운반하며 혹은 식사 후 남은 음식도 스스로 처리하는 레스토랑이다. 짧은 식사시간, 저렴한 가격, 시스템에 의한 효율적 생산편의성, 높은 좌석회전율, 한정된 메뉴 등이 특징이며, 자동판매기 이용은 완전한 셀프서비스이다.

예 : 중가 뷔페식당, 패스트푸드 레스토랑, food court, 카페테리아, 단체급식 등

❷ 테이블서비스 레스토랑(table service restaurant)

고객이 메뉴를 보고 주문에 따라 직원이 테이블에 식음료를 제공하는 레스토랑이다. 직원에 의한 직접적 주문과 서비스제공으로 인건비가 높으며 숙련된 전문조리사가 필요하다. 전문 메뉴와 접객서비스 제공으로 메뉴가격이 높으며 일반적으로 좌석회전율이 낮다. 레스토랑의 음식 수준, 서비스, 분위기, 엔터테인먼트 등이 레스토랑 선택 결정요인이 된다.

예 : 한식, 일식, 중식, 양식 패밀리 레스토랑, 캐주얼다이닝 레스토랑, 파인다이닝 레스토랑 등

- 프렌치서비스(French Service)
- 러시안서비스(Russian Service)
- 아메리칸서비스(American Service)

❸ 카운터서비스 레스토랑(counter service restaurant)

셀프서비스와 테이블서비스의 중간형태의 레스토랑이다.

예 : 바 카운터, 일식당의 카운터서비스, 주방과 카운터 사이는 최단거리로 설계하여 조리사에 의한 신속한 서비스 제공과 인건비 절감이 목표이다.

(3) 판매품목에 의한 분류

❶ 한국식(Korean style) **레스토랑**

한정식(코스메뉴), 한식(일품메뉴)

❷ 서양식(Western style) **레스토랑**

French Restaurant, Italian Restaurant, Spanish Restaurant

❸ 동양식(Oriental style) **레스토랑**

Chinese style Restaurant(중국 북경요리, 남경요리, 광동요리, 사천요리 등), Japanese style Restaurant(일본 관서요리, 관동요리 등), Tai style Restaurant(태국 요리)

(4) 레스토랑 명칭에 의한 분류

❶ **패밀리레스토랑**(family restaurant)

세계적으로 가장 넓은 의미의 외식업소로 사용되는 대표적 명칭으로 보통 고객의 주문에 의하여 서비스 어텐던트(service attendant)가 음식을 제공하여 주는 테이블 서비스를 하며, 대중적인 음식과 중간 정도의 식사가격, 정중한 서비스, 독특한 테마 시설을 갖춘 외식업체를 말한다.

패밀리레스토랑(family restaurant)이란 패스트푸드(fast food)보다 식음료 가격이 높으며 여유 있게 테이블서비스와 함께 식사를 즐길 수 있는 곳이다.

국내의 패밀리레스토랑은 사회환경이 서구식 소가족화 그리고 모임 중심화로 변하고 해외 외식업체가 도입되면서 변화하는 환경에 알맞은 음식문화도 서구식으로 변화하였다.

해외 패밀리레스토랑이 국내에 들어오기 전까지 우리의 외식 문화는 그동안 우리나라 음식이 주가 이루었고, 1988올림픽 이후 국내 음식문화에 외국계 패밀리레스토랑이라는 미도파백화점에서 도입한 "코코스" 패밀리 레스토랑이 처음으로 일반 대중에게 소개되었다.

❷ **다이너**(diner)

중간 정도 가격의 풀 서비스 레스토랑, 24시간 개점하여 운영하기도 하며 식사시간대에 구애받지 않고 다양한 메뉴를 주문할 수 있다.

❸ **스페셜 레스토랑**(speciality restaurant)

해산물, 치킨, 채소, 도넛, 샌드위치 등 한 가지 음식만 전문적으로 판매한다.

❹ **카페테리아**(cafeteria)

음식 진열대에 조리되어진 여러 가지 음식 중에서 본인이 직접 선택하여 음식값을 지불하고 준비된 테이블로 운반하여 식사를 하는 셀프서비스 방식의 레스토랑이다.

❺ 다이닝 룸(dining room)

일반적으로 영업시간을 정해놓고 조식을 제외한 점심과 저녁식사만을 정식요리(table d' hote)로 제공하며, 최고음식점부터 캐주얼레스토랑, 패밀리레스토랑 등이 포함된다. 최근에는 전문요리전문점과 그릴(grill) 형태로 바뀌고 있다.

❻ 테마레스토랑(theme restaurant)

특징 있는 테마를 가지고 디자인된 레스토랑이다.

예 : 기차 · 항공기 · 교도소 · 교실 등의 분위기와 유니폼을 갖추고 운영한다.

❼ 그릴(grill)

주로 일품요리를 제공하는 레스토랑, 그 날의 특별요리(daily special menu)를 제공한다.

- 일품요리(a la carte) : 정식요리와는 다르게 주문된 요리만을 서비스하는 형식, 각 품목의 가격이 각각 정해진 요리, 고급이며 가격이 고가인 경우가 있다.

❽ 런치 카운터(lunch counter)

식탁 대신 카운터 테이블에 앉아 조리과정을 보고 조리사에게 직접 주문하여 식사를 제공받는 레스토랑이다.

❾ 스탠드(stand)

특별한 영업장시설이 없이 카운터 테이블 만을 갖추고 그 앞에 서서 음식을 먹는 레스토랑, 공항·도로변 등 사람 왕래가 많은 곳에 위치하며 핫도그·햄버거·호떡 등의 길거리 음식을 판매한다.

❿ 다이닝 카(dining car)

원거리 기차여행객을 위한 레스토랑으로써 기차 내 별도의 칸에 마련된 레스토랑이다.

⓫ 푸드코트(foodcourt)

백화점, 고속도로 휴게소, 쇼핑센터 내의 다양한 업종과 업태의 레스토랑들이 한 장소에 집합되어 식권판매와 좌석을 공동으로 이용한다.

⑫ 델리카트슨(delicatessen)

다양한 종류의 햄 · 치즈 · 샐러드 등을 선택하여 샌드위치를 만들 수 있는 식재료 또는 완성된 메뉴를 판매하는 레스토랑으로서 호텔의 델리카트슨은 제과와 제빵류를 판매하는 곳이다.

⑬ 드라이브쓰루(drive-through)

도로변에 위치하여 자동차 내부에서 음식을 주문하고 제공받는 레스토랑, 주로 피자 · 치킨 · 햄버거 등 단품의 패스트푸드를 판매한다.

⑭ 컨세션(concession)

주로 경기장 · 공항 · 체육관 등과 임대계약을 맺고 햄버거·음료 등 한정된 상품만을 판매하는 레스토랑, 공항에 위치한 것은 24시간 영업하기도 한다.

(5) 서비스 수준에 의한 분류

- 퀵서비스(Quick Service)=패스트푸드레스토랑(Fast food Restaurant)
- 미드스케일(Mid-scale)=패밀리레스토랑(Family Restaurant)
- 모데레이트 업스케일(Moderate up-scale)=캐주얼 다이닝레스토랑(Casual Dinner Restaurant)
- 업스케일(Up-scale)=고급레스토랑(Pine Dining Restaurant), 전문레스토랑(Specialty Restaurant)

포시즌 호텔 레스토랑 〈http://www.fourseasons.com〉

(6) 식음료 구성메뉴별 제공에 따른 분류

❶ **정식**(Table d' Hote : Full Course)

요리의 종류와 순서가 미리 결정되어 있는 차림표를 가리켜 정식(Table d' hote)이라고 말하며, Appetizer(전채(前菜)), Soup, Fish, Entree, Salad, Dessert, Beverage 순으로 서비스한다. Table d' hote에 비례하는 코스를 서비스하는데, 일반적으로 고객의 요구에 따라서 간단히 구성된 Semi Table d' hote는 대개 5~6코스 또는 4~5코스로 구분하여 제공한다.

- Appetizer(전채(前菜) : Hors d' oeuvre)
- Soup(수프 : Potage)
- Fish(생선(生鮮) : Poisson)
- Main Dish(주요리(主料理) : Entree)
- Salad(샐러드 : 생채소(生菜蔬)
- Dessert(디저트 : 후식(後食))
- Beverage(음료(飮料) : Boisson, Coffee of Tea)

테이블 셋팅 "table d' hote" 〈http://bhilecture.blogspot.kr〉 〈https://www.google.co.kr〉

Table d'hôte

Starts at 5pm – Commence à 17h00

CHOIX DE – CHOICE OF
SOUPE DU JOUR FAIT MAISON – HOMEMADE SOUP
SALADE MAISON, CAESAR, CALIFORNIAN
HORS D'OEUVRES DU MOIS – APPETIZER OF THE MONTH

ÉCREVISSES POPCORN
à découvrir délicieuses écrevisses, dans une panure et servies avec une sauce cajun et aioli, à déguster
POPCORN CRAWFISH
breaded and served with Cajun aioli

FILET de BARBOTTES NOIRCIES/ BLACKENED CATFISH **$17.95**
Filet de poissons dans une sauce créole épicée et servi avec un choix de riz blanc ou brun et un sauté d'okra

Blackened catfish in a spicy créole sauce served over brown or white rice with sautéed okra

FETTUCCINE JAMBALAYA **$20.95**
Pâte fettucini avec saucisses, crevettes, poulets dans une sauce tomate, piments, onions et okra

Sausage, shrimp and chicken tossed in a spicy tomato sauce with peppers, onion and okra and served over fettuccine

ÉTOUFFÉE D' ÉCREVISSES/ CRAWFISH ÉTOUFFÉE **$18.95**
Mijotés d' écrevisses dans une sauce aux tomates, céleris, onions, piments, servies avec un riz créole et ses légumes grilles

Crawfish in a hardy tomato sauce with celery, onion and pepper and served over créole rice with grilled veggies

GUMBO **$17.95**
Un délicieux mélange de poulets, saucisses dans une sauce relevée aux tomates avec onions, piments, okra et servis avec votre choix de riz blanc or brun

Chicken and sausage in a zesty tomato sauce with onions, pepper and okra. Served over brown or white rice

CAFÉ OU THÉ – COFFEE OR TEA

Table d' hote

In restaurant terminology a table d' hote menu is a menu where multi-course meals with only a few choices are charged at a fixed total price(From Wikipedia)

❷ 일품요리(A' La Carte)

레스토랑에서 가격이 책정된 다양한 요리를 선택하여 주문할 수 있도록 한 메뉴 차림표이다. 세계 여러 나라 레스토랑에서 많이 사용되며, 주메뉴(entree)뿐만 아니라 샐러드, 수프, 애피타이저 등을 고객의 취향에 맞게 따로 주문할 수 있다.

일품요리 메뉴판
〈http://www.tacosensenada.com〉
〈https://www.google.co.kr〉

A' La Carte

customers may order any of the separately priced menu items

참고 국내에 진출한 해외 브랜드 패밀리레스토랑 이해하기

1. 패밀리레스토랑의 정의와 종류

패밀리레스토랑이란 용어는 미국의 외식산업이 발전을 거듭하면서 생성된 레스토랑형태로서 국내에는 1980년대 중후반부터 들어오기 시작한 새로운 개념의 형태이다. 레스토랑(Restaurant)이란 용어의 어원은 〈영양이 풍부한 음식과 휴식을 통해 체력과 건강을 회복한다〉는 뜻을 지닌 설과, 18세기 중반 프랑스 파리의 한 식당에서 개발한 스테미너 요리라는 설이 있는데, 전자의 경우가 더욱 설득력이 있는 것으로 보인다.

한편 우리나라에서 레스토랑의 번역어로 흔히 사용되는 〈식당〉이란 용어는 조선시대 초기 성균관 내에 있던 유생들을 위한 단체급식을 식당이라 부른 데서 비롯된 것으로 알려진다.

패밀리레스토랑의 정의를 설명하자면 대략 1만 원에서 2만 원 사이 가격대에 주로 양식을 위주로 메뉴가 구성되고, 품질과 서비스 관리를 위한 시스템 보유, 그리고 150~400석 정도의 중대형 규모 레스토랑을 의미한다.

패밀리레스토랑과 혼용되는 용어들로서 캐주얼레스토랑(Casual Restaurant), 다이닝레스토랑(Dining Restaurant), 스포츠레스토랑(Sports Restaurant), 스테이크전문점(Stake House), 전문레스토랑 등이 있다.

간단하게 서비스 수준(가격대) 순으로 열거해 본다면 Fast food〈Family restaurant〈Dining restaurant=(Dinner house)으로 구분해 볼 수 있고, 캐주얼이란 젊은 층을 대상으로 다소 격식을 탈피하는 분위기를 추구하고 있다는 의미로 많이 쓴다. 패밀리레스토랑의 경우 서비스와 가격 측면에서 피자레스토랑과 유사한 포지셔닝을 하고 있다.

정통 패밀리레스토랑으로 불리는 업체로서는 '코코스', '스카이락' 등을 예로 들 수 있고, 패밀리레스토랑보다는 더 높은 가격수준의 캐주얼다이닝레스토랑의 경우는 'T.G.I Fridays', '베니건스' 등을 들 수 있다.

하지만, 대부분이 브랜드 콘셉트(Brand Concept)에서 그 차이점이 모호하고 메뉴구성이나 그 운영시스템이나 실내외 인테리어가 이국적이라는 점에서 일반적으로 대중들에게는 모두 패밀리레스토랑으로 인식되고 있다.

대체로 패밀리레스토랑이란 업태를 서비스수준과 운영방식, 가격수준 등을 기준하여 다른 업태와 구분하고 있는데 패밀리레스토랑의 특징을 보면 다음과 같다.

종업원 서비스 면에서 패밀리레스토랑은 패스트푸드(Fast Food)점과 달리 종업원이 손님에 대해 직접 음식 서비스를 제공한다. 하지만 다이닝레스토랑의 경우 많은 서비스

인원이 있고 차원 높은 정중한 서비스를 제공하는 반면, 패밀리레스토랑의 경우 서비스 인원이 적고 서비스가 기능적인 면을 비중을 두고 있다. 식탁세팅은 Paper place mat와 기본적인 China ware와 Silver ware 등 간단하게 미리 준비하기도 한다.

메뉴의 구비와 구성에서 고급레스토랑(Full service Restaurant)수준의 다양한 메뉴를 구비하고 있어 선택의 폭이 넓다. 대부분의 식사메뉴는 주요리(Main course)와 디저트 위주로 고급레스토랑에 비하여 간단한 편이다.

조리과정을 보면 매뉴얼로 음식을 조리하며, 식재료는 손님의 주문 이전에 조리를 위해 어느 정도 가공하여 처리된다.

이 조리과정은 시간을 줄일 수 있을 뿐만 아니라 많은 수의 손님도 서비스가 가능케 한다. 이러한 고용인원의 감축과 서비스의 단순화는 결국 비용 절감을 가능케 하므로 고급 메뉴를 저렴한 가격에 판매할 수 있는 것이다.

2. 패밀리레스토랑의 현황

해외 패밀리레스토랑의 국내진출이 본격화된 것은 일본의 패밀리레스토랑 브랜드인 코코스를 백화점 업체인 "미도파"에서 도입한 1987년 무렵부터이다.

코코스(COCO' S)를 시작으로 데니스(87년), T.G.I.F(91년), 로터스가든(91년), 판다로사(92년), 스카이락(94년), LA팜스(94년), 누메로 우노(95년), 플래닛 헐리우드(95년) 등이 국내에 소개되었다.

1990년대에는 외국 브랜드의 성공적인 경영에 따라 자극을 받은 국내업체의 브랜드도 생겨나기 시작했는데 까르네스테이션, 골드러쉬, 나이스데이(미원), 데일리드림, 라테라스, 보노보노, 정글짐 등이 있었다.

하지만 위의 브랜드 중 다수가 1990년대 국내 외식시장의 열악한 환경과 업체이 운영미숙으로 인하여 수익성 악화를 면하지 못하고 폐점되거나 타 법인체로 흡수 통합되었다.

오늘날에는 대사본과 제계적인 조직력이 필요한 패밀리레스토랑의 특성상 주로 대기업들이 참여하고 있다. 우리나라 대기업(CJ, 아워홈, 신세계, 삼양사 등)에서 운영하는 패밀리 레스토랑 브랜드가 생겨나기 시작했다.

3. 외식사업의 성장성 및 경기 변화

국내의 외식업체들은 1990년대 후반부터 시작된 경기 침체가 좀처럼 나아지지 않아서 어려움을 겪었다. 대기업에서 운영하는 패밀리레스토랑들도 주변에 경쟁브랜드들이 출점해 경쟁은 치열해지고 고객 수가 줄어들어 외식업체들은 단기간에 매출을 올려주는 이동

통신 업체들과 연계한 쿠폰 및 할인정책을 더욱 늘렸다. 대부분의 외식업체들이 할인마케팅에 주력할 것은 불가피한 선택이 됐지만 최근 활성화되기 시작한 CRM(Customer Relationship Management) 마케팅은 외식업계의 마케팅 정책이 양적에서 질적 수준 성장으로 변화하고 있다.

4. 패밀리레스토랑의 성공 전략

- 아웃백 – 스테이크 전문 식당으로 기존 패밀리레스토랑보다 한 단계 높은 차별화된 음식과 서비스를 제공하는 디너하우스로 다양한 메뉴를 제공하고 있다. 마케팅 전략은 사회(community), 인터넷(internet), 이벤트(special event), 직원(employee), 그리고 고객(our guest), 이 5가지 요소를 통해 기존의 고객 및 직원들을 중요시하고 철저한 지역 마케팅 및 스페셜 이벤트로 주민과 동화할 수 있는 친근한 매장의 이미지를 가꾸며 향후 인터넷을 통하여 다각도의 마케팅 기법을 구사할 수 있도록 하는 것이다. 아웃백의 성공은 가격대비 높은 고객 만족도와 두배 이상 많은 매장수, 적은 본사인력 구조, 내부 비용절감 시스템 등을 통한 볼륨 디스카운트를 실현했기 때문에 가능했던 일이다.
- 마르쉐 – 1996년 7월 역삼동에 1호점을 오픈하면서 패밀리 레스토랑 시장에 진입한 마르쉐는 국내 최소의 셀프서비스 주문방식과 장터라는 독특한 콘셉트로 성공적으로 시장에 진입하였다.
- T.G.I 프라이데이 – T.G.I.프라이데이스는 지난 1992년 패밀리 레스토랑이란 새로운 외식 문화를 한국에 최초로 도입하여 양재 1호점을 개점하여 운영하고 있으며, 현재에는 롯데에서 인수하여 현재 전국 직영점을 운영하고 있다. T.G.I. Friday's 는 "맛이 즐거운 곳! 고객 환희를 창출하는 캐주얼다이닝"이라는 캐치프레이즈 아래 고객의 기대 이상을 실현하는 고객의 최대 만족을 위한 최상의 서비스를 제공하는 것을 경영 철학으로 한다. T.G.I. Friday's의 고객만족을 위한 투자도 최고 수준이다. 지난 1997년 외식업계 최초로 실제 매장을 그대로 재현한 시설을 갖추고 전문 서비스 인력을 양성하는 "Friday's 아카데미"를 개원했다. '외식업계의 사관학교'라는 수식어가 따라다닐 정도로 직원 교육에 대한 투자를 아끼지 않는다. 또한 매년 컬리너리 챌린지(Culinary Challenge)라는 조리 경연 대회를 개최, 최고의 조리팀을 선정해 미국 최고의 요리학교인 C.I.A.에 요리연수를 보내주는 등 조리 기술 및 음식의 질 향상에 중점을 두었다. 또한, 주문 시 손님과 눈높이를 맞추기 위하여 무릎을 꿇고 서비스를 하는 퍼피독(Puppy Dog) 서비스는 전 세계 T.G.I. Friday's에서 벤치마

킹을 실시할 정도로 큰 반향을 일으키며 확산되었고, 심지어는 국내 호텔, 항공사에도 고객의 눈높이를 맞추기 위해 무릎을 꿇고 주문을 받거나 손님의 뜻을 경청하는 자세가 자리 잡도록 했다.

• 베니건스 – 베니건스는 1995년 2월 미국 대규모 외식업체인 메트로미디어 레스토랑 그룹(Metromedia Restaurant Group)과 동양제과㈜가 최초로 체결한 해외 프랜차이즈 계약으로 한국에 처음 선보였다. 1995년 11월 대학로점을 시작으로 현재 서울, 경기, 부산, 대구 지역에 20개의 매장을 운영하고 있다. 2002년 10월 1일 동양제과㈜에서 분리, 독립법인 riseON으로 새롭게 출발한 베니건스는 외식전문 기업이다. 레스토랑의 생명인 '음식의 맛'을 가장 중요시하는 베니건스는 마음에서 우러나오는 친절한 서비스, 매장마다 개성 있는 미국 도시 연출, 고급스럽고 편안한 분위기로 타 레스토랑과의 차별화에 성공하였다.

5. 이동통신사와 외식업체 업무 제휴현황

패밀리레스토랑이 대중화가 될 수 있었던 중요한 이유 중 하나가 이동통신회사와의 제휴이다. 고객들이 휴대전화에 신청만 하면 발급되는 통신카드는 각종 할인을 제공하였다. 통신사들은 패밀리레스토랑과 제휴해서 할인을 제공하였고 그 결과 패밀리레스토랑에 대중화를 이끈 주요한 요인으로 자리 잡았다. 하지만, 패밀리레스토랑의 객단가 하락 및 운영상 인건비 상승 등 어려움이 있다. 작년과 올해 할인 폭을 줄여 나가고는 있지만 아직 그 효과는 크다고 할 수 있다.

3) 외식사업의 법규상 분류

외식산업의 분류는 다양한 방법으로 분류 가능하지만 기본적으로 영업적인 형태에 따라 상업적 외식업과 비상업적 외식업으로 나눌 수 있다.

(1) 상업적 외식업

❶ 일반적 외식업

일반 외식업, 호텔 식음료 레스토랑, 음료(카페) 전문점, 주류(바) 전문점 등이 있다.

❷ 제한적 외식업

배달 외식업, 골프 클럽 외식업, 단체급식, 출장연회, 공공복지 또는 사회복지 영역의 외식사업이다.

(2) 비상업적 외식업

초, 중, 고등학교, 대학교, 병원, 군경, 공무원, 교도소, 회사직원, 양로원, 고아원 등의 외식업으로서 영리적인 측면이 상업적 외식업에 비해 적은 외식업이다.

(3) 한국표준산업분류

음식점업이란 "접객시설을 갖추고 구내에서 직접 소비할 수 있도록 주문한 음식을 조리하여 제공하는 음식점을 운영하거나 접객시설없이 고객이 주문한 음식을 직접 조리하여 배달 · 제공하는 산업활동을 말한다. 또한 회사, 학교 등의 기관과 계약에 의하여 음식을 조리 · 제공하는 구내식당 운영활동도 포함된다"고 정의한다.

❶ 일반음식점은 각종의 정식류를 조리하여 제공하는 산업활동으로서 한식과 일식, 중식, 서양식 및 기타 외국 음식점업을 운영하는 산업활동을 말한다.

[제외]

- 라면, 피자, 샌드위치 등과 같은 간이 음식을 제공하는 활동(5619)
- 음식의 종류 등과 관계없이 이동음식점을 운영하는 경우(56132)

• 기관구내식당을 운영하는 경우(56120)

• 출장음식 서비스(56131)

가. 한식음식업은 한국식 음식을 제공하는 산업활동을 말한다.

[예시]

• 설렁탕집 • 횟집(일본식이 아닌) • 해물탕집 • 해장국집 • 냉면집 • 보쌈집

나. 중국음식업은 중국식 음식을 제공하는 산업활동을 말한다.

다. 일본음식업은 정통 일본식 음식을 전문적으로 제공하는 산업활동을 말한다.

[예시]

• 초밥집(일식전문점) • 일식 횟집 • 로바다야끼 • 일식 우동집

[제외]

• 한국식으로 운영되는 회센터 및 복집(56111)

라. 서양음식업은 서양식 음식을 제공하는 산업활동을 말한다.

[예시]

• 레스토랑(서양식) • 패밀리 레스토랑 • 이탈리아 음식점

❷ 기관구내식당업은 회사, 학교, 공공기관 등의 기관과 계약에 의하여 구내식당을 설치하고 음식을 조리하여 제공하는 산업활동을 말한다.

❸ 출장 및 이동음식업은 연회장 등과 같은 행사 시에 특정장소로 출장하여 음식서비스를 제공하는 산업활동과 고정된 식당시설이 없이 각종의 음식을 조리하여 제공하는 이동식 음식점을 운영하는 산업활동을 포함한다.

가. 이동음식업은 특정장소에 고정된 식당을 개설하지 않은 이동식 음식점을 운영하는 산업 활동을 말한다.

[예시]

• 포장마차(이동식) • 이동식 떡볶이 판매점

• 이동식 커피 판매점 • 이동식 붕어빵 판매점

❹ 기타음식점업은 정식을 제외한 피자, 햄버거, 샌드위치, 분식류, 스낵품 및 기타 유사식품 등을 조리하여 소비자에게 제공하는 음식점을 운영하는 산업활동을 말한다.

❺ 주점 및 비알코올 음식점업은 접객시설을 갖추고 주류 및 비알코올 음료를 판매하는 산업활동을 말한다. 주점업은 요정, 바, 나이트클럽, 비어홀, 디스코클럽, 카바레, 대포집 등과 같이 술과 이에 따른 요리를 판매하는 산업활동을 말한다.

❻ 비알코올 음료점업은 접객시설을 갖추고 주스, 커피, 홍차, 생강차, 쌍화차 등을 만들어 제공하는 산업활동을 말한다.

[예시]

• 주스 전문점 • 커피숍 • 찻집 • 다방

[표 3-2] 한국표준산업분류상의 음식점업 분류

대분류	중분류	소분류	세분류	세세분류	항목별 분류
I	숙박 및 음식점업				
	56	음식점 및 주점업			
		561	음식점업		
			5611	일반 음식점업	
				56111	한식 음식점업
				56112	중식 음식점업
				56113	일식 음식점업
				56114	서양식 음식점업
				56119	기타 외국식 음식점업
			5612	기관구내식당업	
				56120	기관구내식당업
			5613	출장 및 이동 음식업	
				56131	출장 음식 서비스업
				56132	이동 음식업
			5619	기타 음식점업	
				56191	제과점업
				56192	피자, 햄버거, 샌드위치 및 유사 음식점업
				56193	치킨 전문점
				56194	분식 및 김밥 전문점
				56195	그외 기타 음식점업
		562	주점 및 비알코올음료점업		
			5621	주점업	
				56211	일반유흥 주점업
				56212	무도유흥 주점업
				56219	기타 주점업
			5622	비알코올 음료점업	
				56220	비알코올 음료점업

* 숙박 및 음식점업=숙박업+음식점업

* 음식점업=일반음식점업+기타 음식점업+주점업+다과점업

* 음식점업(식당업 : restaurant) : 한식점업, 중국음식점업, 일본음식점업, 서양음식점업, 음식출장조달업, 자급식 음식점업(예 : 카페테리아, food court 등), 간이체인음식점(프랜차이즈형태로 피자?김밥 등 간단한 메뉴 판매하는 업소), 기타(분식점, 스낵코너, 학교 등의 식당 등)

* 주점업(drinking places) : 일반유흥주점업(룸살롱, 비어홀, 바), 무도유흥주점업(카바레, 나이트클럽, 디스코 클럽), 한국식유흥주점업(요정), 극장식 주점업(극장식 카바레, 극장식 식당), 외국인 전용유흥주점업, 기타(호프집, 선술집, 간이주점 등)

* 다과점업(tearoom and bakery stores) : 제과점업, 찻집, 떡집 등

* 모범음식점 : 일반음식점 중에서 위생관리상태가 우수한 업소를 지정, 업소의 위생적 관리와 서비스 수준 향상을 도모하기 위함

* 향토음식점 : 5년 이상 상호를 변경하지 않고 향토 음식을 전문적으로 취급하는 외식업소

(4) 식품위생법상 분류

식품위생법이란 식품으로 인한 위생상의 위해를 방지하고 식품영양의 질적 향상을 도모함으로써 국민보건의 증진에 이바지하기 위하여 제정된 법률이다. 1962년 1월 제정된 [식품위생법]은 13장 전문 80조와 부칙으로 구성되어 그 뒤 여러 차례 부분개정을 거쳐, 오늘에 이르고 있다.

식품위생법의 적용을 받는 종류는 다음과 같다.

❶ 식품제조 · 가공업

- 식품을 제조 · 가공하는 영업

❷ 즉석판매제조 · 가공업

- 시행규칙 별표15에서 규정하는 식품을 제조 · 가공업소에서 직접 최종소비자에게 판매하는 영업

❸ 식품첨가물제조업

- 감미료 · 착색료 · 표백제 등의 화학적 합성품을 제조 · 가공하는 영업
- 천연물질로부터 유용한 성분을 추출하는 등의 방법으로 얻은 물질을 제조 · 가공하는 영업
- 식품첨가물의 혼합제재를 제조 · 가공하는 영업
- 기구 및 용기 · 포장을 살균 · 소독할 목적으로 사용되어 간접적으로 식품에 이행될 수 있는 물질을 제조 · 가공하는 영업

❹ 식품운반업

- 부패 · 변질되기 쉬운 식품을 위생적으로 운반하는 영업. 다만, 해당 영업자의 영업소에서 판매할 목적으로 식품을 운반하는 경우와 해당 영업자가 제조 · 가공한 식품을 운반하는 경우는 제외한다.

❺ 식품소분 · 판매업

가. 식품소분업

- 식품 또는 식품첨가물의 완제품을 나누어 유통할 목적으로 재포장 · 판매하는 영업

나. 식품판매업

- 식용얼음판매업 : 식용얼음을 전문적으로 판매하는 영업
- 식품자동판매기영업 : 식품을 자동판매기에 넣어 판매하는 영업. 다만, 유통기간이 1개월 이상인 완제품만을 자동판매기에 넣어 판매하는 경우는 제외한다.
- 유통전문판매업 : 식품 또는 식품첨가물을 스스로 제조 · 가공하지 아니하고 식품제조 · 가공업자 또는 식품첨가물제조업자에게 의뢰하여 제조 · 가공한 식품 또는 식품첨가물을 자신의 상표로 유통 · 판매하는 영업
- 집단급식소 식품판매업 : 집단급식소에서 식품을 판매하는 영업
- 식품 등 수입판매업 : 식품 등을 수입하여 판매하는 영업. 다만, 식품 등의 채취 · 제조 또는 가공에 사용되는 기계를 수입하는 경우는 제외한다.
- 기타 식품판매업 : 총리령으로 정하는 일정규모이상의 백화점, 슈퍼마켓, 연쇄점 등에서 식품을 판매하는 영업

❻ 식품보존업

가. 식품조사처리업

- 방사선을 쬐어 식품의 보존성을 물리적으로 높이는 것을 업으로하는 영업

나. 식품냉동 · 냉장업

- 식품을 얼리거나 차게하여 보존하는 영업. 다만, 수산물의 냉동 · 냉장은 제이한다.

❼ 용기 · 포장류제조업

가. 용기 · 포장지제조업

- 식품 또는 식품첨가물을 넣거나 싸는 물품으로서 식품 또는 식품첨가물에 직접 접촉되는 용기 · 포장지를 제조하는 영업

나. 옹기류제조업

- 식품을 제조 · 조리 · 저장할 목적으로 사용되는 독, 항아리, 뚝배기 등을 제조하는 영업

❽ 식품접객업

가. 휴게음식점

- 주로 다류, 아이스크림 등을 조리 · 판매하거나 패스트푸드점, 분식점 형태의 영업 등 음식류를 조리 · 판매하는 영업으로서 음주행위가 허용되지 아니하는 영업. 다만, 편의점, 슈퍼마켓, 휴게소, 그 밖에 음식류를 판매하는 장소(만화가게, PC방 등)에서 컵라면, 일회용 다류 또는 그 밖의 음식류에 물을 부어주는 경우는 제외한다.

나. 일반음식점

- 음식류를 조리 · 판매하는 영업으로서 식사와 함께 부수적으로 음주행위가 허용되는 영업.

다. 단란주점

- 주로 주류를 조리 · 판매하는 영업으로서 손님이 노래를 부르는 행위가 허용되는 영업

라. 유흥주점

- 주로 주류를 조리 · 판매하는 영업으로서 유흥종사자를 두거나 유흥시설을 설치할 수 있고 손님이 노래를 부르거나 춤을 추는 행위가 허용되는 영업

마. 위탁급식업

- 집단급식소를 설치 · 운영하는 자와의 계약에 따라 그 집단급식소에서 음식류를 조리하여 제공하는 영업

바. 제과점

- 주로 빵, 떡, 과자 등을 제조 · 판매하는 영업으로서 음주행위가 허용되지 아니하는 영업

[표 3-3] 식품위생법상 분류

분류		주영업형태	부수영업형태	영업내용
음식점	휴게음식점	음식류 조리·판매	음식류 조리·판매	음식류를 조리·판매하는 영업으로서 음주행위가 허용되지 아니하는 영업(주로 다류를 조리·판매하는 과자점 형태의 영업을 포함. 다만, 편의점, 슈퍼마켓, 휴게소, 기타 음식류를 판매하는 장소에서 컵라면, 1회용 다류, 기타 음식류에 뜨거운 물을 부어주는 경우를 제외)
음식점	일반음식점영업	음식류 조리·판매	식사와 함께 부수적인 음주 및 기호식품(커피, 차)의 판매 허용	음식류를 조리·판매하는 영업으로서 식사와 함께 부수적으로 음주행위가 허용되는 영업.
음식점	단란주점영업	주류 조리·판매	• 고객이 노래를 부르는 행위가능 • 공연가능	주로 주류를 판매하는 영업으로서 손님이 노래를 부르는 행위가 허용되는 영업
음식점	유흥주점영업	주류 조리·판매	• 유흥종사자 및 유흥시설 설치 허용 • 공연 및 음주가무 허용	주로 주류를 조리·판매하는 영업으로서 유흥주점 종사원을 두거나 유흥시설을 설치할 수 있고 손님이 노래를 부르거나 춤을 추는 행위가 허용되는 영업
기타	위탁급식영업	집단급식소를 설치·운영하는 자와의 계약에 의하여 집단급식소 내에서 음식류를 조리하여 제공하는 영업.		

*휴게음식점업 : 주로 다류, 아이스크림류 등을 조리 · 판매하거나 패스트푸드점, 분식점 형태의 영업 등 음식류를 조리 · 판매하는 영업으로서 음주행위가 허용되지 아니하는 영업. 다만, 편의점 · 슈퍼마켓 · 휴게소 기타 음식류를 판매하는 장소에서 컵라면, 1회용 다류 기타 음식류에 뜨거운 물을 부어주는 경우를 제외한다.
금지사항 : 주류판매, 객실시설

*일반음식점업 : 음식류를 조리 · 판매하는 영업으로서 식사와 함께 부수적으로 음주행위가 허용되는 영업.
금지사항 : 노래반주기, 객실 잠금장치

*단란주점업 : 주로 주류를 조리 · 판매하는 영업으로서 손님이 노래를 부르는 행위가 허용되는 영업.
금지사항 : 객실시설, 유흥종사자, 부도시설

*유흥주점업 : 주로 주류를 조리 · 판매하는 영업으로서 유흥종사자를 두거나 유흥시설을 설치할 수 있고 손님이 노래를 부르거나 춤을 추는 행위가 허용되는 영업.
금지사항 : 객실 잠금장치

*위탁급식업 : 집단급식소를 설치 · 운영하는 자와의 계약에 의하여 그 집단급식소 내에서 음식류를 조리하여 제공하는 영업. [신설 2003.04.22.]

*제과점업 : 주로 빵, 떡, 과자 등을 제조 · 판매하는 영업으로서 음주행위가 허용되지 아니하는 영업.[신설 2005.7.27] [시행일 2005.7.28]

* 영업의 허가 : 단란주점이나 유흥주점을 제외한 일반적인 식품접객업소의 경우 영업허가를 받아야 할 필요 없이 일정한 요건을 갖추어 관할 시장, 군수, 구청장에게 신고만 하면 된다.
식품위생법상에서는 식품위생법 제21조 제2항의 규정에 의한 세부종류에, 우리가 외식산업을 식품접객업이라 하고 있으며 이에 대한 세분종류와 그 범위를 식품위생법시행령 제7조에서는 일반 음식점영업, 휴게음식점영업, 단란주점영업, 유흥주점영업, 위탁급식영업으로 세분류하고 있다.

[표 3-4] 한국외식연감편찬위원회의 외식업 분류(1안)

소분류	세분류	세세분류
외식업	완전 서비스 FULL SERVICE	한식, 중식, 일식, 서양식 그 외 동양식 숙박·레저 외식업
	제한 서비스 LIMTED SERVICE	한식, 중식, 일식, 서양식 그 외 동양식 뷔페 배달·출장·연회 운송 외식업(기내·열차) 음료·다과 ※ 푸드코드의 메뉴별 외식업 모두 포함 ※ 고속도로 휴게소 외식업
	기타 외식업	이동음식점
	주점업	일반 유흥주점 무도 유흥주점 간이 주점업
	단체급식	영리(위탁) 급식/비영리(직영)급식
	가정식, 대용음식(HMR)	

[표 3-5] 한국외식연감편찬위원회의 외식업 분류(2안)

소분류	세분류	세세분류
외식업	일반외식업	일반음식점+기타음식점 한식, 중식, 일식, 서양식 그 외 동양식 숙박·레저 외식업 배달·출장업 운송외식업(기내/열창) 다과 – 제과점, 찻집, 떡카페 베이커리 카페 그 외 기타
	주점업	일반단란주점업 무도단란주점업 간이주점업
	단체급식	영리(위탁) 급식 / 비영리(직영) 급식
	가정식, 대용음식(HMR)	

❶ 미국 외식산업의 분류 : 외식업체의 구분(미국 NRA)

1. Fast Food Restaurant
2. Take Out Restaurant
3. Family Type Restaurant
4. Coffee shop type Restaurant
5. Cafeteria Restaurant
6. Atmosphere special Restaurant

〈북미산업분류 : North American Industry Classification System(NAICS)〉

Food Services and Drinking Places

Full-Service Restaurants

Limited-Service Eating Places

Limited-Service Restaurants

Cafeterias, Grill Buffets, and Buffets

Snack and Nonalcoholic Beverage Bars

Special Food Services

Food Service Contractors

Caterers

Mobile Food Services

Drinking Places(Alcoholic Beverages)

❷ 일본 외식산업의 분류 : 일본 통산성 산업분류표

1. 식당, 레스토랑
2. 일본요리점
3. 서양요리점
4. 중화요리점, 기타 동양요리점
5. 소바(국수) 우동점
6. 요정

7. 바, 카바레, 나이트클럽

8. 주점, 비어홀

9. 다과점

10. 기타음식점

일본인이 좋아하는 요리 Best 20

순위	요리
1위	초밥(すし)
2위	회(刺身, さしみ)
3위	라면(ラーメン)
4위	된장국(みそ汁)
5위	생선구이(焼き魚)
6위	불고기 · 철판구이(焼き肉 · 鐵板焼き)
7위	카레라이스(カレーライス)
8위	만두(ギョーザ)
9위	샐러드(サラダ)
10위	돼지고기를 넣은 된장국(豚汁, ぶたじる)
11위	쇠고기전골 · 샤브샤브(すき焼き · しゃぶしゃぶ)
12위	고기를 넣은 감자조림(肉じゃが)
13위	양념을 한 어육 · 채소 등 여러 재료를 섞어서 지은 밥(五目ご飯)
14위	메밀국수(そば)
15위	닭튀김(鶏のから揚げ)
16위	우동 · 국수(うどん · きしめん)
17위	튀김(天ぷら)
18위	채소 절임(漬物, つけもの)
19위	어묵(おでん)
20위	낫토(納豆, なっとう)

『日本人の好きなもの』(NHK出版生活人新書. 2008)

되살아난 우리 전통 술… 이젠 '酒道'도 되살릴 때

일본의 '고사기(古事記)'가 양조법을 일본에 전한 백제 사람 수수보리(須須保利)의 행적을 적고 있을 만큼 우리 전통술의 역사는 유구하다. 쌀밥을 누룩으로 발효시켜 맑게 걸러 낸 약주와 남은 지게미에 물을 섞어 다시 거른 탁주(막걸리)를 즐기던 우리는 몽골로부터 증류법이 전해진 고려 말부터는 소주도 마셨다. 약주에 소주를 섞은 혼양주(混釀酒)가 등장한 조선시대에 우리 술 문화는 꽃을 피웠다. 이화주 · 혼돈주 · 백하주 · 호산춘 · 공덕지소주 · 안동소주 · 과하주 · 송순주 · 이강고…. 지방과 가문마다 특색 있는 명주가 셀 수 없을 정도였다.

그러나 일제는 나라와 함께 술 빚는 자유도 앗아갔다. 1907년 7월 통감부는 술을 과세 대상으로 삼는 '조선주세령(酒稅令)'을 발표해 면허받은 양조장만 술을 빚어 팔 수 있게 했다. 약주와 탁주 · 소주를 제외한 전래의 고급 술은 청주와 맥주에 밀려 사라져갔다.

"나그네 긴 소매 꽃잎에 젖어/술 익는 강마을의 저녁노을이여(조지훈의 '완화삼')" "길은 외줄기 남도 삼백리/술 익는 마을마다 타는 저녁놀(박목월의 '나그네')" 향토색 짙은 시어(詩語)로 민족의 잃어버린 원형질을 노래한 청록파 시인 두 사람이 광복 이듬해에 주고받은 시구(詩句)에는 조선시대의 가양주(家釀酒) 전통에 대한 그리움이 담겨 있다. 그러나 시인의 바람과 달리 전통술은 쇠퇴일로를 걸었다. 일제 주세 행정의 잔재와 입에 풀칠조차 어려웠던 가난 때문이었다. 1965년 1월 쌀로 술을 빚는 것을 금지한 양곡관리법이 발효된 후 소주는 열대 고구마 타피오카를 원료로 만든 주정(酒精)에 물을 타 만드는 희석식으로 제한되었다. 막걸리도 밀가루로만 빚어야 했다.

압축 성장 시대에 명맥이 끊겼던 전통주의 가치는 1988년 올림픽 유치를 계기로 재발견되었다. 정부 지원에 힘입어 문배주 · 이강주 · 백세주 등 옛 술들이 재현되었으며, 1990년에는 쌀막걸리와 증류식 소주도 되살아났다. 누구나 술을 빚어 마실 수 있게 규제가 풀린 1995년 이후 가양주 전통을 되살릴 불씨도 지펴졌고, 이제 맛과 질이 고급화한 다양한 막걸리가 일본에까지 붐을 일으키고 있다. 하지만 지금 우리가 되살려야 할 것은 전통주만이 아니다. 지나친 음주에 따른 주폭(酒暴)이 사회문제가 된 오늘, 조선시대 사람들의 절제된 음주 예법이 담긴 향음주례(鄕飮酒禮)가 거울로 다가선다.

허동현 경희대 교수 · 역사학 조선일보

제2부

외식사업의 발전과 현황

학습 초점

식생활의 사업화로 발전한 외식업의 성장요인과 발전의 역사를 단계별로 파악하고, 현재와 미래의 외식사업 성공과 발전을 위한 사회문화적, 경제적환경 및 차별화된 경영전략을 이해한다.

제4장

외식사업의 성장과 발전

1 외식사업의 성장요인

1) 성장배경(growth environment)

외식산업의 성장과 발전에 필요한 기본적인 배경은 우선적으로 국민경제의 발전결과에 따른 개인의 경제적인 활동의 여유 즉, 가처분소득의 증가와 경제활동 인구 확대, 사회환경 변화 및 가정생활의 변화에 따른 여가 가능활동 시간의 증대로 볼 수 있다. 외식산업이 발전한 세계 여러 나라의 공통적인 배경은 경제적 발전, 소득증가, 여유로운 생활 등이 중요한 요소가 되고 있다.

이러한 성장배경은 외식산업이 발전할 수 있는 초석이 되었으며, 가처분소득(假處分所得, disposable income) 증가와 식생활을 즐기려는 외식고객 가치관의 변화는 외식사업이 발전한 선진국가들의 공통적인 특징이다.

신세대 여성의 사회활동 진출 확대에 따른 직장근무는 전통적인 가정생활의 식생활 부부 역할분담에 변화를 일으키고, 점차 본인 개개인의 삶에 대한 가치관을 중시하는 독신생활자도 증가하였다.

의료환경 개선과 의료혜택의 발전으로 실버세대층(sliver generation)의 증가와 건강을 위한 현대인의 웰빙(well-being)건강식에 대한 욕구증가도 외식사업의 새로운 성장배경이 되고 있으며, 도시화와 국제화를 통한 교통편의시설의 발전은 레저문화(leisure culture) 활성화 및 관광객 교류 증가로 새로운 외식사업 성장을 위한 환경에 영향을 미치고 있다.

참고 **가처분소득**(假處分所得, disposable income)

어느 일정 기간에 개인이 획득하는 소득과 그가 이를 실제로 자유롭게 소비 또는 저축으로 처분할 수 있는 소득과는 차이가 있다. 이 후자의 경우를 가처분소득이라고 한다. 구체적으로 가처분소득이란 개인소득에서 개인의 세금과 세외부담, 즉 이자지급 등 비소비지출을 공제하고 여기에 이전소득(사회보장금 · 연금 등)을 보탠 것으로서, '가처분소득=개인소비+개인저축'으로 나타낼 수 있다.

2) **성장요인**(growth factors)

외식업의 성장에 필요한 구체적인 요인은 크게 4가지로 요약할 수 있다.

경제적 요인 + **사회적 요인** + **문화적 요인** + **기술적 요인**

(1) **경제적 요인**(economic factor)

국민소득증가, 가처분소득 증가, 노동시간 감소, 여가시간 증대, 국제화 및 세계화 경제 흐름, 시장개방에 따른 수출입자유화, 대기업의 외식시장 진출, 프랜차이즈 레스토랑의 성장, 고객시장 환경의 세분화, 다양화, 외식경영 체계화 및 개선, 교통수단 발전 및 자동차의 보급 확대, 해외 유명브랜드의 국내 교류, FTA 수출입자유화 등이다.

(2) 사회적 요인(social factor)

생활관 · 가치관의 변화, 생활방식의 변화, 신세대 출현, 대중소비사회, 레저패턴의 다양화, 가정개념의 변화(이혼증가, 독신자 증가) 건강식 욕구 증대, 소득증가로 외식에 있어서 식생활 욕구 변화로 고급화, 다변화 지향 추세, 고객이 지향하고 있는 욕구개념의 변화, 자동차 보급, 맞벌이 부부의 증가로 여성의 사회진출 증가, 독신자 증가, 가정개념의 변화, 여성의 사회진출 확대 등이다.

(3) 문화적인 요인(cultural factor)

고객의 욕구변화, 식생활 패턴의 서구화 변화, 전통음식 상품화, 사회구성원 가치관 변화, 신세대 세대의 소비패턴 변화, 노령인구비율 증대, 외식산업종사자 직업의식 개선, 간편식(전통음식, 서구음식) 패스트푸드 식생활의 증가 등이다.

(4) 기술적 요인(technical factor)

주방기기의 현대화 · 과학화, 해외유명 브랜드 도입 및 운영 제휴 및 첨단기술 도입, 저장 및 포장기술의 발전, 점포운영환경의 현대화 변화, 반가공 제품 중앙공급공장(Central Kitchen System), 업무분장(Manual System), 프랜차이즈 시스템(Franchise System)의 가속화, 컴퓨터기기 및 관운영리시스템(POS)의 보급으로 인력절감, 마케팅 기술 변화, 해외유명 외식브랜드 도입과 운영 기술적 제휴 등이다.

[그림 4-1] 외식산업의 성장요인 간의 관계

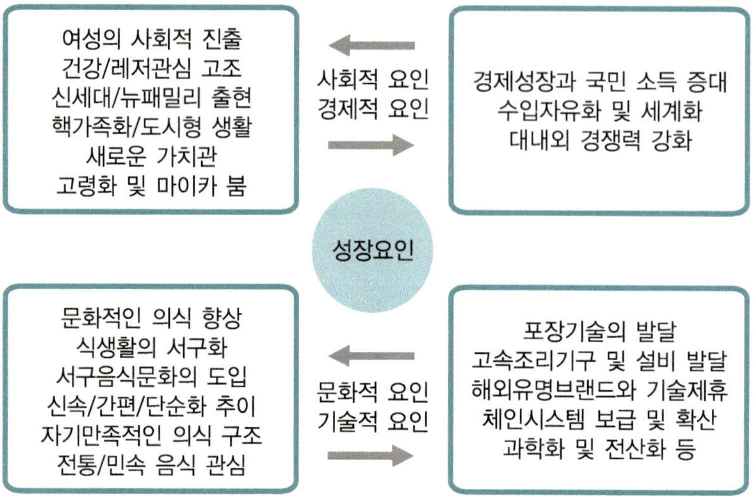

2 국내 외식사업의 발전

1) 발전배경

국내 외식사업 발전의 직접적인 배경은 경제적 발전에 따른 가처분소득의 증가와 사회문화의 생활양식 변화 및 외식문화 형성과 다양한 국내외 외식업체의 등장으로 국내 외식소비 고객층이 형성되면서 서서히 발전할 수 있는 기본적인 배경이 되었다고 할 수 있다.

1960~70년대 국가주도의 강력한 계획적인 경제발전 추진정책 성공에 의한 국민경제 성장이 소득증대로 이어지며, 어려웠던 한국전쟁 전후보다 국민들의 여유로운 경제활동은 자연스럽게 외식산업에 튼튼한 성장배경이 되었다. 또한, 사회환경 변화와 향상되는 식생활 문화는 서구문화유입과 함께 외식소비자의 끊임없는 욕구 추구로 이어져 오늘날 외식산업의 규모형성과 경쟁력을 형성하는데 밑거름이 되었다.

[그림 4-2] 외식산업 성장배경과 환경변화 흐름

정부주도 경제정책 추진 → 경제적 환경변화 → 사회적 환경변화 → 식생활 환경변화 → 외식목적 환경변화

2) 국내 식생활의 발전과정

(1) 시대별 식생활의 변화

시대별	식생활 형태	특징
고조선~ 삼국시대	• 주, 부식 분리형의 식문화(주식 : 쌀, 보리, 조 등) (부식 : 장류, 장아찌, 생선포, 구이 등)	부족 공동체 초기국가
통일신라~ 고려시대	• 숭불사상에 의한 다류, 한과류, 채소음식 발달 • 음다문화 및 다양한 요리법 재현	종교의식 전통식생활 문화
조선시대	• 유교사상의 근본·대가족제도(공동체의식) • 김치의 발달과 곡물 중심의 요리법 발전 • 근대 한국식생활문화의 정착과 완성	유교의식, 근대 식생활 문화 정착

(2) 외식업의 발전과정

시대별 특징 경제수준	사회환경 특징 및 외식업 형태	사진
1900~1945 일본강점기 암흑기	• 일본 강점기(1910~45년) 전통 식문화 말살정책 • 전통 음식점 중심의 요식업 태동 • 일본의 전통식생활문화 말살과 서구외식문화의 일부도입 • 식량부족과 빈곤으로 인한 외식문화 침체(1945년 166점포) • 이문설렁탕(1907), 용금옥(30), 한일관(34), 안동장(34) 등 • 설렁탕, 해장국 위주의 소규모 서민 음식점 유지 • 1945년·일본 강점기에서 독립(8월15일) 이후 대부분 식당은 고객의 1차적 생리욕구를 충족하는 역할만을 담당.	
1950년대 한국전쟁 침체기/전환기	• 한국전쟁(1950~53년) – 한국전쟁 후 원조품에 의존, 식생활 빈곤기 • 미군부대-부대찌개, 꿀꿀이죽 등 생명유지를 위한 빈곤한 식생활 • UN 원조품- 밀가루, 우유, 분유 등 • 밀가루 위주의 분식 식생활 변화 시작	

시대별 특징 경제수준	사회환경 특징 및 외식업 형태	사진
1960년대 GNP ($100~210) 여명기	• 경제개발 시작(1차 5개년) • 1960년대 국가 재건을 위한 국가경제개발정책 시작과 진행 • 전통식생활 문화의 침체 및 전통식재료의 궁핍 환경 • 쌀 부족에 따른 밀가루 분식의 장려운동과 서구식 식생활 소개 • 소규모 개인점포와 노점상의 출현 – 뉴욕제과, 빵집, 자장면 등 • 외화벌이를 위한 월남파병, 해외건설 및 파견근로자(간호사, 광부), 전국 관광단지(보문, 중문), 국립공원 지정과 관광 활성화	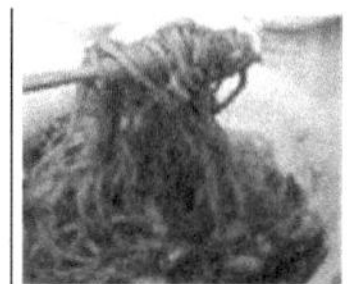 
1970년대 GNP ($250~1,600) 태동기	• 경제개발 효과/사회적 환경과 생활환경 변화 • 1970년대 경제개발정책 성공효과에 의한 국민소득이 증가 시작 • 경제발전으로 인한 식생활 수준 향상 – 외식저변확대 기반형성, 핵가족화로 인한 전통 식생활문화 변화 • 대중 음식업의 출현–한식, 분식, 중식, 양식, 난다랑(79) • 해외 브랜드도입 및 프랜차이즈의 태동(서구식 운영시스템) – 햄버거, 롯데리아 상륙(79년 10월 25일. 롯데백화점 내 소공점) • 롯데그룹 – 롯데리아 체인점 개설하여 가맹사업진출 (국내 최초의 기업형 프랜차이즈 외식브랜드 등장)	 롯데리아 
1980년대 초반 GNP ($1,600~2,200) 도약기	• 소규모 요식업 → 기업형 외식업 변화 • 1980년대 초반 – 경제개발 효과와 국민소득 증가에 따른 식생활 변화와 다양한 외식업체 등장 • 해외여행 자율화 정책 시행 • 전통과 서구식 식생활문화에 대한 소비 가치관의 변화 • 국내 외식체인 브랜드 등장(햄버거, 국수, 치킨, 생맥주 등) • 해외 유명 패스트푸드 레스토랑 브랜드 국내진출 (아메리카나 1980, 버거킹 1980, KFC 1984, 피자헛 1984 등)	BURGER KING Pizza Hut KFC
1980년대 후반 GNP ($2,194~4,127) 성장기	• 국제적인 스포츠 행사 성공개최와 외식업 성장과 발전 • 1986년 하계 아시안게임 · 1988년 서울 하계 올림픽 개최 지속적인 경제개발정책 성공 효과–외식산업의 성장기(기업형, 개인 외식기업체 등장) • 식생활의 외식화, 국제화, 레저화, 가공식품화 지속 • 패스트푸드 및 프랜차이즈 브랜드의 시장 확대 지속 • 외식문화 생활에 늘어난 다양한 레스토랑의 증가 • 해외 유명 브랜드의 도입으로 기존 국내 외식업체의 변화 • 중, 대기업의 외식업 참여로 외식업의 체인화 증가 • 해외 패밀리레스토랑의 도입, 커피숍, 호프점, 치킨 브랜드 등장(맥도날드 1986, 코코스 1988, 크라운제과 1988, 놀부보쌈 1988, 쟈뎅 1989 등) • 놀부보쌈–한국 전통 음식의 체인화를 본격 시작	 놀부 NBG 놀부 NOLBOO RESTAURANT

시대별 특징 경제수준	사회환경 특징 및 외식업 형태	사진
1990년대 초반 GNP ($5,567~10,000) 팽창기	• 외식업 성장 및 현대적 운영화 • 외식업의 전환기(외식산업으로서의 정착 : 1995년) • 중소, 대기업의 신규브랜드 진출 가속 및 해외유명 브랜드 도입 • 외식체인 및 프랜차이즈 패밀리레스토랑 급성장, 체계적인 레스토랑 운영시스템 정착(TGIF 1991, 시즐러 1993, 스카이락 1994, 토니로마스 1995 등)	
1990년대 후반 GNP ($10,000~15,000) 성장기&침체기	• 1990년대 외식업체 수의 지속적인 증가, 치열한 경쟁, 이동통신사와의 할인 영업전략 실시 등 가격 할인 및 마케팅 경쟁 치열 • 1997년 전반적인 경기부진 및 IMF 금융위기 사태로 인해 외식산업의 성장률 침체(외식산업의 최대 위기) • 경제적 중산층의 축소 – 외식 소비시장의 위축 • 외식산업의 성장기와 불황기가 교차되는 시기 • 해외 패밀리레스토랑의 꾸준한 국내진출 지속 (마르쉐 1996, 아웃백 스테이크 1997) • 퓨전푸드 등장으로 음식의 다변화 및 새로운 식문화 형성	
2000년대 GNP ($15,000~20,000) 2차 성장기	• 2002년 월드컵 대회, 외식산업 환경의 재편성 시대 – 외식시장축소 및 소비심리변화(품질, 서비스, 차별화 선호) • 한국전통음식의 연구 및 상품화 시도 • 고열량 미국식문화에서 웰빙 건강식에 대한 관심 시작 • 국내 및 해외 커피카페전문 외식업체 등장 – 새로운 음료문화 형성(Take-out) • 전문 이탈리안 음식점 및 다이어트 식생활 문화 확대 • 건강기능성식품, 건강지향식과 다이어트 음식의 가속화 • 허브 향신료 등 신선한 재료를 이용한 전문음식점 증가	
2010년대 GNP ($20,000~21,000) 성숙기 2016년 27,195	• 국내 외식기업 브랜드 해외진출(CJ, 놀부, BBQ, 카페베네, 파리바게트 등) • 웰빙(well-being) 식생활의 지속, 고객맞춤형 전문레스토랑 인기 • 커피시장의 지속적인 성장(소규모, 기업형 브랜드) 및 해외 진출 • 지역별 세계 민족음식 및 세계 전문 주류점 • 한류 문화와 한국음식의 세계화(한식, 막걸리 등) • 한류문화형성/전문 테마, 고급화 경향 • 소규모 오너쉐프 전문레스토랑 증가 • 신세대 쉐프의 예능프로그램 진출영향 및 외식조리문화의 대중화와 개인별 기능화	

참고 50년 넘은 음식점 서울에 28곳

미꾸라지 듬뿍 '형제 추어탕' 70년 전통 곰탕집 '하동관' 등 착한 가격 · 맛이 장수 비결!!

서울 견지동 '이문설농탕', 평창동 '형제추어탕', 다동 '용금옥', 남창동 '은호식당'…. 서울에서 가장 오래된 한식당 목록이다. 한식재단이 최근 펴낸 '한국인이 사랑하는 오래된 한식당'에는 50년 넘게 장사하는 전국 100개 식당이 모여 있다. 이 중 서울에는 28곳이 등장한다.

가장 오래된 한식당은 서울시 음식점 허가 제 1호였던 이문 설농탕. 서울뿐 아니라 전국 최장수(最長壽) 식당이다. 1904년 문을 열었으니 100년이 넘었다. 4대째 가업을 이어가는 전성근(66) 사장은 "좋은 재료와 오래 끓이는 정성, 그 이상 비법은 없다"고 했다.

종로구 평창동 형제 추어탕은 신설동에서 1926년부터 간판도 없이 영업하다가 아버지가 세상을 떠나자 아들들이 '형제주점'이란 이름으로 가업을 이은 게 상호의 유래다. 사골과 양지 육수에 미꾸라지를 통째로 넣는 서울식 추탕과 미꾸라지를 갈아 넣는 남도식 추어탕을 함께 내놓는다. 추어탕 1만 원.

자료 : 종로1가 해장국 전문 청진옥. /여성조선 제공

중구 다동 먹자골목 용금옥도 추탕이 전문이다. 1932년 무교동에서 영업을 시작, 90년째 이 일대를 떠나지 않고 있다. 쇠고기 육수에 고춧가루를 풀어 매콤하게 끓인 서울식 추탕을 찾는 손님들이 끊이지 않는다. 용금옥(湧金屋)은 '금이 솟아나는 집'이란 뜻. 1973년 남북조절위원회에 참석한 북한 박성철 부주석이 용금옥의 맛이 여전한지를 물어 화제가 되기도 했다.

꼬리곰탕 명가 은호식당은 1932년부터 80년간 3대째 이어오고 있다. 처음에 해장국으로 유명했지만, 가게에 찾아오는 고위 공직자들을 대접하기 위해 만든 꼬리곰탕이 '대박'을 쳤다. 명동 하동관도 빠질 수 없다. 1939년 중구 청계천변 수하동에서 시작, 곰탕 맛 이 외에 70년 동안 전화번호가 변하지 않고 있다.

서소문동 진주회관은 1962년 진주에서 시작해 콩국수가 소문이 나자 1965년 상경(上京)했다. 점심때 줄을 길게 서야 하는 곳으로 악명이 높다. 강원도 18개 농가가 공수하는 국내산 콩이 부드럽고 고소한 맛의 비결이다.

서울 오래된 식당 중 불고기 · 갈비를 파는 고기집이 5곳, 설렁탕과 곰탕, 냉면을 파는 곳이 각각 4곳, 추어탕 3곳 등이었다.

서울 오래된 한식당 28곳

이름	주 메뉴	위치	개업연도	연락처(02)
이문설농탕	설렁탕	종로구 견지동	1904	733-6526
형제추어탕	추어탕	종로구 평창동	1926	919-4455
용금옥	추탕	중구 다동	1932	777-1689
은호식당	꼬리곰탕	중구 남창동	1932	753-3263
곰보추탕	추탕	동대문구 용두2동	1933	928-5435
잼배옥	설렁탕	중구 서소문동	1933	755-8106
청진옥	해장국	종로구 종로1가	1937	735-1690
하동관	곰탕	중구 명동1가	1939	776-5656
한일관	불고기·냉면	강남구 신사동	1939	732-3735
옥천옥	설렁탕	동대문구 신설동	1941	2292-8201
우래옥	냉면·불고기	중구 주교동	1946	2265-0151
부여집	꼬리곰탕	영등포구 당산동2가	1947	2633-0666
강서면옥	냉면	중구 서소문동	1948	752-1945
옥돌집	불고기	성북구 길음동	1948	988-8877
명동할매낙지	낙지백반	중구 명동2가	1950	757-3353
진주집	꼬리곰탕	중구 남창동	1950	318-7072
문화옥	설렁탕	중구 주교동	1952	2265-0322
연남서식당	소갈비	마포구 노고산동	1953	716-2520
마포진짜원조최대포	돼지갈비	마포구 공덕동	1956	719-9292
열차집	빈대떡	종로구 공평동	1956	734-2849
삼거리먼지막순대국	순대국	영등포구 대림1동	1957	848-2469
오장동함흥냉면	냉면	중구 오장동	1958	2267-9500
태조감자국	감자탕	성북구 동소문동	1958	926-7008
전주중앙회관	곱돌비빔밥	중구 충무로1가	1959	776-3525
고려삼계탕	삼계탕	중구 서소문동	1960	752-9376
함흥곰보냉면	냉면	종로구 인의동	1960	2267-6922
역전회관	바싹불고기	마포구 용강동	1962	703-0019
진주회관	콩국수	중구 서소문동	1962	753-5388

김홍우 한식재단 사무국장은 “일본 · 프랑스는 100년 넘은 식당이 많지만, 식민지와 전쟁을 겪은 우리나라에서는 찾기 어려웠다”며 “오래된 한식당들은 대부분 설렁탕 · 곰탕 등 적은 돈에 먹을 수 있는 서민 음식을 파는 곳으로, 싸면서도 깊은 맛을 내기 때문에 오래 사랑을 받은 것 같다”고 했다.

조선일보

3) 향후 국내 외식사업의 환경

20세기 국내 경제발전 및 외식업 발전을 주도해 온 베이비붐 세대(1946년~1963년 출생)들이 21세기에는 실버층 세대가 되어 많은 외식산업 전반에 영향을 끼치게 될 전망이다.

외식업체의 경영진은 새로운 실버층(sliver generation)의 환경변화에 대응하기 위해 기존 경영전략을 근본적으로 재검토가 필요한 시점이다. 새로운 외식상품과 다양화에 따른 고객별 맞춤형 상품 등을 선호하게 될 것으로 예상한다.

외식사업 경쟁상대도 국내와 해외브랜드를 막론하고 국경이 없어지는 글로벌 환경을 맞이하게 됨으로 국내 외식업계는 미래지향적인 단기, 중장기 경영전략을 수립하고 사업목표를 명확히 해 나가야 할 것이다. 국제화 환경이 가속화되는 환경에서 외식업도 다양한 메뉴 개발과 운영시스템 등을 개발하고, 해외사업 진출과 해외고객을 위한 고객관리 및 마케팅전략을 구축해야 전문화되고 세분화된 외식서비스 환경을 대비할 수 있기 때문이다.

[그림 4-3] 한국 · 일본 1인당 GDP 전망

(단위 : 달러)

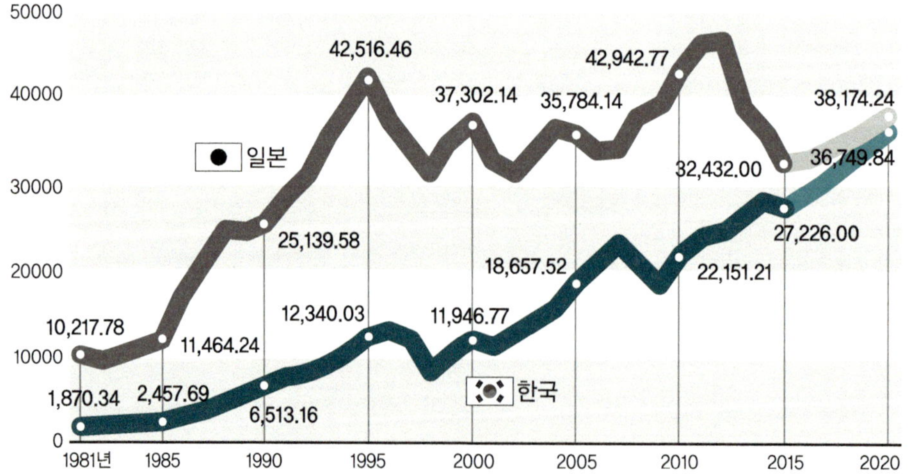

2014년 : 한국은행 · 통계청 데이터 바탕 추산, 2015년 : 현대경제연구원 추산
자료 : IMF 세계경제전망(2015년 10월)

[표 4-1] 향후 21세기 국내 외식산업의 발전 예상

구분	20세기 외식산업 현황	21세기 외식산업 현황
1. 주고객 형성	① 중년층 - 베이비붐 세대 ② 대가족 고객 ③ 여성고객주의	① 신세대 - 개성, 개인주의 ② Silver세대, 핵가족, 소규모 가족 ③ 연령별 여성고객주의
2. 외식 업종 & 업태변화	① Fast Food Restaurant (양식, 한식) ② Family Restaurant] (양식, 한식, 일식, 중식) ③ 대규모 레스토랑 (양식, 한식, 뷔페식) ④ 체인 및 프랜차이즈 기업 (양식, 한식 등)	① Casual Dining Restaurant, Cafe(커피, 브런치, 디저트, 건강식 등) (고급테마, 부띠크형태 전문푸드카페) ② Fast Cafe Restaurant (소규모 전문 패스트푸드점 - 피자, 햄버거, 스파게티, 우동, 만두, 냉면 등) ③ Home Meal Replacement(HMR) (가정대용식품 증가 - 햇반, 레토르 등) ④ Home Delivery Restaurant ⑤ Coffee, Take out Restaurant ⑥ Ethnic Food Restaurant (다문화 사회진입-이태원, 가리봉동, 안산 등 외국인 주거밀집지역 위주) ⑦ Food Court Restaurant (한, 중, 양, 일식 등을 같은 장소에서 제공) ⑧ Multi Concept Restaurant (업태의 변화 - 고객별, 시간대별 분위기, 퓨전메뉴, 서비스방법 등의 차별화)
3. 소비형태 변화	① 대량생산, 대량소비 ② 중저가, 획일적 소비 ③ Speed & Service 효율성 강조	① 개성적 & 문화적인 소비 ② 다양한 소비, 차별된 서비스 선호 소비 ③ 개인건강 및 웰빙 식생활 위한 기능적 소비
4. 인구동태 및 사회환경 변화	① 베이비붐세대의 자녀층 증가 ② 생명연상으로 노인층의 점진적 증가 ③ 대가족에서 핵가속화 ④ 신도시 개발로 인한 신시장 형성	① Silver층 증가(전체 인구의 20~25%) ② DINK & EATS 사회적 환경(Double Income No Kids, Entertainment Atmosphere Taste Sanitation) ③ 가족구성원의 변화(1~2자녀) 10~20대 인구의 격감현상 ④ 핵가족화, 이혼 및 독신자 증가에 따른 세대수의 증가

3 해외 외식사업의 성장과 발전

1) 미국의 외식사업

미국에서 근대적 외식사업의 시작이라고 할 수 있는 시기는 1827년 뉴욕 맨해튼에서 존(John)과 피터(Peter) 형제가 델모니코(DelMonico' s)라는 조그마한 카페·제과점 레스토랑을 시작하여 전문적인 고급레스토랑으로 발전시킨 때이다. 델모니코(DelMonico' s) 레스토랑은 판매하는 식음료를 품목별로 구성하여 메뉴를 작성하고 연회행사와 다양한 파티를 할 수 있는 상품을 개발하여 근대적인 레스토랑의 기초를 마련하였다.

〈www.delmonicosny.com〉

Delmonico' s History

Delmonico' s, opened in 1837 as America' s first fine dining restaurant, continues to serve the connoisseur of fine American food in its premier location at 56 Beaver Street, the heart of Manhattan' s financial district. Birthplace of the Delmonico Steak, Delmonico Potatoes, Eggs Benedict, Lobster Newburg, and Baked Alaska, the original Delmonico' s offered unheard of luxury – the availability of private dining rooms, an extensive wine cellar, innovative cuisine, and, above all, warm, personal service.

1920년대 미국은 경제적, 산업화 성장배경으로 본격적인 외식사업이 발전하기 시작하였고, 외식사업은 전국적으로 프랜차이즈 경영방식 도입하여 성장하였다. 또한 대도시 회사 및 공장 등에 급식사업도 시작하였다.

1950년대는 미국 외식업이 급성장하는 전환기가 본격적으로 시작되었다. 그동안 소규모로 운영되었던 햄버거 전문 외식업체 맥도날드가 창업 후 본격적인 체인프랜차이즈 사업화를 시작하여 전국적인 외식사업을 전개하였다.

〈www.mcdonalds.com〉

Mcdonald Hamburger History

Since 1955, we' ve been proud to serve the world some of its favorite food. And along the way, we' ve managed not just to live history, but create it: from drive-thru restaurants to Chicken McNuggets to college credits from Hamburger U and much more. It' s been quite the journey, and we promise this is just the beginning-we' ve got our hearts set on making more history.

햄버거 조리에 필요한 주방기계의 개발과 프랜차이즈 운영방식을 도입하여 전국적인 브랜드화를 구축하였다. KFC(Kentucky Fried Chicken)레스토랑도 1952년에 창업하여 전국 체인프랜차이즈 사업경영을 시작하였다.

〈www.kfc.com〉

KFC History

KFC Corporation, based in Louisville, Kentucky, is one of the few brands in America that can boast about having a rich, 59-year history of success and innovation.

In fact, KFC is the world's most popular chicken restaurant chain, specializing in Original Recipe, Extra Crispy, Colonel's Crispy Strips and Honey BBQ Wings, with home-style sides and freshly made chicken sandwiches. Since its founding by Colonel Harland Sanders in 1952, KFC has been serving customers delicious, already prepared complete family meals at affordable prices. There are over 15,000 KFC outlets in 105 countries and territories around the world.

1970년대 미국에서는 다양한 메뉴와 콘셉트를 가지고 외식업 브랜드가 생겨났으며 업체별 치열한 경쟁 속에서 자금력을 바탕으로 기업들 간의 인수합병도 증가하였다. 외식업체 간 생존을 위한 마케팅 전략을 개발하며, 차별화하기 위한 다양한 전략이 등장하였고, 운영의 안정을 기반으로 판매 전략을 위한 마케팅을 중시하는 경향이 나타났다. 이후 미국 외식산업의 고객 변화는 사회적 · 문화적 환경이 다양해지면서 고객별 취향과 식생활의 변화가 있으며 꾸준히 성장하였다.

오늘날 미국의 외식시장은 꾸준히 성장하는 추세이며 독립경영점포보다는 기업의 위주로 프랜차이즈 점포를 확대하며 미국 내와 전 세계로 사업영역을 넓혀가고 있다. 미국은 매년 90만여 개의 외식업체가 창업하며, 창업 실패 업체 수는 7~8만여 개로 10% 미만이며, 이에 반해 우리나라의 경우는 해마다 5만여 명의 창업자가 발생하나 거의 2~3년 안에 50%가 실패하는 독립경영점포형태의 외식업체이다.

[표 4-2] 미국 외식사업의 발전과정

	1930년대	1940년대	1950년대	1960년대	1970년대	1980년대	1990년대	2000~2009년
1인당 GNP	440	750	1,879	2,800	4,962	11,996	16,760	36,000~45,000
성장 단계	외식 산업화	발전기	도약기	사회적 안정시기	성숙기	성숙기	성숙기	성숙기
좋은 점포 입지	도심, 리조트	공항, 교외, 리조트	공항, 교외, 하이웨이	공항, 리조트, 교외, 하이웨이	도심재개발 지역, 공항, 교외, 리조트	도심재개발 지역, 공항, 교외, 리조트, 하이웨이	도심재개발 지역, 교외, 리조트	도심재개발 지역, 교외, 리조트
마케팅 전략	생산사 지향	개인판매 지향	대량판매 지향	시스템적, 대량판매 지향	새로운 콘셉트, 업태 등장	고객세분화에 의한 업태 등장	건강지향, 고객고령화, 욕구다양화	건강지향, 고객고령화, 욕구다양화
외식 동향	1935년 하워드존슨 아이스크림 체인	드라이브인, 기내식, 군대식	디스니랜드 오픈, 다수의 외식체인 등장	외식체인 시스템확립, 프랜차이즈 시스템 성장	오일쇼크에 의한 변화	기업의 경쟁력 강화	민족요리, 기업의합병 및 합병으로 계열화	민족요리, 기업의합병 및 합병으로 계열화
외식 테마	외식 시스템 출현	부분적 합리화 추진	외식산업 시스템 대두	외식산업으로서 성장	외식산업 변혁	적극적인 소비자 대응	외식산업의 산업화, 국제화	외식산업의 산업화, 국제화

사례 2016 The Most Popular Fast Food Restaurants in America

FAST FOOD TOP 10

		Brand Value 2016 $ Million	Brand Contribution	Brand Value % Change 2016 vs. 2015
1	**McDonald's**	88,654	4	9%
2	**Starbucks**	43,565	4	49%
3	**Subway**	21,567	4	-4%
4	**KFC**	12,386	3	-2%
5	**Pizza Hut**	8,309	3	-2%
6	**Chipotle**	8,031	3	-25%
7	**Domino's Pizza**	4,869	3	30%
8	**Tim Hortons**	4,673	4	2%
9	**Burger King**	3,685	2	16%
10	**Panera**	3,344	5	13%

Source: BrandZ™ / Millward Brown (including data from Bloomberg)
Brand Contribution measures the influence of brand alone on earnings, on a scale of 1 (lowest) to 5 (highest).

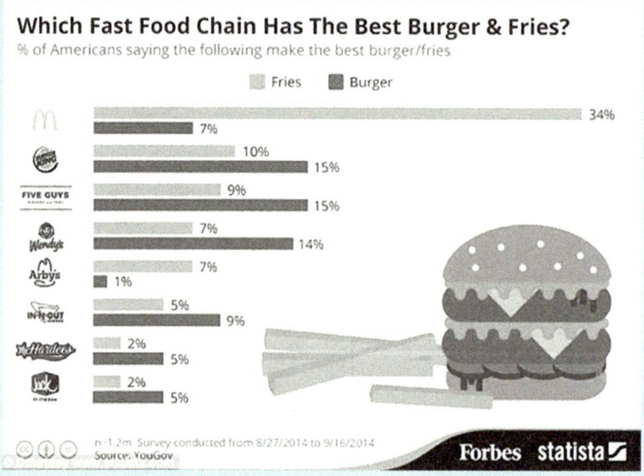

미국의 외식산업 시장규모(소비기준)

단위: 십억 달러

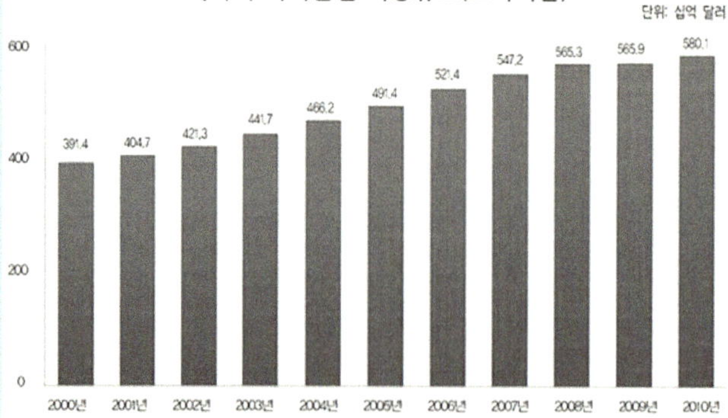

자료 : USDA, Economic Research Food Expenditure Series, 2009.
주: 2010년 매출액은 추정치임. (2010 figures are projected)

Americans love fast food. The top 15 fast food chains in the nation raked in a combined $115 billion in sales last year, and their 105,000 total stores blanket the landscape. They're defined as LSRs-"limited service restaurants"-which include burger joints, sandwich shops, coffee cafes, pizza places and more.

#1 McDonald's

2011 U.S. sales : $34.2 billion, Number of locations: 14,098

#2 Subway

2011 U.S. sales : $11.4 billion, Number of locations : 24,722

#3 Starbucks

2011 U.S. sales : $9.75 billion, Number of locations: 10,787

#4 Wendy's

2011 U.S. sales : $8.5 billion, Number of locations: 5,876

#5 Burger King

2011 U.S. sales : $8.4 billion, Number of locations: 7,231

#6 Taco Bell

2011 U.S. sales : $6.8 billion. Number of locations: 5,674

#7 Dunkin' Donuts

2011 U.S. sales: $5.92 billion, Number of locations: 7,015

#8 Pizza Hut

2011 U.S. sales: $5.4 billion, Number of locations: 7,595

#9 KFC

2011 U.S. sales: $4.5 billion, Number of locations: 4,793

#10 Chick-Fil-A

2011 U.S. sales: $4.05 billion, Number of locations: 1,600

#11 SONIC Drive-Ins

2011 U.S. sales: $3.68 billion, Number of locations: 3,531

#12 Domino's Pizza

2011 U.S. sales: $3.4 billion, Number of locations: 4,907

#13 Panera Bread

2011 U.S. sales: $3.30 billion, Number of locations: 1,480

#14 Arby's

2011 U.S. sales: $3.03 billion, Number of locations: 3,484

#15 Jack in the Box

2011 U.S. sales: $3.01 billion, Number of locations: 2,221

2014 The 10 Best Fast Food Restaurants in America

1) In-N-Out Burger
2) Papa Murphy's Take N'Bake Pizza
3) Portillo's Hot Dogs

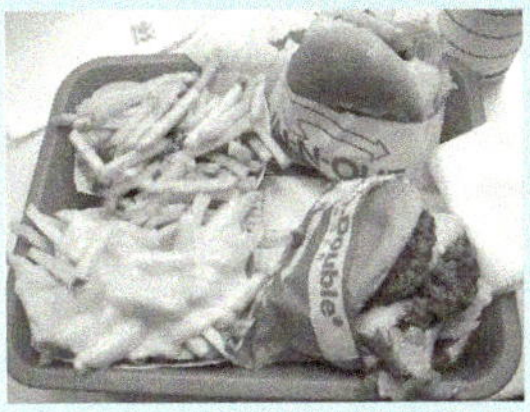

4) The Habit Burger Grill
5) Jason's Deli
6) Chick-Fil-A

7) Firehouse Subs
8) Potbelly Sandwich Shop
9) Rubio's Fresh Mexican Grill
10) Culver's

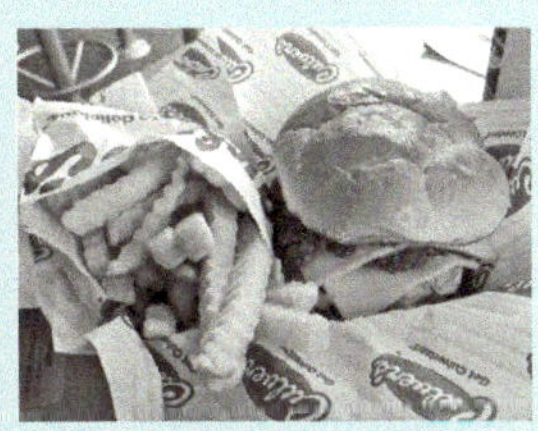

2) 일본의 외식사업

일본의 외식업 시작은 음식점의 대다수가 생업형 점포로 시작되었다고 할 수 있다. 생업형 점포는 규모가 작고 매출도 적었으며, 조리음식점, 채소가게, 생선가게, 두부가게 같은 대부분 생업형 소점포였으며, 음식점은 생활과 밀접하게 관련된 상품을 한 장소에서 판매하는 소규모의 생업형 점포가 일반적이었다.

일본의 경우 외식업계에 변화의 시기는 1960년대 고도성장시대 이후부터 시작되었다. 현재 일본의 외식산업 규모는 지속된 불경기 속에서 시장규모는 계속해서 줄어드는 경향을 보이고 있기는 하지만 전체적으로 25조 엔 이상을 형성한다. 이러한 시장규모는 일본의 자동차산업을 훨씬 웃도는 시장규모라고 할 수 있다.

외식산업의 시장규모가 처음으로 1조엔 대로 들어선 것은 1966년이다. 도쿄올림픽이 개최된 1964년부터 2년 동안 외식점포 수가 약 20%, 매출은 30% 이상 급등하는 성장률을 기록했다.

일본의 외식업은 1960년대 근대화 과정에서 1964년 도쿄올림픽을 개최하면서 성장하여 패스트푸드와 레스토랑 체인 및 프랜차이즈 운영조직이 생기게 되었다.

1967년과 1969년 1, 2차 자본 자유화를 계기로 미국의 외식체인 기업이 상륙함에 따라 외식기업은 다점포화, 조리의 CK(Central Kitchen)화, 점포운영의 표준화가 이루어지면서 본격적인 외식의 산업화가 시작되었다. 이 시기에 일본은 경제적 성장과 국민의 식생활이 다양하게 변화되면서 외식업체들은 식재료를 한 곳에서 가동하여 공급하는 중앙키친방식, 서비스의 매뉴얼화, 프랜차이즈 경영 방식이 미국으로부터 도입되면서 점차 성장하는 외식산업으로 발전하였다.

특히 1960년대 후반부터 1970년대에 이르러 차츰 미래지향적인 시각을 가진 외식경영자들이 등장하고, 규모 면에서는 소규모지만 새로운 매력을 겸비한 전문 외식업체가 증가했다.

이 시기에는 대도시부근 번화가에서 큰 인기를 얻었던 외식업종과 업태는 카운터바, 펍(pub), 로바다야키(ろ-ばたやき, '이로리바타' 라는 것은 '농가 등에서 마룻바닥을 사각형으로 도려파서 방한, 취사용으로 불을 피우는 장치의 주변', '로바타야키' 라

는 것은 '손님 앞에서 물고기, 고기, 채소 등을 로바타 즉, 이로리바타풍의 난로가에서 구워서 제공하는 요리점') 전문점 등이 있었고, 그 중에서도 로바다야키는 일본 식문화를 접목한 전문 외식업체이다.

로바다야키 외식업체는 일본인들이 선호하는 해산물 등 어패류나 채소를 오븐키친 카운터에 늘어놓고 고객이 원하는 음식을 그 자리에서 만들어주는 형태로, 새로운 레스토랑 서비스 업태의 출발점이라고 할 수 있는 요소를 가지고 있다.

www.yahoo.com

1970년대 초 일본에 진출한 맥도날드는 일본 외식산업 발전의 견인차 역할을 하였고 맥도날드 출현은 외식업의 대중화에 공헌하였다. 이후 전 세계에 닥친 오일쇼크는 일본에서도 외식창업활동 위축과 패스트푸드와 같은 저렴한 가격대의 외식업이 선호되며, 교외형 패밀리레스토랑과 같은 알뜰한 개념의 외식 시장이 번성하는 계기를 마련하였다.

해외의 유명 외식브랜드들이 일본에 진출함에 따라 일본에서도 이를 모방한 스카이락이나 롯데리아 브랜드와 같은 일본 자생브랜드의 출현으로 일본의 외식시장에서 외식업체 간 경쟁이 심화되었다. 1969년 로열호스트 1호점, 1970년에는 스카이락 1호점이 개점하며 패밀리레스토랑 시대가 본격적으로 시작되었다.

1970년대에는 이런 새로운 외식 브랜드의 개발은 외식 근대화의 더욱 탄력을 받으며 외식업이 체인 및 프랜차이즈 사업 전개를 시작하는 계기가 되었다.

일본 외식업계의 가장 큰 특징은 다른 산업과는 달리 독점적으로 시장을 점유한 외식업체가 없다는 것이다. 최대 매출 실적을 자랑해온 맥도날드조차도 전체 1%에 지나지 않는다.

www.skylark.co.jp www.iheartjapan.ca

외식업의 체인 및 프랜차이즈화는 메뉴상품, 서비스, 매장 오픈, 입지개발 등 여러 부분에서 외식사업을 성장시켰고 큰 혁신을 가져왔다. 하지만 전반적 외식업계는 아직도 개인경영의 생계형 점포인 독립경영형태가 주를 이루었다.

1980년대는 일본경제가 더욱 번영을 지속하는 경제적 환경이었다. 일본 외식산업은 미국계 외식 대기업인 웬디스, 코코스, 게드 래브스터 등의 해외브랜드를 꾸준한 제휴와 수입하여 외식산업이 20조 엔 규모의 시장으로 성장하며 발전하였다.

1980년대에는 1983년부터 시작한 카페 바(Bar) 형태의 새로운 외식업체가 증가하였다. 이러한 카페 바(Bar)는 캐주얼(Casual)하고 스타일리쉬(Stylish)한 콘셉트(concept)를 가지고 현재에 이르기까지 다양한 스타일의 새로운 트렌드(Trend)를 만들고 있다. 이 경제 시기에서는 미국식 프렌치 레스토랑이 증가하였다.

1990년대에는 버블경제붕괴와 함께 프렌치 레스토랑의 창업도 줄어들고 이탈리안 레스토랑이 증가하였다. 이탈리안 레스토랑은 프렌치 레스토랑에 비하여 좀 더 편안한 분위기인 캐주얼레스토랑 업태를 선택하고 있었기 때문이다. 이 시기에 시작된 이탈리안 레스토랑의 인기는 현재까지도 지속되며 다양한 메뉴로 응용되고 발전하고 있다.

레스토랑의 체인 및 프랜차이즈화의 환경 속에서 쇠고기덮밥과 회전초밥집의 급속한 성장도 있었다. 특히, 회전초밥 체인 및 프랜차이즈 레스토랑은 저렴하고 신속한 서비스를 제공하면서 고급화되기 시작했으며, 개인이 운영하는 소규모 독립경영형태의 초밥점포의 시장을 잠식하였다. 이는 브랜드 인지도 및 식재료비가 저렴한 대량 구매의 장점과 체인 및 프랜차이즈 비즈니스 형태의 운영 장점이 부각되었다.

오늘날 일본의 외식산업 성장은 체인 경영방식 통하여 직영과 프랜차이즈 방식이 많이 기여하였다. 프랜차이즈 시스템의 도입 초기였던 1970년대에도 기존의 삿포로라멘이나 테이크아웃 도시락, 햄버거, 프라이드치킨 등의 브랜드를 이용하여 새로운 시장을 개척하고 있었다. 1980년대에는 선술집을 비롯하여 큐슈라멘, 회전초밥, 배달피자 등의 붐이 일었다. 버블경제가 붕괴하고 불황에 빠져있던 1990년대에는 키타카타라멘, 카페, 베이커리, 스테이크, 카레, 야키니쿠 등 계속해서 새로운 업태가 생겨났으며 오늘날 프랜차이즈 레스토랑이 차지하는 시장규모는 외식시장 전체의 10%를 가볍게 넘었다.

(1) 일본 외식산업의 성장 요인

❶ 경제발전으로 인한 개인 소비 증대

- 과거 사회 불안요인이 일부 있기는 하였으나 전반적으로는 호경기
- 경제성장과 개인소비 증가로 외식산업을 크게 성장
- 소득증대의 향상은 기초적인 먹거리보다 고급스럽고 개성적인 외식시장으로 고객시장 확대

❷ 도시화 확대와 주 2일 휴무제도 확대

- 가족들의 가정 외 외출 기회 증대
- 레저시간 증가 및 쇼핑과 함께 외식수요 증가

❸ 도시화와 인구의 교외 이동

- 인구의 교외 이동 : 도로변이나 교외 주변의 중소도시 외식업체로 이동
- 도시화 : 도시로의 인구 유입으로 인해 새로운 창업 기회를 창출
- 독신자 증가로 인해 외식 의존 현상이 증가
- 가정생활의 다양화와 휴가기간의 증가는 새로운 형태의 외식업을 개발하는 계기

❹ 맞벌이 부부의 증가

- 일하는 주부의 증가로 인해 식사준비 및 가사시간을 단축시키려는 욕구 증대

❺ 생활의 서구화, 고급화, 간편화 추구

- 새로운 생활 스타일의 변화
- 전통적인 1일 3식에서 개성화된 1일 5식으로 변화
- 생일이나 각종의 기념일 행사 증대는 전체적인 외식업 규모를 증대

■일본 주요 외식 브랜드 국내 시장 진출 현황

2013년 3월 말 기준

브랜드	국내진출	주메뉴	매장수	특징
가츠라	2000년	돈까스·사케	40여 개	10년 이상 장기 존속 브랜드
사보텐	2001년	돈까스	70여 개	아워홈에서 운영
코코이찌방야	2008년	카레	17개	세계적인 카레 전문점 브랜드
갓파스시	2009년	저가 스시	6개	100여 가지 초밥을 1500원 가격에
갓덴스시	2010년	저가 스시	3개	즉석초밥
만텐보시	2010년	일본풍 양식	2개	1980~90년대 국내에서 유행한 경양식 전문점 스타일
스시로	2011년	105엔 스시	5개	일본 회전초밥 브랜드 1위
도쿄하야시 라이스클럽	2011년	카레 하이라이스	5개	60년 역사의 일본 외식기업
잇푸도	2011년	라멘	3개	일본 하키타 지방의 전통 라면
모스버거	2012년	수제버거	3개	일본 토종 햄버거 브랜드 1위
고에몬	2012년	스파게티	2개	일본 최대 파스타 프랜차이즈, 스파게티를 젓가락으로 먹음
마루가메제면	2012년	우동	2개	토핑을 골라먹는 우동
호토모토	2012년	카페형 도시락	2개	일본 도시락 브랜드 1위

2013년 국내진출 일본 외식기업 〈https://www.google.co.kr〉

■ 일본의 외식시장 규모

(단위 : 엔)

		2000년	2003년	2005년	2007년
급식부문	음식점	12조 9241억	12조 906억	12조 1565억	12조 4806억
	기내식	2563억	2543억	2539억	2524억
	숙박시설	3조 9629억	3조 2816억	3조 1209억	3조 1333억
	학교	4853억	4780억	4711억	4793억
	사업소(기업 등)	2조 1192억	1조 9941억	1조 9341억	1조 8919억
	병원	1조 29억	9815억	9807억	9815억
	보육원	2238억	2419억	2492억	2659억
요식부문	선술집 등	2조 5047억	2조 2204억	2조 1975억	2조 1584억
	바 등	3조 5134억	3조 260억	3조 264억	3조 576억
기타 가공 식자재 소매		5조 6593억	5조 8728억	6조 1056억	6조 2169억
전체 규모		31조 9804억	29조 8260억	29조 9061억	30조 3409억

자료 : aT
출처 : https://www.google.co.kr

[표 4-3] 일본 외식산업의 발전과정

연도	1인당 GNP	외식사업 동향	외식업계
1940년대	0	• 요식업으로 시작 (우동, 국수, 튀김, 김밥) • 백화점 내 식당가 등장 • 일반 레스토랑 등장	로얄(1950)-공항 내 제과점, 고급 레스토랑
1960년대	1,400 ~	• 요식업에서 외식산업으로의 태동기 • 음식자유화를 근간으로 발전	로얄호스트(1969)
1970년대	5,000 ~	• 서구식 외식업의 도입(도약발전기) • 외식산업으로 성장가능성 시사 • 센트럴키친, 운영의 매뉴얼화 • 외식혁명(1978년 GNP 8,500달러)	스카이락(1970), KFC, 맥도날드(1971), 롯데리아(1972), 데니스재팬(1973), 카사(1978), 웬디스(1978)
1980년대 초반	10,000 ~	• 외식산업의 전환기(고도 성장기) • 고도성장 및 활성화(대기업 참여) • 프랜차이즈 사슬화 및 다점포 전개	스카이락, 데니스재팬 등 상장회사 출현

연도	1인당 GNP	외식사업 동향	외식업계
1980년대 후반	20,000 ~	• 외식산업 중성장기 • 종합정보네트워크 및 정보종합 관리망구축 • 식자재공장, 자동화 물류센터 건립 • 고감도 외식산업으로 진입	외식기업그룹 등장 –스카이락, 로얄 세이부존 다이에이 등
1990년대	28,000 ~	• 외식산업의 중성장기 및 침체회복기 • 민속요리점 출현 및 해외진출 복합점포, 공동출점 • 종합생활기업추구 및 전략적 경영혁신	웰빙 패스트푸드
2000년대	32,000~	• 외식산업의 중성장기	
2010년대	36,000~	• 외식산업의 신성장기	

참고

일본 2012년 업태별 패스트푸드 '호조'

'안전 · 안심' 이 외식 부활의 열쇠!

트렌드에 편승하기보다 '기본에 충실' · SNS 활용한 마케팅 부상

일본의 닛케이레스토랑은 지난해에 이어 올해도 2012년 업태별 발표, 업계의 관심을 모았다. 외식업 경영자들의 의견을 모아 분석한 결과 패스트푸드는 호조. 우동과 소바는 반신반의. 패밀리레스토랑과 이자까야, 스시는 약간 기대되는 정도. 반면 야끼니꾸와 카페, 디너레스토랑은 고전할 것으로 나타났다.

- 패스트푸드 : '가격이 싸고 가볍게 먹을 수 있는 식사' 에 대한 인기는 지난해에 이어 올해도 호조를 보일 듯. 그러나 일본맥도날드와 같이 점포 수를 일정 수준으로 정리하는 작업이 타 패스트푸드 업체에서도 이뤄지지 않으면 제살 깎아 먹기식의 소모전을 겪을 수도 있음을 경고.
- 패밀리레스토랑 : 신규업태에 밀려 식상한 이미지를 어떻게 탈피하는가가 문제. 메뉴 개발과 가격정책의 균형을 어떻게 맞춰가는 지가 승패를 가를 것으로 전망.
- 이자까야 : 와인바와 같은 인기업태가 등장함으로써 영향을 많이 받고 있는 상황. 지

역특산물을 활용한 차별화된 메뉴와 특별서비스를 콘셉트로 하는 새로운 브랜드들이 선전하고 있어 주목.

- 스시 : 교외에 위치한 회전스시전문점의 인기는 여전하다. 그러나 방사능 오염문제가 생선류에도 영향을 미치지 않을까 우려됨. 엔고로 인한 식재료 가격 인하에 일말의 희망을 걸어보는 상황.
- 야끼니꾸 : 식중독과 방사능 문제 등 올해 야끼니꾸 업태에는 악재가 겹치고 있다. 전반적으로 침체된 분위기가 가장 큰 문제로 지적됨. 그러나 야끼니꾸 경기가 바닥을 쳤으니 이제부터는 다시 상승할 것이라는 기대도 확산.
- 우동 · 소바 : 저가격, 셀프서비스 형태의 점포가 특히 호조. 경기가 나쁠수록 국민식은 매출이 꾸준한 법. 도심에서는 점포 수가 몰려 경쟁이 심화될 우려도 보임.
- 카페 : 점포 수가 포화상태에 이른 현상이 쉽게 해소되지 않는 한 소모전이 반복될 수밖에 없는 상황.
- 디너레스토랑 : 잘 되는 브랜드와 안 되는 브랜드로 양극화가 극대화됨. 경기불황으로 접대 등이 줄어든 것도 이 업태가 고전하는 주요인. 상황은 비슷할 듯.

3) 중국의 외식사업

중국의 외식산업의 매출액은 2000년 이후 연평균 +18.2%라는 경이적인 속도로 증가하고 있고 2005년에는 진년 대비 17.7%증가한 8,886억 8,000만 위안을 기록하었다. 외식수요가 개인소비 전체에서 차지하는 비율도 급격하게 상승하고 있는데 1990년의 5.1%에서 2005년에는 13.2%로 상승하였다.

총 인구와 1인당 소득의 동향을 감안하여 외식시장의 장래 예측을 해보면, 2010년에는 1조 6,080억 위안, 그리고 2012년에는 1조 9,556억 위안으로 현재의 일본(2003년에 1조 7,876억 3,000만 위안)을 상회하는 시장규모가 될 것으로 보고 있다. 더 나아가 2015년에는 2조 6,043억 위안, 2020년에는 3조 6,856억 위안에 달할 것으로 보고 있다.

외식시장의 연평균 성장률은 2005~2010년이 +13.6%, 2010~2015년이 +10.4%, 2015~2020년이 +7.6%가 될 것으로 보인다. 시장규모의 확대와 함께 성장속도는 서서히 둔화할 것으로 보이지만 2015년까지는 2자릿수를 초과하는 고성장을 지속할 전망이다. 외식수요의 급성장이 지속되는 가운데 중국 국내에서 사업을 전개하는 외식산업의 실적은 호조로 추이하고 있다. 외자기업의 진출도 가속화되고 있으며, 외식산업의 중국진출에는 이들 기업에 식재나 향신료 등을 제공하는 식품 메이커의 수출·직접투자를 확대시키는 효과도 있다.

(1) 규제완화로 외국자본의 참여 확대

2004년 말에 외자기업 유통업체에 대한 출점 규제가 완화되어 외국자본 기업의 중국진출은 향후 더욱 증가할 것으로 보인다. 이미 대형 패스트푸드업체인 미국의 켄터키 프라이드치킨 1,000점포, 미국 맥도날드 700점포가 중국에 진출하고 있는 등 일본의 외식산업도 국내시장이 부진을 보이고 있는 가운데 중국시장으로 활로를 모색하고 있다.

(2) 외식시장 동향

중국의 외식 산업은 정식요리, 패스트푸드 등 크게 몇 종류로 나뉜다. 서양요리는 서서히 증가하고 있지만 규모는 그다지 크지 않으며 패스트푸드는 미국계가 중심으로 KFC, 맥도날드, 피자헛 등이 중심이다. 중국식 패스트푸드도 서서히 성장하고 있다. 중국요리는 대다수 소비자의 입맛에 맞고, 또한 종류도 풍부하고 점포도 다양하여 소비자로부터 인기를 얻고 있으며, 여전히 중국 외식 시장의 주도적인 위치를 차지하고 있다. 패스트푸드와 서양요리는 중국에서 급격히 확대되고 있으며, 커피와 찻집은 잠재 수요가 비교적 클 것으로 보이며 향후 수년간 점진적으로 시장이 확대될 것으로 예측된다.

(3) 체인형 패스트푸드 시장 성장

현재 중국의 패스트푸드 체인은 아직 초창기이며, 외국 체인을 참고하거나 모방하면서 경험을 쌓아가고 있는 단계이다. 그러나 연해부나 내륙부 몇 군데의 대중 도시, 관광도시, 비교적 경제가 발전된 지구에서는 패스트푸드는 이미 출장자, 여행자, 비즈니스맨이나 샐러리맨, 학생 등에게 필수불가결한 존재가 되고 있다.

중국 경제의 고도성장과 국민 생활수준의 향상이 패스트푸드 성장에 큰 요인이 되고 있다. 패스트푸드 시장 성장의 최대 요인은 '편리함'과 '신속성'이다. 중국 경제의 급

성장에 의해 국민 생활 리듬이 서서히 변화하고 사람들이 먹고 마시는 시간이 짧아지고 있다.

에너지, 인건비가 상대적으로 낮은 편이어서 요식산업의 원가가 감소하면서 요식기업의 이윤의 증가에 유리하고 외식산업의 품질 향상을 촉진할 것이다.

21세기에 들어선 후 중국 사람들의 생활 리듬이 빨라지면서 패스트푸드에 대한 수요가 꾸준하게 성장하고 있으며 따라서 패스트푸드의 사회와 산업적 지위가 확립되면서 소비의 대중화와 강력한 특징이 더욱 충분하게 나타나고 있다.

(4) 새로운 업태의 외식업의 등장

100대 요식기업 중 종합류 외식기업은 6개로 매출액이 합계 38.46억 위안에 달하여 100대 기업 매출총액의 3.77%를 차지하였고 전년 대비 16.86% 증가하였으며, 기타 10개 호텔 외식기업은 매출액이 합계 75.45억 위안으로 100대 기업 전체의 7.40%를 차지하였고 16.26% 증가하였다.

중국 국내 패스트푸드기업들은 글로벌 경쟁에 직면하고 있는데 중국의 로컬 기업들은 저렴한 원가, 높은 부가가치, 차별화 경영 등을 사용할 수 있다.

식품 안전이 기업의 운명을 결정하게 될 것이며, 2009년 6월 1일 「식품안전법」이 정식으로 실시되면서 중국은 위법 행위에 대한 제재를 확대하고 있다.

(5) 향후 중국의 외식산업 선망

중국식 패스트푸드 기업이 체인 경영에서 큰 성과를 거두지 못하고 오히려 큰 대가를 치른 관건은 본부체인, 체계지원과 점포복제 때문이라는 판단 하에 중국은 체인 본부와 점포 간의 체계 지원은 합리적인 비례에 따라 설계되어야 하며 비례가 경영 질서를 결정하게 될 것으로 예상된다. 배달 서비스가 점포의 경영 질서를 개변할 것이고, 서비스 외부 하청은 외식산업의 경영 질서를 개선하게 될 것이다. 발전 모델의 조정이 패스트푸드 기업의 전환 구도를 결정과 "자본"주의가 점포의 형태의 심미 구도 즉, 유행과 자본, 아름다움, 정교 및 브랜드가 결합되어야 개성화된 서비스가 흐름의 구조조정 구도를 결정하게 될 것이다.

중국의 외식수요가 급격하게 확대된 배경에는 ① 국민들의 생활수준의 향상과 ② 여가시간의 증가가 영향을 미치고 있는 것으로 보고 있다. 중국인은 원래 '食'에 대한 관심이 높아 소득이 증가하면 식생활이 그에 따라 다양화 · 고도화되는 경향이 강한 것으로 알려지고 있다. 또, 1990년대 말부터의 대형 연휴제도의 도입 등으로 인해 국민의 여가가 증가하고 있는 점도 국민의 외식수요를 자극하고 있다. 실제로 상해나 광주(廣州), 심천 등의 대도시 연안부에서는 축제일에 고급 레스트랑이나 캐주얼 레스토랑을 이용하는 가족이 급증하고 있는 상황이다.

■ 팽창하는 중국 외식사업　　　　(단위 : 억 위엔, 매출액)

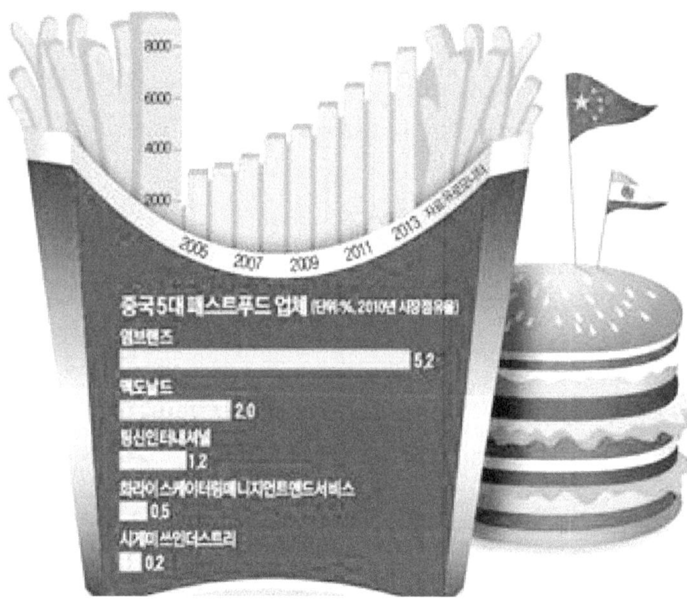

※2012, 2013년은 예상치
출처:https://www.google.co.kr

참고 국토연구원이 본 40년 뒤 2050년 한국의 모습

인구 10명 중 1명은 외국인이며 1인당 국민소득(GDP)은 8만 달러!

국토연구원이 그려본 2050년 대한민국 모습이다. 국토연구원은 3일 국토해양부에 이 같은 내용이 담긴 '그랜드 비전 2050 : 우리 국토에 영향을 미칠 미래 변화 전망 분석' 중간 보고서를 제출했다.

'2050년 대한민국 국민소득 8만 달러…국토연구원 '그랜드 비전 2050…' 보고서' 중에서(국민일보, 2009.9.3)

앞으로 40년 후인 2050년의 대한민국은 어떤 모습일까?

트렌드를 읽으려는 노력의 중요성을 자주 말씀드립니다만, 오늘 참고자료가 또 하나 나왔습니다. 국토연구원이 국토해양부에 제출한 '그랜드 비전 2050 : 우리 국토에 영향을 미칠 미래 변화 전망 분석' 중간 보고서입니다. 이런 자료는 열심히 챙겨보아야지요.

- 1인당 국민소득 8만 달러.
- 인구는 남한이 700만 명 감소한 4200만 명, 북한이 100만 명 증가한 2500만 명. 남북한 인구는 6700만 명.
- 세계에서 차지하는 남북한 인구 비율은 현재의 1.1%에서 0.8%로 감소.
- 신생아 수는 2010년 43만5000명에서 2050년 19만3000명으로 감소.
- 고령화율(전체 인구 중 65세 이상 인구 비율)은 38.2%로 세계 최고령 수준.
- 외국인은 2020년 254만 명, 2050년 409만 명으로 증가. 인구 구성비로 보면 2020년 5%, 2050년 9.8%로 증가해 영국과 같은 수준의 복합 민족 국가가 됨.
- 인구 1000만 명이 넘는 '메가시티'가 지금의 21개에서 2050년에는 2배 이상 증가. 우리나라에서는 기존 경인권(서울 · 경기 · 인천) 외에도 부울권(부산 · 울산 · 경남)이 메가시티로 부상.
- 산업은 정보산업(IT) 바이오산업(BT) 에너지기술산업(ET) 문화산업(CT)이 융합된 IBEC 산업 중심으로 재편. - 로봇의 보편화로 노동시간의 50%를 로봇이 대신.
- 기후변화로 한반도는 아열대 기후로 바뀜. 대표 나무가 소나무에서 더위에 강한 졸참나무로 바뀜. 사과나무는 사라짐.

제5장

외식사업의 환경과 경영전략

1 외식사업의 환경

1) 사회적 환경

1970년 약 250달러 정도밖에 되지 않았던 우리나라의 1인당 국민소득(GNI)은 한국은행이 발표한 자료에 의하면 2013년 약 $24,000로 1970년 대비 약 10배 증가하였다. 정부는 선진국 진입을 목표를 위하여 수출지향적인 경제개발에 의한 지표는 성장하고 있지만, 목표달성을 위한 주변의 불안한 요소가 많이 있다.

1997년의 IMF 외환위기 시기의 서민경기 불황의 요소인 유가급등, 대출금리 인상, 소비심리 위축, 저성장의 지속과 사회 환경의 급격한 변화 및 새로운 트렌드 등장으로 외식산업도 영향을 받는 현상이 나타났으며, 2000년 초반부터 시작된 웰빙 트렌드의 외식환경은 소비자들이 건강의 중시를 위한 식생활과 함께 모든 외식 콘셉트에 건강개념이 도입되면서 영양학적인 측면과 음식을 즐기는 식도락 형태의 외식환경으로 변화하고 있다.

출처 : https://www.google.co.kr

사회적인 콘셉트의 변화에 의한 건강을 위한 음식종류는 전통발효 숙성음식의 현대화, 슬로푸드 음식과 구워먹는 음식 대신에 다이어트 식단, 삶는 요리로 샤브샤브, 저칼로리 샐러드 및 건강을 위한 자연 친화적인 선호메뉴로 변화하고 있다.

또한, 음식의 영양적인 측면, 맛의 차별화, 차별화된 아이템의 전문요리를 기본으로 세분화되는 외식창업이 이루어지고 있으며, 음식종류는 자연의 영양을 충분히 살린 건강지향의 음식과 전통적인 전골류, 찜류, 사찰음식, 샤브샤브, 수육, 갈비요리전문, 돼지요리전문, 닭요리전문, 오리요리전문, 해산물, 한식부페 등이 다양하게 변화하면서 외식고객이 선호하고 있다. 기존 업종과 업태의 통합 및 세분화현상은 새로운 업종과 업태가 기존의 틈새시장에 진출하는 현상이 다양하게 나타날 수 있으며 고객 니즈의 다양화에 따른 맞춤형 마케팅전략이 필요하다.

소규모 가족창업 및 1인 창업의 형태의 세분화된 창업이 증가하여 인건비절감, 소형평수창업, 반가공품 및 완제품의 활성화에 초점을 맞추게 된다.

가족고객들이 부담 없이 방문하는 거주지역 주변에 서민형 음식의 고급화와 기존 고급 한정식음식의 중저가로 깔끔하고 세련된 가족형 한식부페 형태의 네이버후드 레스토랑(Neighborhood Restaurant)이 지속적으로 생겨날 것이다.

고객편의 중심의 포장판매, 식사용 소포장, 지역 특산물, 고객중심의 만족시스템 실현, 외식경영자를 위한 평생학습 시스템 접목을 위한 평생교육원, 커뮤니케이션훈련, 리더십 훈련, 관리자교육 등은 외식사업 성장과 함께 필요한 사회적 환경이다.

2) 소비적 환경

세계의 소비자 동향은 미국과 유럽 국가들의 전반적인 경기 침체와 시시각각 변화하며 우리나라 및 세계 각국의 경제에 영향을 미치고 있다.

우리나라의 경제적인 침체변화에 따른 소비자들의 소비 동향은 발생하는 사회변화에 영향을 받으며 실속 위주로 변화하고 있으며, 전반적인 소비성향에도 영향을 미치며 새로운 소비적 환경이 조성되고 있다. 경제 저성장 및 후퇴는 소비자들이 소비지출에 대해 심리적인 선택을 하게 하고 가처분소득에서 식품에 지출하는 비율이 낮아지기 때문이다.

외식업의 식품제조비용 상승 따른 세계의 소비동향은 인플레이션, 기후변화에 따른 농산물 가격 증가로 식품제조 비용이 상승되어 소비적 환경에 영향을 미치고 있다.

참고 **애그플레이션**(agflation)

애그플레이션(agflation)은 농업(agriculture)과 인플레이션(inflation)의 합성어로, 농산물 가격 급등으로 일반 물가가 상승하는 현상을 뜻하는 경제신조어이다.

소비형태의 변화는 인터넷 보급망의 발전과 새로운 기술의 도입은 보편화되어 온라인 유통 시스템이 현재보다 원활하게 이루어지게 만들 것으로 보인다.

사회 구조에서는 부유층이 더 늘어나고, 사람들이 계속 도시로 몰려 도시화가 지속적으로 이루어질 것으로 전망된다. 현재도 도시화의 증가와 인터넷 등 네트워크의 발전은 전통적인 사회공동체 방식을 바꾸고 있다. 세계의 인구는 점점 고령화되는 동시에 비만 인구가 점차 늘어날 것이다.

이러한 점을 미루어보면 향후의 예상되는 소비동향은 행복을 추구를 위하여 돈보다는 삶의 질을 더욱 중요시할 것으로 보인다. 또한, 일반 브랜드보다는 개인의 욕구충족을 위한 유명 디자이너들의 브랜드를 선호하는 사회풍조가 더욱 확대될 수 있다. 이에 따른 부작용은 모조품 제조와 판매로 이어져 모조품은 식품, 가방, 의류, 의약품, 산업 전반에 영향을 미칠 것이다.

또한 국가의 경제 침체는 소비자들의 삶에 대한 생각을 바꾸는 계기가 될 수 있을 것이다. 경제침체에 의한 실업률이 증가는 소비성향에 큰 영향을 줄 것으로 예상된다. 건강에 좋은 고가의 식재료를 구입하지 못하는 소비자들은 사회적으로 건강과 웰빙을 추구하는 분위기에도 저가격 고칼로리 음식을 소비하여 비만층이 될 가능성이 높아진다. 향후의 소비성향에 많은 영향을 주는 요소는 기후 변화, 인구의 고령화, 비만 인구의 증가, 빈부격차, 지속되는 세계경제 위기 등이라고 할 수 있다.

이러한 소비자의 동향은 변화하는 환경에 따라 식품을 구매하는 소비자들도 과거와는 다른 양상을 보이고 선호하는 품목도 다양해지고 있다. 이러한 세계 경제추세를 파악하여 외식산업에서는 차별화된 전략을 세워 신제품 개발 및 경쟁력을 위한 대비를 해야 한다.

3) 글로벌 환경

세계 각국 지역의 식생활 문화는 음식의 종류, 조리법, 상차림, 먹는 방법, 식사에 대한 가치관 등이 오랫동안 변화하고 정착되고 형성되어 지리적으로 구분되는 타 지역과 차별화되어 계승되었다. 식생활문화 전통은 그 지역의 기후, 풍토 등의 자연환경을 기반으로 다양한 시대적 사회 및 경제적 환경요인들과 상호작용에 의해 새롭게 변화한다. 오늘날과 같은 글로벌 환경에서는 변화의 속도와 변화 매체의 발달로 식생활 문화는 서로 공유하며 장점과 단점이 반영되어 새로운 문화를 형성한다고 할 수 있다.

새로운 식생활 문화 형성에 영향을 주는 사회적 요인은 교육 정도, 직업, 세대차, 가족구성 등 다양한 요인이 복합적으로 작용하며, 지역적 종교도 음식문화에 미치는 영향력은 매우 강력하다고 할 수 있다.

동서양의 대표적인 종교는 크게 서양의 유태교, 기독교, 이슬람교를 들 수 있으며, 동양의 힌두교와 불교가 있다. 종교에 따라 식사행동체계가 달라질 수 있는데 특이한 점은 전 세계 인구의 40%를 차지하는 이슬람교와 힌두교를 믿는 사람들은 오른손으로만 음식을 먹는 수식매너가 엄격하게 지켜지고 있는 점이다. 이는 수저나 포크 같은 것들이 자신의 손만큼 청결하지 못하다고 생각 때문이다. 또한 종교생활 속에서의 음식은 종교의식이나 관습의 중요한 상징으로서 적용되어 왔고, 엄격한 식사규율에 따라 먹을 수 있는 것과 먹을 수 없는 것을 규정하고 있다. 유태교에서는 코셔(Kosher), 이슬람교에서는 할랄(Halal)이라고 하여 허용되는 음식을 정해 놓고 있다. 가공식품인 경우에도 사용된 원재료가 식사규율에 적합한 것인지 검증한 후 적합하다고 인정된 것에 한하여 포장에 기호로 표시하고 이런 기호의 표시가 있는 제품만 소비하고 있는데, 극히 소량 첨가되는 재료의 사용에도 규율을 엄격히 적용하는 점이다.

오늘날 글로벌 환경에서는 식문화뿐만 아니라 다양한 문화가 국가와 국민들 사이에 교류되고 있으므로 전통유지와 계승도 중요하지만, 외국인들과 공유할 수 있는 식문화를 개발해서 외식산업의 영역을 확장해야 할 것이다.

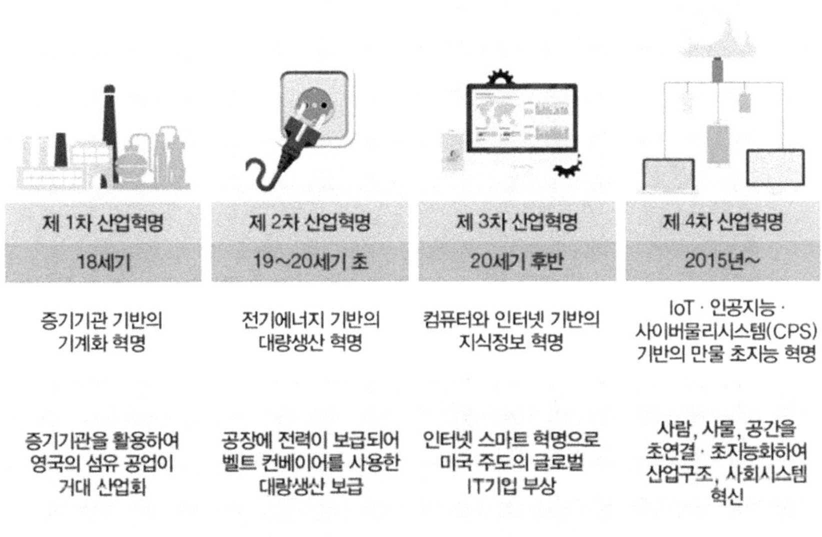

출처 : https://www.google.co.kr

2 외식사업의 경영환경

1) 외식사업의 경영

국내 외식업 환경은 과시형 소비, 모방소비, 충동구매에 힘입어 그 동안 호황을 누려온 외식업이 1997년 IMF(國際通貨基金, International Monetary Fund)를 맞이하여 수많은 외식업체가 도산 또는 적자경영에 허덕이고 있고 위기상황에 살아남기 위한 생존경쟁이 치열했음을 알 수 있다.

경제적으로 불황일 때는 제일 먼저 소비를 줄이는 분야가 외식분야이다. IMF로 경제적으로 중산층이 무너져 직장인은 주변식당 대신 구내식당이나 분식점 등을 이용하고 가정의 외식은 가정 내 식생활을 했던 시기가 있었다.

지금 20세기까지의 외식업의 성장배경을 간략하게 살펴보면 제2차 세계대전 후 출산붐에 의해 태어난 이 베이비붐 세대들이 20세기 외식산업을 발전, 유지시켜 왔으며, 이들에 의한 대량생산과 대량소비로 이어졌고, 품질, 서비스, 청결이라는 기본적인 관리로 성장을 했는데 특히 패스트푸드와 패밀리 레스토랑을 대표적으로 들 수가 있겠다.

21세기 유망산업으로 떠오르고 있는 외식산업은 사회적, 경제적, 문화적, 기술적인 요인에 의거한 무한한 성장 가능성, 고용불안과 실직한 가정이 늘어감에 따라 가계를 꾸려나갈 구체적인 대책의 필요성을 고려하여야 한다.

향후 소자본으로 창업할 수 있는 외식산업에 대한 관심이 날로 커질 것으로 전망하며 이미 많은 퇴직자나 조기 퇴직자 들이 창업을 통해 제2의 인생 도모하고 있다. 외식업 창업은 매년 꾸준한 증가 추세이지만 실패율은 타 산업에 비해 높은 편이다. 미국의 경우에는 매년 90만여 개의 외식업체가 창업하여 창업실패 업체 수는 7~8만여 개로 10% 정도이며, 우리나라의 경우에는 해마다 4만여 명의 창업자 발생, 거의 50%가 창업 실패하는 현상이다.

외식업을 하고 있는 창업자의 약 70%가 1년 이내에 업종전환, 30% 이내에 있는 업체도 지속적으로 치밀한 사항을 꼼꼼히 점검해 나가야 할 필요성이 대두되고 있다. 국내 외식산업의 문제점은 경영자의 인식부족, 종업원의 직업관 결여, 과도한 경쟁, 다국적 외식기업의 국내 진출, 프랜차이즈나 체인관리본부의 점포관리 불성실 등이 주요원인이 되고 있다.

[표 5-1] 사회변천에 따른 식생활 기능의 변화를 통해 외식산업의 변화 추세

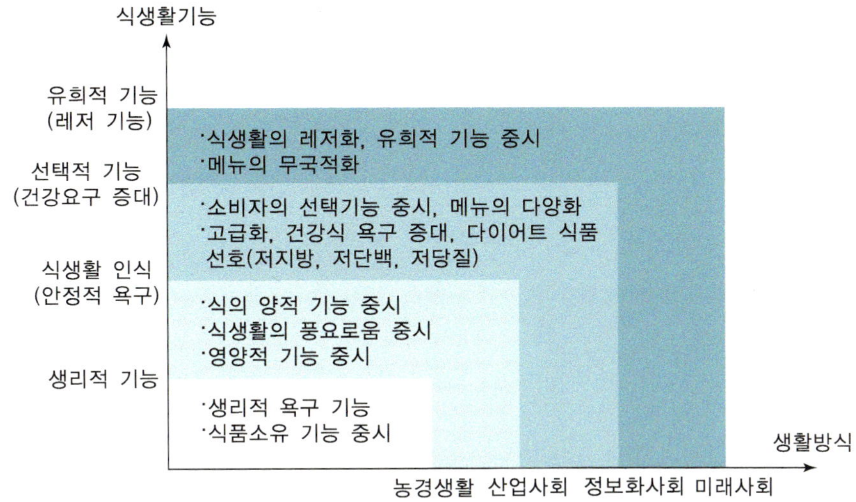

우리나라의 외식산업은 불명예스럽게도 일하기에 열악하다는 3D업종에 속한다. 전문 인력의 수급도 일본 7.3명, 미국 17.9명에 훨씬 못 미치는 2.8명에 이른다는 보고가 있다. 강도 높은 육체노동, 손님에게 받는 정신적 스트레스, 음식물 쓰레기 처리 등 딱히 어려운 것은 아니지만 부상의 위험과 열악한 근무환경 등을 이유로 3D업종에 포함되기도 한다. 시스템이 갖춰진 기업형 외식업체와 함께 국내 외식산업의 대부분을 차지하는 중소규모의 외식업체들이 고부가가치 및 기업회해 시스템에 의해 운영될 수 있도록 환경을 조성해 주는 것이 향후 30~40년을 내다보고 이뤄야 할 과제들이다.

2) 외식사업의 전망

20세기 외식업의 발전을 주도해 온 베이비붐 세대들이 21C에는 노인층 세대가 되어 많은 영향을 끼치게 될 전망이다. 이들 실버족들은 주거지역 중심의 특정지역에서만 한정적인 외식행동을 하게 되므로 상권의 전문화 현상이 가속화될 전망 등 몇 가지 요약해 보면 다음과 같다.

첫째, 세계무역기구(世界貿易機構, WTO : World Trade Organization)체제에 국제화가 가속화되어 24시간 내의 비즈니스시대가 됨으로 외식업도 메뉴개발과 운영시스템 등을 개발하여 국제화 시대에 발맞추어 나가게 될 것이다.

둘째, 인터넷을 통한 고객관리, 마케팅전략 등 고객을 더욱 세분화시켜 관리해 나갈 전망이며 셋째, 음식의 국적을 막론하고 현지화에 알맞은 퓨전화와 복합화가 가속화될 전망이다.

외식업은 '종합 예술'이라는 말이 있다. 그만큼 다양한 업무가 어우러져 하나의 작품이 탄생하는 것이 외식사업이다. 외식업이라는 브랜드 기획자, 메뉴 개발자, 매장 관리자, 조리사, 수퍼바이저, 상권분석 담당자 등 여러 직업이 모여 있다. 외식업에 관심이 많은 예비 종사자라면 업계를 자세히 들여다보고 본인의 특성에 맞는 업무를 파악해 그에 상응하는 준비를 해야 한다.

국내외식산업의 패턴은 신감각형 신업태의 출현과 기존 일반음식점의 근대화가 서서히 가속화되면서 복잡다양하게 전개될 뿐만 아니라 외식 전 부문에 창의적인 아이디어가 가미된 차별화 브랜드가 주도하며 고감도 산업으로 진입하게 될 것으로 보인다. 국내 외식산업의 첫 번째 흐름은 하이테크와 하이터치가 접목한 고감도의 감각형 음식점의 태동이다.

■국내 외식산업 규모

(단위 : 조 원)

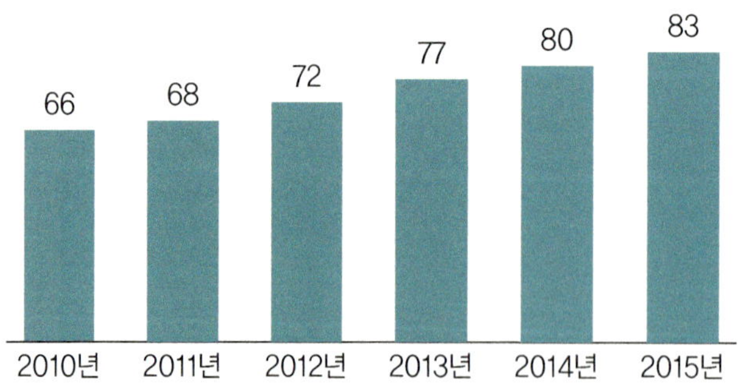

자료 : 한국외식산업협회 추정치

출처:news.mk.co.k

두 번째 흐름은 이문화와 이민족 간의 절충으로 한식에 일식이나 양식 감각을 도입하거나 역으로 양식에 한식이나 일식 혹은 중국요리의 기법을 도입하여 종래에 없었던 감각의 표현을 연출하는 절충요리점의 출현이다.

세 번째는 새로운 미각, 식사형태, 감각을 연출하면서 차별화된 공간에서 지적인 자극을 받거나 이제까지의 식상한 맛과 분위기에서 새로운 민속, 민족 음식점의 출현을 요구하게 되기 때문이다.

전통적인 것을 현대에 끌어들여 새로운 감각을 표출한다든지 혹은 복고풍을 반영한 현대적인 점포로 전통음식, 건축양식, 분위기 등을 종합하여 우리 옛것의 정감어린 향수를 현대 속에서 새로운 가치로 되살리는 전통 재개발형 민속 음식점이 탄생하고 있다.

관련산업인 인테리어 주방 설비, 컨설팅 관련 전문지 등의 발전과 속출이 예견된다. 나아가 농장공원, 유원지, 휴게소, 휴양지는 물론 호텔, 스포츠센터, 리조트, 골프장, 패션 등과의 복합화와 건설 및 부동산, 유통, 식재, 식품산업과도 연결하여 시대적인 소비패턴에 맞게 패셔너블한 점포 연출이 지금보다 더 중요시될 전망이다.

3) 외식산업의 환경

(1) 국제화

국내의 외식산업은 1980년대 후반 해외기업의 본격적인 국내진출로 인하여 선진 경영의 노하우 도입, 식음료 자재를 수입하여 외식 고객들이 식생활 패턴의 서구화되는데 많은 영향을 미쳤다고 볼 수 있다. 그동안의 국내 외식업은 영세성과 운영의 효율성 면에서 해외 외식업체에 상당이 뒤떨어져 있는 것이 사실이었다. 해외 외식기업체들의 국내 진출은 선진화된 교육매뉴얼을 습득한 인재 양성을 하였으며 외국인 매니저들과 함께 업무를 공유할 수 있는 국제화를 경험하게 되었다.

외식업계 현상은 국내 전통음식점을 대외경쟁력의 차원에서 경영 기술을 개선하고 발전시키게 하는 원동력이 되었다. 또한 국내 외식업체의 기업화, 프랜차이즈 경영시스템 활용 및 해외진출을 할 수 있는 경영기술을 습득하는 계기가 되었다.

(2) 대기업의 외식산업 참여

대기업들의 막대한 자금과 조직력으로 기존 외식산업에 지속적으로 진출하므로서 향후에도 시장환경에 큰 변화를 줄 것으로 예상이 된다. 대기업의 외식산업 참여 이유는 외식경영 노하우의 장벽이 낮고, 투자자본이 적게 소요되고, 현금 창출 용이성 업종임에 매력적이며, 타 업종에 비하여 종사원 교육에 드는 비용이 적다는 잇점이 있기 때문이다.

(3) 센트럴 키친(CK : central kitchen) 운영

외식업계의 대형화 매뉴얼화로 집중적으로 처리할 수 있는 시스템 필요하다. 이는 식자재 원가절감은 운영의 효율성 및 메뉴의 단일화는 대량으로 조리가 가능하기 때문이다. 중앙 공급식 생산은 식자재의 생산 판매에 걸쳐 Total system의 기능을 발휘할 수 있기 때문이다.

참고 **비빔밥, 유럽 상륙 런던 '비비고' 런던 1호점 오픈**

국내 브랜드 한식당 첫 진출…스타 셰프 강레오 음식 지휘, 英 술 문화 염두한 메뉴 강화

"와, 이게 한국 음식인가요? 처음엔 고기를 둥글게 감아 만든 프랑스 요리 '발로틴(ballottine)'이라고 생각했어요. 보기에 예쁘고 맛도 참 신선한데요?" 29일 오후 9시(현지 시각) 영국 런던에 사는 라파엘 티에리(Thierry · 34)씨가 '문어 담은 청포묵' 요리를 맛보더니 눈을 휘둥그레 뜨면서 이렇게 말했다. 그는 "편하게 즐길 수 있는 고급 음식의 느낌이다. 그동안 한국 음식은 왠지 낯설었는데 앞으론 종종 맛 보겠다"라고 했다.

한식(韓食)이 세계 문화의 본고장을 자부하는 영국 런던 한복판에서 새롭게 출사표(出師表)를 던졌다. 지난 25일 우리나라 비빔밥 전문점 '비비고(Bibigo)'가 런던 중심가 옥스퍼드 서커스 인근 '그레이트 말보로 거리(Great Marlborough Street)'에 런던 1호점을 연 것. 264.46㎡(약 80평) 넓이에 86석 규모다. 한국 기업만의 고유 브랜드(상표명)를 내건 프랜차이즈 한식당이 유럽에 진출한 건 이번이 처음이다.

해외진출 국내 외식기업

▲ 영국 런던 '그레이트 말보로' 거리에 문을 연 비빔밥 전문점 '비비고(Bibigo)'의 모습. 런던 현지인의 취향을 고려해 깔끔하게 디자인했다. 밤엔 술과 안주를 가볍게 즐길 수 있는 레스토랑으로 변신한다./CJ 푸드빌 제공

국내에선 '비비고'가 한 그릇에 7000~1만5000원가량 받는 중간 가격대 식당인 것과 달리, 이번에 문을 연 런던 1호점은 전채요리와 비빔밥이 우리 돈 1만5000~2만 5000원, 불고기 스테이크 · 갈비 같은 메인 요리는 3만~5만 원씩 받는 '프리미엄 캐주얼 다이닝 레스토랑'을 지향한다. 런던 비비고 1호점을 총괄 감독한 노희영 CJ 그룹 브랜드 전략 고문은 "영국은 그 어떤 나라보다 외국 문화를 쉽게 받아들이고 흡수해서 전파하는 곳이다. 영국에서 인기를 끈다면 유럽 전역에 한식 열풍이 불 수 있을 것"이라고 했다.

비비고 런던 1호점의 음식 지휘는 최근 한 케이블 프로 요리 오디션프로그램 심사위원을 맡아 인기를 모은 강레오 셰프가 맡는다. "강 셰프가 영국의 유명 요리사 고든 램지(Ramsay)와 함께 일한 경험이 있고, 영국 현지 사정에 밝다는 점을 감안했다"는 설명이다. 영국 국석을 지닌 현지인 요리사 14명도 뽑았다. 이 중 5명이 한국계다.

영국이 술 문화가 발달한 나라임을 염두에 두고, 기존 한식 메뉴보다 가볍게 먹을 수 있는 인주와 술도 강화했다. 오징어 튀김, 해물파전, 육회 무침 등은 작은 접시에 가볍게 담아냈고, 김치를 살짝 섞은 칵테일(Kimchi Mary) 같은 독특한 술 메뉴를 추가했다. 호떡에 아이스크림을 얹어 와플처럼 만든 '호떡 알라모드', 곶감을 바닐라 크림으로 차갑게 굳힌 '곶감 크렘블레' 같은 후식도 있다. 강 셰프는 "외국인에게 우리가 먹는 한식 그대로를 먹으라고 강요할수록 시장에선 오히려 외면당하기 쉽다"고 했다.

문을 연지 나흘째인 29일. 오후 8시가 되자 가게에 손님이 하나 둘 들어오기 시작했다. 외국인 손님이 더듬거리는 말투로 "튀-김"과 "비-빔-밥"을 주문하는 목소리가 들렸다. 노 고문은 "아직 메뉴가 완벽하지 않다. 손님 반응을 보면서 계속 수정하고 보완하는 중"이라면서 "짧은 시일 안에 런던에서 5호점까지 내겠다. 브랜드를 빠르게 알려서 외국인들에게 한식을 각인시키겠다"고 했다.

(4) 경영의 프랜차이즈화

외식업의 성장을 위하여 프랜차이즈 경영방법은 가맹자에게 식품구매 음식조달 방법 등을 표준화하고 운영방법을 개발하여 가맹점을 모집한 후 제품의 독점 판매권을 부여하고 시설을 설비해주는 시스템으로 외식업계가 기업화되고 경영기능이 강화되면서 통제와 관리가 편리하고 원가 절감에 기여할 수 있는 프랜차이즈 시스템이 더욱 필요하다.

사례 **해외 한식기업 브랜드 코기**(Kogi)

http://cafe.naver.com

코기(Kogi)는 미국LA를 기반으로 운영하는 이동식트럭 음식점으로 우리나라 전통 음식 김치와 불고기를 멕시칸요리인 타코에 접목시켜 이동식 트럭 음식점에서 판매하는데 저렴한 가격, 고객과의 커뮤니케이션을 통해 뉴아이콘으로 등장했다.

2008년 자본금 3000달러로 시작한 코기는 유명호텔 출신의 전·현직 수석 주방장과 매니저 등 인재를 바탕으로 신개념의 퓨전메뉴, 트위터, 유튜브를 통한 온라인 마케팅을 통해 LA의 젊은이들을 공략해 성공했다.

■코기(Kogi)의 성공 요인

1. 메뉴의 차별화
   - 미국인들이 멕시코 음식을 매우 좋아한다는 데 착안, 멕시코 음식의 보편성과 한식의 장점인 고유의 맛을 혼합시켜 코리안-멕시칸 타코(Korean-Mexican Taco)개발
   - 쇠고기, 돼지고기, 닭고기를 사용하여 다양한 Taco의 종류 개발
   - 식당에서 판매할 수 있는 식당전용 메뉴도 따로 개발
2. 경쟁력 있는 가격
   - 음식을 트럭에서 제공해 서빙, 반찬, 식당운영 비용을 절감해 질 좋고 맛있는 음식을 2달러대로 제공
   - 박리다매 전략을 선택하여 판매하는 객단가 5달러 이내로 하루에 500명 이상이 이용, 하루 2500달러 이상의 매출 달성

3. 고객과의 밀착형 커뮤니케이션
- 트위터를 활용하여 온라인 고객커뮤니티 형성
(kogi twitter: http://twitter.com/kogibbq)
- 트럭의 이동장소와 시간대를 실시간으로 트위터를 통해 알려줌으로써 고객과의 커뮤니케이션을 극대화

조선일보

(5) 고객행동의 다변화 대응

우리나라 고객의 행동양식이 세대별, 계층별로 다양하게 존재하며 추구하는 욕구도 다양하고 지속되는 시간도 2~3년 정도로 짧은 경향이 있다. 특히 신세대인 X세대, R세대 등의 입맛이 각각 다르고 취향 또한 점차 세분화되고 있으므로 고객의 욕구를 충족시킬 수 있는 마케팅 전략이 필요하다.

(6) 마케팅 정보 시스템화

고객의 구매동기는 생활관습, 고객 시장의 구조 및 특징, 시장의 세분화, 가격, 제품, 판매경로 관리, 물적 유통관리, 판매원 관리, 경쟁자 광고 분석 등 모든 마케팅 전략의 수립을 시스템화하는 것이 외식업 성장을 위한 과제이다.

(8) 운영의 매뉴얼화

외식경영에서의 매뉴얼화는 조리상품의 대량생산과 판매를 가능케 하고 인력절감에도 기여할 수 있는 원가절감, 품질균등화, 프랜차이즈를 추진하는데 필요하므로 표준화된 조리법과 위생관리상 매뉴얼은 절대적으로 필요하다.

(9) 주방기기의 현대화

전통조리와 서양조리를 위한 주방기기는 첨단 과학기술로 발전으로 주방산업에 영향

을 미치고 있다. 컴퓨터의 기술 등을 응용하여 메뉴 및 준비, 회계 관리, 판매분석, 원가관리, 고객관리, 인사관리, 시장정보 축적 등 효율적인 업소 경영에 기여해야 한다.

(10) 포장기술과 택배산업화

사회적 변화와 고객의 욕구 다양화를 위한 포장기술의 발전은 계속적으로 지속되어야 하며 외출하지 않고도 외식분위기를 즐길 수 있는 시장을 개척하여야 한다. 고객은 가정에서 조리를 하지 않아도 즐길 수 있는 편리함을 지속적으로 추구할 것이다. 또한 외식산업의 과제는 서비스의 다양화, 전문인력 육성, 식자재의 표준화, 상품의 다양화, 레스토랑의 자동화, 시설환경의 현대화 등이 있다.

참고 **한국 외식산업의 과제와 전망**

1. 전문가적인 의식 교육
   → 종사자들로 하여금 전문적 장인정신과 서비스 정신을 갖게 하는 교육이 필요
   → 교육을 전문으로 하는 기관 증대 필요
   → 미국의 경우 미국식당협회(NRA)가 교재 및 교육용 비디오 발간, 경영기법 개발, 각종 통계지표 개발 등을 통해 기업의 길잡이 역할을 함
2. 한국음식의 세계화
   → 한국 음식의 세계적 브랜드로 육성시켜 가치를 높이는 노력이 필요
   → 외국인에게 친숙한 맛으로 한국의 전통 음식을 재개발
3. 선진경영기법의 개발
   → 체계적인 경영관리기법 개발 필요
   → 음식의 품질에 대한 애착을 갖고 지속적으로 연구 개발, 마케팅 기법 도입
4. 기능성 건강식 개발
   → 먹거리를 통해 건강을 추구하는 경향이 높아지게 될 것임
   → 먹거리를 통해 질병을 치료하는 적극적 기능식품의 개발에 투자가 이루어져야 함

4) 외식사업의 문제점

외식업은 나날이 발전하고 있는데, 특히 음식의 양(Quantity)에서 질(Quality)로 변해 오면서 식당운영과 이용한 고객이 느끼는 가치가 더욱 중요시되고 있으므로 그에 따른 당면한 문제점들이 있다.

❶ 경영주의 의식 문제로 외식업이 식품제조, 판매, 서비스의 복합산업으로 경영에 관한 지식이 풍부해야 하는데도 불구하고 운영에 관한 지식이 부족해서 발생하는 문제와 점차 향상되고 있지만 직업관의 결여 등을 들 수 있겠다.

❷ 인적자원의 문제점으로 종사원의 직업윤리관이 정립되지 않아 잦은 이직과 교육, 훈련부족 등으로 외식업의 발전시킬 수 있는 우수한 인재의 부족현상을 들 수 있다.

❸ 메뉴개발의 기획 부재를 들 수 있는데, 고객의 욕구파악이나 기존, 신규메뉴의 분석능력과 데이터 등 자료부족, 고객지향적인 메뉴가치 창출미비 등의 여건과 노력이 부족하다.

❹ 품질수준의 문제로 레시피에 의한 품질기준과 실제 품질과의 차이가 발생되는데 레시피에 의한 품질관리가 필요하다.

❺ 원가 관리의식의 결여로 손익계산에 의한 최적 원가 산정능력과 의식의 결여가 있다.

❻ 주방설비 및 기기의 취약성으로 고품질의 상품 가치를 만들기 위한 주방의 설비와 기기가 필요한데 이에 대한 전문지식 부족과 기기의 소량생산에 인한 고가로 구입이 쉽지 않다는 점이나.

❼ 입지의존성이 높은 업종으로 투자비가 높나는데 문제점이 있으므로 식당은 입지가 승패를 좌우하므로 성공 시 점포의 확장이 쉽지 않고, 실패 시 원상복구가 어려운 업종이다.

❽ 점포 운영상의 문제점으로 열악한 근무환경, 중간관리자의 부족과 능력의 한계, 외식업관련 법률, 세무, 행정상에 어려움이 있다.

❾ 운영자금의 부족인데 창업 시 여유자금 없이 하는 경우가 대부분이라 한계자금에 의한 단기계획수립으로 한계점과 운영상의 문제점이 발생하고 있다.

참고 우호적인 시장 환경이 조성되고 있는 음식료산업

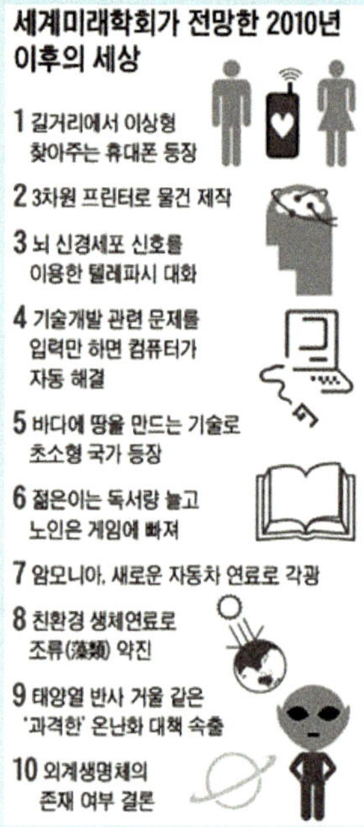

- 저성장, 경쟁심화 국면 통과하고 있는 음식료 업종
- 내수회복, 원재료가 하락, 제품가 인상, 판관비 감소는 음식료 경기회복에 긍정적 영향
- 향후 2~3년간 연평균 4% 내외의 안정 성장 기대

조선일보

3 외식사업의 경영관리

1) 독립경영형태(Independent Management, Owner Management)

외식사업의 경영형태는 독립경영과 위탁계약경영, 그리고 체인경영 등 크게 세 가지의 관리형태로 구분한다.

독립경영이란 투자에서 운영까지 그 모든 영업활동상의 권한과 책임이 경영자에게 부여되는 형태로 대부분의 외식업소가 독립경영의 형태를 띠고 있다.

관리형태상의 장단점을 나열하면 다음과 같다.

■ **독립경영의 장단점**

❶ 수익성이 높으며 통제가 용이하다.

❷ 시장에 대응하는 정책의 결정이 빠르다.

❸ 자금운영의 어려움과 효율이 낮다.

❹ 사업에 대한 위험도가 높다.

[표 5-1] **독립경영형태의 장점과 단점**

구분	장점	단점
경영주가 경영과 조리를 담당하는 경우	• 음식의 맛과 질을 일정하게 유지할 수 있다. • 식재료 및 원가관리가 용이하다. • 인건비를 절감할 수 있다.	• 고객 반응도 점검이 느리다. • 고객 서비스 관리가 어렵다. • 현금 및 경영에 조직적인 관리가 어렵다.
경영주가 경영과 서비스를 담당하는 경우	• 고객 반응도 점검이 용이하다. • 고객 서비스 관리가 용이하다. • 인건비를 절감할 수 있다. • 현금 및 경영 관리가 용이하다.	• 음식의 맛과 질을 일정하게 유지하기 어렵다. • 조리 인력 관리가 어렵다. • 식재료및 원가 관리가 어렵다. • 경영에 조직적인 관리가 어렵다.

2) 위탁계약경영형태(Management Contract)

위탁계약경영은 근래에 들어 주목을 받기 시작한 관리형태로 부동산이나 자본은 있으나 경영능력이 부족한 경우 외식전문 기업으로 하여금 대리경영토록 하는 방법이다.

소유주는 토지, 건물, 시설과 운영자금을 제공하고 외식기업은 경영에 필요한 모든 권한을 위임받아 경영한다. 이른바 외식사업의 소유와 경영의 분리가 일어나는 형태로 외식기업은 경영의 책임을 지지만 법적 책임의 당사자는 소유주가 된다.

■ **위탁계약경영(Management Contract)의 장단점**

❶ 전문가에 의한 경영으로 경영이 안정된다.

❷ 높은 수익을 기대할 수 있다(일반적으로 프랜차이즈 사업보다 수익성이 높다).

❸ 경영노하우와 시스템, 경영방침을 적용하므로 외식기업의 이미지가 유지된다.

❹ 소유주와 경영자의 갈등이 있을 수 있다.

❺ 영업부진에서 오는 손실을 소유주가 감수하여야 한다.

3) 체인경영형태(Chain Management, Franchise management)

체인경영이란 직접투자에서 영업까지 2개 이상의 업소를 대상으로 체인화하여 경영주가 직접 운영하는 형태이다.

■ **체인경영의 장단점**

가. 체인본부(Franchiser)의 측면

❶ 신규업소의 개업 시 적은 자본으로 상표이용료 및 기술지원료 등의 수익을 창출한다.

❷ 단기간 내 업소의 확대와 체인의 지명도를 높일 수 있다.

❸ 가맹점의 증가분만큼 이익이 증가한다.

❹ 규모의 경제로 구매상의 이점을 가진다.

❺ 관리의 체계화가 요구되며 가맹점 통제가 용이하지 아니하다.

❻ 가맹점의 과실이 전체 이미지를 손상시킨다.

❼ 가맹점과의 마찰과 영업상의 책임소재 해결이 불분명하다.

❽ 가맹점이 탈퇴한 후 유사영업을 창업하여 경쟁관계를 형성할 수 있다.

나. 가맹점(Franchisee)의 측면

❶ 체인의 시스템을 따르므로 경험의 부족에서 오는 위험을 줄일 수 있다.

❷ 체인의 상호, 상표, 상품의 사용과 경영노하우를 전수받을 수 있다.

❸ 통합된 영업, 광고, 판촉 등의 지원으로 영업효과를 높일 수 있다.

❹ 재고의 부담을 덜 수 있으며 품질의 균일화를 이룰 수 있다.

❺ 표준화된 통일방식을 따르므로 임의로 더 나은 방안을 채택할 수 없다.

❻ 체인본부와의 이해가 상반되는 경우 그 해결방법이 복잡하다.

❼ 불평등한 계약을 요구하는 경우가 많다.

❽ 체인본부의 사세가 약화되는 경우 그 보상이 어렵다.

4 외식사업의 브랜드전략

1) 브랜드의 개념

(1) 브랜드(Brand)의 어원과 역사

브랜드는 중세 길드에서 자신들의 제품임을 표시하거나 목장에서 자신의 가축임을 표시하고자 불도장을 찍는 것에서 유래하였다. Brand라는 단어의 어원은 영어(brandy)와 독일어(brennen) 등의 유럽어에서 찾을 수 있으며 warmth, heat, burning, warmth, heat, burning 등의 의미가 포함되어 있다. 16세기까지의 brand는 가축이나 제품에 firebrand를 의미했으며, 17세기 중반에서야 brand를 비즈니스 측면으로 이해하기 시작했다.

현재까지 오랜 기간 사용되는 브랜드라는 단어는 자신의 소유물을 표시하기 위한 행위에서부터 시작된 개념이라고 할 수 있다.

(2) 브랜드(Brand)의 정의

브랜드를 언급할 때 아마 가장 많이 인용되는 이름이 바로 아커(David A. Aaker)교수이다. 아커 교수는 브랜드 자산의 전략적 관리(Managing Brand Equity)에서 "브랜드란 판매자 혹은 일단의 판매자들의 상품이나 서비스를 식별시키고 경쟁자들의 것과 차별화하기 위하여 사용하는 독특한 이름이나 상징물(로고, 등록 상표, 포장 디자인 등)을 의미한다"라고 정의하고 있다.

데이비드 아커(David A. Aaker) 교수

MIT 관리학 학사수상비제이 마하잔 상 수상
1996년 폴 컨버스 상 수상
1998 프로핏 브랜드 전략 부회장
1994 캘리포니아주립대학교 하스 경영대학원 명예교수
1981~1994 캘리포니아주립대학교 하스 경영대학원 교수

브랜드의 정의는 미국마케팅협회(AMA : American Marketing Association)에서는 브랜드를 "a name, term, sign, symbol, or design, or a combination of them, intended identify the goods or services of one seller or group of sellers and to differentiate them from those of competitors"로 정의한다.

Brand is the symbolic embodiment of a product or service.(Wikipedia)

Brand is the image of the product in the market. Some people distinguish the psychological aspect of a brand from the experiential aspect. The experiential aspect consists of the sum of all points of contact with the brand and is known as the brand experience. The psychological aspect, sometimes referred to as the brand image, is a symbolic construct created within the minds of people and consists of all the information and expectations associated with a product or service.

아커 교수의 개념과 거의 비슷하여 공통점은 브랜드란 "다른 제품과 구별짓는 모든 것"으로 이해하면 될 것이다.

(3) 브랜딩(Branding)

브랜드와 유사하게 사용하는 단어가 브랜딩(branding)이다. 브랜드에 또 다른 거장인 Kevin Lane Keller(2006) 교수의 개념에서는 브랜딩(branding)이란? "Branding is endowing products and services with the power of a brand. Branding is all about creating differences." 즉, 브랜딩(branding)은 말 그대로 브랜드하는(다른 것과 차별화시키는)행위를 말한다. 다르게 표현한다면, "who" the product is, "what" the product does, "why" consumers should care를 부여해주는 행위이다.

케빈 레인 켈러(Kevin Lane Keller) 교수

The E. B. Osborn Professor of Marketing at the Tuck School of Business at Dartmouth College

(4) 브랜드 자산(Brand Equity)

브랜드가 중요하다는 것은 모두 알고 있지만 얼마큼 중요한지? 우리의 브랜드는 어느 정도인지? 경쟁사의 브랜드 가치가 얼마인지? 등의 질문에 답변하기가 사실상 불가능했다.

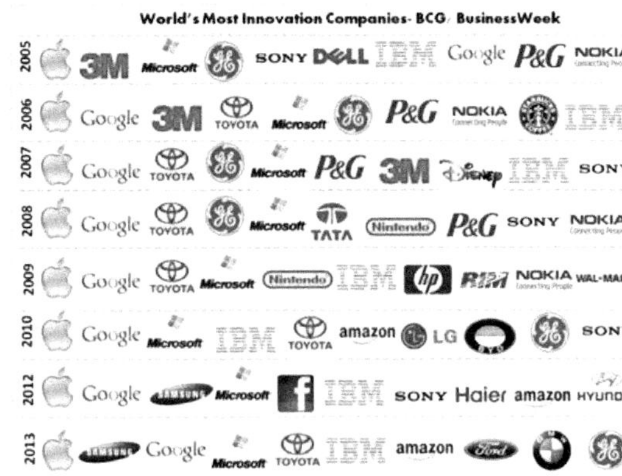

출처:https://www.google.co.kr

브랜드는 무형적인 요소기 때문에 구체적으로 표현하기 어려웠고, 이러한 설명하기 어려운 브랜드 가치를 표현하기 위해 회계학의 자산 개념을 도입하였다. 아커 교수가 언급한 브랜드 자산은 브랜드 인지도(Brand name awareness), 브랜드 로열티(Brand loyalty), 지각된 품질(Perceive quality), 브랜드 연상 이미지(Brand associations),associations), 기타 독점적 브랜드 자산이다.

브랜드의 가치를 이러한 자산계정으로 구분하여 구체적인 화폐단위로 표현한다. 현재 우리가 익숙하게 말하는 코카콜라, 인텔 브랜드의 가치가 모두 브랜드 자산계정을 통해 무형의 브랜드 가치를 화폐로 표시한 것이다.

(5) 브랜드 아이덴티티(Brand Identity)

브랜드 아이덴티티는 아커교수에 따르면 "브래드에 대한 성향, 목표, 의미"이다. 포지셔닝과 상당히 유사한 개념으로 브랜드의 전략적 시각이라 할 수 있다. 이러한 브렌드 아이덴티티의 네 가지 관점으로 이해할 수 있는데, 제품으로서의 브랜드(제품의 속성과 관련된), 조직으로서의 브랜드(유한킴벌리의 자연사랑, 3M의 혁신성), 사람으로서의 브랜드(애플의 창조적 개성, 벤츠의 품위), 상징으로서의 브랜드(대부분의 시각적인 로고나 색상 : 나이키, 맥도날드 황금색, 코닥의 노랑색)인 것이다.

브랜드 아이덴티티는 브랜드의 목표라 할 수 있다. 브랜드 로고나 색상, 리듬 등을 각인시킬 수도 있고, 특정한 캐릭터를 부여할 수도 있다. 이러한 전략적인 포지셔닝이 브랜드 아이덴티티이다. 슬로건과도 유사한데, 에이비스의 "우리는 두 번째에 불과합니다. 그래서 우리는 더 열심히 노력합니다", 렉서스의 "완벽에 대한 집요한 추구", M&M의 "손에서는 녹지 않고 입에서만 녹는다" 등이 대표적인 브랜드 아이덴티티인 것이다.

(6) 브랜드 확장(Brand Extension)

브랜드 확장이란 기존 브랜드와 연관지어 새로운 브랜드를 만들어내는 브랜드 전략이다. 기존 브랜드(Parent Brand)와 조합한 새로운 브랜드 확장은 Sub Brand라고도 한다. 특정 Parent Brand에 많은 Sub Brand가 존재할 경우 이들을 Family Brand라 한다.

브랜드 확장은 Line extension과 Category extension 방식이 있는데, Line extension은 새로운 브랜드가 동일한 카테고리이지만 Parent Brand와 다른 새로운 Target 시장을 목표로 확장되는 형태이다. 예를 들자면, 현대자동차에서 제너시스 브랜드를 만든 것이 이에 해당된다. Category extension은 기존 Parnet brand와 전혀 다른 새로운 Category를 대상으로 브랜드가 확장되는 것이다. 우리나라 대기업의 브랜드 확장 예를 들어 생각하면 이해가 쉬울 듯하다.

Global Brand

A global brand is one which is perceived to reflect the same set of values around the world.Global brands transcend their origins and creates strong, enduring relationships with consumers across countries and cultures.

Global brands are brands which sold to international markets. Examples of global brands include Coca-Cola, McDonald's, Marlboro, Levi's etc.. These brands are used to sell the same product across multiple markets, and could be considered successful to the extent that the associated products are easily recognizable by the diverse set of consumers.

Brand Awareness

Brand awareness refers to customers' ability to recall and recognize the brand under different conditions and link to the brand name, logo, jingles and so on to certain associations in memory. It helps the customers to understand to which product or service category the particular brand belongs to and what products and services are sold under the brand name. It also ensures that customers know which of their needs are satisfied by the brand through its products.(Keller)

2013년도 브랜드평가 컨설팅업체인 브랜드 파이낸스는 세계 500대 기업의 브랜드 가치를 평가한 결과, 삼성이 6위를 기록했다고 밝혔다. 삼성은 지난해 18위에서 12단계를 뛰어오른 것이다.

올해 삼성의 브랜드가치는 381억9700만 달러로 평가됐다. 이는 지난해 가치 평가액 215억1100만 달러보다 56% 증가한 셈이다.

삼성에 이어 제너럴 일렉트릭(GE), 코카콜라, 보다폰, 아마존닷컴, AT&T, 버라이즌, HSBC, NTT, 도요타, 웰스파고, 뱅크오브아메리카, 맥도날드, 쉘, 인텔 등 순이었다. 현대자동차의 경우 130억9800만 달러로 지난해 230위에서 올해는 63위로 올라섰다. LG전자는 지난해 168위에서 87위로 상승했다.

이외에 기아차는 195위, 대우 250위, SK 277위, KT 298위, 신한금융지주 421위 등이었다. 브랜드가치 전 세계 1위 기업은 애플이었고, 애플은 706억 달러의 브랜드가치를 기록했다.

37% 10:46 AM

2017		2016	Logo	Name	Country	2017	2016	2017	2016
1	↑	2		Google		109,470	88,173	AAA+	AAA+
2	↓	1		Apple		107,141	145,918	AAA	AAA
3	→	3		Amazon.com		106,396	69,642	AAA-	AA+
4	↑	6		AT&T		87,016	59,904	AAA	AA+
5	↓	4		Microsoft		76,265	67,258	AAA	AAA
6	↑	7		Samsung Group		66,219	58,619	AAA-	AAA
7	↓	5		Verizon		65,875	63,116	AAA-	AAA-
8	→	8		Walmart		62,211	53,657	AA+	AA
9	↑	17		Facebook		61,998	34,002	AAA	AAA-
10	↑	13		ICBC		47,832	36,334	AAA	AA+
11	↓	9		China Mobile		46,734	49,810	AAA	AAA-
12	↓	11		Toyota		46,255	43,064	AAA-	AAA-
13	↓	10		Wells Fargo		41,618	44,170	AA+	AAA-
14	→	14		China Construction Bank		41,377	35,394	AAA-	AAA
15	↑	22		NTT Group		40,542	31,678	AA+	AA
16	↓	12		McDonald's		38,966	42,937	AAA	AAA
17	↓	15		BMW		37,124	34,968	AAA-	AAA
18	↑	23		Shell		36,783	31,665	AAA-	AA+
19	↓	18		T (Deutsche Telekom)		36,433	33,194	AA+	AA+
20	↑	21		IBM		36,112	31,786	AA+	AA
21	↓	20		Mercedes-Benz		35,544	32,049	AAA-	AAA
22	↑	27		GE		35,318	29,211	AAA	AA+
23	↑	60		Alibaba		34,859	17,968	AA+	AA+
24	→	24		Walt Disney		34,454	31,231	AAA+	AAA+
25	→	25		Chase		33,737	30,603	AAA-	AAA-
26	→	26		Marlboro		32,471	29,935	AA+	AAA-
27	↓	16		Coca-Cola		31,885	34,180	AAA	AAA+
28	↑	29		Nike		31,762	28,041	AAA+	AAA+
29	↑	32		Bank of China		31,250	27,735	AAA	AAA
30	↑	33		Bank of America		30,273	26,928	AAA-	AA
31	↓	28		The Home Depot		30,216	28,798	AAA-	AAA-
32	↑	45		Sinopec		29,555	20,156	AA+	AA
33	↑	43		PetroChina		29,003	20,318	AA+	AA
34	↓	19		Agricultural Bank of China		28,511	32,264	AA+	AAA
35	↓	31		Mitsubishi (Conglomerate)		27,954	27,775	A+	AA
36	↓	34		Citi		27,674	26,031	AA+	AA+

참고 어그(UGG), 구글(Google), 위(Wii), 빙(Bing)…

우리는 쉽게 부르는 브랜드들이지만, 신제품에 이름 붙이기란 보통 쉬운 일이 아니다. 각 기업들은 기억하기 쉽고, 우스꽝스럽지 않으면서도 다른 회사의 상표권을 침해하지 않는 묘안(妙案)을 짜내기 위해 노력한다.

글로벌 기업들의 브랜드 작명비결, 그 뒤에 얽힌 이야기들을 미국 ABC방송이 최근 보도했다.

못 생겨서 붙은 이름, '어그(UGG)'

젊은 여성들이 즐겨 신는 부츠 '어그(UGG)'는 못 생겼다고 붙은 이름이다. 이 부츠는 호주인들이 양가죽과 양털로 만들어 수십 년째 즐겨 신던 신발이다. 그들은 부츠 모양이 볼품없다며 '못 생겼다'는 뜻의 영어단어인 '어글리(ugly)'에서 본따 이 신발을 '어그(ugs · ughs)'라고 불러왔다. 그 이름을 미국업체인 데커스(Deckers)가 철자만 살짝 바꿔 상표로 등록한 것이다.

그리고 적반하장격으로 호주의 부츠회사들이 '어그'란 이름을 쓰지 못하도록 소송을 냈다. 호주인들은 반발했다. 현지언론에서는 "양키들이 호주의 상징을 훔쳐간다"고 비판하고 나섰다. 결국 법정까지 간 싸움에서, 호주법원은 호주 부츠회사들의 손을 들어줬지만 데커스는 아직도 미국에서의 상표권을 그대로 사용하고 있다.

구글의 원래 이름은 '백럽(BackRub)'

포털사이트 구글(Google)의 원래 이름은 발음하기도 어려운 '백럽'이었다. 구글 창립자인 세르게이 브린(Brin)과 래리 페이지(Page)는 사이트의 이름을 백럽이라고 지었다가 런칭 초기에 이름을 '구글'로 바꿨다. 그들의 힌트를 얻은 것은 수학용어인 '구골(googol)'이었다. 구골은 숫자 1 뒤에 영(0)이 100개 붙은 숫자다. 가능한 많은 웹사이트를 찾아내는 포털 사이트의 브랜드로 적격이라는 것이다.

[출처] "못 생겨서 붙은 이름, 어그" 기업들의 브랜드 작명비결〈조선 펌〉

2) 브랜드 전략

(1) 국내기업의 프랜차이즈 브랜드

2009년 경기불황과 신종플루의 여파로 외식 레스토랑업계 경영난이 지속된 가운데 커피업계는 시장을 넓혀가며 약 32.4%의 성장세를 보인 것으로 나타났다.

국내 진출 10주년을 맞은 스타벅스가 성숙기에 접어들면서 매출 성장률이나 매장 증가율이 2008년에 비해 둔화되는 양상을 보인 반면 할리스커피, 엔제리너스커피, 카페베네 등은 빠른 속도로 시장점유율을 높여갔다. 특히 주목받은 프랜차이즈 브랜드는 카페베네였으며, 한 해 88개 신규 점포를 출점하며 '한예슬커피' 열풍을 몰고 왔다. 또한 지난해 커피 시장에서 눈여겨 볼만한 점은 매출 증진을 위한 다양한 사이드 메뉴 출시와 국내 식품업체와 제휴해 출시한 각 업체들의 RTD (Ready-To-Drink) 제품이다.

지속적으로 전문적인 카페 창업 열풍은 지속될 것으로 전망하고 있는 가운데 각 프랜차이즈 커피브랜드들은 기존 고객들의 이탈을 막고 신규고객을 유치하기 위한 품질관리와 다양한 프로모션 그리고 다각적인 가맹점 전개 전략을 펼칠 것으로 예상된다. 또한 업체들은 국내뿐 아니라 해외 시장 공략에도 적극적으로 나설 계획이다. 수익다각화에 주력하는 스타벅스는 2008년 283개에서 2009년 316개로 매장이 증가함과 함께 매출도 2008년 1710여억 원에서 2009년 2천여억 원으로 증가했다.

반면에 영업이익률은 2006년 12.83%, 2007년 12.4 1%, 2008년 10.72%로 하향세를 나타내며 지난해에는 10% 미만의 영업이익률을 보인 것으로 추정되고 있다. 스타벅스는 2014년에도 지속적으로 시장점유율을 더욱 높이며 신규 고객 창출이 어려워지는 추세를 감안해 이를 타개할 수 있는 마케팅 전략을 내세울 전망이다. 또한 환경, 지역사회, 원두농가보호 등을 위한 활동을 적극 추진하는 한편 고객존중, 파트너존중, 효율경영의 3대 운영 목표를 수립하여 내실경영을 펼칠 것으로 예상된다.

엔제리너스커피의 경우에는 커피업계 리딩브랜드 도약을 하기 위하여 매장 규모 면에서는 스타벅스에 이은 업계 2위를 차지하며 시장진출을 하고 있으며, 엔제리너스커피는 신선한 커피 맛을 제공하겠다는 취지로 로스팅 후 매장 내 원두 유통기한을 1주 이내로 하는 'F4캠페인' 을 진행하며 동시에 오피스 및 가정용 에스프레소 머신 렌탈 서비스 실시, 신선한 커피 맛을 알리는 데 주력했다.

할리스커피의 경우에는 글로벌 브랜드 기반을 마련하기 위하여 'Fresh coffee, romantic space'를 슬로건으로 내걸고 지난해 1월 국내 로스팅 공장을 설립했으며, 한국적인 카페 문화 정착을 위해 한국형 좌식 테이블, 그네형 의자 등 새로운 콘셉트의 매장을 선보였다. 할리스커피는 2010년 일본의 시즈오카산 녹차를 사용한 '마차 할리치노', 코코안 함량이 높은 벨기에산 리얼 초콜릿을 이용해 만든 '벨지안 초코칩 할리치노' 등과 같은 세계 각국의 재료를 직접 공수해 만들어 정통성을 살린 메뉴를 확대 출시하고 있다.

커피빈은 지난해 매일유업과 손잡고 원두커피음료시장에 진출한 바 있으며 인스턴트커피인 '커피빈 커피믹스' 제품을 출시했다.

탐앤탐스 브랜드 경우에는 해외시장 진출을 모색하며 가파른 성장세를 나타냈다. 탐앤탐스는 'Refresh your body and soul'이라는 슬로건에 맞춰 지난해 천연재료로 만든 건강 음료를 위주로 신메뉴를 출시했다. 이와 함께 원두관련 제품 개발 및 출시와 다양화된 캐릭터 상품을 선보일 예정이며 커피 관련 준전문가 집단인 프로추어(프로페셔널과 아마추어의 합성어)들을 섭외하는 등 커피와 관련된 콘텐츠를 생산해 온라인 커뮤니티를 활성화하는 계획을 가지고 있다. 또한 향후에는 중국, 호주에 이어 태국, 싱가포르에 진출하며 해외시장 진출에 주력한다는 방침이다.

카페베네 브랜드 경우에는 커피업계 1위 진입을 목표로 매장을 개설하며 업계의 다크호스로 떠오른 카페베네는 기존 업체들의 마케팅 방식으로는 치열한 커피시장에서 살아남을 수 없다고 판단하여 커피전문점에서는 하지 않던 스타 마케팅을 시작했다. 엔터테인먼트 회사인 싸이더스HQ와 손잡고 배우 한예슬을 모델로 '한예슬 커피' 열풍을 몰고 왔다. 소비자 반응을 통해 RTD커피음료 제품 종류를 점차 확장해 나갈 계획이라고 밝혔다.

[표 5-2] 커피 브랜드별 매출액 및 매출신장률 (단위 : 원)

	업체명	매출액 2015	매출액 2016	매출신장률 (%)
1	스타벅스커피코리아	773,900,207,510	1,002,814,318,251	29.58
2	이디야	135,521,376,709	153,544,611,986	13.30
3	커피빈코리아	138,938,692,307	146,020,774,483	5.10
4	할리스에프앤비	108,584,230,041	128,620,870,080	18.45
5	탐앤탐스	88,763,650,721	86,904,811,559	-2.09
6	카페베네	110,110,201,113	76,579,195,280	-30.45

출처 : 금융감독원

■2016년 가장 많이 소비한 커피 종류?

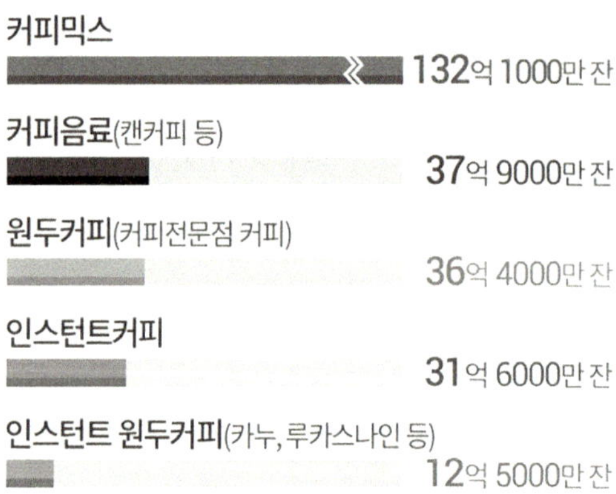

자료 : 커피업계

■커피전문점 매장 수 추이 (단위 : 개)

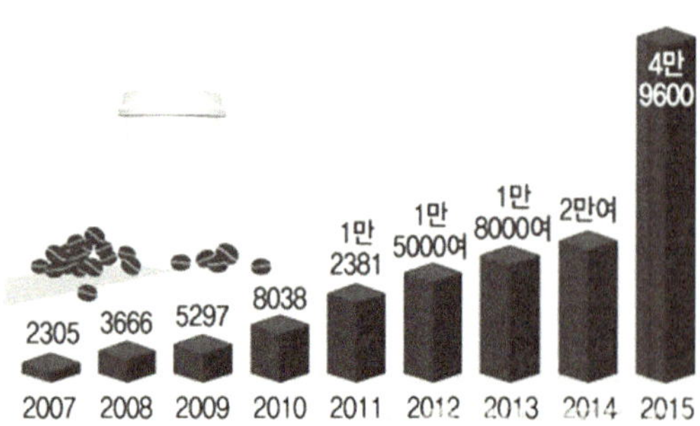

자료 : 한국기업콘텐츠진흥원

커피업계와 달리 프랜차이즈 아이스크림업계는 브랜드 정체성 구축에 주력하며 브랜드별로 브랜드 경쟁력을 살릴 수 있는 신제품 출시 및 마케팅 등을 통해 시장점유율을 높이기 위해 치열한 경쟁을 펼쳤다.

배스킨라빈스는 아이스크림업계 부동의 업계 1위 자리를 고수했다. 매월 새로운 맛의 아이스크림을 통해 메뉴 선택의 폭을 넓히고 계절에 맞춰 아이스크림 케이크 및 디저트 제품군을 출시하고 있는 배스킨라빈스는 품질과 기술력을 인정받아 지난해 중동을 비롯해 미국지역에 아이스크림케이크를 수출하는 쾌거를 이뤘다.

콜드스톤 크리머리 브랜드는 지방 출점 가속화하며 2배 이상의 매장 확대를 계획, 특히 부산, 광주, 대전 등 지방출점을 가속화할 전망이다. 지난해에 이어 올해에도 콜드스톤은 블랙체리 등 건강 식재료로 만든 아이스크림과 아이스크림 모나카를 비롯한 색다른 디저트 메뉴를 통해 소비자들의 니즈를 충족시켜 나갈 예정이다.

패밀리레스토랑업계는 2004년 이후 하락의 경영구조를 개선하기 위해 몸집을 줄이며 숨을 돌리고 있다.

빕스, 베니건스, 마르쉐, 토니로마스, 씨즐러 등 대다수의 패밀리레스토랑 브랜드들이 부실 매장을 정리했다. 아모제, 썬앳푸드 등 다양한 브랜드를 갖고 있는 업체들은 패밀리레스토랑보다 다른 브랜드에서 수익을 내고 있다. 업체들은 군살을 뺀 상태에서 내실 경영을 강화해 적자 폭을 줄이거나 부채를 상환하며 경영 건전성을 찾기 위해 노력했다.

아웃백스테이크하우스 코리아나 CJ푸드빌 같은 선두기업들은 TV광고 등 마케팅에 주력하며 소비자들의 눈길을 끌었다. 이랜드그룹에서 운영하는 애슐리는 비교적 저렴한 객단가와 모기업의 유통매장에 쉽게 입점할 수 있는 여건 때문에 매출 1천억원을 돌파하며 주목을 받았다. 한편 신종플루와 식품안전에 대한 불안감으로 소비자들이 위생과 안전한 식재를 선호함에 따라 패밀리레스토랑들은 매장에 손소독기를 설치하고, 유기농 식자재, 건강 식자재를 활용하는 모습을 보였다.

빕스는 수익성을 개선하기 위해 최근 몇 년간 부실매장을 10여 개 정리한 빕스는 부실점포로 인한 손실을 줄여 경영 효율성을 높였을 뿐 아니라 소비자 접점의 마케팅 전략이 시너지를 낸 것으로 분석하고 있다.

빕스는 TV광고를 시작하며 소비자들에게 더 가깝게 다가갔다. 박예진, 이윤지, 이연희 등 중앙대학교 출신의 젊은 여배우들을 광고모델로 기용하며 젊고 활기찬 이미지를 강조했다. 또한 CJ푸드빌의 9개 브랜드를 통합한 멤버십 카드를 상반기에 출시했으며, 연말까지 멤버십 회원 수가 100만 명을 돌파하는 성과를 거뒀다.

[표 5-3] 쪼그라드는 패밀리 레스토랑

(단위 : %, 전년대비, 2015년 기준 ■가맹점 수 ■매출

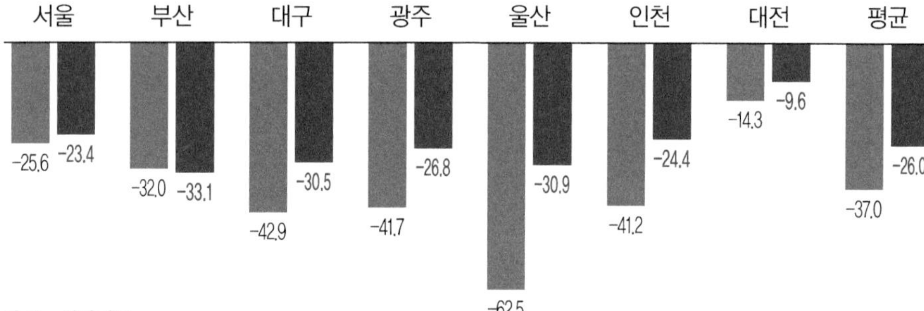

자료 : 신한카드

■도넛 · 패스트푸드 · 아이스크림점은?

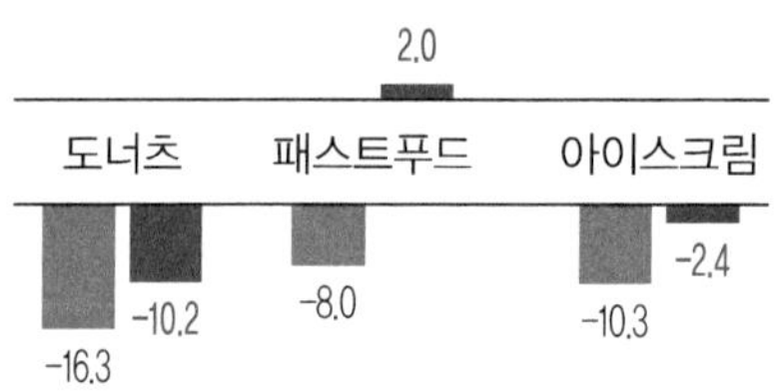

■지는 패밀리 레스토랑 vs 뜨는 한식 뷔페

운영형태	브랜드	운영업체	영업 개시	매장 수(개) (2013년~현재)	특징
패밀리 레스토랑	빕스	CJ푸드빌	1997년	90→88	샐러드 강화
	아웃백	아웃백스테이크하우스	1997년	109→80	연초 20여 곳 정리
	TG프라이데이	롯데리아	1992년	45→38	스테이크 강화
	베니건스	바른손	1995년	23→8	가격 인하
	에슐리	이랜드파크	2001년	140→155	고급매장 퀸즈

운영형태	브랜드	운영업체	영업 개시	매장 수(개) (2013년~현재)	특징
한식 뷔페	계절밥상	CJ푸드빌	2013년	3→9	최초 한식 뷔페
	자연별곡	이랜드파크	2014년	0→28	최다 매장
	올반	신세계푸드	2014년	0→4	고급화 전략

※ 씨즐러(2013년), 마르쉐(2013년), 토니로마스(2014년)는 국내 영업 종료. 자료 : 각 사

일본은 한국 드라마의 높은 선호도, 막강한 구매력을 갖춘 소비자 등으로 한류소비의 핵심으로 꼽혔지만 워낙 외식문화가 발달해 있어 프랜차이즈 본부들의 진출이 여의치 않았다.

글로벌 외식기업들의 미개척지로 꼽히는 베트남 역시 위험요소가 다분하다. 중국처럼 공산국가에서 개방으로 돌아서 가맹사업 관련법이 까다롭다. 또 문화적 괴리감이 중국보다 심해 소비패턴을 예측하기 쉽지 않다.

(2) 해외기업의 프랜차이즈 브랜드

프랜차이즈의 유래는 약 100년 전 미국에서 양키페드라(행상인)에 대해 일정 지역에 특정상품의 독점 판매권을 준 것으로 시작되어 맥도날드 햄버거의 번창으로 활성화되었고, 우리나라에서는 1979년 롯데 호텔과 롯데 백화점 연결 통로에 햄버거 전문점인 롯데리아의 개섬이 프랜차이저를 채택한 최초의 경우인 것으로 알려져 있다. 프랜차이즈의 정의는 점포운영 마케팅방법의 하나로서 가맹본부(Franchisor)가 가맹사업지(Franchisee)와 점포운영에 관한 계약을 체결하고 본부의 상호, 상표, 영업기법이나 조리의 노하우를 제공하여 음식의 판매나 기타 영업행위의 행사 권리를 부여한다.

반면 가맹 사업자는 일정한 대가를 본부에 지불하고 사업에 필요한 자금을 투자하여 본부의 경영 지도나 협조에 의해 사업을 운영하는 일체의 비즈니스를 말한다.

체인본부와 가맹점 간의 상생을 목적으로 서로의 계약에 의한 권리와 의무가 수행되는 것이다. 따라서 프랜차이즈 패키지의 구성과 내용이 얼마나 합리적이고 효율적인가에 따라 체인운영의 성패가 달려 있다고 할 수 있다. 외식 프랜차이즈에 있어서 로열티 지급방법은 매출액 비율방식, 영업이이 배분방식, 정액제, 수수료수입 비례방식, 영업

규모 비례방식, 상품공급 대체방식 등으로 분류하나 국내외식산업의 경우 업종 및 업태에 따라 다르므로 개점본사에 직접 확인이 필요하다. 특히 국내업체는 전문성, 자금력, 조직력, 노하우 부족과 짧은 연륜 때문에 불신과 도산, 부도가 지속되고 있다. 다점포 전개를 전제로 하는 외식 프랜차이즈는 본부의 기능과 역할은 당연히 가맹점을 최우선으로 하는 사업전개로 전환되어야 한다.

❶ 미국

미국에 있어서 프랜차이즈 시스템에 의한 상품 및 서비스의 판매고는 눈부신 성장을 거두고 있다. 과거 20년간 미국 경제 중 서비스 분야에서 프랜차이징은 혁신적인 역할을 수행하였다. 또한 프랜차이징은 많은 비즈니스를 창조해 관련 사업의 성장 기회를 제공하였으며 고용의 창출, 새로운 제품, 서비스의 창출 등 미국의 수출 증대에 지대한 공헌을 한 것으로 평가된다.

미국계의 프랜차이저는 일본시장을 포함하여 캐나다, 영국, 유럽, 한국 등에서 자본과 조직을 바탕으로 대단한 수출성과를 올리고 있다. 국제 시장이 제각기 공통된 배경, 즉 인구의 교외로의 분산, 유통성의 증대, 가처분 소득의 증대, 그리고 2차 산업에서 서비스업으로 그 수요가 증폭되고 있음으로 기인하며, 동유럽 등 공산권의 붕괴와 10억 시장 중국의 자유시장 개방화로 그 판로는 무한하다고 판단된다.

미국은 가맹점이 약 100만 개에 이르고 이를 통해 1조 달러의 매출을 발생시키고 있다. 또한 일자리도 1100만 개에 달하는 등 프랜차이즈는 이미 미국 사회에 일상화된 개념으로 받아들여지고 있다. 때문에 시장 경쟁이 매우 심하고 법적 규제가 매우 엄격하게 적용되고 있다. 연방법은 물론이고 주별로 조금씩 차이가 있는 주법도 따로 마련돼 있다. 이에 따라 프랜차이즈 본부들은 '프랜차이즈 공개 자료'를 제출해야 하는 의무, 프랜차이즈 등록을 해야 하는 의무 등이 발생한다. 특히 미국의 프랜차이즈 관련법은 '소비자 보호'를 최우선으로 하고 있기 때문에 가맹본부들에게 엄격한 잣대를 들이대고 있으며 사안에 따라서는 대표이사, 임원 등 회사가 아닌 개인에게도 민형사상의 책임을 부과할 수 있다.

미국에서는 Trademark(상표), Common Marketing Plan(공동마케팅 계획), Fee(가맹비) 등 3가지 요소를 갖추면 어떠한 형태라고 하더라도 프랜차이즈업으로 인정된다.

미국에서 프랜차이즈로 성공하기 위해서는 색다른 콘셉트 요소가 있어야 하지만 운영 방식이나 서비스 등은 미국 현지와 차이점이 느껴져서는 안 된다. 현지 사업 파트너를 선정함에 있어서도 실질적인 능력 위주로 평가해 선택하는 것이 중요하며 미국 시장에 전문성을 가지고 있는 사람을 활용해서 현지화하는 것이 중요하다.

미국에는 한국 교민들이 활동하는 지역이 많이 있는 만큼 우리 한국 기업들은 이들 교민사회를 기반으로 진출한다면 초기에 큰 마케팅 비용 등을 지불할 필요가 없을 것이다. 또한 균일성을 중요시하는 미국소비자들이 성향을 감안해 매뉴얼을 통해 시스템을 균일화시키는 것이 필요하다. 이 밖에 매장이 위치한 지역사회의 활동에 동참하는 것도 소비자들의 호응을 이끌어낼 수 있는 좋은 방안이 될 것이다.

❷ 일본

타 산업과의 변화적응력 실패로부터 새로운 변화를 모색하고 있는 일본외식업체의 대부분은 앞으로 10년 후를 내다본 장기비전수립에 몰두하고 있다. 상품력 강화와 품질, 서비스, 청결을 근간으로 한 가치추구와 최적타이밍으로 영업력을 강화시키는 방안을 모색하고 있는데, 기존의 고객만족, 가치추구, 음식 제공 시간의 최적화를 위해 분위기와 접객서비스를 향상시키기 위한 다각도의 노력을 기울이고 있다.

불황극복의 방법으로서 품질관리와 노동생산성 향상에 역점을 두고 있다. 식재와 상품의 표준화, 규격화를 통한 매뉴얼화와 시스템화를 강화하면서 생산자에서 소비자에게 이르기까지 신선화와 비용설감을 통하여 유통 및 물류시스템을 구축해 가고 있다.

인테리어에 있어서는 명확한 점포이미지 추구와 고급화보다는 실용적이고 기능적인 방향으로 전개되고 초기 고정투자비를 최소화하면서 투자비용을 절감하는 경제성 중심의 업종을 지향하고 있는 추세이다. 또한 홀, 주방, 설비, 객석 등의 레이아웃은 합리적이고 과학적인 동선을 중시하고 조명과 구조물에 의한 문화공간으로서 효율적인 점포경영과 관리에 역점을 두고 있다.

외식 사업의 매뉴얼화, 시스템화, 기술혁신화가 정착되어가고 있는 것이 특징이다.

이러한 변화와 발전을 넘어 21세기 감성화로 전개해 나가면서 타 산업과 변화적응력 속에서 거품경제와 경기불황을 극복하려고 하고 있다.

한식세계화와 더불어 외식기업들의 해외진출에 대한 관심이 어느 때보다도 뜨겁다. 대기업이든 아니든 규모에 관계없이 대부분의 외식기업들은 해외진출을 검토하고 있다고 해도 과언이 아닐 정도다. 하지만 가야 할 길은 멀다. KOTRA에 따르면 미국은 프랜차이즈 업계의 20%가량이 해외진출을 한 반면 우리나라는 겨우 3.7%에 그치고 있다고 한다. 우리나라 외식기업의 해외진출은 이제 걸음마 단계이다.

일본에 진출하는 프랜차이즈 본부가 주의해야 할 사항은 크게 5개로 꼽을 수 있다. 우선 '명확한 사업 콘셉트'를 설정해야 한다는 것이다. 누구를 상대로, 언제, 무엇을, 얼마에, 어떻게 판매할 것인지에 대한 전략이 명확해야 한다는 뜻이다. 다음으로는 '점포 비즈니스 패키지에 대한 차별화 포인트의 명확화'다. 일본시장의 경쟁 상대와 '브랜드파워', '메뉴파워', '가격파워', '매입가격파워', '고객서비스파워' 등을 비교했을 때 자사가 가진 강점과 약점이 무엇인지 명확하게 분석해야 한다.

참고 **도시락시장 빅뱅…원조 日 1위업체도 '군침'**

창업시장 화두로 떠오른 '도시락'

1인 · 노인가구 · 워킹맘 급증에 점심값 부담 직장인 가세…해마다 40% 이상 고속 성장

프랜차이즈 전문점 개설 러시…日 '도시락 왕국' 호토모토 "한국에 점포 200개 이상 열 것"

도시락 프랜차이즈 1위 한솥 매출

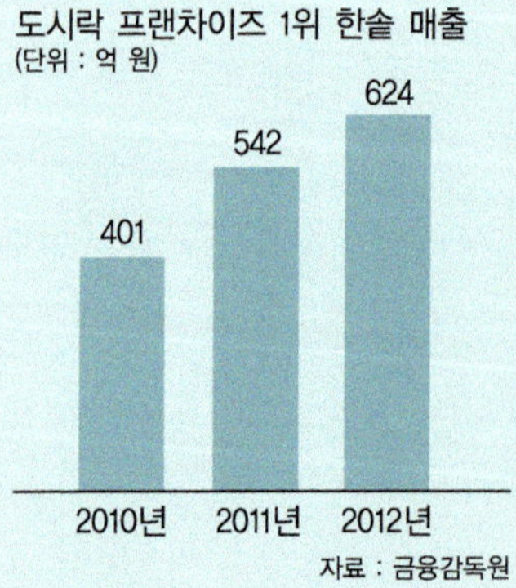

'빅3' 편의점 2012년 도시락 매출 증가율

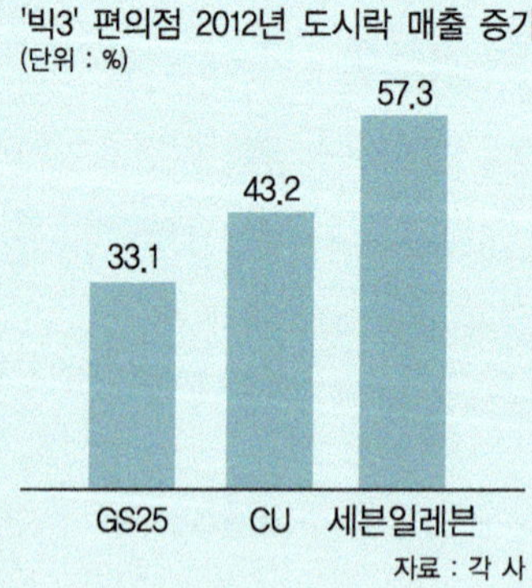

〈http://www.hankyung.com〉

서울 여의도 증권가에서 근무하는 윤영식 씨(32)는 도시락 예찬론자다. 또래에 비해 연봉이 비교적 많은 편이지만, 그에게도 한 끼에 7000~1만 원 하는 점심값은 부담스럽다. 윤씨와 같은 직장인이 늘어나면서 국내 도시락 시장이 급팽창하고 있다. 1인 가구 중심으로 인구구조가 변화하는 가운데 경기 부진이 겹치면서 2009년 이후 4년간 일부 편의점의 도시락 매출은 연평균 100% 이상 성장했다.

도시락 전성시대

편의점 업계에 따르면 2009년부터 지난해까지 4년간 업계 1~3위 CU · 세븐일레븐 · GS25의 연평균 도시락 매출 증가율은 각각 44.1%, 99.5%, 111.3%를 나타냈다. 프랜차이즈 업계에서는 편의점을 포함한 도시락 프랜차이즈 시장이 지난해 2조 원에 달한 것으로 추정하고 있다. CU 관계자는 "글로벌 금융위기 이후 도시락 매출은 매년 40~50%(전년동기 대비) 증가해왔다"며 "앞으로 수년간 이와 비슷하거나 빠른 성장세가 이어질 것"이라고 전망했다. 시장이 커지면서 도시락이 창업시장의 화두로 떠오르는 분위기다. 일식 브랜드 '미소야'를 보유한 보우앤파트너스는 17일 서울 방배동에 '미소담은 도시락' 1호점을 내고 도시락 시장에 진출한다. 보우앤파트너스는 방배동에 이어 압구정동에도 이달 중 미소담은 도시락을 낼 예정이다.

하림그룹은 일본의 쌀 가공식품 전문기업인 유노타니와 합작법인 하림유노타니를 올해 초 설립했다. 지난 5월에는 서울 여의도 KBS 본관 인근에 '하림유노타니하이밀' 1호점을 열었다. 기존 강자들은 수성을 위해 메뉴를 다양화하려는 움직임을 보이고 있다. 630여 개 점포를 운영하는 도시락 프랜차이즈 1위 한솥은 인기 애니메이션 '뽀롱뽀롱 뽀로로'의 제작사 오콘과 지난달 업무협약을 맺었다. '뽀로로', '디보' 등 이 제작사의 애니메이션 캐릭터를 활용한 어린이용 도시락을 만들어 소비층을 확대하려는 목적이다.

일본 1위도 주목하는 성장세

프랜차이즈 업계는 지난해 7월 한국에 진출한 일본 도시락 업계 1위 호토모토가 최근 점포 수를 서서히 늘리고 있는 데 주목하고 있다. 호토모토는 최근 일산에 3호점을 선보인 것을 비롯해 앞으로 3년간 한국에서 200개 이상 점포를 낼 계획이다. 호토모토의 지난해 연간 매출은 1800억 엔(약 2조1600억 원)으로, 한국 도시락 시장 전체 규모보다 크다. 윤형식 아모제 식품사업부문장은 "시장 규모가 10조 엔(약 120조 원)으로 추정되는 '도시락 왕국' 일본의 1위 업체가 한국에 눈독을 들이는 것은 한국 도시락 시장의 추가 성장 가능성을 그만큼 높게 보고 있다는 방증"이라고 설명했다. 한국 인구구조의 변화는 전문가들이 국내 도시락 시장의 성장세가 앞으로 상당 기간 지속될 것으로 점치는 주된 요인으로 꼽힌다. 장재남 프랜차이즈산업연구원장은 "일본 도시락 시장 성장세를 이끌었던 1인 가구, 노인 인구, 워킹맘 증가가 한국에서도 그대로 나타나고 있다"며 "내수경기 부진이 이어지면서 다른 외식메뉴에 비해 값이 저렴한 도시락 선호도가 높아지는 것도 성장 가능성을 높게 보는 이유"라고 설명했다.

(3) 중국의 프랜차이즈

최근 중국의 프랜차이즈 산업은 놀라운 발전 속도를 보이고 있다. 최근 7년간 프랜차이즈 점포 증가율은 연평균 51%, 연간매출액 증가율은 38%에 달하고 있다. 프랜차이즈 산업의 발전에 대해 중국 정부가 집중적으로 연구하고 있는 것이 영향을 미치고 있는 것이다. 중국 시장에 성공적으로 진출하기 위해서는 어떤 마케팅 전략을 펼쳐야 하는 지 현재 중국인들에게 높은 인기를 끌고 있는 한식브랜드인 '대장금'을 예로 들어 설명해 보겠다.

북경 온가찬음 유한공사는 전주비빔밥을 캐비어, 송로버섯, 푸아그라와 더불어 세계 4대 음식으로 인정받도록 하기 위해 노력하고 있는 기업으로 전주비빔밥 프랜차이즈 '대장금'을 운영 중이다.

대장금의 성공적인 운영을 위해 비빔밥을 주제로 한 난타공연, 세계 미식대회 참가, 중국 대표로 세계 한상 대회 참가, 비빔밥 만들기 체험 행사 등 각종 이벤트를 진행하며 대장금이라는 브랜드와 전주비빔밥을 홍보하는 활동을 해왔다. 또한 다양한 이벤트를 통해 중국 사람들에게 한국 여행기회를 제공, 한국에 대한 관심을 자연스럽게 고조시켰다.

아울러 시단, 중관촌, 조양공원 등 중국인이 가장 밀집된 지역 중심으로 매장을 출점하고, 체계적인 매장 운영 및 서비스 매뉴얼을 개발했다. 조리 레시피, 부재료 레시피, 주방설비 사용·수리·청소 매뉴얼, 위생 매뉴얼, 창고 정리 매뉴얼 등의 주방매뉴얼과 부서별 운영 매뉴얼, 디자인 표준화 매뉴얼, 가맹사업 운영 매뉴얼 등의 본사 운영 매뉴얼로 나눠 필요할 때 바로 바로 이용할 수 있도록 시스템이 잡혀져 있다. 임대차 계약서를 작성할 때 비용을 절감할 수 있는 방법을 알려주자면 계약면적은 건축면적이 아닌 실제면적으로 하고, 계약시작 일자도 '계약서를 체결했을 때' 가 아니라 '정식으로 영업을 시작했을 때' 로 하는 것이 좋다.

(4) 베트남의 프랜차이즈

최근 베트남에서는 급속한 경제발전 및 외국인 투자 확대로 전반적인 서비스 산업의 성장에 따라 프랜차이즈 시장이 본격적인 성장의 궤도에 진입했다. 2007년에는 상표권 등록이 12만 개에 달하고 2009년 100% 외국인 투자개방에 따라 등록 업체 수는 점차 늘어나고 있는 추세이다. BBQ, 롯데리아, 델리만쥬 등의 한국브랜드도 베트남에 진출해 있는 상태다. 또한 호치민에 있는 베트남무역투자진흥센터는 프랜차이즈 사업관련 정보 제공, 관련전문인력 양성프로그램을 운영 중이다.

이러한 가운데 프랜차이즈 계약의 수정, 보충, 갱신, 종류 등과 관련된 구체적인 법률이 부족하고 프랜차이즈 상표 및 서비스표의 지적재산권 보호와 관련된 규정도 미비해 주의가 필요하다. 또한 외국인 투자에 대한 간접적인 제한, 은행자금 조달의 어려움, 사회주의 체제가 가지고 있는 비효율성, 임대료 급등 등의 요인이 산업발전의 장애요소로 꼽히고 있다.

베트남에 외식프랜차이즈 형태로 진출하기 위해서는 상권, 맛, 고객서비스, 부동산 확보나 입지선정, 장비구입 및 자금조달 문제 등에 대한 분석이 선행돼야 한다. 베트남 프랜차이즈 시장 진출 형식으로는 직접 Franching, Master Franchising, Licensing Franchising, 직접 투자형식(Commercial Residence), 간접 투자형식(Cross-Border) 등으로 구분한다. 이 중 간집투사허가를 받기 위해서는 프랜차이즈 사업을 최소 1년 이상 영위하고 있어야 하고 산업통상부에 프랜차이즈 사업자 등록을 마쳐야만 한다.

베트남 프랜차이즈 시장에 진출하기 좋은 업종으로는 패스트푸드, 미용업, 의료서비스업, 교육서비스업 등이 꼽힌다. 그 중 패스트푸드는 베트남이 외식문화에 익숙한 민족이라는 점과 개방화 영향으로 서양의 패스트푸드를 접하고 선호하는 소비층이 급증하고 있다는 점이 유리하게 작용하고 있다. 특히 최근의 동향에 따르면 외국계 브랜드가 국내 브랜드보다 약 2~4배 정도 가격이 높음에도 불구하고 베트남의 젊은 소비층은 외국계 패스트푸드 음식점을 선호하는 경향을 보이고 있다.

3) 세계화 전략

(1) 한식의 세계화

외식 세미나에서는 전 세계에 흩어져 있는 한상(韓商)이 한 자리에 모이는 제8차 세계한상대회가 2009년 10월 27일부터 29일까지 3일간 인천 송도컨벤시아에서 진행됐다. '세계가 즐기는 우리의 맛 한식'이라는 주제의 식품·외식산업분과 세미나도 진행돼 많은 이들의 관심이 있었다.

1974년 미국 LA에 우래옥(현재 폐업)을 오픈한 이래 베벌리힐스, 뉴욕 등에서 우래옥과 반을 운영했던 사례를 보면, 운영자가 미국에 처음 진출할 때 한인들을 대상으로 하기보다는 미국 현지인들에게 한식을 알리기 위해 미국 주류사회에 정착할 수 있도록 노력했다. 지난 2005년 뉴욕에 한식당 '반'을 오픈했는데 우래옥의 오래된 단골손님이 정작 우래옥이라는 식당명을 잘 기억하지 못하는 것을 보고 식당이름도 현지화가 필요하다고 생각하여, 미국인들이 발음하기 쉬운 '반'이라는 이름으로 정했다. 이처럼 한식을 세계화시키기 위해서는 많은 부분에서 현지화를 시켜야 한다. 특히 미국에는 미국사람뿐만 아니라 타인종 사람들도 많은 만큼 이들이 이해할 수 있는 메뉴를 만들어 세분화해야 할 필요가 있다. 매장도 한국 문화와 한국의 맛이 공존하는 공간으로 만들되 이것도 역시 현지 문화를 접목시키는 것이 중요하다. 이에 우래옥은 한국을 알리는 인테리어와 미국의 바(bar)문화를 접목시킨 공간을 연출하기도 하였다.

한식세계화를 위하여 현지인을 채용해 언어 문제가 없도록 하는 것도 중요하다. 소비자들이 우리 한식에 대해 더 많이 알고 돌아갈 수 있도록 하기 위해서는 직원과의 원활한 커뮤니케이션이 보장돼야 한다. 조리인력의 경우도 우리 한식에 대해 잘 모르는 현지인들을 채용해 처음부터 새롭게 교육시키면 배운 그대로 실천하기 때문에 좋은 효과를 볼 수 있다. 타인종이 한식을 만드는 것이 자연스러운 일이 될 수 있도록 현지인들을 대상으로 한식 조리사 양성 프로그램을 실시하는 것이 좋다.

■미쉐린 2017년 서울편 스타 레스토랑

가나다 순

3스타 ＊＊＊		위치	가격(코스 · 저녁 1인)
가온	모던 한식	강남구 신사동	18만~25만 원
라연	모던 한식	중구 장충동	15만~23만 원

2스타 ＊＊		위치	가격(코스 · 저녁 1인)
곳간	모던 한식	영등포구 여의도동	15만~30만 원
권숙수	모던 한식	강남구 신사동	10만~15만 원
피에르가니에르	프랑스식	중구 을지로1가	17만~34만 원

1스타 ＊		위치	가격(코스 · 저녁 1인)
다이닝 인 스페이스	프랑스식	종로구 원서동	12만 원
라미띠에	프랑스식	강남구 신사동	12만~15만 원
리스토란테 에오	이탈리아식	강남구 청담동	9만 8000~12만 8000원
밍글스	모던 한식	강남구 논현동	11만~15만 원
발우공양	사찰음식	종로구 견지동	4만 5000~9만 5000원
보름쇠	소고기구이	강남구 삼성동	3만 9000~7만 원(단품)
보트르 메종	프랑스식	강남구 신사동	10만~13만 원
비채나	모던 한식	용산구 한남동	8만 8000~12만 원
스와니에	모던 한식	서초구 반포4동	11만~15만 원
알라 프리마	이탈리아식	강남구 논현동	11만 원
유 유안	중식	종로구 당주동	14만~28만 원
이십사절기	모던 한식	강남구 신사동	5만 5000~15만 원
정식당	모던 한식	강남구 청담동	9만~18만 원
제로 콤플렉스	프랑스식	서초구 방배동	9만 5000원
진진	중식	마포구 서교동	7000원~7만 5000원(단품)
코지마	일식	강남구 청담동	25만~35만 원
큰기와집	한식	종로구 소격동	2만 2000~5만 원(단품)
품	모던 한식	용산구 후암동	11만 6000~23만 1000원
하모	한식 · 진주 토속음식	강남구 신사동	8000원~4만 5000원(단품)

출처:m.blog.daum.net

메뉴의 본질을 찾아 메인 재료에 충실할 수 있도록 하는 것도 필요하다.

우선 해외의 많은 한식당들이 기본적인 마케팅인 메뉴판 구성 및 서비스의 형태 등에서 어이없는 실수를 저지르고 있는 경우가 많다. 메뉴명의 외국어 표기조차 제대로 이뤄지지 않거나 고객의 특성을 고려하지 않고 무조건 많은 메뉴를 제공하는 등의 사례는 한식당에 대한 이미지를 나쁘게 한다. 미국인의 한식당 이미지 조사결과 '바쁜', '시끄러운'과 같은 부정적 이미지가 높은 것도 문제다.

한인 위주의 영업으로 인해 현지 경쟁식당 대비 가격이 높은 경우가 상당수이며 홍보에 사용하는 사진이나 홍보문구의 질이 낮은 것도 고쳐야 한다. 홍보매체도 한인정보지 등에 국한돼 있다. 대다수 해외 한식당들은 시장분석을 통한 타깃 고객의 설정 및 마케팅 실행전략의 수립 등 체계적인 접근이 부족한 것으로 평가되고 있다. 문제점을 해결하고 한식세계화를 효과적으로 추진하기 위해서는 시장세분화 전략의 방향성이 구체화돼야 한다.

한식당을 가격대와 메뉴 다양성 등의 기준으로 세분화해 목표 고객의 니즈를 최적으로 충족시킬 수 있도록 해야 한다. 유형은 'Luxury Traditional', 'Luxury Family', 'Casual Dining', 'Specialized', 'Fast Food', 'Convenient Restaurant' 등의 6가지로 구분할 수 있다. 유형별로 마케팅 전략을 수립해야지만 효과적으로 현지에 정착시킬 수 있을 것이다. 아울러 진출하는 국가별로도 마케팅 전략을 다르게 수립해야 한다.

전통주의 이해와 명품화 전략을 위하여 한식세계화를 함에 있어서는 전통주도 당연히 범위에 포함돼야 한다. 전통주를 세계로 진출시키기 위해서는 명품화 전략이 필요하다. 이를 위해서는 우선 단맛은 줄이고 쓴맛을 보강해야 한다. 단맛은 음용 직후에는 좋을지 모르지만 싫증이 나기 쉬운 반면 쓴맛은 처음에는 거부감이 들지만 구미를 당기게 하기 때문이다. 또한 음식과 조화를 이루는 술의 개발이 필요하다. 기름기가 많은 음식을 먹을 때는 알코올도수가 높은 술이 어울리고, 담백한 음식에는 낮은 알코올도수의 술이 잘 부합되며 쌀밥 위주의 한식에는 쌀을 원료로 하는 술이 잘 부합되기 때문이다.

해외에서 본 한국 전통주 세계화를 위하여 한국 전통주는 모든 상품표시 및 홍보가 한인 동포들을 대상으로 하고 있어 현지인들이 접하기 쉽지 않다는 어려움이 있다. 유통도 한국식당 위주로 진행되고 있어 문제다. 맛에 있어서 소주를 예로 들어 보자면 외국 사람들은 아무 맛이 느껴지지 않는다고들 한다. 현지 사람들의 입맛에 맞는 향을 첨가해 맛을 향상시킬 필요가 있다. '소비자는 누구인가' 라는 목표 설정이 명확히 돼야 할 필요가 있다.

성분표기, 제조자 표기를 명확히 해야 하며 이와 관련한 인증제도도 확보해야 한다. 또한 유통기한 표시, 생산자 표시, 포장 등의 정확성과 현지화가 반드시 필요하다. 나아가서 한 나라라도 지역마다 특성이 다르기 때문에 각 지역에 맞는 다양한 마케팅 기법을 활용할 수 있어야 한다. 병의 패키지도 진열, 판매 상황을 고려해 제작해야 한다. 우리 전통주는 병 패키지가 너무 다양해 진열하는데 어려움을 겪고 있기도 하다. 또한 외국 사람들에게 있어 비만은 사회적 문제가 되고 있고, 국가적 차원에서도 웰빙을 주도하고 있는 만큼 우리 전통주를 대표적인 웰빙 식품으로 자리매김할 수 있다면 효과적일 것이라고 판단된다.

한식에 대해 SWOT 분석을 해 보면, 강점은 다양한 메뉴로 차별화, 한식의 기능적·영양적 가치, 외식기업의 세계진출 증가, 한류 국가 이미지 제고, 우수한 전통식품의 보유 등이 있고 약점은 기술기반 상품화 및 품질경영 부족, 한식업체 품질평가도구 부재, 한식 전문인력 부족, 한식 관련 국가사업 연계성 미흡, 관광식당 서비스 품질 저하, 영세한 업체의 낮은 경쟁력 등이 있다.

기회요인은 건강식 · 민족식에 대한 관심 고조, 食을 활용한 국가 이미지 제고, 지자체 특화 브랜드 식품 관심, 실버세대 외식화 경향 증대, 국내 외래관광객 증가 등이, 위협요인은 국내 외식시장의 경쟁 심화, 종사원의 높은 이직률, 한식의 중요성 국내 인식 저하, 인건비 · 원재료비 상승, 소비심리 위축 등이 있는 것으로 파악된다.

한식세계화를 위한 마케팅 전략은 우선 시장 세분화가 있다. 소비자 시장을 확인형, 현대적 실속형, 다양성 추구형, 가격 민감형, 무감각형, 이색미추구형, 입맛 고집형 등으로 나눠 각각의 특성에 맞는 전략을 세우는 것이다. 실제 한식에 대한 소비자 설문 결과, 한식에 대한 선호도가 높은 시장은 현대적 실속형 소비자와 따짐형 소비자, 가격 민감형 소비자 순으로 나타났다. 또한 한식의 장점별로 선호되는 세분 시장이 다르게 나타났다.

두 번째 전략은 집중화 전략이다. 자원의 한정성과 시장 진입상황이라는 점, 한식에 대한 상대적으로 낮은 인지도를 고려하면 집중화 전략이 효율적이다.

세 번째 전략은 한식의 핵심 가치 도출이다. 한식의 차별적인 가치는 메뉴 선택의 폭이 넓고 영양학적 가치가 높으며 오색오미로 대표되는 미적 가치가 뛰어나다는 것이다. 한국문화의 차별적 가치는 월드컵, 한류열풍 등으로 인한 국가 인지도 향상 및 차별적인 문화 콘텐츠로서의 가능성, 오랜 역사를 바탕으로 발달된 음식 문화 등이 있다. 따라서 한식의 기능성과 영양학적 가치에 대한 인지도 증가와 건강식 및 웰빙 소비 증대로 인한 아시아 음식에 대한 관심 고조, 월드컵, 한류열풍으로 인한 국가 인지도 향상 등을 핵심 가치로 삼아 한식세계화 전략을 세워야 한다.

네 번째 전략은 마케팅 믹스-7Ps다. 7P 즉 product, price, place, promotion, people, physical evidence, (service) process 등으로 세분화해 단계별 타깃에 따라 마케팅 전략을 수립하는 것이 필요하다. 향후 2년간의 단기전략은 타깃의 입맛에 맞춘 특정 메뉴 개발(product)과 적당한 가격 책정(price), 도심 한가운데 위치(place), 'Korean! Delightful Experience!' 를 일관되고 체계적으로 전달(promotion), 표준화된 서비스 교육 실시 및 현지어 교육 강화(people), 트렌드하면서 친근한 매장 분위기(physical evidence), 'Korean! Delightful Experience!' 를 전달할 수 있는 경험적 요소 제공((service) process) 등을 시행해야 하고 2년 이후 중장기 전략은 다양한 한식 소개로 메뉴 선택의 폭 넓힘, 다양한 가격대로 확장, 가격대별 다양한 지역에 매장 위치시켜 접근성 높임, 한국문화관광 상품과 연계해 'Korean! Delightful Experience!' 를 전달, 체계화된 서비스 지침을 바탕으로 현지 인력 비중을 50% 이상으로 끌어올림, 가격대별 주 고객층의 취향에 맞는 다양한 콘셉트의 매장 인테리어, 'Korean! Delightful Experience!' 를 전달할 수 있는 경험적 요소 지속적으로 제공 등이 필요하다.

결론적으로 한식세계화가 성공하기 위해선 정부는 차별화된 지원전략(연구개발 투자, 홍보방안, 인력양성) 제시, 지원 체계(네트워크 구축, 식품안전성 확보) 구축 등의 역할을 해야 하고, 학계는 기술개발 및 상품화, 해외시장 진출을 위한 기초자료, 한식 이미지 확립 연구, 마케팅 전략 기초자료 수입 등을 담당해야 한다. 관련업계는 품질관리 · 신제품개발, 가격경쟁력 확보, 이익창출 사업모델 구축 등을 해야 한다.

한식세계화에 대한 각계각층의 공통적인 시각과 제언을 몇 가지로 정리해보면 다음과 같다.

1	전통적인 한식의 토대 위에 지역화하고 현지화해야 한다.
2	한식의 특성과 건강기능성을 부각시키고 전략적인 홍보를 강화해야 한다.
3	문화적인 요소와 결합시켜 관광상품화해야 한다.
4	전문 인력을 양성하고 국내외 한식당의 경쟁력을 높여야 한다.
5	한식의 프랜차이즈화, 표준화, 위생성 제고에 노력해야 한다.
6	한식과 어울리는 전통주를 세계화한다.
7	한식과 어울리는 테이블웨어를 접목하고 조리용 기구를 개발해야 한다.
8	국제협력시스템, 해외공관, 해외동포, 민간사절단 등을 적극 활용하는 방안을 강구해야 한다.
9	한식의 포지셔닝을 확실히 하고 상대국의 식품규제 등에 대한 사전조사를 철저히 하여 수출장벽을 넘을 수 있는 수단과 방법을 정립해야 한다.

■ 한식 세계화에 대한 요리사들의 의견

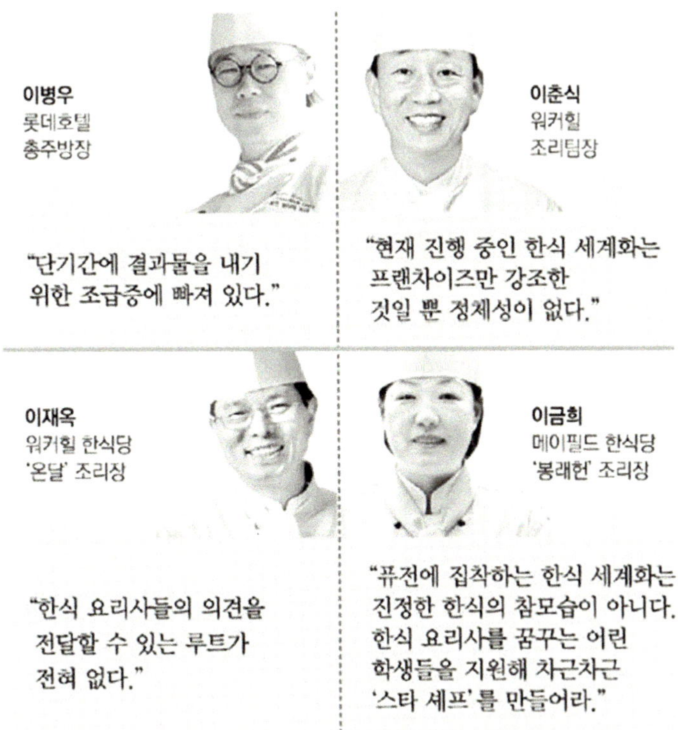

출처:https://www.google.co.kr

우리보다 한발 앞서 자국의 음식을 세계에 알리겠다고 두 팔을 걷어붙인 이웃나라 일본의 경우를 들여다보자. 일식세계화를 체계적으로 추진하기 위해 민간조직인 일본식레스토랑해외보급추진기구(JRO)가 2007년 7월에 설립됐다.

JRO는 2007년 대만지부 설립을 시작으로 2008년에는 중국 상해, 방콕, 암스테르담, 로스엔젤레스, 모스코바, 스위스, 뉴욕, 싱가포르, 런던 등에 지부를 설립함으로써 출범한지 2년 만에 총 9개국에 10개 지부를 두고 있다.

(2) 국내 외식기업의 세계화

해외진출에 대한 외식업체들의 관심이 어느 때보다 뜨겁다. 국내 영업의 한계에서 벗어나 중국, 일본, 미국 등 해외로 진출, 수익구조를 다양화하는 동시에 브랜드 가치를 높이는데 열을 올리고 있다. 또한 최근 외식업계의 가장 큰 화두로 떠오른 한식세계화와 맞물려 국내 외식업체들의 세계화 경향은 앞으로 더욱 가속화될 것으로 전망된다.

1970년대 국내 프랜차이즈 산업 시작되어 2000년 전후 해외진출 본격화되었다.

우선 국내 프랜차이즈 산업은 KOTRA에 따르면 국내 프랜차이즈산업은 1970년대 림스치킨(1976), 롯데리아(1979) 등이 첫 선을 보이면서 시작됐다. 그 후 1980년대 KFC(1984), 맥도날드(1988) 등의 해외 프랜차이즈가 국내에 진출하기 시작했으며 2000년대를 전후로 우리나라 프랜차이즈 기업의 해외진출이 본격화되기 시작했다.

[표 5-5] 국내 외식기업의 해외진출 현황

회사명	브랜드	진출연도	진출국(운영 매장 수)
우래옥	우래옥	1974	미국(4)
한우리외식산업	서라벌	1991	중국(5)
놀부NBG	놀부항아리갈비, 수라온	1991	중국(4), 싱가포르(1)
롯데리아	롯데리아	1994	중국(16), 베트남(62)
이원	투다리	1995	중국(130개 이상)
용수산	용수산	1998	미국(1), 중국(1)
대현에프씨코리아	꼬레철판볶음밥	1998	베트남(1), 중국(1)
미스터피자	미스터피자	2000	중국(15), 미국(2), 베트남(1)
불로만	불로만 숯불 바베큐	2000	중국(3), 일본(1)
인토외식산업	와바	2001	중국(6), 인도네시아(1), 일본(1)
봉추푸드시스템	봉추찜닭	2001	일본(1)
제너시스BBQ	BBQ치킨	2001	일본(1)
제너시스BBQ	BBQ치킨	2003	중국, 일본 등 55개국(354)
파리크라상	파리바게뜨	2004	중국(31), 미국(11)
CJ푸드빌	뚜레쥬르	2004	미국(13), 베트남(5), 중국(8)
토니피자	토니피자	2004	중국(2)
대대에프씨	바비큐보스	2004	중국(6)
김가네	김가네	2004	중국(3)
가온소사이어티	가온	2005	중국(1)
캔모아	캔모아	2005	중국(3), 필리핀(1)
본아이에프	본죽	2005	중국(4), 미국(4), 일본(1)
더본코리아	본가, 홍콩반점0410	2005	중국(13), 미국(3)
행복을굽는사람들	오발탄	2006	중국(4), 필리핀(1)
스티븐스코리아	뉴욕핫도그&커피	2006	미국(5)
크라제인터내셔널	크라제버거	2006	홍콩(1)
후스타일	요거베리	2006	미국(40여 개), 중국(20), 말레이시아(7), 베트남(2)
한국153농산	처갓집양념치킨	2006	미국(14)
스시히로바	스시히로바	2006	영국(1), 미국(1)

회사명	브랜드	진출연도	진출국(운염 매장수)
틈새	틈새라면	2006	중국(1), 베트남(1)
명동인터내셔널	명동칼국수 샤브샤브	2006	중국(5), 캐나다(1), 베트남(1)
정성본	애강산	2006	중국(2)
릴레이인터내셔날	레드망고	2007	중미국(60), 태국(30), 싱가포르(2), 필리핀(4), 인도네시아(4), 남아프리카공화국(2)
할리스F&B	할리스커피	2007	말레이시아(2), 미국(1)
띠아모코리아	카페띠아모	2007	중국(2), 캄보디아(1), 몽골(1)
교촌F&B	교촌치킨	2007	미국(9), 중국(1)
농협목우촌	또래오래	2007	미국캐나다(11), 중국(11), 인도네시아(4)
스쿨푸드	스쿨푸드	2007	미국(1)
대호가	죽이야기	2007	중국(6)
토성에프시	옛골토성	2007	중국(3)
참이맛	참이맛감자탕	2007	중국(8), 일본(1)
다췬	꼬지와 친구들	2007	말레이시아(1), 인도네시아(1)
벽제외식산업개발	벽제갈비, 벽제 봉피앙	2008	중국(2)
본푸드시스템	스시본, 본까스델리카페	2008	중국(2)
롯데리아	엔제리너스커피	2008	베트남(2), 중국(4)
빵굼터	빵굼터	2008	중국(4)
탐앤탐스	탐앤탐스커피	2008	중국(4), 호주(1)
한스델리	한스델리	2008	중국(3)
자하문	자하문	2008	중국(1)
TBBC	코리안숯불닭바베큐	2008	미국(1)
정명라인	본스치킨	2008	중국(1), 미국(2)
썬앳푸드	매드포갈릭	2009	싱가포르(1)
롯데케이케이티	크리스피크림도넛	2009	중국(1)
구스띠모	구스띠모	2009	싱가포르(1)
푸드넷시스템	토스피아	2009	미국(1)
리치푸드	피쉬앤그릴	2009	중국(1)
맛있는상상	chom chom jokumeon	2009	미국(1)

전문가들은 해외 시장에 성공적으로 안착하기 위해서는 '현지화 전략'이 가장 필요하다고 입을 모은다. 현지화된 메뉴개발을 하지 못한 채 한국에서의 맛을 그대로 고집하는 등 뚜렷한 현지화 전략과 철저한 준비가 없으면 시장에서 살아남기 힘들다는 말이다. 이와 관련해 현지 사정에 밝은 우수한 현지 파트너를 선정해 함께 사업을 해나가는 것이 도움이 된다고 전문가들은 조언하고 있다.

해당 국가의 지역사회 친화마케팅 전략도 중요하다. 현지인들을 매료시킬 수 있는 친화마케팅은 현지인에게 감동을 주고 이것은 다시 고객을 끌어들이는 힘이 된다. 이익의 일부를 사회에 환원하고 지역축제 참가나 고객과 직접 만날 수 있는 사회활동 등에 적극적으로 나서는 것도 중요하다. 중국에서 '대장금'이라는 비빔밥 전문점을 운영하고 있는 북경온가찬음유한공사는 비빔밥 만들기 체험행사, 국가대표 태권도 선수 초청행사 등 각종 이벤트를 진행해 큰 효과를 보고 있다.

또한 법률 및 위생, 부동산 임대 등에 관한 기초자료를 충분히 습득하는 것도 필요하다. 현지 관련법이나 규제 등을 꼼꼼히 살피지 않아 실패하는 경우도 종종 발생하고 있기 때문이다. 이 밖에 종업원 구성에도 심혈을 기울여야 한다. 성공적으로 현지 시장에 안착했다는 평가를 얻고 있는 우래옥의 경우 종업원들을 현지인들로 구성하는 것으로 유명하다. 우리나라 음식에 대해 잘 모르는 외국인 주방장을 채용해 처음부터 새롭게 교육을 시키는 것은 물론 일단 직원으로 채용되면 한국말을 가르쳐 한국말로 된 메뉴를 정확하게 이해할 수 있도록 하고 있다.

이처럼 해외진출을 위해서는 반드시 알아야 하는 사전 정보가 많음에도 개별 기업이 독자적으로 이를 해결하기에는 무리가 따른다. 이러한 업체들을 위해 정부의 수출지원사업은 중소기업청, 중소기업진흥공단, 중소기업중앙회, 코트라 등에서는 해외수출지원제도를 운영하고 있으며 아울러 한국수출입은행, 한국산업은행 등을 통해 해외진출 시 필요한 자금도 지원받을 수 있다.

참고 美한식당 사장, 충격발언 미국인들은 비빔밥을…

세계 1만 곳 한식당 '우물 안 한식' 안 되려면 '맛있는 스토리' 팔아라

2014년 미국 워싱턴DC K스트리트 453에 위치한 비빔밥 레스토랑 만두. 도심에서는 다소 거리가 있는 곳이지만 시내 곳곳에서 찾아온 현지인들이 점심을 먹기 위해 길게 줄을 서 있다. 특이한 것은 손님들 면면이다. 트렌디한 것을 좋아하는 20·30대 젊은 여성들이 대부분이다. 한인이 주류를 이루는 다른 한식당과는 확연히 다른 풍경이다.

이곳을 운영하는 이예순 대표는 "미국인들이 못 먹는 나물이 있는 경우가 많다"며 "재료를 전부 분리해 취향대로 먹을 수 있도록 했다"고 말했다.

비빔밥 먹는 법을 모르는 손님이 오면 현지인 직원이 직접 밥을 비벼주며 먹는 방법을 알려준다. 재료가 따로 나오다보니 한국 음식 재료에 대해 물어보는 손님도 많다. 자연스럽게 한식에 대한 스토리가 오가며 한식과 접점을 넓히는 효과를 노린 것이다.

그러나 워싱턴의 만두가 아닌 다른 해외 한식당으로 외연을 넓히면 얘기가 달라진다. K팝 등 한국 문화가 인기를 끌면서 전 세계적으로 한류 훈풍이 일고 있지만 우리 먹을거리가 갈 길은 멀다.

매일경제가 한식재단 한국외식연감을 분석해 세계 주요 지역별로 한식 지형도를 재구성한 결과 일본을 제외한 전 세계 한식당 운영자 89%가 한국인 혹은 교포인 것으로 나타났다. 조리인력의 80%도 한국계로 분석됐다.

식당을 찾는 사람들 역시 크게 다르지 않다. 미국 한식당 21%는 한국 손님 비중이 90%가 넘었고, 중국 한식당 58%는 한국인 비중이 50~70%에 달했다.

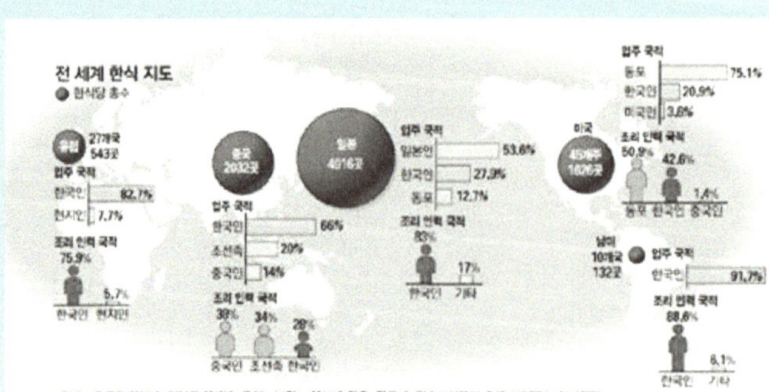

참고 日 '비빔바' 美 'B' 세계비빔밥시장 뺏아간다

'종주국' 韓, 세계화 주도권 뺏길까 우려

외식업에 대한 정책 논의가 규제 일변도로 흐르고 있는 사이에 해외에서 '한국의 비빔밥 종주국' 위상이 위협받고 있는 것으로 나타났다. 19일 관련업계에 따르면 일본 · 미국 외식업계 대표 체인업체는 물론이고 유명 셰프(요리사)까지 비빔밥 사업에 속속 뛰어들고 있다. 전 세계 외식 시장이 다른 나라 식문화까지 '먹고 먹히는' 무한경쟁으로 치닫고 있는 것이다. 이 같은 상황에서 비빔밥 세계화 초기 단계에서 주도권을 빼앗기면 종주국 위상마저 흔들릴 수밖에 없어 대책 마련이 시급하다고 전문가들은 지적하고 있다.

실제로 미국 뉴욕의 명소로 자리 잡은 일본계 음식점 '노부'는 지난해부터 자사 메뉴에 비빔밥과 불고기를 추가해 호평을 받자 올해부턴 25개국에 구축한 자사 레스토랑 체인망으로 대거 확대할 태세다. 1994년 뉴욕에 1호 레스토랑을 오픈한 노부는 무서운 속도로 5개 대륙으로 영토를 확장하고 있는 중이다.

일본에서는 이미 '비빔바'라는 상호로 비빔밥 사업을 체인화한 기업이 등장한 데다 대표적인 선술집 '아마타로'와 패밀리 레스토랑 '로열 호스트' 등도 비빔밥을 정식 메뉴로 채택하고 있다. 최근에는 미국 레스토랑 업계의 저명 셰프가 비빕밥 매장 'B'를 만들고 체인사업에 뛰어들어 미국 시장 진출에 공을 들여온 국내 외식업계를 잔뜩 긴장시키고 있다.

해당 셰프가 운영하는 체인 레스토랑은 '미식가의 성서'로 알려진 프랑스 잡지 '미슐랭 가이드'로부터 '최상위 등급'으로 인정받고 있는 곳이다.

이에 따라 외식업계는 김치, 불고기 등이 마치 일본 음식인 것처럼 호도되는 '착시 현상'이 비빕밥을 둘러싸고도 재연될까봐 극히 우려하고 있다.

이미 일본 대표 구이전문점 체인업체인 '규가쿠'는 불고기를 '일본식 바비큐'로 호도하고 있다. 이 회사는 현재 미국 전역으로 매장을 확대하고 있는 데다 중국까지 진출하고 있다. 처음 미국 진출 때만 해도 '한국식 바비큐'라는 타이틀을 내걸었으나 최근 들어 떼어 버렸으며 중국에는 아예 '일본식 바비큐'라는 간판을 내걸었다.

외식업계 관계자는 "국내 기업들이 이제 막 비빔밥을 체계화해 세계화에 도전하고 있는 상황에서 이미 해외 유력 업체들이 마치 자국 식문화처럼 흡수하고 있어 앞으로 한식 세계화에 큰 위협이 될 것"이라고 지적했다.

이관범 · 최준영 기자 frog72@munhwa.com

제3부

외식사업의 경영실무관리

학습 초점

외식사업의 규모적인 성장과 차별화된 운영전략을 위하여 마케팅, 고객만족과 서비스 품질, 메뉴 및 주방관리를 학습하여 외식업의 실무 경영전략을 이해한다.

제6장

외식사업 마케팅관리

1 마케팅의 이해

1) 마케팅의 개념

마케팅(marketing=market+ing)이란 일반적으로 기업목표의 달성을 위해 구체적으로 정해진 표적시장(target market)에 속한 고객들의 필요와 욕구를 찾아 경쟁자들보다 더 효과적이고 효율적으로 충족시키고자 하는 기업 활동이라고 할 수 있다. 오늘날에는 영리를 목적으로 기업 판매 활동, 각종 비영리단체 및 개인의 목적에도 다양하게 일상적으로 사용하는 방법이다.

국어사전의 마케팅의 정의는 "제품을 생산자로부터 소비자에게 원활하게 이전하기 위한 기획 활동, 시장 조사, 상품화 계획, 선전, 판매 촉진 따위가 있다. '시장 거래', '시장 관리'로 순화" 한다.

마케팅(marketing)의 의미는 시대적인 환경변화에 의하여 의미(definition)는 변화할 수 있기 때문에 의미를 정의한다는 것은 추상적일 수도 있다. 기업의 측면에서 마케팅(marketing)의미는 기업이 추구하는 시장(market)과 목표(goal) 달성을 위하여 개척하는 활동이며, 소비자의 필요와 욕구를 충족시키기고 목표시장에서 상품 및 서비스의 교환활동이 발생할 수 있도록 잠재수요층을 개발하는 활동이기도 하다.

목표시장을 개척한다는 것은 판매제품을 어떤 고객에게 판매할 것인지, 어디에서 얼마에 판매할 것인지, 어떤 방법으로 더 잘 판매할 것인지를 결정하는 것이다. 고객에게 적합한 제품을 만들고 제품의 판매가 잘 되기 위해서는 고객의 '요구(needs)'를 파악하고, 판매계획 제품과 서비스가 고객요구에 최대한 충족시키기 위해 노력하는 과정이 마케팅의 기본이며, 이 기본이 마케팅을 추구하는 최종적인 목적이고 할 수 있다.

이러한 마케팅 목적을 효과적으로 수행 4가지 핵심요소 활동계획이 있는데, 제조업을 기반으로 탄생한 제품(product), 유통(place), 가격(price), 촉진(promotion)이다. 이 마케팅 믹스(mix) 4P's를 기업의 목표를 위하여 효과적으로 활용한다면 성과를 극대화할 수 있다.

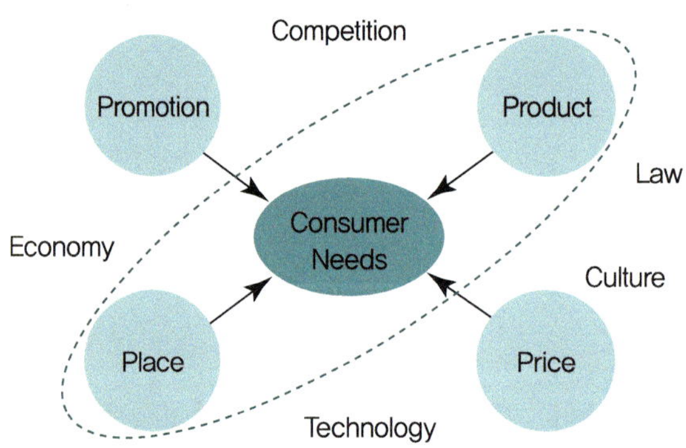

통제 가능한 변수 : 4P　　　통제 불가능한 변수 : 외부환경

이 4가지 핵심요소는 4P mix로도 일컫는데, 1960년대에 하버드대학 에드먼드 제롬 메카시(Edmund Jerome McCarthy) 교수가 제안하고 마케팅 전문가 필립 코틀러(Dr. Philp Kortler)에 의해 세상에 소개되었다.

http://images.search.yahoo.com http://www.kotlermarketing.com

[그림 6-1] 마케팅 4P's 믹스 표현

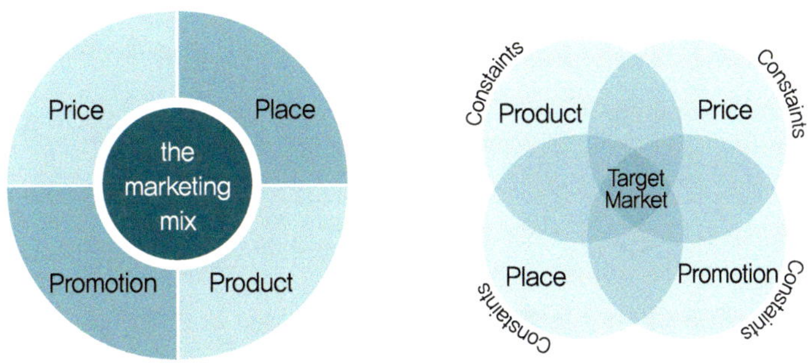

[그림 6-2] 마케팅 7p's 다양한 표현

고객에게 판매하는 제품(product)은 상품·서비스·포장·디자인·브랜드·품질 등의 요소를 포함한다. 마케팅 경쟁 환경에서 제품의 차별화, 서비스의 차별화, 서비스의 차별화, 디자인의 차별화, 품질의 차별화를 계획해야 하는 것이다. 가격(price)은 기업이 제품의 가치를 책정하는 것이다. 고객이 느끼는 가치(Value)에 비해 Price는 낮게, 생산비용(cost)보다는 높게 매겨야 한다.

즉, V(가치) 〉 P(가격) 〉 C(비용)라 할 수 있다. 기업이 책정하는 가격은 이윤 극대화, 판매 극대화, 경쟁자 진입 규제 등 시장전략에 따라서 변화할 수 있다. 장소·유통(place)은 기업이 제품이나 서비스를 판매하거나 유통시키는 장소와 유통을 의미한다. 제품이 고객에게 소개되는 장소라는 물리적 개념이기도 하면서 동시에 유통경로와 관리 등을 아우르는 공간적 개념까지도 포함한다. 마케팅 경로의 다양성과 효과적 운영은 매출성장과 연관되기 때문이다. 프로모션(promotion)은 광고, PR(public relation), 다이렉트 마케팅, 판매촉진 등 고객과의 커뮤니케이션(communication)을 의미한다. 고객과 다양한 소통의 방식 추구하여 기업이 사회적, 문화적 연계성을 강화하는 방법이라고 할 수 있다.

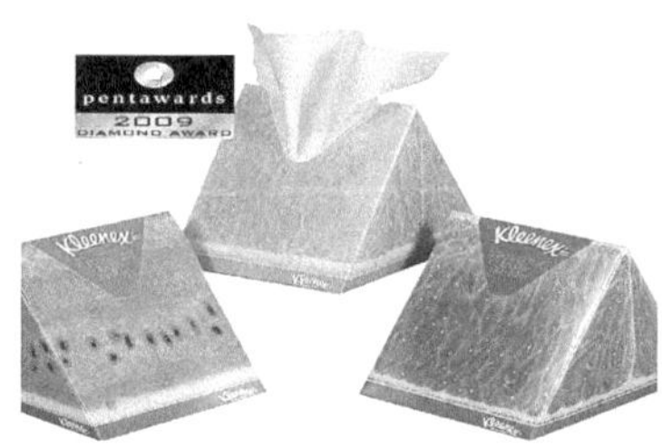

pentawards 제품

마케팅이란 일반적으로 기업의 생산자가 상품 또는 서비스를 소비자에게 유통시키는데 관련된 모든 체계적 경영활동을 뜻한다. 마케팅 활동은 기업적인 조직이나 개인 조직의 목적을 만족시키기 위하여 아이디어, 상품, 서비스의 개념과 가격, 판촉 및 유통을 계획하고 실행하는 체계적이고 구체적인 활동인 것이다. 마케팅 활동은 사회적 여

건과 경제적 환경 및 소비자 환경이 변화함에 따라 생산자 콘셉트, 품질 콘셉트, 판매 콘셉트, 마케팅 콘셉트 그리고 사회지향적 마케팅 콘셉트로 발전하였다.

마케팅 의미는 일반적으로 제품을 단순히 판매보다는 단계별 기능성 의미로서 훨씬 넓은 의미를 지니고 있다. 즉, 마케팅의 기능은 제품적 기능·시장거래적 기능·판매적 기능·판매촉진적 기능·기획적 기능으로 구분할 수 있다.

제품적 기능에는 신제품의 개발, 기존제품의 개량, 새로운 용도 개발, 포장·디자인의 결정, 상품의 폐기 등이 있으며, 시장거래적 기능에서는 시장조사와 수요예측, 판매경로의 설정, 가격정책, 상품의 물리적 취급, 경쟁대책 등이 있다.

판매적 기능로서는 판촉 및 판매원의 인사관리, 판촉(매)활동의 실시, 판촉(매)업무의 처리 등이 있으며, 판매촉진적 기능에서는 광고·선전, 각종 판매촉진책의 실시가 있다. 기획적 기능은 각종 활동 전체에 관련된 정책, 계획책정, 조직설정, 예산관리의 실시 등이 있다.

마케팅이란 고객에게 필요한 가치를 창조하고, 고객과 소통하며, 고객에게 전달하고, 가치를 교환하는 일련의 절차를 수립하고 통제하는 활동이다.

"고객에게 필요한 가치를 창조한다"라는 의미는 고객이 가지고 있는 근본적인 요구/필요(Needs), 욕구/욕망(Wants)을 분석하여 그러한 필요와 욕구를 충족시켜줄 수 있는 새로운 가치를 포함하는 서비스와 상품을 소비화시키는 것을 뜻한다.

"고객과 소통한다"라는 것의 의미는 가치 창조의 과정을 통해 새롭게 실제화시킨 용역과 재화를 고객에게 인지시키기 위한 일련의 방법들로서 상품명, 가격, 유통망, 홍보, 광고, 촉진 등의 구체적인 활동을 의미한다.

"고객에게 전달한다"라는 것의 의미는 고객에게 인지시킨 새롭게 실제화된 용역과 재화를 고객이 실질적으로 사용할 수 있게 하는 것으로서 무형적인 서비스와 유형적인 상품이 고객에 의해 실제 이용되는 것을 의미한다.

"가치 교환"이라는 것의 의미는 고객이 실제로 이용한 무형적 서비스와 유형적인 상품을 통해 충족시킨 필요와 욕구에 대한 만족을 가치제공자가 원하는 형태의 가치로 제공해주는 것을 의미한다. 새로운 형태의 서비스 혹은 가치제공자의 이미지 상승효과와 같은 무형적인 가치를 총괄한다.

마케팅목적은 제품의 가치개념을 어떤 식으로 고객에게 전달할 것인가를 명확히 제시하는 것이 되어야 한다. 즉 이 제품은 누가, 언제, 어디서, 어떻게 사용하도록 만들어졌고, 경쟁제품에 비해 어떤 장점이 있는지를 명확히 밝힐 수 있도록 고객의 욕구가 반영되고, 제품의 구매에서 얻을 수 있는 편익과 비용이 어떤 것인가가 전달될 수 있도록 제품개념을 명확히 해야 한다.

BASIC MARKETING MIX MODEL

Product Service. Organization	Pricing	Distribution Methods (Place)	Marketing Communications (Promotion)
What is being sold? How desirable is it? What is its quality? What problems does it solve? What is most likely to buy this? Who sells something similar or identical? Why would someone buy this? How is it produced and at what cost? what are the details?	What does it cost? (Perceived Value) Where does the price fitin perceived value? • Top of the line • Competitive. Average prices • Low-price policy What are the paymenet terms? Cash only or Credit • Extended • Restricted • Interest Charges • Lease/Rental • Membership • Recurning Biling What is the profit margin to be? What about the effect of discounts/coupons?	Where can it be purchased? • Store or Outlet • Catalog • Internet Is this retail, wholesale or both? Is this a franchise? Is this a home party distribution plan? Are there inventiories, warehouses or fleets needed? What services are provided by distrbution? • Credit • Delivery • Installation • Training	How do we tell the target market about this product, service or organization and convince them to buy again and again? • Adventising • Public Relations • Point of Sale • Promotional Materials • Promotional Events • Sales Force(Personnal) • Word of Mouth • Collateral Material • Direct Mail • Trad Shows • Teemarketing • Event Sponsorship • Web and Internet Communications • Sales Tranining and Material • Subeys/Research

기본적인 마케팅 믹스 모델

참고 비즈니스의 본질을 고객에서 찾은 고객 중심주의

피터 F. 드러커(Peter Ferdinand Drucker, November 19, 1909~November 11, 2005)

"고객 없이는 사업도 없다.(No Business without a Customer)"

http://en.wikipedia.org

기업이 무엇인지를 결정하는 것은 경영학자도 기업의 오너(owner)도 아니고 바로 고객이다. 기업이 창조한 제품과 서비스에 대해 대가를 치를 의향이 있는 고객만이 기업을 존재하게 만든다. 기업의 유일한 이익창구는 고객뿐이다. 고객은 기업으로부터 무엇을 구입하는 것일까? 고객이 구입하는 것은 기업이 판매하는 제품이나 서비스 그 자체가 아니라 제품과 서비스가 제공하는 효용(utility) 혹은 가치 (value)다.

기업은 시장에서 가치를 창출하기 위해 해야 할 가장 기본적이면서 가장 중요한 두 가지 활동이 있는데, 첫째 고객이 선호하는 것을 발견하는 것(marketing)이며, 둘째는 고객들이 깨닫지 못하는 욕구를 찾아내는 것(innovation)이다. 기업의 마케팅 성과를 향상시키는 것이 주요 활동이며, 나머지 활동은 지원하는데 지나지 않는다.

마케팅(marketing)이 궁극적으로 지향하는 목표는 고객을 충분히 알고 이해함으로써 제품과 서비스를 적절하게 제공하여 스스로 판매되도록 만드는 것이다. 이런 점에서 마케팅은 판매활동과는 오히려 반대되는 의미를 가지고 있으며 이상적인 마케팅은 궁극적으로 판매활동보다도 포괄적인 전략을 내포하고 있는 것이다.

마케딩의 목적은 소비자들의 충족되지 못한 욕구를 발견하고, 그것을 충족시킬 방법을 마련하는 것이다. 기업 측면에서 '우리가 판매하고자 하는 것은 무엇인가' 라고 질문하지 마라. '고객이 구매하려는 것은 무엇인가?' 라고 질문해봐야 한다.

"고객만족이야 말로 모든 기업의 목적이자 사명이므로 기업은 고객과 시장의 관점에서 마케팅을 시작해야 한다."

또한, 인터넷 마케팅시대의 제조회사는 판매회사의 제품조달처로 상황이 역전될 수가 있다.

학자 및 협외의 마케팅의 정의

1) 1936 NAMT(National Association of Marketing Teachers)

마케팅은 생산으로부터 소비에 이르는 재화와 서비스의 흐름과 관련되는 여러 가지 기업 활동을 포함하는 것이다.

2) 1948&60년 AMA(American Marketing Association)의 정의

마케팅은 생산자로부터 소비자 또는 사용자에게로 재화나 서비스의 흐름이 원활히 이루어지도록 관리하는 기업활동의 수행이다.

3) 1985년 AMA의 재정의

마케팅이란 개인 및 조직의 목표를 충족시키기 위한 교환을 창출하기 위해 아이디어, 상품, 서비스를 정립하는 활동과 가격을 설정하는 활동 및 촉진활동과 유통경로를 계획하고 집행하는 과정이다.

4) Wikipedia, Encyclopedia-Marketing is..

Marketing is the process by which companies create customer interest in goods or services. It generates the strategy that underlies sales techniques, business communication, and business developments. It is an integrated process through which companies build strong customer relationships and creates value for their customers and for themselves.

Marketing is used to identify the customer, to satisfy the customer, and to keep the customer. With the customer as the focus of its activities, it can be concluded that marketing management is one of the major components of business management. Marketing evolved to meet the stasis in developing new markets caused by mature markets and overcapacities in the last 2-3 centuries.

Marketing Definition

Marketing is the activity, set of institutions, and processes for creating, communicating, delivering, and exchanging offerings that have value for customers, clients, partners, and society at large.*

New Definition of Marketing(est. in 2007)

Marketing is the activity, set of institutions, and processes for creating, communicating, delivering, and exchanging offerings that have value for customers, clients, partners, and society at large.

Previous Definition(est. in 2004)

Marketing is an organizational function and a set of processes for creating, communicating, and delivering value to customers and for managing customer relationships in ways that benefit the organization and its stakeholders.

The new definition takes into account input from a broad cross-section of the Association membership. Marketing is regarded as an 'activity' instead of a 'function' and positions marketing as a broader activity in a company /organization, and not just a department. The new definition also positions marketing as providing long term value rather than narrowly as an exchange of money (short-term) for the benefit of the shareholder/organization

〈http://www.marketingpower.com/Community/ARC/Pages/Additional/Definition/default.aspx〉

http://www.the-cma.org

Marketing is a set of business practices designed to plan for and present an organization's products or services in ways that build effective customer relation-ships(2011).

2) 마케팅의 발전

마케팅은 교환활동 과정을 통하여 고객의 필요와 욕구를 만족시키는데 목표를 둔 고객위주형의 창조활동이라고 할 수 있다.

오늘날 현재적인 마케팅의 대한 정의가 다양하고 지속적으로 변화는 것은 마케팅의 개념자체가 고객 시장의 변화에 기초된 것이다.

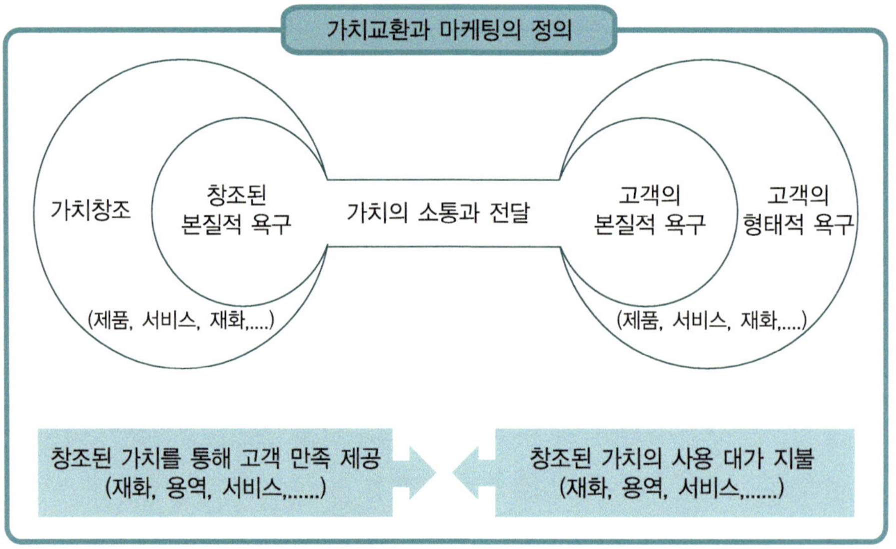

http://talkr.tistory.com/5

초창기의 마케팅 시작은 생산지향적 환경에서 출발하여 제품 및 서비스의 생산과 유통을 강조하였다. 기업들은 소비자가 값싸고 쉽게 구할 수 있는 제품을 좋아한다는 욕구에 기초하여 생산과 유통을 개선하여 효율적인 경영과 생산능률을 높임으로써 원가와 소비자 판매 가격을 낮춰 고객 시장을 확보하는 수단으로 마케팅 활동을 하였다. 다음 단계의 마케팅 활동은 기업에서 생산된 제품이 소비자 중심의 품질만족을 위한 제품지향적 마케팅이다.

소비자는 여러 가지 생산된 제품 중에서 가장 우수한 품질의 제품을 선호하며 구매한다는 환경 하에 기술개발에 따른 품질 개선과 타사 제품과의 차별화를 통해 경쟁에서의 우위를 점하는 마케팅 활동은 폭 넓은 고객을 확보할 수 있었다.

마케팅 활동은 1930~1950년대에 판매와 판촉지향적 마케팅 환경으로 생산하는 제품의 판매량 증가를 위한 판매와 판촉기술의 개선이 중심 내용이었다. 여러 가지 고객 판매와 판촉활동이 고객의 구매 욕구자극으로 보다 많은 구매를 유도할 수 있다는 가정하에 기업들은 보다 많은 고객확보와 유지를 위한 강력한 판매 및 판촉조직을 형성하는 마케팅 환경을 시행하였다.

위 세 가지 마케팅 활동은 전반적으로 기업 활동에 초점이 맞추어져 소비자의 욕구와 선호에 더욱 적용할 수 있는 소비자 지향적 마케팅 활동이 1950년대 이후에 나타났으며 이 마케팅 활동 개념의 특징은 고객의 욕구를 이해하고 기업의 경영활동이 소비자를 위한 환경으로 변화한다는데 의미를 둔다. 모든 기업조직의 활동을 소비자의 욕구에 부응하도록 개선하고 통합하였다. 소비자의 욕구를 만족과 충족시킴으로써 모든 기업의 목표를 달성할 수 있는 활동을 추구하였다.

소비자의 욕구에 부응하는 사회적 환경과 소비자 만족도에 중요성을 두었다.

[그림 6-3] 시장의 변화에 따른 마케팅 전략

	마켓 1.0	마켓 2.0	마켓 3.0
목표	제품 판매	고객만족 및 보유	제품 판매
핵심 콘셉트	물리적 필요를 지닌 대중 구매자	이성과 감성을 지닌 영리한 소비자	이성과 감성, 영혼을 지닌 완전한 인간
기업이 시장을 보는 방식	제품 개발	차별화	가치
가치 명제	기능	기능과 감성	기능과 감성과 영성
	▼ 소비자의 이성에 호소하기	▼ 소비자의 감성에 호소하기	▼ 소비자의 영혼에 호소하기

이처럼 마케팅 활동의 변천은 오늘날 마케팅 개념에 영향을 미치고 발전하였는데 현재적인 마케팅 활동은 사회변화에 부응하여 윤리적 측면까지 기업의 활동을 포함한 사회지향적 마케팅 개념으로 확대되고 있다. 기업은 소비자에게 보다 좋은 생활을 제공하고 인간 지향적인 사고와 함께 판매하는 제품으로 발생되는 사회적 책임을 지는 방향으로 마케팅 활동을 전개할 수 있어야 하는 환경으로 변화하고 있다.

마케팅의 활동의 궁극적인 목표는 소비자와의 교환이라고 할 수 있다. 소비자는 자신의 욕구를 충족시킬 수 있는 제품을 소비하려 하고 기업은 소비자의 욕구를 충족시켜줄 수 있는 제품을 개발하여 소비자가 지불할 수 있는 가격에 판매함으로써 기업목표인 이윤을 추구하게 되는데, 이러한 의미에서 마케팅의 활동의 목표는 교환이라고 할 수 있다.

마케팅 활동의 궁극적인 목적은 소비자의 욕구(needs)를 파악하여 만족시키는 것이다. 이와 반대로 판매(selling)는 기업이 만들어내고 있는 제품에서 출발하는 경우이다. 일반적으로 "마케팅"을 "영업"과 비슷한 뜻으로 사용하는 경우가 많지만, 엄밀히 구분한다면 마케팅 활동은 소비자의 욕구(needs)에서 시작해서 욕구를 충족시킬 제품과 서비스를 창출하고 제공하는 창조적인 활동개념인 반면, 판매(selling)는 제품에서 시작해서 기업의 제품을 어떻게 광고 및 홍보하고 어떠한 방법으로 판촉해서 어떻게 소비자에게 더 많이 판매(selling)할 것인가를 생각하는 것이다.

마케팅(marketing)과 판매(selling)는 기업의 경영활동에서 제품을 소비자에게 판매하여 이윤추구를 하는데 목적은 같을 수 있지만 활동의 개념은 상이한 개념에서 시작한다. 예를 들어 세계적인 S전자회사의 주력상품인 스마트 휴대폰을 생각한다면 이 스마트 휴대폰을 기업중심의 관점에서 생각하면 "우리기업은 스마트 휴대폰을 판매한다"라고 한다면, 이것은 판매적 관점이라 한다. 하지만 마케팅적 관점에서는 "우리는 스마트 휴대폰의 무한 정보이용 세계를 제공한다"라고 할 수 있다. 소비자가 '환상'과 '꿈', '즐거움'을 누리고 싶다는 '욕구'가 있음을 찾아내고 이를 만족시킨 것이다. 다시 말하면 마케팅 활동은 '영업(sales)'이 아니라 진실한 고객의 욕구(needs)를 창조(creation)하는 것이다.

[그림 6-4] 산업변천에 따른 마케팅의 발전 단계

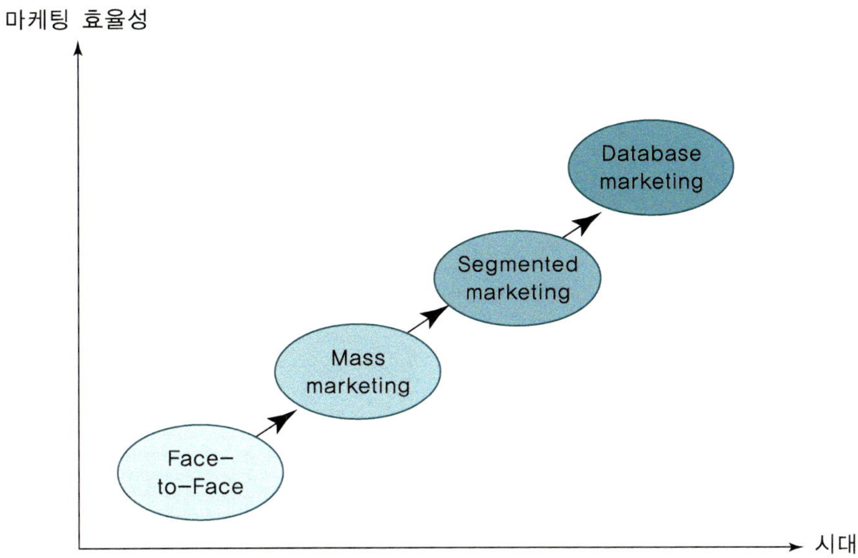

구분	판매	대중마케팅	세분화마케팅	DB마케팅
개념	상품을 판다	고객이 선호하는 상품판매	고객층별 상품과 서비스 판매	개개인 원하는 상품서비스
목표	대량 생산	대량 판매	상품 서비스 세분화	개개인 생애가치 극대화
중심	생산 중심	판매자 중심	판매자 중심	고객 중심
사고	생산 지향	판매 지향적	고객 지향적	고객 지향적
형태	소품종 대량판매	다품종 대량판매	다품종 소량판매	고객 개별 취향 판매
대상	내방 고객	불특정 다수	세분화 고객유입	(개별) 고정고객
요구	싼 가격	좋은 품질	전문화	다양화, 개성화
변화	100인 1색	10인 1색	1인 1색	1인 10색
효율	저비용 저효율	고비용 고효율	고비용 저효율	저비용 고효율
수급	공급〈수요	공급=수요-	공급〉수요	공급〉〉수요
활동	수렵형(생산)	농경형(품질)	공업형(효율 관리)	산업형(차별화 전략)
시대	60-70년대	80년대	90년대초반-중반	90년대 후반
경쟁	물량확보	판매(획일화)	경쟁심화(전문화)	무한경쟁(차별화)
가치	순수가치	부가가치	고 부가가치	가치창조

[그림 6-5] 마케팅 개념의 진화

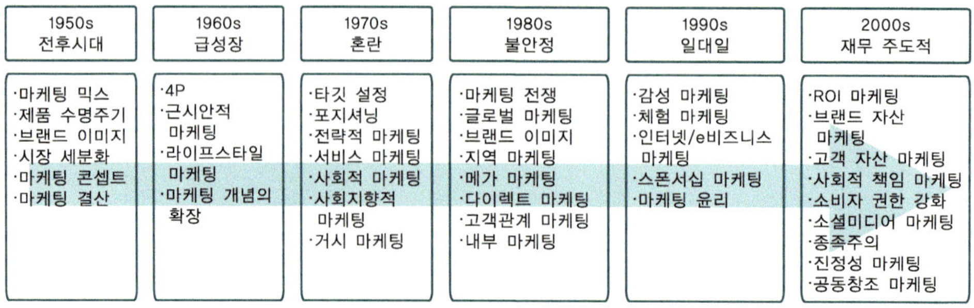

[그림 6-6] 시대변천에 따른 마케팅 전략 변화

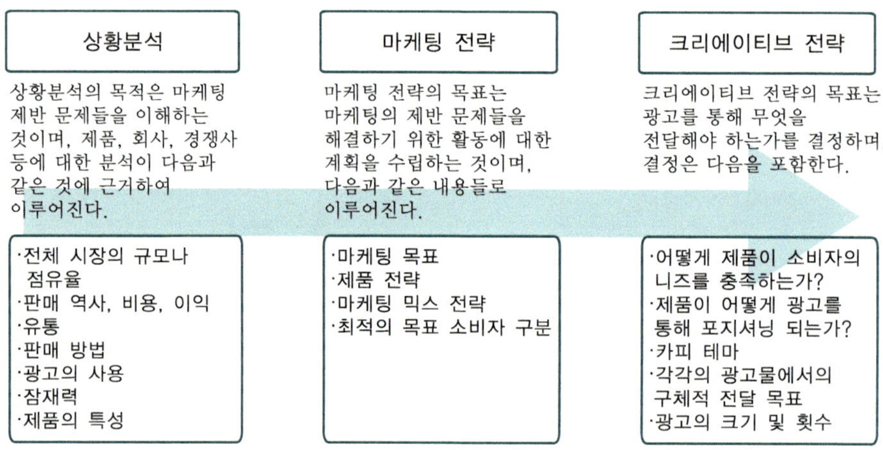

우리나라 마케팅의 변화와 발전과정

1. 1970년대 이전의 마케팅 : 마케팅 관심기

우리나라에서 마케팅교육이 이루어진 것은 대략 1950년대 말이라고 할 수 있다. 이 당시에는 책의 제목이 시장론이었으며 책의 뒷부분에 마케팅의 개념이 소개되었다. 1960년대 초에는 마케팅관련 서적이 등장하기 시작했으나 이 시기에는 판매중심의 일부분으로 마케팅이 소개되었을 뿐이다.

1945년 해방 후 우리나라는 상당기간 동안 국내 소비수요를 충족하지 못하는 생산의 수준을 높이기 위하여 생산에만 치중하여 왔으므로 유통 면의 개선에 대해서는 간과되어 왔다. 한편 경제개발 5개년 계획의 실시와 더불어 그 수행을 밑받침하는 외화의 획득을 위해서 수출마케팅에 대해서는 전문연구기관의 설치와 더불어 그 연구가 활발히 진행되었고, 또 정부에 의한 적극적인 계몽지도가 이루어졌으나 국내마케팅에 대해서는 한동안 정부당국이나 일반업계에서도 주목을 받지 못했다.

대량생산에 대응하는 대량판매를 가능케 하기 위해서는 대규모 유통기관이 발달되어야 하는데, 이 당시의 우리나라의 유통기관들은 영세했으며 생산성도 낮았다. 동대문시장이나 남대문시장을 비롯하여 전국 각지에서 5일마다 열리는 시장이 거의 노점상들로 시장이 형성되어 있었다. 이 당시 우리나라에는 백화점 하나 제대로 발전하지 못했고 슈퍼마켓이 아직 도입되지 않았던 시기이다. 정부에서는 1960년대 말에 유통근대화 5개년 계획의 수립이 논의되기 시작하였고, 그 결과 유통에 관심을 갖기 시작했다. 슈퍼마켓을 도입하려는 움직임도 이때 일어났다. 한편 민간여성단체의 주도로 소비자보호운동이 1960년대 말부터 일어나기 시작했다.

2. 1970년대의 마케팅 : 마케팅 도입기

판매개념(Selling Concept)과 구별되는 마케팅 콘셉트(Marketing Concept)를 강조하는 마케팅 교육이 제대로 이루어지기 시작한 것은 1970년대라고 할 수 있다.

개발도상국가에 있어서의 마케팅은 제조활동에 못지않게 중요한데도 불구하고 정부에서는 무시 내지 방임해왔다. 생산부문은 막대한 외국의 원조와 정부의 노력으로 근대화가 이루어져 제법 대량생산이 가능하게 되었는데 마케팅부문은 원시상태에 그대로 머무르게 됨으로써 우리나라는 근대적인 생산양식과 중세적 마케팅이 혼재된 전형적 이중 구조를 보유하게 되었다. 그 이유는 마케팅기관에 대한 육성, 발전이 이루어지지 않은 상태에서 산업자금 내지 생산자금만을 지원했다. 판매 없이 생산이 존재할 수 없는 것인데도 이러한 잘못된 정책을 시행함으로써 마케팅의 발전이 상대적으로 뒤지게 되었다. 따라서 이 당시에도 마케팅의 화두는 단연 유통혁명이었다. 슈퍼마켓이 도입된 것도 바로 이 시기이다.

이 당시 우리나라는 아직 판매자가 주도하는 시장(Seller's Market)에 머물러 있었으므로 마케팅 콘셉트에 입각한 마케팅 활동을 하는 기업은 거의 찾아볼 수 없고 그저 판매하기에 급급했다. 소비자보호와 관련해서는 여성단체가 독자적으로 벌여오던 운동을 협의회를 만들어 조직적이며 구체적인 활동을 시작했으나 아직 소비자보호에 대한 입법이 선진국에 비해 미흡했다.

3. 80년대의 마케팅 : 마케팅 성장기

유통부문은 생산과 소비의 양대부문과 병행하여 동시적으로 발전해야 함에도 불구하고 우리 경제는 짧은 기간 내에 고도성장을 이룩하기 위해 국민경제 전체의 균형보다 전략적인 비교우위를 가진 제조업 중 특히 성장주도산업 중심의 경제개발이 집중적으로 이루어져서 국민생활과 직접적 관련을 갖고 있는 유통부문과 소비부문에 대한 정책적 배려가 상대적으로 미약했었다. 그러자 정부에서도 1980년대에 들어서면서 유통구조에 있어서의 비효율적인 요소를 개선하여 유통의 사회·경제적 기능을 보다 능률적으로 수행할 수 있도록 하는 유통산업 근대화정책을 강력히 추진하게 되었는데, 그 주요내용으로는 시장구조의 고도화, 유효경쟁의 촉진, 물적 유통의 근대화, 유통조성기능의 강화 등이었다. 그 결과 소비자보호법이 마련되었고 공정거래법과 소비자 피해보상 규정이 제정되었다.

한편 기업 간의 경쟁이 치열해지게 됨에 따라 고객만족이라는 개념이 마케팅에서 중요한 비중을 차지하기 시작하여 광고에서도 고객만족이라는 단어가 등장하고 고객만족을 담당하는 부서도 생겨나기 시작했다.

4. 90년대의 마케팅 : 마케팅 활성화기

아무래도 우리나라에서 마케팅이 꽃을 피운 것은 1990년대라고 할 수 있다. 이 시기에 우리나라는 OECD에도 가입하였고 1인당 GNP $10,000도 경험했다. 따라서 경제가 발전하는 만큼 소비규모도 커짐에 따라 마케팅이 보편화, 일반화되는 등 많은 발전을 가져오게 되었다.

마케팅 콘셉트의 중요한 구성요소인 고객만족의 개념이 기업에서 확실하게 자리 잡은 것은 물론 사회 전 분야로 확산되어 나가는 시기였다. 병원, 학교, 정부기관, 지자체, 철도청 등의 공기업, 극장, 스포츠 등의 모든 분야로 마케팅이 확산되어 마케팅이라는 말은 이제 일반인도 익숙한 단어가 되었다. 신세대의 등장, 그리고 24시간 편의점의 확산은 소비문화에 큰 변화를 가져오게 되었다.

신세대, X세대, N세대 등으로 불리는 새로운 계층이 그들이 갖고 있는 엄청난 구매력으로 인하여 마케팅의 중심 대상으로 떠올랐다. 외국계 대형할인점의 국내 진출을 계기로 외국계 할인점과 토종 할인점 간의 치열한 경쟁이 벌어짐은 물론 백화점과의 업태 간 경쟁으로까지 확산되기에 이르렀다. 대형 백화점들은 다점포전략을 채택하여 여러 곳에 점포를 개설하였고 특히 지방에의 출점은 그 지방에 뿌리를 두고 있는 토호 백화점들을 무너뜨리는 결과를 가져왔다.

환경을 중시하는 사회분위기와 환경 의식적인 소비자들에 부응하기 위해 그린마케팅의 개념을 도입하게 되었고 따라서 많은 상표들이 그린, 바이오 등의 단어를 사용하게 되었다. 또한 기업들 사이에서 마케팅조사가 일반화되고 있다. 철저한 마케팅조사를 통해서 만들어낸 제품은 날개돋힌 듯이 팔려나가지만 그렇지 못한 경우에는 재고로 남아 기업을 어려움에 빠뜨리게 되는 것을 스스로 경험하고 있기 때문이다.

한편 IMF의 관리를 받게 된 경제위기는 소비자들의 소비를 위축시켰고 이에 따라 기업의 마케팅 활동도 상당한 영향을 받아 IMF 경제환경에서 살아남기 위한 마케팅전략을 수립하느라 어려움을 겪기도 했다.

1970년대와 1980년대의 경쟁이 누가 큰 생산시설을 갖추고 저가의 제품을 공급할 수 있느냐에 중점을 둔 생산경쟁의 형태였다고 한다면 1990년대의 경쟁은 누가 시장여건에 적합한 제품을 공급하느냐에 주안점을 둔 마케팅경쟁으로 전환되었다고 볼 수 있다. 그 결과 기업에 종사하고 있는 모든 사람들이 강한 마케팅 의식을 가지고 환경에 적응하였으며 이를 극복하려는 노력을 기울였다. 그러나 마케팅 전략을 보다 효율적으로 관리하고 실행하기 위한 노력은 부족했다. 마케팅 활동을 수행하는데 있어서 대부분의 기업들이 고객의 행동과 필요에 대한 지식을 바탕으로 수행되어야 한다고 인식하고 있었음에도 실제로는 이를 실행하기 위한 조직체계나 전략이 뒷받침되지 못했다.

5. 20세기 국내마케팅의 반성

첫째, 우리나라에서 마케팅을 도입 적용하는데 있어서 우리나라의 업계의 실정을 고려하지 않았다. 우리나라 대학에 마케팅에 대한 학문을 도입한 것은 1950년내 후반기인데 이때는 우리나라가 아직 마케팅문제 자체를 연구하여 그 이론 및 기술을 경영에 어떻게 어느 정도 적용할 것인가를 검토해야 하는데 이를 충분히 검토하지 못한 가운데 도입·적용한 감이 있다.

미국에서의 마케팅은 경쟁의 심화로 인한 유통비용의 절감이라는 사회적 필요성에 의해서 자율적으로 연구되기 시작했으나, 우리나라는 외국의 경험기술을 타율적으로 개별경영에 적용함으로써 마케팅의 능률을 급속도로 높이려는 필요성에서 인식되기 시작했다는 데에서 차이가 있었다.

즉 미국의 마케팅이 밑으로부터의 필요성에서 일어난데 반해 우리나라는 위에서부터 선진국의 이론 및 기술을 응용하여 그 능률수준을 높이자는데 목적이 있었다. 우리나라에서는 마케팅에 대한 사회적 관심이 고조되기 전에 기업은 우선 자기경영 본위로 마케팅 원리의 적용을 시도하였던 것이다. 따라서 많은 시행착오를 겪게 되었고 체계적인 마케팅 활동이 이루어지지 못하였을 뿐만 아니라 우리나라 실정에 맞도록 마케팅을 정착시키는데 시간이 필요하게 되었다.

둘째로 우리나라에서는 산업에 따라 마케팅에 대한 관심의 정도가 상당히 차이가 있었기 때문에 마케팅의 변화, 발전 속도는 산업마다 달랐다. 경쟁업체가 없어서 독과점상태에 있는 산업이나 국내소비수요를 충족하지 못하는 산업, 즉 판매자시장에 속해 있는 산업은 마케팅의 필요성을 현실적으로 인식하지 못했다. 반면 치열한 경쟁 하에 있는 구매자시장에 속한 기업들은 마케팅의 필요성을 인식하여 이의 도입 발전에 노력하였다. 즉 어떤 산업은 판매자시장에 속해 있는가 하면 어떤 산업은 구매자시장에 속해 있는 이중적 시장구조를 갖고 있었기 때문에 산업에 따라서 마케팅의 발전에 차이가 있었다. 그러나 이제 대부분의 산업에 마케팅 콘셉트가 도입 적용되기에 이르렀다고 할 수 있다.

셋째로 마케팅의 도입이 일반적으로 대기업 중심으로 생각되었다. 그러나 우리나라의 경우 중소기업의 비중이 높은 것을 감안한다면 이 또한 잘못된 것이라 할 수 있다. 미국의 마케팅은 대량생산, 대량소비를 전제로 발전한 것이므로 우리나라의 현실 면에서 볼 때 그대로 도입 적용하기가 어려운 점도 있다. 특히 대기업에서는 현대적 마케팅을 큰 어려움 없이 도입할 수 있었으나 중소기업의 경우에는 어려움이 많았다. 그러나 고객만족을 추구한다는 점에서는 대기업이나 중소기업의 구분이 필요 없다. 따라서 중소기업도 마케팅을 도입하기 위한 노력을 해야 했으나, 대부분 대기업 위주로 마케팅이 도입되었으며 연구도 대기업 위주로 이루어져 중소기업 마케팅에 대한 연구가 상대적으로 부족했다.

넷째로 마케팅의 사회적 문제가 크게 고려되지 않았다. 즉 사회적 마케팅 개념의 도입이 활성화되지 않았다. 대대적인 광고를 통하여 소비를 부추김으로써 사회 전반에 과소비 풍조가 만연하였고, 이는 우리나라가 IMF의 관리를 받게 되는 하나의 요인이 되었음을 부인할 수 없다. 또한 그린마케팅을 도입하고 있는 것처럼 기업들이 내세우고 있지만 실제로는 이에 대한 노력이 미흡했다.

6. 21세기 마케팅의 방향

첫째, 우리나라 실정에 맞는 마케팅이 이루어질 수 있도록 하기 위한 더 많은 연구가 있어야 할 것이다. 또한 중소기업에서도 마케팅을 적극 도입해야 할 것이며, 이때 대기업의 마케팅을 그대로 도입할 것이 아니라 자기 제품이나 취급 품목의 특수성을 감안하여 대기업과 차별화할 수 있는 마케팅을 추진하여야 할 것이다.

둘째, 21세기의 소비자는 20세기 보다 더 다양한 개성과 욕구를 추구할 것으로 보이는데 이를 충족시켜 주기 위해서는 기존의 타깃마케팅(Target Marketing)만으로는 미흡할 것이므로 소비자 개개인의 다양한 욕구와 개성을 충족시켜 줄 수 있는 1대 1 밀착마케팅, 맞춤마케팅, 즉 데이터베이스 마케팅(Database Marketing)이 활성화되어야 할 것이다.

셋째, 21세기의 마케팅은 사이버마케팅이 정착되는 시기가 될 것이다. 뿐만 아니라 디지털 경제로의 패러다임 전환이 이루어지게 될 것이므로 이에 대비하여 마케팅의 정보화에 많은 노력을 기울여야 할 것이다. 물류, 유통, 판매, 서비스 등 마케팅의 모든 영역에서 컴퓨터와 인터넷을 활용함으로써 비용절감과 마케팅의 효율화를 기하여야 할 것이다.

넷째, 이제 21세기의 마케팅은 거래적 개념이 아니라 관계적 개념으로 바뀌어야 할 것이다. 즉 소비자와의 지속적인 관계를 갖기 위해 사전 및 사후의 마케팅(Before and After Marketing)이 이루어져야 하며 한번 고객은 영원한 고객이라는 생각으로 관계마케팅(Relationship Marketing)을 수행하기 위한 노력을 기울여야 할 것이다.

다섯째, 마케팅의 사회적인 책임을 이전보다 더 이행하도록 해야 할 것이며, 특히 환경과 관련하여 그린마케팅이 정착되어야 할 것이다. 따라서 앞으로의 마케팅은 사회적 마케팅, 그리고 환경친화적 마케팅이 되어야 할 것이다. 마지막으로, 앞으로의 마케팅은 양적인 면만을 추구하려 하기보다는 질적인 면의 중요성을 살려나가야 할 것이다. 다시 말하면 MORE 마케팅 보다는 BETTER 마케팅이 되어야 할 것이다.

신길수/명지대 경영학과 교수, 월간 마케팅

3) 외식마케팅의 발전

외식업계의 마케팅은 업체의 전체적인 레스토랑 콘셉트와 이미지 전달에서 시작된다고 할 수 있다. 즉, 상품(메뉴)정책 → 메뉴이미지, 가격정책 → 가격이미지, 판촉정책 → 정보제공이미지, 점포정책 → 점포활성화 이미지, 인적판매정책 → 인적서비스 이미지로 고객에게 전달되어야 한다. 서비스 산업의 한 부분인 외식산업에서의 마케팅은 일반 타 산업에 비하여 좀 더 세심한 마케팅 활동이 요구된다.

(1) 고객 지향 마케팅(customer oriented marketing)

고객 지향 마케팅이란, 제품을 생산하기만 하면 팔리던 시대에서 이제는 소비자의 선택을 받지 못하면 살아남을 수 없는 고객중심의 시대로 진입하였기에 많은 기업들이 '고객을 위한 가치창조', '고객만족경영', '고객제일주의' 등의 구호를 내걸고 자원과 노력을 집중하는 것을 말한다.

'고객은 왕이다' 라는 말은 옛말이 되었다. 이제는 '고객지향본부', '고객감동실' 같은 고객만족 부서를 새로이 신설하거나 서비스를 강화하고 있고, 소비자의 의견에 따라 경영방침을 수정 및 보완하고 있다.

'고객 불만 24시간 처리', '무한 책임주의', '100% 품질보증제도', '고객의 달' 등 국내 제조업체들이 실행했던 고객만족 서비스도 금융, 서비스 업체에 이어 공공기관으로까지 확대되어 소비자의 욕구를 어느 정도 만족시켜 주는가 하는 것이 경영의 핵심 목표로 부상하고 있다.

미국 도미노 피자의 택배 시스템은 고객을 위한 가치창조의 한 사례로 들 수 있다. 도미노(Dominos)피자는 고객이 피자를 주문하면 30분 내에 가정에 배달한다. 도미노 피자의 평균 택배시간은 23분 5초이며 만일 30분이 초과하면 3달러를 반환한다. 이것은 경쟁자와 차별화된 독특한 가치를 고객에게 제공하는 것으로 고객은 이 점에 만족하여 반복주문을 하게 되는 것이다.

지금은 소비자 주권 시대(customer opinion power)라고 한다. 단순히 기업체가 제공하는 상품을 사용하던 소비자에게 이제는 제품의 생김과 품질, 디자인, 경영에까지 소비자의 의견과 아이디어가 반영되는 것을 의미한다. 최근 들어 기업들은 소비자가 소비자 고발 센터나 상담실을 찾는 것보다 한 발 앞서 문제가 있는 상품을 자진 신고하고 수거처리하는 리콜제를 실시하고 있다. 또 소비자의 불만을 주의 깊게 듣고, 한 사람의 소비자까지 만족할 수 있도록 소비자 보호 부분을 강화하고 있다.

다양한 유통업체의 등장도 쇠자의 선택의 폭을 넓혀주고 있다. 유통시장 개방 이후 디스카운트 스토어, 회원제 창고형 매장, 전문양판점 등 할인매장들이 계속 선보이면서 값싼 제품을 원하는 소비자들이 이곳을 즐겨 찾는다. 또한 쾌적한 분위기에서 양질의 서비스를 제공받으려는 사람은 백화점을 방문하거나 가정밖에 돌아다니지 않고 전화나 컴퓨터 통신을 이용해 주문하기도 한다.

소비자들은 이제 특정 제품을 수동적으로 받아들이기보다는 자신의 주장을 적극적으로 표현하는 존재로 바뀌고 있다. 제품 가격뿐만 아니라 품질, 기업 활동 등을 평가하고 이를 다른 사람에게 알리는 게 요즘 소비자들이다. 소비자 주권은 획일적인 사회가 다양화되면서 점차 향상되고 있다. 소품종 · 대량생산시대에서 다품종 · 소량생산시대로 바뀌고, 정보화(IT : Information Technology)가 진전되면서 이 같은 현상이 나타나고 있다.

(2) 공생적 마케팅(symbiotic marketing)

공생적 마케팅이란, 치열한 경쟁환경 속에서 기업 간의 약점을 보강하고 상호이익을 도모하기 위하여, 서로 자원을 공동 이용하면서 협력관계를 맺는 것을 말한다. 유통경로의 공유, 공동 광고, 공동 판촉, 공동 생산 분야에서 더 나아가 경영활동 전반의 부족한 점을 보완하거나 보다 효과적인 시너지를 달성하기 위한 전략적 제휴(strategic alliance)가 보편화되고 있는 추세이다.

전략적 제휴(strategic alliance)는 성공적인 세계 유수기업들이 각사 고유의 핵심능력(core capability)을 구축하고, 이를 바탕으로 성장 전략을 추구하고 있다. 그러나 핵심능력은 모든 분야를 세계수준으로 키울 수 없으므로 많은 기업들은 자기가 취약한 부분을 보완하기 위해 다른 기업이 가지고 있는 장점을 결합하는 것이다. 즉 전략적 제휴는 서로의 장점을 연결시켜 더 큰 시너지 효과를 나타내는 것으로 최근 우리나라 기업들 사이에도 활발하게 이루어지고 있다.

전략적 제휴는 내부적 제휴와 외부적 제휴의 형태가 있다. 내부적 제휴는 기업이나 그룹 내에서 관련 부서 간에 기술, 경영기법, 판매망, 정보, 유통망 등을 공유함으로써 원가를 절감하고 최고의 제품을 만들어 내는 것이다.

(3) 관계 마케팅(relationship marketing)

관계 마케팅이란 한번 고객을 영원한 고객으로 만들기 위해 구매 전부터 구매 후까지 연속선상에서 지속적인 관계를 유지하기 위한 것으로, 재구매가 이루어지고 고정고객이 있어야만 이윤이 창출된다는 개념이며, 특히 프로모션(promotion)이 중요한 역할을 하게 된다. 즉, 한번 관계를 맺은 고객과 계속적으로 그 관계를 유지하기 위한 촉진 중심의 마케팅이라 할 수 있다.

① **구매 전**(before purchase)

대상고객을 보다 신중히 선택하고 고객이 원하는 것을 약속할 수 있어야 한다.

② **구매 중**(during purchase)

구매 중에는 구매하는 과정 자체가 기억에 남을 만큼 감동을 줄 수 있어야 하고, 이와 관련하여 고객 개인에 대한 정보를 확보하고 있어야 한다.

③ **구매 후**(after purchase)

구매한 후에라도 고객과의 접촉을 유지하고 신속하고 효율적인 서비스를 제공할 수 있어야 하며, 고객의 불만을 항상 듣고 고객과의 접점부서에 직원을 계속 보유하고 있어야 한다.

(4) 개별 마케팅(individual marketing)과 데이터베이스 마케팅(DB marketing)

소비자의 니즈(needs)는 다양화되고 개성화되고 있다. 따라서 과거의 매스 마케팅, 즉 불특정다수를 상대로 한 마케팅은 개개인의 욕구에 부응할 수 없다. 이제는 개개인을 모두 독립된 목표 고객으로 한 개인화 마케팅 전래가 고객만족을 극대화할 수 있는 효과적인 방법이며, 이러한 개인화 마케팅은 자동차, 컴퓨터와 같은 고가 제품에서부터 그 필요성이 강하게 나타나고 있다. 이것은 매스 마케팅에서 시작하여 시장세분화 마케팅, 틈새 마케팅, 그리고 그 다음 단계인 개별 마케팅으로 변화되는 과정이다.

판촉 활동에 대한 소비자 응답, 소비자의 설문지나 제품 보증서에서 수집된 소비자 신상정보, 제품구입이나 소비자클레임 처리 과정에서 얻는 정보 등을 데이터베이스에 저장하여 마케팅전략에 활용하는 것이 바로 데이터베이스 마케팅이다. 데이터베이스 마케팅기법은 시장 환경의 급격한 변화에 대응하여 새로운 패러다임이 요구되는 마케팅 분야에서 기업의 경쟁력을 키워갈 수 있는 전략적 무기로 등장하였다. 또 데이터베이스 구축으로 개별적인 현재의 고객이나 미래의 잠재고객과 계속적으로 접촉하고 관계를 유지하여 제품 구매를 연결시키고, 자사 제품에 대한 충성심을 유발시켜 고정 고객화는 물론 평생고객으로 유지할 수도 있다. 이런 측면에서 개별 마케팅이나 데이터베이스 마케팅의 개념은 관계 마케팅과도 연결된다.

(5) 서비스 마케팅(service marketing)

서비스 마케팅은 서비스 산업뿐만 아니라 제조업에서의 서비스 활동까지를 포함한다. 서비스는 소비자 욕구의 다양성, 컴퓨터 정보 통신 같은 기술의 발전에 따라 고급화되고 전략화되고 있다. 또 많은 기업들은 치열한 경쟁 환경 속에서 차별화된 서비스와 상품의 부가가치를 높이는 부수적인 서비스 즉 자동차, 전자제품 등의 판매 후 A/S 같은 서비스 마케팅을 강화하고 있다. 서비스는 진심으로 고객을 환대하고 감동적으로 고객의 니즈(needs)를 충족시켜야 그 가치가 올라갈 수 있다.

진실의 순간(MOT : moment of truth)

진실의 순간은 고객과의 접점에서 발생하는 짧은 순간을 의미하는 것으로 1980년 스칸디나비아 항공사(SAS)사장인 얀 칼슨(Yan kalson)이 회사경영에 처음 도입하여 성공한 개념이다. 즉, 고객과의 접점에 있는 종업원의 서비스가 얼마나 중요한가를 의미하는 말이다. 기업의 종업원이 고객에게 서비스의 품질을 보어 주고 고객은 순간의 인상으로 상품구매를 결정하세 된다는 것이다. 특히 매장에서 고객을 접하는 순간의 판매원의 행동이나 안내원, 경비원, 교환원 등 최일선 서비스요원들의 태도가 회사의 이미지와 운명을 좌우하게 된다.

(6) 그린 마케팅(Green Marketing)

오늘날 환경문제의 심각성이 고조되면서 그린 마케팅의 중요성이 강조되고 있다. 즉 환경 친화적인 상품개발은 이런 제품을 사용토록 소비자를 유도하거나 환경의 중요성을 인식시키는 고지 활동을 활발히 전개함으로써 기업의 이미지를 높이고 있다. 실제 최근에 많은 기업들이 환경에 유해한 원재료나 용기 재질 사용 기피, 자원 절약형 리필 제품 개발, 환경관련 캠페인 등 그린 마케팅에 많은 노력을 기울이고 있다.

참고 **세계적인 트렌드는 제품 광고가 아닌 '브랜드' 광고**

프로축구에서부터 공연, 영화까지 다양한 분야에 스폰서십
나라별로 소비자가 선호하는 방식을 선택해 성공적인 마케팅 펼쳐

보통 맥주병은 갈색인데 '하이네켄'은 깨끗함을 강조하기 위해 초록색 병을 사용하고 있다. 최근 많은 기업이 자사의 제품을 직접 광고하기보다는 브랜드를 친숙하게 만들기 위한 마케팅에 사활을 걸고 있다. 제품 간 질적 차이가 사실상 사라지면서 소비자들이 제품을 선택하는 기준이 달라졌기 때문이다. 품질이 우수해야 하는 것은 기본이고 소비하는 상품의 이미지를 자신의 개성으로 여기는 트렌드로 인해 마케팅의 중심은 타깃이 되는 소비자의 소비 트렌드를 어떻게 변화시키고 이끌어갈 것인가에 맞춰져 있다.

이런 마케팅의 선두 주자로 140년 전통의 세계적인 맥주회사 '하이네켄'(Heineken)을 들 수 있다. 네덜란드에 기반을 둔 이 기업은 유럽인, 나아가서 세계인의 마음을 사로잡기 위한 실험적이고 재기 넘치는 마케팅으로 유명하다. UEFA 챔피언스 리그, 하이네켄 컵, 홀랜드 하이네켄 하우스 등 국제적인 스포츠분야에서부터 '하이네켄 Thirst 파티, 그린룸 세션, 월드 긱스 등의 각종 음악공연, 'Be Cool' '매트릭스'(Matrix), 제임스 본드 시리즈 등 영화 스폰서십까지 다양한 분야에서 마케팅 활동을 펼치고 있다. 더불어 브래드 피트, 존 트라볼타, 제니퍼 애니스톤, 제이 지, 벤 스틸러 등 국제적 스타를 광고에 기용해 소비자에게 한결 친숙해지려는 노력을 꾸준히 하고 있다.

http://danmee.chosun.com

마케팅에서 10가지 치명적인 실수

1. 표적 고객을 충분히 이해하지 못하는 마케팅
2. 경쟁자를 제대로 파악하고 감시하지 못하는 마케팅
3. 이해관계자들과의 관계를 적절히 관리하지 못하는 마케팅
4. 새로운 기회를 찾는데 미숙한 마케팅
5. 마케팅 계획과 그 수립 과정에 결함이 있는 마케팅
6. 제품과 서비스 정책에 경제성을 고려하지 않는 마케팅
7. 시장 중심적이지도, 고객 지향적이지도 않은 마케팅
8. 브랜드 만들기나 고객과의 의사소통 기술이 취약한 마케팅
9. 효율적, 효과적으로 실행되지 않는 마케팅
10. 기술력을 최대한 활용하지 않는 마케팅

사례 20세기 대표 기업들, 왜 무너졌을까

주력 시장 자체가 없어지는 역량 파괴적 환경 변화 빈번

코닥, 디지털 카메라에 밀려… 통신판매 기업 시어즈도 파산

새로운 기준 앞에서 맥 못 춰

위기 상황에서 흔히 듣는 조언은 '위기일수록 자신의 강점 위주로 선택과 집중을 하라'는 것이다. 그러나 위기 원인이 자신의 기존 강점이 더 이상 통하지 않는 '역량 파괴적' 환경 변화 때문이라면 위기를 가중시킨다.

역량 파괴적 환경 변화는 대체 기술이나 상품의 등장, 기존 시장의 소멸, 규제 변화 등으로 발생하는 환경 변화를 말한다. 20세기형 경영의 대표 주자들은 21세기형 경영의 등장이 엄청난 역량 파괴적 환경 변화임에도 불구하고 기존 강점에만 집착하다 무너졌다. 코닥과 마쓰시타, 시어즈, 노키아의 위기가 대표적이다.

코닥은 1892년에 창업한 이래 110년 이상 필름과 인화지 분야에서 세계 1위를 지켰다. 그러나 2000년대 중반 디지털 카메라가 출현하면서 필름과 인화지가 필요 없게 됐다. 엄청난 역량 파괴적 환경 변화가 발생한 것이다. 그러나 코닥은 지난 100여 년간

핵심 역량 역할을 해왔던 필름과 인화지 기술에 대한 집착을 버리지 못하고 머뭇거리다 디지털 카메라로 전환할 타이밍을 놓치고 결국 파산했다.

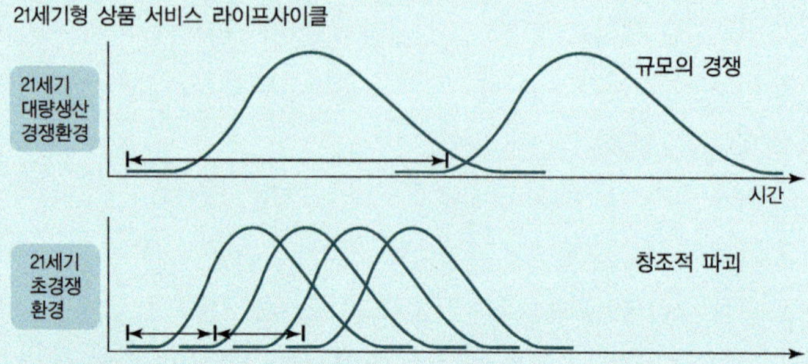

회생 노력의 일환으로 파나소닉으로 개명한 마쓰시타는 강력한 라이벌인 필립스와 소니를 누르고 1970년대부터 20여 년간 글로벌 가전시장을 압도한 강자였지만, 파산 직전 위기에 빠졌다.

마쓰시타의 세계 제패 기반은 표준화를 통한 글로벌 생산 체제였다. 마쓰시타는 1970년대 중반에서 80년대 중반까지 벌어진 VCR 세계 표준경쟁에서 본사를 중심으로 전 세계 조직들이 한 공장처럼 일사불란하게 움직이는 집권화 구조로 대응했다. 그러나 조직 내 다양성과 유연성이 떨어져 VCR의 시대가 끝나고 CD와 MP3 등 새로운 디지털 멀티미디어 기술이 등장할 때 변화에 적응하지 못하고 몰락했다.

1990년대 초까지만 해도 모든 업종을 통틀어 세계 최고 기업으로 존경받던 시어즈의 몰락도 역량 파괴적 변화에 대응하지 못한 결과였다. 시어즈의 트레이드 마크는 미국의 모든 가정이 계절마다 애타게 배달을 기다린 카탈로그였다. 계절이 바뀌거나 공휴일 등 특별한 시기가 되면 엄청난 신상품과 할인 상품 리스트를 담은 카탈로그를 가정마다 배달해서 고객들을 매장으로 유혹하고 우편판매까지 독점했다. 그러나 시어즈는 인터넷과 홈쇼핑을 비롯한 새로운 매체의 등장으로 카탈로그 비즈니스의 경쟁력이 사라졌는데도 전통을 고수하다 무너졌다.

노키아의 최근 위기도 유사한 이유로 발생했다. 노키아의 기존 강점은 휴대전화를 값싸고 효율적으로 대량생산하는 역량이었다. 그러나 2000년대 중·후반 애플과 구글이 스마트폰이란 신개념 제품을 소개하면서 위기가 시작됐다. 스마트폰 체제에서는 휴대전화 기기는 물론 애플리케이션 소프트웨어, 콘텐츠, 네트워크 서비스, 전자상거래 등 다양한 산업에 속한 기업들이 상호보완적 생태계를 형성해 공동으로 가치를 창출했다. 휴대전화 기기는 실속 없는 허깨비 기기(dummy device)로까지 불렸다. 그러나 노키아 경영진은 어떻게 하면 휴대전화를 더 싸고 더 효율적으로 만들 것인가에 골몰하다 위기 대응 타이밍을 놓치고 말았다.

사례 애플 · 구글 · 페이스북… 21세기형 기업의 7가지 성공 비결

전성기에도 자기혁신 계속… 이전에 없던 생태계 만들어
자율성 높이고 부서 벽 없애 실패에 관대한 문화도 도입, 새 아이디어 시도 높이 평가

최근 20세기 대표 기업이 대거 몰락하고 있다. GM이 파산보호 신청을 했으며 모토롤라가 구글에 인수되었고 코닥도 파산했다. 리먼 브러더스, AIG, 마쓰시타, 필립스, 소니, 시어즈, 노키아 등 세계 정상으로 군림하던 전통 강자들이 몰락한 기업 리스트에 속속 이름을 올리고 있다. 이는 초(超)경쟁 환경으로 경영 환경이 급변해 20세기형 경영이 쇠퇴하고 완전히 새로운 21세기형 경영이 급부상했기 때문이다.

20세기형 성공 기업들이 선도하는 '상시 창조적 경영'은 7가지 공통점이 있다.

① 21세기형 기업들은 '창조적 혁신' 전략을 중시한다.

20세기형 기업들이 규모와 효율성 경쟁을 통해 기존 시장을 방어 · 확장하는 데 비해 21세기형 기업들은 끊임없이 존재하지 않던 새로운 가치를 창출해 새로운 시장을 만들어 나간다. 애플, 구글, 아마존 등의 끊임없는 신사업 진출이나 신상품 출시 사이클을 보면 혁신 집착증에 걸렸다고 할 만큼 창조적 혁신 패턴이 명확하게 나타난다.

또 미래 가치를 창조하는 데 필요한 창조적 상상력을 경쟁 우위의 핵심으로 강조한다. 20세기형 기업에서는 적응이 어려웠을 스티브 잡스나 페이스북의 저커버그, 구글의 브린 등 괴짜 스타일의 창조적 인재들이 중시된다.

② '창조적 파괴' 전략을 시도한다.

기존 상품이 쇠퇴할 타이밍에 후속 상품을 출시하던 20세기 기업들과 달리, 21세기형 기업들은 기존 상품이 정점(頂點)일 때 후속 상품을 출시해 스스로 기존 상품의 시장을 파괴하는 '창조적 파괴'에 나선다. 예를 들면, 애플의 아이팟은 출시 7년 만에 20버전을 넘겼다. 그뿐 아니라 아이팟이 한창 잘 팔릴 때 상당 부분 기능이 중복되는 아이폰과 아이패드를 출시해 스스로 시장을 파괴하며 새로운 시장을 창조했다.

구글과 페이스북, 애플의 세르게이 브린(사진 왼쪽)과 마크 저커버그(가운데), 스티브 잡스가 각각 신제품과 신기능을 소개하고 있다. 21세기형 대표 기업들은 기존 20세기형 기업과는 전혀 다른 경영 방식으로 성공 모델을 만들고 있다./블룸버그 · 신화 연합뉴스

③ '극단적 스탠더드'를 추구한다.

20세기형 기업들이 적정 수준의 품질과 기능, 가격을 추구하는 데 비해 21세기 기업들은 시장의 기대를 넘어서는 극단적 스탠더드에 나선다. 애플이나 구글이 신상품을 출시할 때마다 전 세계인이 기대에 부푸는 것은 바로 이 때문이다. 잡스의 '시장을 깜짝 놀라게 하라' 또는 '광적일 정도로 위대한(insanely great) 수준을 추구하라'는 말은 바로 이런 21세기형 기업들의 극단적 스탠더드를 보여준다.

④ 다양한 산업을 연결해 생태계(eco-system) 경쟁을 벌인다.

특정 산업에서 경쟁 우위를 추구하던 20세기형 기업과 달리, 21세기형 기업들은 다양한 산업을 연결해 새로운 가치를 창조하는 생태계 경쟁을 펼친다. 다양한 산업에 속한 수많은 기업이 상호보완적으로 가치를 창출하는 생태계를 형성해 다른 생태계와 경쟁하는 생태계 간의 경쟁이 전체 글로벌 경제의 패권을 좌우하게 된 것이다. 애플이 주도하는 아이폰 생태계와 구글이 주도하는 안드로이드 생태계 간의 대결은 이를 명확하게 보여준다.

또 개별 기술이나 부품의 가치가 아닌 전체 생태계의 구조를 설계할 수 있는 콘셉트 경쟁력이 생태계 리더십의 핵심인데, 이런 면에서 잡스는 가장 위대한 콘셉트추얼리스트(conceptualist · 창의적 사고로 지적 창조물을 만드는 사람)로 불린다.

⑤ 다양한 외부 자원과 역량을 적극 활용하는 개방형 혁신을 추구한다.

이는 되도록 많은 역량을 내부에 보유하려는 20세기형 기업들과 크게 다른 점이다. 아무리 큰 기업도 상시 혁신에 필요한 다양한 요소를 내부에 다 보유할 수 없기 때문이다. 21세기형 기업들은 다양한 외부 파트너나 전문가 집단뿐만 아니라 고객들도 혁신 창출 과정에 직접 참여하도록 유도한다.

최근 21세기형 솔루션 기업으로 재탄생한 IBM은 고객들의 혁신 경진 대회인 아이디어잼을 실시하며, 레고도 고객 커뮤니티의 아이디어로 움직이는 레고를 개발했고, P&G는 아이디어 마켓플레이스라는 아이디어 모집 시스템을 활용하고 있다.

⑥ 실패에 관대하다.

20세기 기업들이 철저한 사전 계획 수립에 치중한 반면, 21세기형 기업들은 큰 방향이 정해지면 신속하게 실험을 시도하며 이 과정의 실패에 관대하다. 21세기 초 경쟁 환경은 불확실성이 너무 높기 때문이다.

3M에선 실패 축하파티를 해주고, 아이데오(IDEO)에서는 심지어 "우리는 빨리 성공하기 위해서 직원들에게 빨리 실패하라고 재촉한다"고까지 주장한다. 잡스도 성공보다 실패한 프로젝트가 훨씬 많았다.

구글의 2대 8 법칙(근무시간의 20%는 아무 일 하지 않고 창조적 시간에 투자하도록 한 것)에서 볼 수 있듯이 21세기형 기업은 구성원들이 창조적 아이디어를 자유롭게 실험할 수 있는 별도의 시간이나 자원, 조직을 지원한다.

⑦ 극단적인 조직 유연성을 추구한다.

계층이나 부서 간 책임과 권한을 엄격하게 구분하던 20세기 조직과 달리 21세기 기업들의 조직은 부서 간 경계를 허물고, 헤쳐모여 하는 식으로 일 중심으로 팀을 운영하는 등 극단적 조직 유연성을 추구한다.

회사보다는 놀이터나 카페에 더 가까운 구글의 사옥이나 대학 캠퍼스 같은 마이크로소프트 사옥, UFO를 본뜬 애플의 신사옥 등은 모두 이런 시도에서 나온 것이다. 시간관리도 다르다. 전 직원이 동시에 같은 장소에 모여 일하던 20세기 기업과 달리, 21세기 기업에서는 직원이 근무시간을 자율적으로 조정할 수 있도록 하는 유연근무제가 기본이다. 삼성전자가 자율출퇴근제도를 시행한 것도 이런 맥락이다.

2 마케팅 환경분석

1) 마케팅(marketing) 믹스(mix)

마케팅 활동의 목적을 효과적으로 달성하기 위해, 마케팅활동에 관련된 여러 수단이나 제도를 더욱 효과적인 형태로 조직화하는 것이 중요한 전략이라고 할 수 있는데, 마케팅 믹스란 기업이 얻고자 하는 포지션을 얻기 위한 전략으로 4P로 나누며 이것을 마케팅전략이라고 표현한다.

4P는 상품(product), 가격(price), 촉진(promotion), 유통(place)을 말한다.

상품개념은 상품기획에서부터 소비자의 구매, 사용 및 욕구충족에 이르는 포괄적인 개념으로 확장되었으며 또한 상품은 정보의 피드백(feedback)을 근본으로 하는 지속적인 개념이다.

[표 6-1] 21세기형 성공 기업의 7가지 경영 코드

21세기형 기업경영코드	21세기형 경영방식	기존 20세기형 기업경영방식
창조적 혁신	끊임없이 새로운 가치를 창조하며 새로운 시장 창조 괴짜 스타일의 창조적 인재 중시	규모와 효율성 경쟁을 통해 기존 시장 방어 및 확대
창조적 파괴	기존 상품이 정점일 때 후속 상품을 출시해 기존 상품 시장을 파괴하며 새시장 창조	기존 상품이 쇠퇴할 시점에 후속 상품을 출시
극단적 스탠더드	시장의 기대를 뛰어넘는 품질·기능 추구	적정 수준의 품질과 기능·가격 추구
생태계 경쟁	다양한 산업에 속한 수많은 기업이 상호 보완적으로 가치를 창출하는 생태계를 형성해 다른 생태계와 경쟁	특정산업의 경쟁 우위만을 추구
개방적 혁신	외부전문가 집단, 고객 등 다양한 외부 자원과 역량을 적극 활용	가능한 한 많은 역량을 내부 조직에 보유
실패에 관대	큰 방향이 정해지면 신속하게 실험하고 그 과정의 실패에 대해서는 관대	철저한 사전 계획 수립에 집중해 실패 가능성 최소화
조직 유연성	부서 간 경계 허물고 근무시간도 유연하게 자율조정	계층·부서 간 책임과 권한을 엄격하게 구분

가격은 기업의 마케팅 노력으로 생산되는 상품과 소비자의 필요와 욕구를 연결하여 교환을 실현시키는 매개체 역활을 하며, 고가정책(high price), 중용가정책(moderate price), 할인가 정책(discount price)으로 나뉘며, 가격에 대한 시장의 특성으로 "가격이 낮은 제품 → 프리미엄 제품 → 가격이 낮은 제품"으로 순환되어진다. 이때 프리미엄 제품은 소비자의 신뢰가 구축된 고품질 제품이어야 한다.

유통경로는 상품이 생산되어 소비되는 과정에 관련된 생산자, 도매상, 소매상 및 소비자까지 포함된 조직이나 개인의 활동을 의미한다. 마케팅 믹스 중에 정보통신 기술의 발달에 따라 마케팅담당자가 앞으로 가장 유의하여야 할 분야가 바로 유통 경로이다.

유통경로는 서비스에 대한 고객의 기대수준 분석, 경로의 목적설정, 경로의 전략결정, 그리고 유통경로의 갈등관리의 순으로 설계된다.

촉진에는 광고(advertising), 판매촉진(sales promotion), 홍보(publicity), 인적판매(personal selling)의 4가지가 있다. 상품에 대한 소비자의 인식 증가를 목표로 하는 광고는 소비자를 교육시키는 장기적인 효과가 있고, 판매촉진(이벤트, 시승회, 보상판매)은 단기적인 매출 증가를 목표로 하며, 인적 판매(개인 세일즈로 보험 및 자동차 세일즈로 1:1 마케팅)는 산업이 복잡해짐에 따라 그 중요성이 강조되고 있다. 또한, 홍보(보도자료, 기사 등)는 기업의 신뢰성 증가를 목표로 하며 가장 효과가 좋다.

전통적인 마케팅 믹스는 제품(Product), 가격(Price), 유통(Place), 촉진(Promotion)이다. 전통적인 측면에서의 마케팅 믹스를 고객 측면에서 강조한 새로운 마케팅 믹스라고 할 수 있는 4C란(위 4P에 대응하여 각각), 고객 가치(Customer Value), 고객 측의 비용(Cost to the Customer), 편리성(Convenience) 및 고객과의 커뮤니케이션(Communication)을 의미한다.

새롭게 감성 마케팅을 중심으로 등장되어 정의된 마케팅 믹스를 보면 4E, 즉 Evangelist(고객 전도사), Enthusiasm(열성), Experience(체험) 및 Exchange(교환)가 있다.

인터넷 기업의 마케팅 믹스 4C란, 콘텐츠(Contents), 커뮤니티(Community), 개인화 서비스(Customization), 그리고 전자상거래(Commerce) 등을 의미한다.

일반적인 마케팅 믹스 4P에 서비스 산업의 발달과 서비스의 중요성이 새롭게 인식됨에 따라 유형적 증거(physical evidence), 사람(people), 프로세스(process/서비스의 표준화)의 3P가 추가되었다.

마케팅 믹스의 7Ps란 전통적인 제조업 위주의 4Ps를 산업의 서비스화에 따라 확장된 마케팅 믹스 개념이다. 1980년대 후반부터 전 세계적으로 서비스 산업이 급성상하고 품질이 상향 평준화된 제조 산업에서도 서비스 요인이 기업 승패를 좌우할 정도로 중요해졌다. 이처럼 서비스가 경쟁 환경에서 점점 중요한 위치를 차지함에 따라 People(서비스를 직접 수행하는 직원과 해당 고객으로 구성된 사람 요인), Physical Evidence(가시성의 특성을 가진 서비스의 품질을 소비자에게 확인시켜주는 물리적 증거로서, 예를 들면 시설, 디자인, 간판, 유니폼, 서비스 등 다양한 외형적인 요소 및 (Service) Process(제공하는 서비스를 표준화할 것인지 맞춤화할 것인지, 고객의 참여를 어느 정도 유지할 것인지에 대한 의사 결정 변수인 서비스 제공 과정) 등과 같이 3가지 P 요인이 마케팅 믹스에 추가되어 전통적인 마케팅 믹스의 확장개념으로 활용되고 있다.

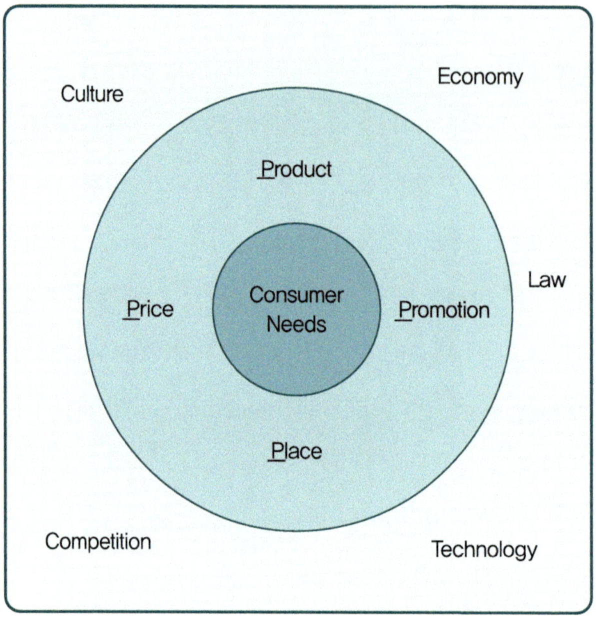

MIT Open Course Ware, "Marketing"

유형적 증거는 서비스의 무형성에 따른 소비자의 불안감을 떨쳐버리기 위해서 서비스의 무형적 요인을 유형적 요인으로 바꾸기 위한 마케팅 믹스를 말하며, 예로 아시아나항공에 스튜어디스, 5성급 호텔의 전문 직원들이 있다.

서비스를 직접 생산하고 수행하는 것은 대부분 사람이기 때문에 마케팅믹스의 한 요인으로서 사람이 강조되고 있다. 마지막으로 프로세스는 사람들에 의하여 생산되고 소비됨으로써 발생하는 서비스의 이질적인 특성과 무형성에 따른 문제점을 효과적으로 극복하기 위한 방안으로 예를 들어 가이드북을 들 수 있으며, 어떤 사람이든 동일한 서비스를 받는 것이라 할 수 있다.

기업이 기대하는 마케팅 목표를 달성하기 위해 마케팅에 관한 각종 전략 · 전술을 종합적으로 실시하는 것이며, 현대 마케팅의 중심 이론은 경영자가 통제 가능한 마케팅 요소인 제품(product), 유통경로(place), 판매가격(price), 판매촉진(promotion) 등 이른바 4p를 합리적으로 결합시켜 의사 결정하는 것을 말한다.

마케팅의 목적을 효과적으로 달성하기 위해 마케팅활동에 관련된 여러 수단이나 제도를 더욱 효과적인 형태로 맞추는 일이다.

Definition

Marketing strategy that combines elements to maximize the marketing effect and to set all input variables used to focus marketing on targets to adapt the environment and situation of the corporation according to the corporation's marketing goal. Elements of marketing mix include product, place, price and promotion.

Source : Maeil Business News(출처 : 매일경제)

마케팅 믹스는 기업이 마케팅 목표에 따라 설정한 시장표적에 마케팅 활동을 집중시키기 위해 사용하는 모든 투입변수 등을 해당기업의 환경과 상황에 맞게, 그리고 마케팅 효과가 최대화되도록 배합하는 마케팅 전략. 마케팅 믹스의 요소는 상품이나 서비스(product), 판매장소(place), 가격(price), 판매촉진의 형태(promotion) 등이다.

마케팅 믹스 Product(제품), Price(가격), Place(유통), Promotion(촉진)이란 기업이 시장에서 목표 추구에 사용할 수 있는 마케팅 도구의 집합을 말한다.

(1) 제품(Product)

소비자의 욕구나 필요를 충족시켜줄 수 있는 모든 것이다. 성공을 위해서는 소비지 관점에서 제품 정의 및 의미 이해가 필요하다.

❶ 제품의 구성 요소

- **상표** 브랜드 투자는 자산축적의 수단 (예 : 코카콜라 334억$)
- **포장** 기능적 효용, 판촉 효용 및 환경요인 고려 (예 : 화장품 용기)
- **디자인** 제품의 외관 및 유용성 제고
- **Label** 제품식별 및 정보제공 (예 : 조니워커 적색/흑색/청색)
- **제품특징** 차별화로 경쟁우위 확보의 가장 확실한 역할

❷ 신제품개발

- **혁신적 신제품** 새로운 시장을 창출
- **개량적 신제품** 기존제품의 변화
- 기존시장에 후발 기업으로서의 제품 출시

❸ 목적

- 재무적 목표, M/S(시장점유율), 경쟁적 위치, Life-Cycle, 기술, 기타

❹ 신제품개발 전략

- 시장선도 전략(계속해서 혁신적인 신제품 출시), 반응전략(방어전략, 모방전략, 대응전략)

❺ 제품관리

[제품의 Life-Cycle]

- **도입기** 제품 지식 전달, 1차 수요 유발, 차별적 우위
- **성장기** M/S 확대를 위한 선택적 수요 유발, 시장 세분화 시도
- **성숙기** M/S 유지 및 이익 극대화, 계속적인 시장 세분화
- **쇠퇴기** 비용절감, 철수 or 잔존(독점적)
  - └ 쇠퇴기 진입 이유 : 기술의 진보, 소비자 취향 변화, 격심한 경쟁, 대체품의 등장, 외적 요인

(2) 가격(Price)

제품이 가진 효용에 대해 소비자가 지불하게 되는 대가. 소비자가 제품구매에서 얻는 효용에 부여된 가치.

❶ 가격결정의 요인

❷ 최종가격결정

- 관습가격(사회관행), 단수가격(odd price)

- 단일가격과 변동가격
- **가격할인** 현금할인, 수량할인, 거래할인, 계절할인,
- **유통업자의 가격결정** 유인가격(Lass Leader), 행사가격(Sale), 묶음가격(Bandle), 가격층(Price Lining)

(3) 장소 · 유통(Place)

❶ 유통경로

- 제품/서비스가 소비/사용되는 과정과 관련된 상호 의존적 조직
- 제품/서비스를 생산자로부터 소비자에게로 전달하는 방법
- 적절한 시간에 접근가능한 위체 적절한 수량으로 제공

❷ 유통경로전략

- **비탄력성** 유통경로의 구조 변화에는 장기간, 대규모 자본이 소요
- **유통의 Coverage**
  - 전속적 유통(Exclusive Channerl) ; 자동차
  - 선택적 유통(Selective Channel) ; 가전제품
  - 개방적 유통(Intensive Channel) ; 식음료품

(4) 촉진(Promotion)

❶ 촉진전략

- **Push전략** 유통업자를 Push하여 소비자 판매를 유도
- **Pull전략** 광고 등으로 소비자 수요를 유도하여 유통업자를 Pull

❷ 광고

확인된 광고주가 표적집단에게 정보를 제공하거나 설득하기 위해 제품/서비스에 관해 유료로 대중매체를 이용하는 과정(AMA)

❸ 인쇄 광고

- **신문광고** 독자(폭, 대상, 지역, 일시)선택가능, 폭 넓은 효과, 짧은 수명, 인쇄품질, 흑백, 컬러비용, 타사 광고와 경쟁
- **잡지광고** 특정시장독자층 대상, 높은 시각효과, 인쇄품질, 장기간 광고가능
- **직접메일** 특정세분시장, 단시간 내 전달가능, 창조적 개별광고, 고객의 취향무시, 환경과 낭비, 고객의 불만, 비용과다

❹ 방송 광고

- TV 청각적, 시각적 메시지 제공, 원하는 시간, 대규모/특정 표적시장, 반복가능 비용부담, 다른 채널/광고와의 경쟁
- Radio 넓은 범위, 상당수의 잠재고객 전달가능(다양한 시간, 장소), 비용저렴, 세분시장과의 계약, 청취자의 채널 변경, 짧은 주기, 지속적 광고 필요, 청각효과에만 의존

❺ 특별 광고

- **판촉물** 회사명, 상품명, 로고를 이용한 촉진 도구

❻ 옥외 광고

- 특정지역의 고객에게 영향, 명백하고 빠른 메시지 사용
- **광고판** 눈에 잘 띄는 위치, 비용 저렴, 효용성은 뛰어나지만 전달내용 한계

❼ 홍보(PR)

- 회사의 이미지, 명성강화, 사업촉진을 위해 기업이 참여하는 활동/이벤트
- 각종 이벤트 후원, 사회봉사지원, 기부
- Publicity : 신문기사, 뉴스를 활용하여 기업이 광고의 형식을 취하지 않고, 회사 · 제품 · 서비스 등에 관한 뉴스를 언론기관에 소재기사로서 제공하여 무료로 보도하려는 활동
- New Release 기업의 정보를 보도기관에게 배포하기 위한 인쇄물. 퍼블리시티를 목적으로 개인 혹은 기업에 관한 정보나 뉴스 가운데서 보도 가치가 있는 것
- Media Dinner 언론관계자 초청, 이벤트 개회

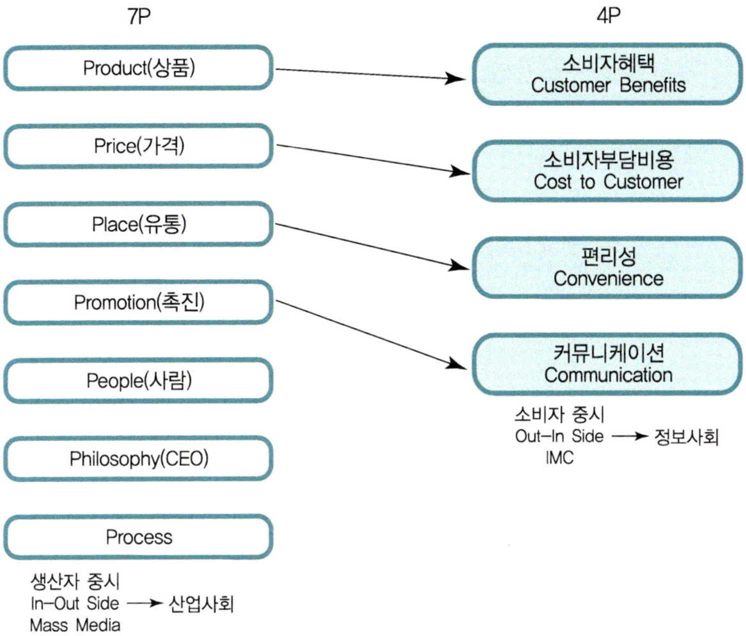

구매 장애요인 제거

- 시간에 관한 장애요인
- 장소에 관한 장애요인
- 성능에 관한 장애요인
- 소유에 관한 장애요인(가격/지불방법/보관 등)
- 기억유출에 관한 장애요인
- 심리적, 감각적 장애요인(불친절/진열상태)

마케팅믹스의 요소인 제품, 가격, 유통, 촉진은 상위의 마케팅 믹스 요소들이다. 이 상위 요소 밑에는 각각의 하위믹스 요소들이 있다. 제품의 경우 제품기능, 디자인, 상표, 포장 등과 같은 것을 하위믹스 요소라 할 수 있는데, 이러한 하위믹스 요소 중에는 상표, 포장 등과 같이 마케팅부서에서 직접 통제 가능한 요소가 있고, 제품의 성능, 애프터서비스(after service) 요소가 있다.

마케팅믹스 활동은 신상품개발을 추진하는 마케팅부서만이 아니라 전사조직이 고객의 가치창조를 위해 함께 하는 활동인 것이다.

마케팅 믹스 4p's를 활용하여 고객에게 미치는 영향을 다음과 같이 볼 수 있다.

가격이 1% 상승할 때 이익이 얼마나 높아지는지 추정한 결과

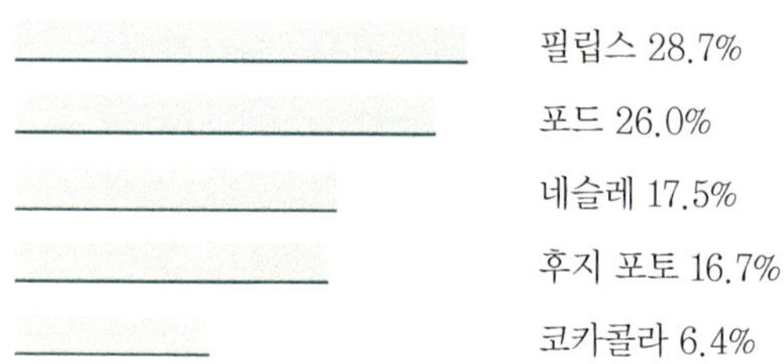

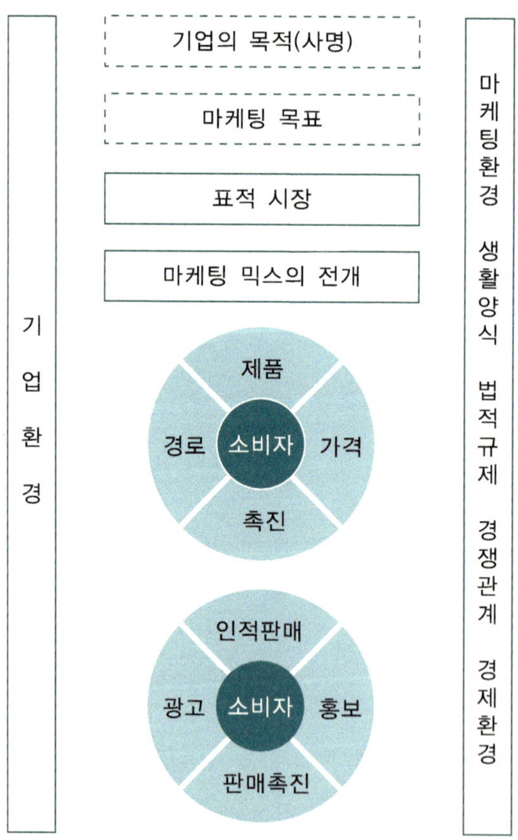

마케팅 믹스와 촉진 믹스

참고 **일관성과 보완성의 원칙을 잘 지킨 상품의 예 – 식물나라 화장품**

〈제일제당〉의 [식물나라 화장품]은 다른 경쟁화장품들과는 달리 처음부터 슈퍼마켓에서 판매를 시작한 슈퍼 전용 화장품이다. 이 제품은 '식물나라' 라고 하는 브랜드에서부터 바로 식물성 원료를 주성분으로 한 제품이고 순한 제품임을 느낄 수 있게 한다. 또 슈퍼마켓이라고 하는 유통경로에 맞게 가격 면에서 다른 할인코너용 화장품과는 달리 상당히 저렴하고 용기나 디자인 면에서도 심플하게 만들어졌다.

콘셉트 : 순식물성 주원료로 만들어 피부에 순하고 깨끗한 슈퍼용 화장품

제품전략 : 상표 – 식물나라
처방/성능 – 식물성 주원료/저자극
용기/디자인 – 심플/청결

유통전략 : 슈퍼전용

가격전략 : 합리적 가격(실속/경제적)

커뮤니케이션 전략 : 피부 필수품/자연의 색/순하고 깨끗함

'순하고 깨끗함' '식물성 원료' '식물나라' '심플디자인' '슈퍼마켓' '실속가격' '피부 필수품' '자연의 색' 등, 각각 다른 마케팅 믹스 요소를 사용하여 동일한 이미지를 전달하고 있다. 즉 [식물나라 화장품]은 콘셉트와 상표, 처방/성능, 용기/디자인, 가격, 유통, 촉진 등이 이미지적으로 서로 연결되어 일관성이 있고, 또 제품전략, 가격전략, 유통전략, 촉진전략 간에는 콘셉트를 보다 명확하고 쉽게 전달하는 데 상호보완적 전략수단이 되어, 전체적으로 식물나라 브랜드 이미지를 강화시켜 주는 시너지 효과를 가져다주게 했다.

2) 마케팅 시장분석(marketing analysis)

시장 분석이 '타깃 세그멘트(target segment)', 목표시장을 찾아내는 과정이라면, 시장 분석은 제품수명주기를 판단하는 과정이다.

시장 분석은 소비자 분석을 보다 더 거시적으로 하는 것이다. 세분화한 내 목표 세그멘트의 시장 규모가 어느 정도인지, 시장 전체 중 실제로 나와 관계되는 부문의 규모(relevant market size)는 어느 정도인지, 그 시장이 성장시장인지, 이미 성숙한 시장인지를 판단한다. 시장 분석에서 특히 중요한 것은 제품수명주기(PLC ; Product Life Cycle)이다.

제품수명주기(PLC)는 어떤 제품의 판매량이 시간에 따라 단계별로 변하는 주기성을 갖는 것이 PLC의 그래프이다.

아래의 그래프는 마케팅을 얘기할 때 반드시 나오는 것으로 잘 기억하고 있어야 하며, 제품의 도입단계(introduction) 이다. 어떤 제품이 있다는 사실을 알고 있는 사람이 극소수에 불과한 시기이다. 예를 들어, 포터블 mp3 플레이어가 처음 나왔을 때를 생각해 보자. mp3가 무엇인지 알고 있는 사람도 소수이고 더구나 휴대용 재생 기기가 나왔다는 사실을 알고 있는 사람은 더욱 소수이다. 이 소수의 '선각자' 들을 마케팅 용어로 혁신자(innovator)라 한다. 이들은 새로운 제품이 있으면 일단 경험해 보고 싶어하는 신제품 선호자들이다. 혁신자들은 신제품을 사용해 본 다음 주변 사람들이나 매체를 통해 소개하며, 혁신자에 이어 그 다음으로 신기술에 민감한 소비자들이 구입을 하기 시작하는데 이들을 선각수용자(early adopter)라 한다. 이렇게 혁신자와 선각수용자들이 제품을 구입하는 단계를 도입단계라 하며, 이 단계에서의 마케팅 포인트는 '이런 제품이 있다' 는 것을 소비자들에게 알리고 '교육' 시키는 것이다.

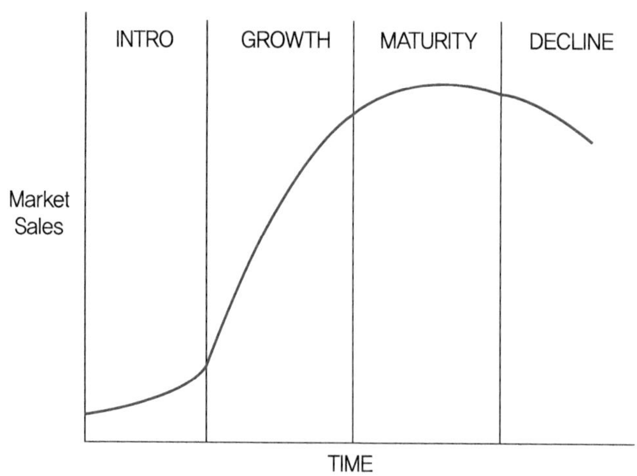

도입 단계를 지나면 제품 시장은 성장단계에 접어든다. 이 단계에서 제품을 구입하는 사람들을 전기다수(early majority)라 하며, 전기다수에 속하는 사람들은 신제품을 구입하기로 이미 결정은 되어 있는데, 아직 어떤 것을 구입할지 모르는 소비자이다. 주변의 선각수용자가 구입한 것을 구경하기도 했고, 또 잡지를 통해 사용기도 읽어보았기 때문에 mp3 플레이어가 꽤 괜찮은 것이라는 사실은 이미 알고 있는 단계이다. 이 단계에서의 마케팅 포인트는 소비자에게 이런 제품이 있다는 사실을 알리고 설명하는 것과 함께 제품 접근도를 높이는 것이다. 유통 채널, 매장 등을 확보하여 가급적 제품을 쉽게 접할 수 있게 하는 데 주력한다.

성장단계를 지난 제품은 이제 흔하게 볼 수 있으며 그 제품에 대해 모르는 사람은 거의 없는 단계에 접어드는데 이것이 성숙단계이다. 이 시점에서 제품을 구입하는 그룹을 후기다수(late majority)라 하며 보수적인 소비자층이라고 생각하면 된다. 성숙단계의 시장은 여러 경쟁사들이 치열한 경쟁을 벌이고 있다. 경쟁제품 간의 차이도 거의 없어서 대부분의 기능은 표준화가 되기 때문에 이 단계에서는 브랜드 충성도(brand loyalty)가 큰 역할을 한다. 시장을 세분화해서 우리 제품만이 만족시켜줄 수 있는 고객층(틈새시장 ; niche market)을 찾지만 성숙단계에 접어든 시장은 그것이 쉽지 않다. 시장은 이미 몇 개의 회사에 의해 적절히 분점되어 있고, 이 단계에서 제품 판매 총량이 최고점에 이른다.

성숙 단계를 지난 제품은 쇠퇴기에 접어들며 판매량은 줄고 가격 경쟁이 치열해진다. 제품이 거의 대동소이하기 때문에 가격 위주로 제품을 구입하며, 보통재(commodity)가 되는 것이다. 이 단계에 접어들어서야 제품을 구입하는 층을 지각수용자(late adopter)라 하며 이들은 마케팅 측면에서는 아무 의미가 없는 그룹이다.

모든 제품은 위와 같은 PLC를 거치게 되며 쇠퇴기에 접어는 제품이라고 다 소멸되지는 않고, 다른 기능을 첨가하거나 새로운 트렌드가 일어나서 다시 판매가 늘 수도 있게 되며 대체로 위의 과정을 밟는다. 그리고 선각수용자와 전기다수 사이에는 깊은 간격이 있어서, 특히 테크널러지 중심의 제품은 이 간격을 넘어서지 못해서 곧바로 소멸단계로 넘어가기도 한다는 것을 캐즘(chasm)이론이라 한다.

What is a business?

"any business enterprise has two – and only these two – basic functions: marketing and innovation. They are the entrepreneurial functions. Marketing is the distinguishing, the unique function of the business.

Marketing is not only much broader than selling, it is not a specialized activity at all. It encompasses the entire business. It is the whole business seen from the point of view of its final result, that is, from the customer's point of view."

(Peter F. Drucker)

시장분석을 위한 경쟁분석(competition analysis)은 자사의 핵심역량(core competency)이 무엇인지? 나의 타깃 세그멘트와 적합한지 파악해야 한다. 경쟁자에 비해 더 잘하는 것이 무엇인가? 제품 유통에 강점이 있는가? 신제품 개발에 더 능한가? 광고를 잘하는가? 작은 원가로 똑같은 제품을 생산할 수 있는가?

시장 내에서 내 위치는 어디인가? 시장 전체의 크기와 자사의 시장 점유율은 어느 정도인가? 명성은 어느 정도인가?

경쟁자에 비해 내가 더 풍부하게 확보하고 있는 자원은 무엇인가? 충분한 자본력? 뛰어난 기술 인력? 뛰어난 판매 인력? 거래처가 많은가? 제조 노하우가 특별한 것이 있는가? 이런 질문을 통해 시장 내의 자사의 위치를 파악해야 한다. 특히 그 '위치'라는 것이 반드시 실제적인 위치만을 의미하지 않는다는 것이 중요하기 때문이다.

위치는 소비자의 인식 속에서의 위치(perceptual position)도 의미한다. 마케팅에서는 실체보다 소비자 인식 속의 위치가 더 중요한 경우도 많으며, 소비자의 인식상의 위치를 쉽게 파악하기 위해 사용하는 것으로 인식지도(Perceptual mapping)가 있다.

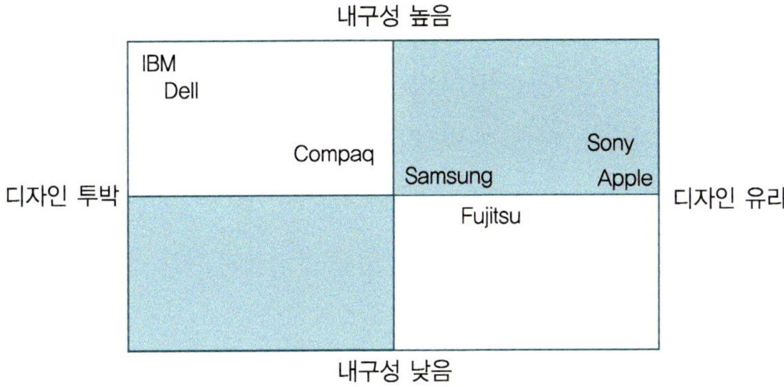

[표 6-2] 마케팅 시장분석 전략

시장세분화(Segmentation)
소비자들의 원츠와 니즈는 개인이 가지고 있는 취향과 성향처럼 다르다. 따라서 기업의 입장에서는 시장을 하나로 보는 것이 아니라 기준에 따라서 몇 개의 동질적인 집단으로 나누어야 한다. 이렇게 시장을 작은 단위로 나누는 것을 시장세분화 세그멘테이션이다. 시장세분화는 소비자가 원하는 것을 정확히 파악하여 소비자의 만족을 극대화하는 제품을 개발하는 데 많은 도움을 주고 그로 인해 브랜드에 대한 충성도를 상승시킬 수 있게 한다. 또한 기업이 가지고 있는 최대의 장점을 세분시장에만 집중할 수 있게 해 기업의 마케팅 효과와 경쟁력을 높이게 한다고 볼 수 있다.
표적시장 설정(Targeting)
고객의 기호가 점점 다양해지면서 기업은 한정된 자원과 맨파워로 인해 많은 시장에 대해 모두 만족할 수 있는 성과를 얻기는 힘들다. 때문에 기업은 세분화된 시장들 중에서 고객의 요국를 충족시키고 기업의 이익을 최대한 가져다 줄 수 있는 시장의 선택이 필요하다. 결국 '선택과 집중'의 문제과정이 바로 타깃팅 단계라고 할 수 있을 것이다.
포지셔닝(Positioning)
소비자들은 많은 상품들에 대한 정보에 노출되어 있다. 그래서 구매의사 결정을 단순화하기 위해서 '브랜드' 라는 기준에 의해 선택되어진다. 따라서 기업의 입장에서는 제품의 위치가 기업에게 유리하게 정립되도록 적극적인 노력을 기울어야 하는데 그것이 바로 브랜드 포지셔닝 전략이라고 할 수 있다. 포지셔닝은 잠재 고객의 마인드에 자기 자신을 차별화하는 방식으로 고객의 입장에서 제품의 위치를 알리는 것이다.

[그림 6-8] 마케팅활동의 중심교체

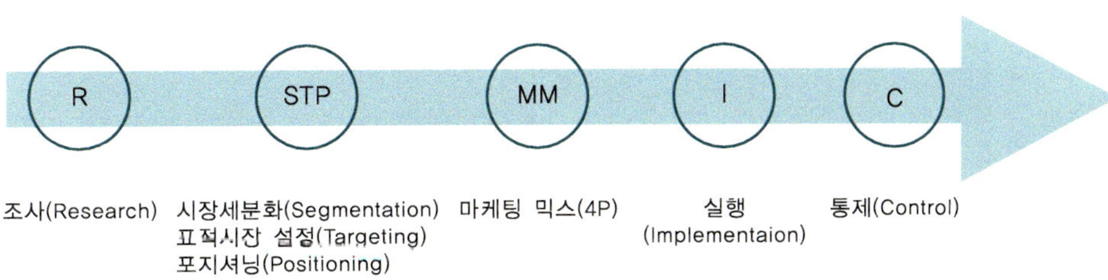

마케팅 전략은 크게 두 가지로 나눠볼 수 있으며, 첫째는 '전략(strategy)' 으로서 전략 경영에서의 기업전략(corporate strategy)과 비슷한 개념으로, '내가 어떤 시장에 진입할까' 를 결정하는 것이다. 어떤 시장(산업)에서 활동할 것인지를 결정했다면 이제 그 안에서 소비자의 어떤 니즈를 발굴하고 어떤 제품을, 얼마에, 어떤 경로를 거쳐서, 어떻게 판촉을 해서 니즈를 만족시키고 수익을 얻을 것인가에 관한 전략을 세우게 되는데 이것이 두 번째 마케팅 전략이다.

마케팅 전략은 다른 기업 활동과 마찬가지로 순환적 특성을 가지고 있고, 어떤 마케팅 계획이든 "plan-do-see-plan-do-see"의 반복적 과정을 거친다.

소비자 분석(consumer analysis)은 판매할 제품에 대하여 욕구(needs)를 가진 집단 세그멘트(segment)를 찾아내는 과정이다. 소비자 분석을 마친 다음에는 마케팅 전략이 목표로 하는 세그멘트를 정확히 규정할 수 있어야 한다. 소비자 분석을 통해 세그멘테이션을 찾을 때는 다음과 같은 점들을 고려해야 한다.

소비자를 어떻게 세분화(segmentation)할 것인가? 소비자 분석은 명확한 세그멘테이션을 하기 위해서 수행하기 때문에 세그멘테이션(segmentation)이란 소비자를 어떤 기준에 의거해서 선별하는 것이다.

세그멘테이션의 기준은 일반적으로 지리적, 인구특성적(연령, 성별, 교육 수준, 소득 수준), 심리적, 행동적으로 분류한다. '지리적으로는 서울 거주, 인구특성적으로 40대 남자이며 결혼한 전문직, 심리적으로는 과시적, 행동적으로는 브랜드 충성도가 높은 소비자를 타겟으로 하겠다' 와 같이 규정이 세그멘테이션이다.

측정가능성 : 세그멘트 크기를 정량화할 수 있는가, 명확히 구분가능한 세그멘트인가.

접근성 : 광고나 유통 채널을 이용해서 접근 가능한 세그멘트인가.

지속성 : 성장하는 세그멘트인가, 현상유지의 세그멘트인가, 줄어드는 세그멘트인가.

이윤가능성 : 세그멘트를 통해 이윤을 얻을 수 있는가.

경쟁측면 : 세그멘트의 다른 경쟁자가 있는가, 경쟁할 가치가 있는 세그멘트인가.

효과성 : 우리 회사가 그 세그멘트를 목표로 할 자원과 능력을 갖고 있는가.

목표로 할 세그멘트를 위 고려사항을 감안해서 지리적, 인구특성적, 심리적, 행동적 특징에 따라 정확히 규정할 수 있으면 소비자 분석 단계는 성공적으로 끝난다고 할 수 있다. 그리고 규정된 특정 세그멘트를 노리는 것은 타깃팅(targeting)이라고 한다. 타깃 세그멘트에 맞게 마케팅 믹스를 규정하는 것은 포지셔닝(positioning)이라고 한다.

3) 외식사업의 시장분석

국내 외식업계는 장기불황이 지속되는 가운데 위축된 소비심리는 되살아 날 기미를 보이지 않고, 엎친 데 덮친 격으로 외식업계의 발전을 저해하는 정부의 각종 규제는 날이 갈수록 심화되고 있기 때문이다. 매년 초부터 끊임없이 발생하는 고병원성 AI(조류 인플루엔자)는 외식업계의 성장흐름에 막대한 영향을 미치고 있지만, 외식업계는 해외 진출, 신규 브랜드 론칭, 사업다각화, 메뉴개발 등으로 살아남기 위한 안간힘을 쓰고 있다.

2013년 동반성장위원회(이하 동반위)가 골목상권을 지키고 영세 자영업자들을 보호한다는 명목으로 일부 외식프랜차이즈 업체 및 외식대기업을 중소기업적합업종(이하 중기적합업종)으로 지정하면서 외식업계에 파장이 일었다. 매출액 200억 원 이상 또는 종사원 수 200인 이상인 기업이 외식대기업으로 분류되며, 놀부NBG, 더본코리아와 CJ푸드빌, SPC그룹, 썬앳푸드, 아모제푸드, 아워홈, 매일유업 등 31곳이 규제대상이 됐던 것이다. 설상가상으로 지난해 12월, 4만여 명의 중소자영업자 회원으로 구성된 휴게음식업중앙회가 커피 · 햄버거 · 피자 등 3개 업종을 중기적합업종으로 지정하는 사안을 동반성장위원회에 신청해 파장이 일고 있다.

현재 휴게음식업중앙회는 회원의 45~50%가 커피를 취급하며 피자와 햄버거의 회원 비중은 약 10%에 달한다. 중앙회가 지정을 신청하기로 한 해당 브랜드는 카페베네 · 이디야커피 · 스타벅스 · 커피빈 · 엔제리너스 · 탐앤탐스 · 할리스 · 투썸플레이스 등 커피 8개, 피자헛 · 도미노피자 · 미스터피자 등 피자 3개, 맥도날드 · 롯데리아 · 파파이스 · KFC · 버거킹 등 햄버거 5개다.

동반위는 시장 및 점포규모, 생활형 서비스, 골목 상권 여부, 외국 사례 등을 종합적으로 고려해 올 상반기 안에 중기적합업종에 대한 적합성 여부를 최종 결정할 예정이다. 이에 대해 해당 업계는 오래전부터 예고된 사안인 만큼 동반위 반응을 우선 지켜본다는 입장이다.

업종별 결산 결과 외식업계는 어려운 환경 속에서 치열한 경쟁을 벌이며 저마다 불황을 타개하기 위해 고군분투했다. 그 중에 가장 눈에 띄는 것은 거의 전 업종에서 해외시장 개척에 사활을 걸었다는 점이다. 이는 중기적합업종지정에 따라 국내시장 진출에 제동이 걸린 국내 외식업계가 해외시장으로 눈을 돌렸고, 국내 드라마와 K-pop 열풍 등 한류의 영향으로 해외에서 국내 외식 브랜드에 대한 관심이 높아진 여파라고 분석된다.

2011년부터 해외진출에 박차를 가하기 시작한 커피 업계의 약진이 눈에 띈다. 2013년도 9개국에 진출한 카페베네는 올해 좀 더 적극적인 사업 전개를 통해 20개국에 500개 매장 오픈을 목표로 하고 있다. 중국에서 8개의 매장을 운영하고 있는 할리스커피는 페루, 필리핀, 태국 등에 매장을 오픈하면서 본격적인 해외매장 진출과 매장 확대에 박차를 가하고 있다.

치킨 업계의 해외진출도 그 어느 때보다 활발했던 한 해였다. 치킨 프랜차이즈 기업들은 연이어 국내를 넘어 해외로 나갔으며, 특히 닭고기 수요가 많은 동남아시아 시장으로 대거 진출한 것이 특징이다.

중기적합업종으로 신규출점이 제한된 베이커리 · 디저트 업계 역시 해외출점을 강화하는 모습이었다. 뚜레쥬르는 2013년에만 43개의 매장을 해외에 오픈했고, 와플반트도 중국, 호주 등에 진출하며 해외진출의 신호탄을 던졌다. 슈니발렌은 일본 후쿠오카 이와타 백화점에 진출해 화제가 됐으며, 파리바게뜨는 2020년까지 60개국에 3000개의 매장을 오픈할 계획이라고 밝혔다.

김가네는 2013년도 산동성과 마스터 프랜차이즈 계약을 체결, 중국시장 공략에 힘을 실었으며 아딸도 중국 내 4호점인 왕징 천사마트점을 오픈해 높은 매출을 올렸다. 스쿨푸드도 홍콩, 인도네시아 등에 차례대로 진출하며 괄목할만한 성과를 달성하였다.

불황의 파고를 넘기 위한 업계의 부단한 노력은 신규 브랜드 · 신메뉴 개발, 브랜드 리뉴얼 등에서 가장 활발하게 일어났다.

트렌드에 민감한 주점시장은 지난해 다양한 소비자의 니즈에 맞춰 신규 업종이 뜨고, 그에 따른 브랜드들이 활발하게 론칭됐다. 특히 소자본 창업 트렌드에 맞춰 '스몰비어' 브랜드가 우후죽순 생기기 시작했으며, 불황이 장기화되자 서민주점 콘셉트인 '실내포차'가 하반기 주점시장의 이목을 끌었다.

침체기를 겪고 있는 피자 업계도 새로운 콘셉트 매장을 적극 선보였다. 도미노피자는 2012년 3월 새로운 로고디자인을 발표하고 매장에 피자 씨어터 콘셉트를 도입, 오픈키친을 통해 고객과의 소통에 적극 나섰으며 피자헛도 새로운 형태의 다이닝 레스토랑인 피자헛 키친을 선보이며 새로운 도약을 선포했다.

한식 프랜차이즈 업계는 샐러드바를 도입하고 매장을 대형화하여 업그레이드 고급화하고 있다. 2013년 한식 업계는 경기불황의 영향으로 시장의 침체가 지속됐던 한 해였다. 이러한 원인은 실질적인 소비위축의 영향과 원자재 가격상승 등의 원인도 있지만, 치열한 경쟁 속에 한식의 경쟁력이 약화된 탓도 있다는 것이 업계 관계자들의 분석이다.

외식업계 전반의 침체 속에서 한식 업계는 2013년에도 불황타개를 위해 전방위적인 노력을 했다. 한식 메뉴가 자칫 고루한 느낌을 줄 수 있기 때문에 젊은 층의 트렌드를 반영해 메뉴를 구성하거나 서로 보완할 수 있는 메뉴를 콜라보레이션하는 등의 노력을 통해 매출을 활성화하는 데 주력하였다.

기존 샤브샤브 전문점과 같은 단일 업종보다는 샐러드바가 결합된 '샐러드바&샤브샤브 전문점'과 같은 진화된 형태 매장이 많다. CJ푸드빌에서 선보인 「계절밥상」의 성공도 한식 샐러드바 인기에 한몫했다는 분석이다. 직거래를 통해 믿을 수 있는 식재료를 선보이는 한식 샐러드바는 소비자들에게 신뢰감을 줄 뿐만 아니라 유통 난세와 이동거리를 줄여 신선한 재료를 합리적인 가격에 확보할 수 있고, 농촌 지역은 특산물의 안정적인 판로를 개척할 수 있어 서로 윈윈하는 상생모델이다. 또한 이를 통해 해당 기업에 대한 신뢰도를 높여줘 브랜드 이미지 제고는 물론 지역 사회에 공헌한다는 긍정적인 효과까지 얻을 수 있다.

우리 농산물을 활용한 샐러드바의 경우 한식 업종뿐만 아니라 전 메뉴에 걸쳐 다양하게 접목되는 추세여서 꾸준히 외식업계의 러브콜을 받을 것이라 전망했다.

이밖에 R&D센터 오픈, 새로운 형태의 컨세션 브랜드인 「푸드홀」, 브런치 뷔페 「에

그톡스(Egg Talks)」 등을 론칭해 컨세션과 외식을 강화했다. 신세계푸드 관계자는 "올해는 핵심경쟁력 확보와 다양한 신규 식음콘텐츠 개발 추진에 역량을 모으고 종합식품회사로 도약하기 위한 중장기 비전 실현의 원년으로 삼겠다"고 말했다.

2013년도 패밀리레스토랑 업계는 씨즐러, 마르쉐, 씨푸드오션 등이 경쟁력 악화로 다년간의 사업을 접고 철수하면서 업계에 큰 충격을 줬다. 반면 신규 브랜드 론칭은 동반성장위원회의 규제 대상에 포함되지 않아 프리가(삼성웰스토리), 에그톡스(신세계푸드), 엘블루(엘에프푸드) 등의 신규 브랜드가 새롭게 시장에 진입했다.

■한식 세계화 사업 로드맵 자료 : 한식재단

한식인지도 제고(2008~2010)

- 한식 브랜드 정체성 등 한식홍보 콘텐츠 개발 및 보급
- G20 등 국제행사 통한 한식 홍보

⬇

해외시장 개척(2011~2012)

- 한식당 및 한식 전문인력 국외 진출 지원
- 한식의 건강 기능성 연구 및 한식 현지화 메뉴 개발 지원

⬇

한식 현지화1(2013~2015)

- 한식캐릭터 및 닉네임, 홍보대사 선정
- 국외 한식 요리학교 개교 및 한식당 프랜차이즈 확산

⬇

한식 현지화2(2016~)

- 한식과 관광산업 연계 강화
- 한식 종합홍보관 운영 및 한식 문화 해설사 양성

출처:http://www.kfcg.news

패밀리레스토랑 업계는 그동안 거대 자본을 배경으로 매장 확장을 통한 매출 증대 등 양적인 성장에 치중해 왔던 만큼 많은 이들이 지난해 패밀리레스토랑의 성장률 둔화를 예상했다. 하지만 2013년도 결산 결과 성장률 면에서는 전년 대비 큰 차이가 없는 것으로 나타났다. 매장 수 부문에서는 해외진출에 가속도를 낸「애슐리」가 해외 매장 5개를 포함해 총 145개로 여전히 1위를 차지했고,「아웃백스테이크하우스」(이하 아웃백) 110개,「빕스」92개,「T.G.I.프라이데이스」45개,「세븐스프링스」25개,「베니건스」22개로 뒤를 잇고 있다. 애슐리는 2012년 대비 22개(해외 3개 포함) 매장이 증가했고, 빕스와 세븐스프링스가 7개, 아웃백과 T.G.I.프라이데이스가 각 4개씩 증가한 수치다. 반면 베니건스는 상위 브랜드 중 유일하게 4개 매장이 감소했다.

매출액 부문에서는 애슐리, 아웃백, 빕스 등 상위 3개 그룹이 연간 3500억 원대 안팎의 매출액을 올린 것으로 추정된다. 지난 2012년부터 비슷한 실적을 올리고 있는 이들 기업들은 엎치락뒤치락 선두경쟁을 하면서 정확한 매출액은 공개하지 않은 채 저마다 업계 최고라고 주장하고 있는 상황이다.

상위 패밀리레스토랑 업계는 이처럼 외형은 지속적인 성장세를 보이고 있지만, 신메뉴 품질 경쟁과 가격할인 프로모션 등 경쟁이 치열해지면서 영업이익 측면에서는 지속적인 하락세를 보이고 있다. 실제로 외식업계 한 관계자는 지난해 상위 패밀리레스토랑 업계가 실질적으로 작게는 5%에서 많게는 30%가량 수익률이 하락했다.

한편, 2014년도 1월 브랜드 가치 평가 전문기관인 브랜드스탁이 발표한 패밀리레스토랑 브랜드 가치 평가지수(브랜드 주가지수와 소비자 조사지수를 합한 값) 순위에서는 빕스가 1위를 차지했다. 이어 T.G.I.프라이데이스, 아웃백, 애슐리, 베니건스 순으로 나타났다. 하지만 소비자 조사지수에서는 인지도, 호감도, 신뢰도, 만족도에서 아웃백이 가장 높은 점수를 얻으며 1위에 올랐다.

패밀리레스토랑 업계는 가격 대비 효용성을 따지는 합리적인 소비문화가 확산되면서 할인 이벤트 프로모션 및 신메뉴 품질 경쟁이 더욱 치열해졌다.

실속과 합리성을 강조한 아웃백의 나만의 스테이크(1만9000원부터), 애슐리의 1만원대 스테이크, 빕스의 청소년 가격제, 베니건스의 국민가격제 론칭 등 업계에서는 부담 없는 가격대의 메뉴를 앞다퉈 출시했다. 과열된 외식업계의 할인마케팅은 제휴 · 할인 마케팅으로 소진되는 거품을 걷어내고 혜택을 고객에게 돌려준다는 취지로 시작됐으며, 합리적인 가격대의 신메뉴 출시는 지속되는 경기 불황과 맞물려 많은 인기를 끌었다.

패밀리레스토랑 업계는 웰빙과 함께 슬로푸드(slow food), 로컬푸드(local food), 푸드마일리지(food mileage), 착한소비 등이 화제가 됐으며, 향후에도 안전 · 안심에 대한 소비자들의 욕구는 더욱 강화될 것이란 전망이다.

패밀리레스토랑 업계는 이처럼 외적 성장은 거듭하지만 지속되는 불황과 치열한 경쟁, 규제강화로 내실이 부실해지면서 사업을 접는 곳도 생겨났다. 「씨즐러」, 「마르쉐」, 「씨푸드오션」 등이 경쟁력 악화로 다년간의 사업을 접고 철수했으며, (주)이랜드파크 외식사업부(애슐리), CJ푸드빌(주)(빕스), (주)롯데리아(T.G.I.프라이데이스), (주)바른손(베니건스), (주)엘에프푸드(하코야씨푸드 외) 등 상위 패밀리레스토랑 업체 대부분이 지난해 대표이사 교체라는 큰 변화를 보이며 분위기 쇄신에 나서 눈길을 끌었다.

국내 패밀리레스토랑 업계는 크게 전통적인 다이닝 레스토랑과 다이닝에 샐러드바를 도입한 형태의 양식레스토랑이 주류를 차지하고 있다. 이에 더해 최근에는 뷔페식 샐러드바 형태의 신규 브랜드들이 다수 등장하며 시장 파이를 넓혀가고 있다.

아웃백스테이크하우스와 T.G.I.프라이데이스 등이 전통 다이닝 레스토랑의 계보를 이으며 풀 서비스 다이닝을 제공하고 있으며, 빕스, 애슐리, 세븐스프링스 등이 다이닝에 샐러드바 형태를 도입하면서 젊은 층을 중심으로 빠르게 인지도를 높여가고 있다. 그 외에도 모든 세대가 공감할 수 있는 고급요리를 선보이는 뷔페형 레스토랑이 꾸준한 인기를 얻고 있다. 「토다이」, 「드마리스」, 「무스쿠스」, 「하코야씨푸드」, 「씨앤모아」, 「쿠우쿠우」 등 시푸드 뷔페를 콘셉트로 한 뷔페식 패밀리레스토랑들이 한 축을 차지하며 인기다. 대형 패밀리레스토랑의 경우 인력 충원 문제가 큰 어려움으로 꼽히는 데 반해 이러한 뷔페식 레스토랑의 경우 홀 서비스 인력을 크게 줄일 수 있다는 점이 경쟁력으로 작용하고 있으며, 이는 패밀리레스토랑뿐만 아니라 외식업계의 전반적인 트렌드로 확산되고 있는 추세다. 패밀리레스토랑 업계 한 관계자는 "기존에 뷔페라고 하면 다양한 음식만을 생각했었는데, 이제는 샤브샤브나 한식 등도 뷔페로 운영하는 등 다양한 곳에서 뷔페 스타일의 대중화가 일어난 것 같다"고 전했다.

뷔페식 레스토랑의 인기는 저렴한 가격에 고품질 메뉴를 푸짐하게 즐길 수 있다는 점이 큰 메리트로 작용한 것으로 분석된다.

2013년 외식업계는 일본발 방사능 유출로 인한 수산물 안전성 문제가 불거지면서 시푸드 관련 업종이 위기를 맞았다. 하지만 위기를 기회로 본 시푸드 패밀리레스토랑 업계는 다양한 자구책 마련을 통해 경쟁력 강화에 나섰다.

토다이는 수산물 메뉴 가짓수를 줄이고, 다변화된 메뉴를 통해 경쟁력 강화에 나섰으며, 드마리스도 4개 분점(강동점, 분당점, 부천점, 시흥점)에서 바비큐 세션을 추가했다. 반면 2011년부터 계속 영업적자를 면치 못하고 있는 CJ푸드빌은 외식사업의 선택과 집중을 위해 지난해 말 4개 매장의 씨푸드오션 사업을 완전히 철수했다. 다만 해산물 뷔페 콘셉트의 「피셔스마켓」 2개 지점은 유지하기로 했다.

삼성웰스토리는 북유럽 콘셉트의 홈메이드 샐러드바프리가를 론칭해 현재 전국에 8개 매장을 운영 중이며, 신세계푸드는 브런치 뷔페 「에그톡스」를 지난해 첫 테스트 매장으로 이마트 죽전점에 선보였다. 신세계푸드 측은 보노보노 등 일부 외식사업부의 적

출처:http://www.kfcg.news

자 점포 정리에 따른 매출감소가 2014년에도 이어질 것이며, 이마트 브런치 카페인 에그톡스를 통해 외식사업부 매출액 증가와 올해 부진했던 것에 따른 기저효과로 실적 향상을 기대하고 있다.

합리적인 소비문화가 확산되면서 서비스 및 품질 경쟁도 더욱 심화될 것으로 예상된다. 패밀리레스토랑은 "최근 외식소비자들은 질적인 면과 동시에 양적인 면을 동시에 요구하며, 맛과 서비스, 청결과 분위기 등 외식업에서의 기본은 당연한 것으로 받아들이며 여기에 가격까지 저렴해야 한다", 특히 경기 불황의 여파로 저가격에 대한 소비자 요구가 그 어느 때보다 커지고 있어 가격 대비 만족도를 어떻게 관리하는가에 브랜드의 사활이 좌우되는 경향을 보이고 있다.

3 외식사업의 마케팅 전략

1) 외식마케팅 방향

마케팅 목표를 달성하기 위해서 다양한 마케팅 활동을 통합하기 위한 가장 적합한 마케팅 전략은 장기적이며, 전개 방법이 혁신적이며, 지속적으로 개선해야 하는 점에서 마케팅 전술과 다르다. 마케팅 활동을 전개하는 폭은 통합적이어야 하고, 반드시 모든 마케팅 기능을 가장 적합하게 조정하여 구성하여야 한다. 이 점에서도 개별기능의 개선을 중요시하는 전술과 크게 다르다. 또한, 마케팅 전략은 전략 찬스를 발견하기 위한 분석, 가장 알맞은 전략의 입안, 조직 전체의 전개라는 3차원(三次元)을 포함한다. 이러한 마케팅 전략을 전개하려면 결국 기업의 비(非)마케팅 부문, 즉 인사(人事) 정책과 재정정책 등에도 많은 관련을 가지게 된다.

브랜드 관리를 위하여 브랜드(상표)는 특정 기업의 제품이나 서비스를 소비자에게 식별시키고 경쟁자의 것과 차별화하기 위해 사용되는 독특한 이름과 상징물(로고, 디자인 등)들의 결합체이다.

상표전략에는 개별상표명전략, 공동상표명전략, 혼합상표명전략 등이 있다. 최근에는 유통업체의 PB(private brand)의 중요성이 커지고 있으며, 예로서는 농협물류센터의 하나로포크, E-Mart의 E-Plus 등이 있다. 브랜드자산은 어떤 제품이나 서비스가 브랜드를 가졌기 때문에 발생하는 바람직한 마케팅효과(예, 높은 상표애호도, 시장점유율, 수익)를 말한다.

브랜드자산은 브랜드에 대한 높은 인지도를 가져야 하고, 그 브랜드와 관련하여 긍정적이고 강력하면서 독특한 연상들을 기억 속에 갖고 있을 때 발생한다.

브랜드자산은 브랜드인지도(브랜드에 대한 인지 여부)와 브랜드연상(브랜드로부터 떠오르는 긍정적인 이미지)의 결합체이다. 농산물에 있어서도 브랜드화의 중요성을 인식하고 브랜드화를 적극적으로 추진하고 있으나 브랜드로서 가치가 있는 것은 소수에 불과하다. 대부분의 브랜드가 산지를 표시하는 정도의 수준이며, 가격 프리미엄을 받는 등 브랜드가치가 높은 것은 매우 극소수이다.

브랜드는 브랜드부착 그 자체보다는 제품차별화와 촉진활동을 통해 브랜드의 가치를 높여야만 의미가 있기 때문에 철저한 품질관리와 판촉활동이 필수적이다.

또한 브랜드인지도를 높여 브랜드파워를 보이기까지는 장시간이 소요되므로 운영주체로서는 장기적인 전망을 가지고 브랜드를 개발해야 하며, 상당액의 투자가 요구된다. 왜 브랜드가 중요한가? “공장에서 제조되는 것은 제품이지만 소비자가 사는 것은 브랜드이다. 제품은 경쟁회사가 복제할 수 있지만 브랜드는 유일무이하다.

제품은 쉽사리 시대에 뒤질 수 있지만 성공적인 브랜드는 영원하다(Stephen King, WPP Group).

[표 6-4] 브랜드를 구성하는 요소

Name, Term	소비자들은 제품이나 서비스와 관련을 맺는 것이 아니라 브랜드와 관련을 맺는다.	Knowledge
Sign, Symbol	Brand	Experience
Design	브랜드는 고객과의 일련의 약속으로 신뢰와 일관성을 포함한 소비자들의 기대를 모아 놓은 것.	Image

[표 6-5] 브랜드 개념의 변천

시대	기능	예
산업혁명 이전의 브랜드	소유표로서 '식별코드' 의 기능 수행	
근대산업사회의 브랜드	식별기능 외에 '품질보장' '신용표시' 의 기능 수행	1851년의 양초브랜드' Star 1879년의 비누브랜드' Ivory
현대정보화 사회의 브랜드	'무형 자산' 으로서의 브랜드 가치	

[표 6-6] 브랜드의 혜택

브랜드			내용
SAMSUNG 삼성	KT "The Value"	Pizza Hut	성공적인 브랜드는 소비자가 쉽게 기억한다.
에스원	welcome to Cyber-Bukwang	ORION	성공적인 브랜드는 소비자가 스스로 차별적으로 인식한다.
외환은행	Coréana	CJ	성공적인 브랜드는 가격경쟁으로부터 자유롭다.
Pulmuone	한미은행	WELLA	성공적인 브랜드는 고객과 긴밀한 관계가 형성되어 있다(상표전환거부, 신규고객 확보).

사례 썬키스트, Dole &델몬트

Sunkist	Dole	Del Monte Quality
가장 성공한 농민의 브랜드 - 1840년대 : 캘니포니아 오렌지 도입기(Gold Rush) - 1870년대 : 1차 중흥기, 대륙 간 열차, 네이블오렌지 도입 - 1880~90년대 : 침체, 위기(유통방법의 취약) - 1893년 : 썬키스트 그로워즈(Sunkist Growers)탄생, 100여 명의 농민들이 참여	돌(James Dole)은 1901년 화와이 안정적인 공급을 위해 세계 각국에 자체 농장을 운영 - 바나나농장 : 온두라스, 콜롬비아, 에콰도르, 필리핀 등 - 파인애플농장 : 화와이, 온두라스, 필리핀, 태국 등 패킹과정에서 꼼꼼한 체크를 반복하여 최상급의 품질에만 돌(Dole)브랜드를 사용	캘리포니아주(州)지역 최대의 11개 통조림 제조회사, '캘리포니아과일 통조림협회(CFCA)' 를 창설세계 최대의 과일, 채소류 통조림 제조회사, 1916년 통조림업체 2개와 식료품 중개업체를 흡수"캘리포니포장회사" 를 설립하고 "델몬트" 브랜드를 사용, 1967년 상호를 "델몬트"로 변경

[그림 6-10] 마케팅 전략 활동단계

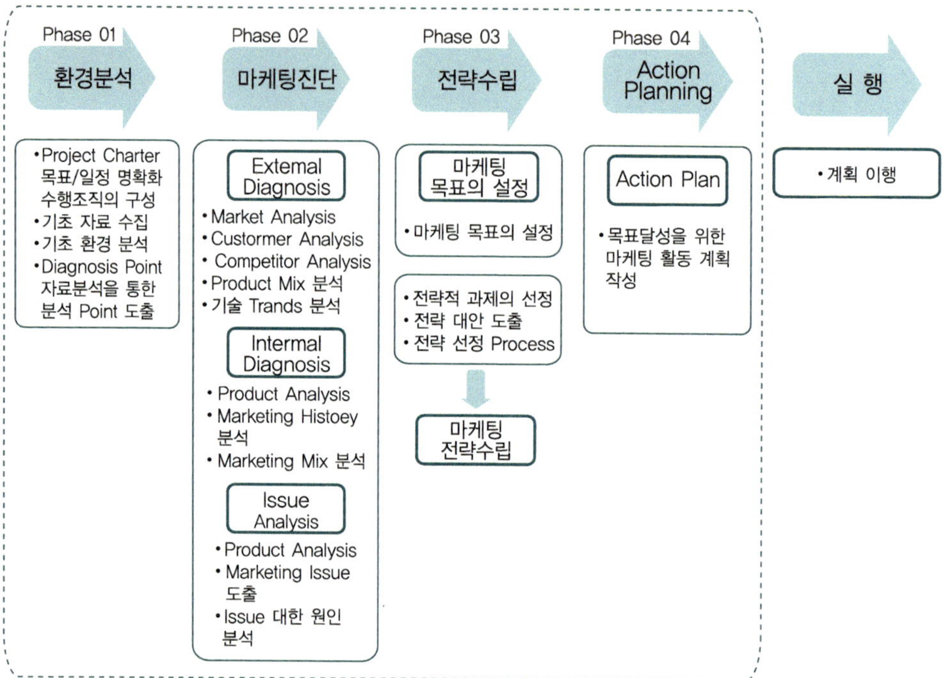

(1) 외식마케팅과 소비 트렌드

소비 행위나 소비자 심리에서 규칙적이고 일관된 패턴이 보일 때 우리는 그것을 소비 트렌드라고 한다. 소비 트렌드는 유행과 개념이 다르다. 유행은 짧은 기간에 금방 사라지는 반면 트렌드는 비교적 장기간에 걸쳐 나타나는 패턴을 의미하기 때문이다. 좋은 외식 마케팅에서 주목해야 할 점은 '웰빙' 과 '감성' 이다.

소비 트렌드는 한 가지 경향으로 나타나지 않는다. 과거에는 소비자의 구매패턴에 유행하는 소비 집단으로 소속시키려는 심리가 작용을 했다. 매스미디어(mass medis) 커뮤니케이션(communication)은 군중(mass) 소비심리를 북돋는 촉진제 역할을 해왔고 그래서 광고시장의 규모도 성장하였다. 그런데 요즘 환경은 타인이 사용하는 제품과 서비스에 의존하기보다는 자신의 개성에 따라 브랜드를 선택하는 시대다. 오히려 타인이 사용하지 않을 때, 나만이 사용하는 독특한 디자인을 선호하기도 하고 그러한 욕구가 충족됐을 때 가치를 느끼게 된다.

'가격' 에 기준을 두는 가치가 아닌 자신에게 만족하는 가치기준을 두고 여러 가지 소비유형을 나타낸다. '체험' 과 '감성' 을 중요시하는 오감소비, 빨리 빨리 동시에 '바로바로' 를 추구하는 리얼타임(real time)소비, 지출을 줄이면서도 '효용' 을 극대화하는 스마트소비, '건강' 과 '자연' 을 생각하는 릴랙스소비, 가족중심 문화가 확산되면서 외부활동을 집에서 체험하고자 하는 안방소비 등 소비자의 니즈(needs)와 원츠(wants)는 다양하게 분포되어 나타나고 있다. 따라서 불특정 다수인을 겨냥하는 마케팅보다는 특정계층을 타깃팅하는 추세다.

급변하는 소비 트렌드는 환경에서 과거의 외식 트렌드와 현재의 외식 트렌드가 많이 다르지 않은 경우가 있는데, 국내 외식시장의 고객의 월 지출 외식비용은 증가했지만 선호하는 아이템과 1회당 지출하는 비용에는 큰 변동이 없는 예로서 우리나라 외식소비자는 한식을 가장 많이 선호하고 있고 1회 외식비도 1~2만 원 사이로 동일한 것이다.

예전에 비교하여 달라진 것은 여성들의 경제활동이 증가했고 주 5일제로 인해 외식을 하는 횟수가 늘어났다는 것이다. 다양한 외식 브랜드가 출현했어도 우리의 식생활은 그리 쉽게 변하지 않는다는 것으로 의미한다. 또한 시장 점유율이 높은 브랜드가 지속적으로 소비자들이 원하는 부가적 서비스와 가치를 충족시켜며 자리를 지켜왔다는 결론으로도 접근할 수 있다. 이처럼 고객이 세분화되고 있고, 시장이 세분화되고 있는 현 상황에서 외식마케팅은 디자인과 개성이 강조되는 타 업종처럼 특정계층을 공략하여 완전한 새로움을 추구하는 것보다는 오랫동안 익숙해진 우리 식문화의 범주에서 벗이나지 않으면서 '건강' 과 '편리함' 그리고 '재미' 를 부각시켜야 한다. 외식경영을 건강을 주요 테마와 신속한 서비스를 강조하고 싶다면 '신속한 서비스' , 배달을 상조하려면 배달전문으로 한 가지의 전문성만을 기본으로 마케팅활동을 하는 것이 외식업에서의 마케팅이 될 것이다.

향후 외식 마케팅에서 점점 관심이 높아지는 것은 고객으로부터의 신뢰에 대한 보증일 것이다. 고객의 신뢰성에 대한 의문 제기는 소비자들이 신뢰라는 속성에 더 많은 가치를 부여하도록 할 것이며, 외식업계에서도 고객과의 신뢰지수를 높일 수 있는 노력을 기울여야 할 것이다. 때문에 새로운 브랜드보다 이미 신뢰를 확보한 기존 브랜드를 강화할 필요가 있다.

또한, 외식마케팅에서 중점사항은 품질유지다. 맛의 품질을 유지하고 발전시키는 것이야말로 본질적인 외식마케팅이다. 소비 트렌드가 아무리 변해도 우리 입맛은 하루아침에 급변하지 않음을 간과해서는 안 된다. 언제 어디서나 동일한 맛을 유지하고 더욱 발전시켜 나가는 것이 외식마케팅의 기본이자 핵심사항이다.

(2) 판매촉진

어린이세트메뉴, 왜 필요할까? 패밀리레스토랑, 패스트푸드 전문점에서 주로 볼 수 있던 '어린이세트' 메뉴가 다양해지고 있다. 초등생 이하의 자녀가 있는 가족단위의 고객들은 아이들이 선호하는 곳으로 외식업체를 선택하기 때문이다.

따라서 아이들이 좋아하는 햄버거, 포테이토, 치킨 등 양식을 위주로 하는 음식점으로 외식이 편중되는 경우가 대부분이다. 그러나 외식이 점차 다양해지고 일반화됨에 따라 한식, 일식 등 여러 장르의 음식점에서도 어린이 세트를 점차 개발하고 있는 추세다.

별도의 어린이 메뉴가 없다면 어른메뉴로 엄마와 함께 식사해야 하는데 일반적으로 어른을 대상으로 만든 메뉴이기 때문에 아이들에게는 자극적인 음식이 될 수도 있다. 어린이의 눈높이에 맞춘 메뉴와 적당한 양으로 구성된 어린이세트 메뉴는 음식점을 선택하는데 있어 중요한 요소가 될 수 있기 때문이다.

참고 가족외식은 '엄마'가 결정한다

아모제 설문조사, 주부 결정 46% 자녀 29%로 2위, 남편은 5%

가족외식에서 메뉴를 결정하는데 영향력이 가장 큰 사람은 '엄마'인 것으로 나타났다.

아모제는 이탈리안 레스토랑 '엘레나가든'을 찾은 주부고객 307명을 대상으로 설문조사를 실시한 결과, '주부가 가족들의 외식장소를 결정한다'는 응답이 46.6%(143명)로 가장 높게 나왔다.

이어 '자녀'와 '부모'가 각각 29.3%(90명), 14.0%(43명)로 나타났으며, 반면 '남편'은 5.9%(18명)에 불과한 것으로 조사됐다.

선호하는 외식메뉴로는 다양한 음식으로 가족의 입맛을 두루 맞출 수 있는 '뷔페'가 43%(132명)로 가장 높게 조사됐으며, '한식' 30.9%(95명), '일식' 14%(43명), '양식' 7.8%(24명)이 뒤를 이었다. 상대적으로 어린 시절에 최고의 외식메뉴였던 '중식'이 3.6%(11명)으로 가장 낮게 나와 눈길을 끌었다.

가족 일인당 외식 비용 규모는 '2~3만 원대' 45.6%(140명)와 '1만 원대' 30.9%(95명)가 전체의 76.5%를 차지했으며, '5~10만 원대', '10만 원 이상'도 각각 0.7%(2명), 2.6%(8명)가 응답했다.

외식 선택 시 가장 중요한 요인으로는 '맛'이 66.1%(203명)로 압도적으로 많았으며, 이어 '메뉴' 14.7%(45명), '가격' 11.7%(36명), '인테리어와 분위기' 5.2%(16명), '접근성' 1.3%(4명) 순으로 나타났다.

한편 주부들이 선호하는 외식장소의 인테리어와 분위기에 대한 질문에는 '룸 형태로 조용한 분위기'를 38.4%(118명)으로 가장 선호했으며, '오픈된 자유로운 공간' 27.4%(84명), '아이들을 위한 편의시설이 있는 곳 16.9%(52명)' 등이 그 뒤를 이었다.

아모제 이선우 팀장은 "이번 설문조사를 분석한 결과 주부들이 가족외식의 주요 결정권자인 것으로 보인다"며 "알뜰한 주부들을 공략할 수 있는 저렴한 가격대의 다양한 메뉴를 개발해 보다 즐거운 가족외식이 될 수 있도록 노력할 계획"이라고 말했다.

최밍키기자, cmk@foodbank.co.kr

참고 퀄리티 있는 음식으로 차별화한 키즈 레스토랑 〈리틀오챠드〉

리틀오챠드는 'Mom's Happy Hour'를 콘셉트로 운영하는 엄마와 아이를 위한 키즈 레스토랑이다. 서울시내의 많은 키즈 카페는 아이들을 위한 공간이 대부분이다.

그러나 리틀오챠드 레스토랑은 '엄마'에 초점을 맞추고 다양한 콘셉트의 놀이방에 전문 보육교사를 배치하여 안심하고 편안한 식사가 가능하도록 했으며 정크푸드가 아닌 고급 이탈리안 레스토랑으로 건강 지향의 퀄리티 있는 음식을 제공하고 있다.

"외식의 경우 대부분 가족단위로 이루어지기 때문에 일반음식점에서도 어린이들을 위한 메뉴개발이 중요하며, 외식장소를 결정하는 주부들은 아이들의 입맛에 맞는 메뉴와 맛을 가장 우선순위로 하여 음식점을 선정하는 경우가 많기 때문에 중요하다. 아이와 엄마의 눈높이는 많이 다르다는 것을 음식점 경영자들도 인식해야 해야 하며 가족단위 고객이 많은 음식점이라면, 아이들만을 위한 메뉴 개발이 주부들의 마음을 움직이게 되면서 매출 향상에 많은 영향을 줄 수 있다는 것을 알아야 한다."

리틀오챠드의 4층은 중앙의 레스토랑을 중심으로 메인플레이존과 책 읽는 공간, 수유실로 구성되어 있으며 5층에는 레스토랑과 주방을 포함, 엄마와 아이를 위한 쿠킹클래스, 생일파티룸이 있으며 지역상권과 고객층에 따라 미니, 럭셔리, 그랜드의 세 가지 모델타입으로 프랜차이즈 사업을 전개할 레스토랑의 예이다.

'디마케팅'이라는 개념을 처음 사용한 사람은 세계적인 경영 구루 필립 코틀러 교수다. 그는 1971년 당시 동료였던 시드니 레버와 함께 하버드 비즈니스 리뷰에 디마케팅에 관한 논문을 발표했다. 이후 40년간 디마케팅은 점차 다양한 분야로 확산됐다. 그렇다면 기업들은 언제 디마케팅을 활용할 수 있을까? 크게 세 가지 경우로 나누어볼 수 있다.

첫째, 수익성 제고를 위한 디마케팅이다. 수익성이 낮은 일부 고객에 대한 마케팅을 하지 않거나 줄이는 것을 의미하는데, 디마케팅에서 가장 많이 활용되는 유형이다. 가령 백화점에서 상위 20% 고객에 마케팅을 집중할 생각으로 하위 80% 고객에 대한 마케팅을 확 줄이는 것을 들 수 있다. 이를 통해 기업은 상위 고객의 만족도를 최대한으로 끌어올려 추가적인 매출을 노릴 수 있다. 하지만 이때 나머지 고객들에게 너무 소홀히 할 경우 이윤만을 추구하는 기업이라는 부정적 이미지가 강해질 수 있으니 주의해야 한다.

둘째, 희소성 혹은 브랜드 가치 제고를 위한 디마케팅이다. 제품의 이미지 혹은 브랜드 가치를 유지하기 위해 상품이 시중에 범람하지 못하도록 기업이 제품 물량을 조정하는 것을 말한다. 명품 브랜드들이 상품 판매량에 제한을 두거나 판매 기간을 제한하는 것이 대표적이다. 이런 디마케팅을 통해 터무니없이 비싸게 상품 가격이 책정될지라도 소비자들은 기꺼이 지불할 의사를 갖게 된다.

셋째, 공익성을 위한 디마케팅이다. 공익과 기업의 활동이 상충될 때 기업이 영업 활동을 자제하는 것을 말한다. 과거에는 정부의 규제나 압력에 의해 기업들이 강제적으로 영업 활동을 줄이는 경우가 많았다. 하지만 기업의 진정성이 점점 더 중요한 덕목으로 자리잡으면서 기업이 공익을 위해 자발적으로 영업 활동을 자제하는 경우가 늘고 있다.

이처럼 디마케팅은 여러 목적으로 활용돼 왔다. 만약 위의 세 가지 경우에 해당한다면 디마케팅을 긍정적으로 검토해보자. 기존의 좁은 마케팅 범위에서는 찾을 수 없었던 해답을 발견할 수 있을 것이다.

"애들은 주 1회만 먹어라" 맥도날드 광고, 왜 떴을까? 단점 역이용한 '디마케팅'-소아비만 주범으로 지목되자! 고객건강 챙기는 이미지를 노출하여 유럽지사 중 최고 매출 올린 경우이다.

먼저 프랑스 맥도날드의 사례를 참고해 보자. "어린이들은 일주일에 한 번만 맥도날드에 오세요." 이는 2002년 프랑스 맥도날드가 내건 광고 문구이다. 대체 이게 무슨 광고일까? 고객에게 자주 방문해 달라고 광고해도 모자랄 판에 기업이 나서서 일주일에 한 번만 오라니 황당하지 않을 수 없다. 실제 이 광고는 소비자뿐만 아니라 미국 맥도날드 본사까지 깜짝 놀라게 했다.

그렇다면 프랑스 맥도날드의 의도는 무엇이었을까? 실제로 적게 팔고 싶었던 것일까? 사실 매출을 늘리고 싶은 마음은 간절했지만, 패스트푸드가 비만의 원인이 된다는 사회적 비판이 들끓어 고민이던 차에 생각해 낸 대책이었다.

이들이 노린 것은 바로 '우리는 다른 패스트푸드점과는 달리 소비자의 건강을 생각하는 회사'라는 긍정적인 이미지였던 셈이다.

고객들의 반응은 어땠을까? 광고가 시키는 대로 일주일에 2~3개씩 햄버거를 먹던 어린 아이들과 그 부모들은 정말 맥도날드 방문 횟수를 1회로 줄였을까? 아니다.

dulana@chosun.com

심지어 맥도날드를 즐겨 찾지 않던 사람들까지 더 자주 찾게 되었다. 맥도날드에 대한 신뢰가 그 이유였다. 자사(自社)에 손해가 될 수 있지만 소비자의 건강을 먼저 챙기는 모습에 "이왕 패스트푸드를 먹을 거라면 다른 곳이 아니라 맥도날드를 찾자"는 마음이 생긴 것이다. 그 결과 이 광고가 진행된 한 해 동안 프랑스 맥도날드는 맥도날드 유럽 지사 가운데 최고의 영업 실적을 올릴 수 있었다.

제품 단점 드러내고 솔직히 접근하라!

이처럼 기업이 소비자들에게 자사의 제품을 덜 사라고 말하는 것을 '디마케팅(de-marketing)'이라고 한다. 자사 제품을 사용하라고 권장하는 기존 '마케팅'의 개념과 정반대인 셈이다. 맥도날드의 사례처럼 소비자들 사이에 자사 제품 혹은 업계에 대한 부정적인 인식이 있을 때 신뢰를 얻는 방법으로 '디마케팅'을 활용할 수 있다. 아예 드러내고 '제품의 단점은 이러하니 가능한 한 적게 이용하라'는 식이다. 소비자는 기업이 스스로 손해가 되는 말을 대놓고 하니 "아, 저 기업은 돈만 벌겠다고 달려드는 나쁜 기업이 아니야. 그러니까 기왕에 쓴다면 저 기업의 제품을 써야겠어"라고 생각하게 된다.

만약 소비자의 이익과 자사의 이익이 상충되는 상황이라면 과감히 자사의 이익을 내려놓자. 그리고 디마케팅을 통해 소비자에게 이를 알려라. 이를 통해 신뢰받는 기업으로 거듭날 수 있을 것이다.

조선일보

(3) 인터넷 마케팅

현재의 소비자와 경제환경은 과거와 비교하면 매우 빠르게 진행되고 있다. 새로운 기업이 갑자기 나타나서 성장을 하는가 하면, 기존의 기업이 감쪽같이 사라지는 현상이 매우 빈번하게 이루어지고 있는 것이다. 어떤 기업이 성장하며, 어떤 기업이 실패하는 것일까. 그것은 바로 마케팅전략에 달려 있다고 할 수 있다. 빠르게 변화하고 있는 환경 속에서 틈새시장을 찾아 기업의 Mission, Vision, Value에 맞춰 전략을 수립해야 지금과 같은 경쟁사회 속에서 살아남을 수 있는 것이다. 따라서 빠르게 변화하는 인터넷 환경에서의 기업의 장점들을 적극 활용하여 마케팅 전략을 구사할 수 있어야 한다. 다양한 매체의 진화와 소비자의 다양성에 따라서 시장변화와 함께 다양한 마케팅 기업이 시도되면서 인터넷 등 다양한 매체를 통한 광고가 대두되었다. 또한 인터넷 기술의 발전은 소비자의 라이프스타일을 새로운 방향으로 이끌어 냈다. 이러한 시대적인 변화 속에서 새로운 마케팅 기술은 필연적이었으며, 앞으로도 이러한 마케팅의 다양한 변화는 계속될 것이라 예측된다.

인터넷의 발전으로 인해 소비자들은 정보를 획득하려는 욕구가 강해졌으며, 또한 정보의 홍수 속에서 제품을 파악하는 기준 또한 까다로워졌다. 이러한 환경 속에서 과거의 일방향적 광고는 더 이상 큰 효과를 얻을 수 없게 되었으며, 새로운 환경 변화에 맞는 소비자의 니즈를 충족시키는 마케팅 전략이 요구되어졌다. 이런 요구에 부응하기 위하여 잠시 언급된 인터넷 광고나 검색광고, 블로그 광고, 바이럴 광고 등이 등장하게 되었다. 이러한 마케팅은 기본적으로 인터넷을 이용하는 이용자이자 소비자들과의 커뮤니케이션을 바탕으로 하고 있으며, 이들을 상대로 맞춤형 서비스를 제공하기 위해 노력하는 마케팅 전략이라고 할 수 있다.

이러한 마케팅들은 가장 중요한 것이 판매자와 소비자 사이의 신뢰를 구축하는 것이다. 익명성이 보장되는 사이버 공간에서의 교류는 많은 위험이 따르기 때문에 신뢰를 통해 이것을 극복할 수 있다면 매우 효과적으로 소비자들을 끌어들일 수 있을 것이다. 그러나 이것이 생각처럼 쉽게 얻어질 수 있는 것이 아니라, 소비자에 대한 지속적인 관심과 적극적인 정보수집으로 이루어질 수 있는 것이다. 따라서 인내심을 가지고 장시간 동안 소비자들을 세분화하고 연구하는 것이 필요하다.

인터넷 마케팅은 예전처럼 소비자의 만족에만 치우쳐서 진행될 수 있는 것이 아니다. 소비자의 심리를 파악하여 분석하고, 내재되어 있던 소비심리를 자극하여 매출로

전통적 마키텡	인터넷 마케팅
마케팅 규칙이 시대적으로 명확	마케팅 규칙이 기술발전 주도 하에 지속적으로 발전
시장이 국가 및 지역에 제한	시장의 경계가 없어짐
틈새시장의 정의가 어려움	틈새시장의 정의가 용이하고 그 규모가 확대됨
기업주도형 마케팅	고객주도형 마케팅
높은 광고 비용	낮은 광고 비용
정보기술과 무관한 마케팅	정보기술이 마케팅의 핵심적인 지원자로 부각

출처:https://www.googlo.co.kr

연계시켜야 하는 매우 어려운 전략으로 변화되었다. 소비자 또한 정보의 홍수 속에서 제품에 대한 이미지나 평가 등의 정보를 실시간으로 제공받을 수 있기 때문에 똑똑한 소비자와 겨루기 위해서는 판매자는 더욱 고도의 작전으로 승부를 겨뤄야 하는 것이다. 인터넷을 이용한 소비자들은 과거 일반 소비자들에 비해 까다롭다. 정보의 홍수 속에서 다양한 지식을 기반으로 제품을 평가하며, 이것들을 공유하기 때문이다. 따라서 인터넷상에서 성공적으로 브랜드를 구축하려면, 사실상 4가지의 요소가 고려되어야 한다. 바로 브랜드 차별성, 브랜드 관련성, 브랜드 평가도, 브랜드 지식이다. 브랜드 차별성은 다른 인터넷 회사의 상표와 자사가 얼마나 다르며 차별적인 이미지를 갖는지에 관한 것이다. 브랜드 관련성은 실제로 소비자들의 생활과 당신이 제공하는 제품이 얼마나 관련성이 있는가이다. 브랜드 평가도는 브랜드가 소비자에게 어느 정도 존중되고 있는지에 대한 것이다. 브랜드 지식은 소비자가 제품, 서비스 그리고 당신의 회사 내부의 사정을 얼마나 잘 알고 있는가를 탐구한다.

높은 브랜드 인지도는 고객을 증대시키고, 가격 정책상의 브랜드 프리미엄을 누릴 수 있게 하고, 브랜드 제품 구매자체가 고객의 만족에 기여하며, 고객의 높은 인지결과 커뮤니케이션비용이 절감되는 효과가 있다.

높은 브랜드 인지도를 구축하기 위해서는 일단 출범한 이후 초기에는 오프라인 광고 및 온라인광고를 통해 인지도를 최대한 높여야 한다. 소비자들 사이에서 붐을 조성하면서 독창적인 크리에이티브를 구사하여 관심을 끌만한 컨텐츠를 제공하여야 한다. 즉, 브랜드 콘셉트와 일치하고 고객의 관심을 끌만한 소재이면 무엇이든지 적극적으로 검토해야 하는 것이다. 또한 틈새시장의 분야를 찾아내야 하며, 인터넷의 상호작용성을 적극적으로 활용해야 한다. 마지막으로 환경이 변화될 때마다 대처하는 식의 전략보다는 변화를 이끌어낼 수 있는 전략을 취해야 한다.

참고 햄버거아닌 브랜드를 판다.... 맥도날드 "쇼 비즈니스"

'맛' 만으로는 성공할 수 없어… 화장실에서 기름종이까지 브랜드 콘셉트를 드러내야 콘셉트 없는 제품도 마찬가지

작년에 애플에 근무하는 한국계 임원을 만난 적이 있다. 필자는 "언젠가 한국의 전자업체들이 애플을 따라잡을 날이 오지 않겠습니까?"라고 조심스레 물었다. 그랬더니 "저도 한편으로 그러길 희망한다"면서 "그런데 한국 기업의 임직원들에게 '당신네 회사는 무엇을 하는 회사냐?' 고 물으면 아마도 각기 다른 대답을 하지 않을까 싶습니다. 애플의 직원들은 모두 한 목소리를 내거든요. 그게 무서운 것 같습니다"라고 대답했다. 조직 구성원들이 확고한 브랜드 콘셉트를 공유하는 것이야말로 애플의 강점이라는 것이다.

보여주는 '쇼 비즈니스' 로 성공한 맥도날드

햄버거가 뭐 그리 대단한 제품도 아닌데 왜 아직 맥도날드의 아성을 깬 곳이 나오지 않았는지 생각해 보았는가. 53세에 맥도날드 프랜차이즈 1호점을 개점한 레이 크록은 72세가 되어 은퇴할 때까지 미국 전역에 6000개 이상 매장을 열었다. 20년 동안 거의 하루에 하나씩 오픈한 셈이다. 그는 시간 날 때마다 매장을 방문했고, 은퇴한 뒤에도 예전에 못 가본 매장들을 돌아다니며 직원들을 격려하는 일을 취미로 삼았다고 한다.

그는 매장을 방문할 때마다 직원들에게 덕담을 해주곤 했는데, 어디를 가든 항상 이 말로 끝을 맺었다고 한다. "잊지 마세요. 우리는 햄버거 비즈니스를 하는 게 아닙니다(Remember, We are not in hamburger business.)"라는 말이다. 그럼 무얼 하는 곳이란 말인가? 그의 대답은 "우린 쇼 비즈니스를 합니다(We are in show business.)"였다. 쇼라니? 그가 말하는 건 바로 맥도날드의 콘셉트인 'QSCV'를 분명하게 '보여주라(show)' 는 것이다.

여기서 Q는 '빨리(Quick)' 를 말한다. 패스트푸드점이니 빠른 서비스를 해야겠지만, 실제로 몇 초 빨리 서비스했느냐가 중요한 것이 아니라 빨리 갖다 주는 것처럼 보여주라는 말이다. S는 '서비스(Service)' 다. 단순히 좋은 서비스가 아니라 큰 소리로 인사하는 등 확실하게 대접받는 느낌을 주라는 말이다. C는 '깨끗이(Clean)' 이다. 음식점 탁자 위는 다른 식당도 대부분 깨끗하다. 그런데 맥도날드는 테이블 아래까지 깨끗해야 한다는 것이다. 앉아 있을 때 바지에 더러운 게 묻을 수 있으니까 말이다. 화장실은 특히 깨끗해야 한다. 그래야 보이지 않는 주방도 깨끗하다고 여길 테니까. V는 '가치(Value)' 다. 미국 국민의 브랜드인 맥도날드는 결코 경쟁사보다 비싸게 판매하지 않는다. 하지만 저렴한 티를 내지 않으려고 노력한다. 예를 들면 햄버거를 아무 종이에나 싸주지 않고 맥도날드 심볼이 인쇄된 깨끗한 기름종이로 포장해준다. 내가 먹는 햄버거가 가격 대비 가치가 있다고 느끼게 해주는 것이다.

크록은 햄버거 비즈니스를 '맛'으로만 경쟁해서는 결판이 나지 않을 거라는 사실을 일찍이 간파했다. 그래서 'QSCV'라는 브랜드 콘셉트를 통해 고객들에게 맥도날드의 특성을 '보여주라'고 강조한 것이다. 과연 우리 기업들은 어떤 브랜드 콘셉트를 통해 어떤 쇼비즈니스를 하고 있는지 고민해 볼 일이다.

짐 스텐겔(Jim Stengel)은 P&G의 글로벌 마케팅 책임자(GMO)로 2000년대 들어서만 P&G 매출을 두 배로 성장시킨 사람이다. 그의 비결은 한마디로 북극성을 향해 항해하듯 브랜드 콘셉트를 정해 흔들리지 않는 좌표로 삼는 것이다. 명확한 브랜드 콘셉트야말로 기업의 진정한 경쟁력이자 경영의 구심점이다. 이제는 기업 경영의 모든 활동이 브랜드 콘셉트의 관리, 즉 브랜딩(branding)에 초점이 맞춰져 진행된다. 브랜딩은 더 이상 마케팅만의 전유물이 아니다.

인터넷에서의 차별화된 콘텐츠란 웹에 담긴 글, 사진, 그림, 동영상 등 웹페이지를 구성하는 모든 구성요소와 이들을 재구성하고 이들을 기반으로 커뮤니케이션할 수 있게 하는 이메일, 게시판, 자료실 등의 서비스를 포괄하는 것이다. 이런 컨텐츠를 차별화하는 것은 방문자의 재방문을 유도하고, 고객유인을 증대하며, 영향력 있는 정보는 미디어 파워를 확대시킨다.

셋째, 콘텐츠를 고객의 문제해결 과정을 기준으로 배치해야 한다. 소비자가 사이트를 방문하여 정보를 탐색하고, 느끼며, 문제를 해결하는 순서를 고려하여 컨텐츠를 배치해야 소비자의 만족도가 증가되며 재방문이 이루어질 것이다. 마지막으로, 웹에서만 할 수 있는 웹 라이프스타일을 창조해야 한다. 정보검색이나 메일과 같은 웹 라이프스타일은 이제는 보편화된 것이다. 지금은 보편적인 것이지만 새로 창조된 웹 라이프스타일을 선점한다면 강력한 브랜드자산을 구축할 수 있게 될 것이다. 따라서 독자적으로 보편화될 수 있는 웹 라이프스타일을 구축하거나 이것이 힘든 기업이라면 사이트와의 제휴를 통해서 자사의 제품과 서비스를 소비자들의 인식에 각인시키도록 포지셔닝해야 할 것이다.

인터넷 마케팅은 더욱 다양한 방식으로 변화할 수 있다. 따라서 마케팅을 적극적으로 반영함과 동시에 꾸준한 연구를 통해서 더욱 획기적인 마케팅 방법을 찾아내야 할 것이다.

참고 불황에도 '나홀로 대박' 비결 뭔가 했더니…

수년간 계속되고 있는 불경기가 창업시장에도 어두운 그림자를 드리우고 있다. 하지만 자영업자 수는 지난해부터 다시 늘어나고 있다. 베이비붐 세대(1955~1964년생)의 퇴직과 높은 실업률 때문. 그렇지만 희망의 불씨는 항상 존재하는 법. 점점 더 어려워지는 환경 속에서 올해 창업 성공 전략을 키워드로 살펴봤다.

위치기반 SNS 마케팅

위치기반 소셜네트워크서비스(SNS) 마케팅은 비용이 저렴하고 젊은 세대에게 파급력이 큰 게 장점이다. "최근 미국에서도 포스퀘어 등 위치기반 SNS가 뜨고 있다"며 "국내에서도 스마트폰이 보편화되면서 SNS가 새로운 마케팅 수단으로 부상할 것"으로 전망했다.

서울 반포동에서 숯불바비큐치킨 '금강바비큐'를 27년째 운영해 오고 있는 한정수(52) 사장은 위치기반 SNS '씨온'에서 제공하는 점포 마케팅 전략을 활용하고 있다. 점포 주변에 있는 스마트폰 사용자에게 수시로 다양한 할인·이벤트 메시지를 보내고, 새로운 메뉴가 개발되면 사진을 촬영한 다음 업로드해 잠재 고객의 관심을 끈다. 또한 고객이 점포 이용 후기를 달면 즉각 답신을 하고, 불만 사항은 사과의 글과 함께 빈드시 사후 서비스로 보상하는 '소통형' 마케팅을 펼치고 있다. 한 사장은 SNS 마케팅을 시작한 후, 특히 2030 젊은 직장인들에게 인기가 높아져 매출이 26% 증가했다. 들어가는 비용은 월 5만원선.

컨버전스

두 번째 차별화 포인트는 '컨버전스'다. 한 점포 내에 복합 기능을 갖추고 고객 층을 넓히는 것. 우선 메뉴나 업종을 묶는 형태를 들 수 있다. 수제햄 부대찌개 전문점 '박가부대찌개·닭갈비'는 점심메뉴인 '부대찌개'와 저녁 술자리 메뉴인 '닭갈비'를 접목해 점포 가동률을 20% 정도 높였다. 서울 역삼동에 있는 '카페네스카페'는 수제 샌드위치가 매출의 30%를 차지한다. 이 점포 김은희(38) 사장은 "주변에 샌드위치 전문점이 없는 점에 착안, 매일 아침 신선한 채소를 구입해 주문한 뒤 즉석에서 만들었다"고 말했다.

이 점포는 불황기였던 지난해에도 매출이 30%나 올랐다. 컨버전스를 통해 계절별 매출 편차도 극복할 수 있다. '카페베네'는 스타벅스에는 없는 젤라또 아이스크림과 와플을 커피와 접목해 성공했다.

카페형 주점과 한국형 이자카야

카페형 주점과 한국형 이자카야는 20~30대 여성 층이 선호하는 업종이다. 크림생맥주 전문점 '플젠'은 인테리어를 유럽 노천카페 형태로 만들었다. 국수 · 전 등을 팔던 기존 막걸리 전문점은 사케와 일본식 안주류를 접목해 한국형 이자카야로 변신 중에 있다. 강 교수는 "기존 와인바보다 30% 정도 싸기 때문에 저렴한 가격으로 고급스러운 음주 문화를 즐길 수 있다"고 말했다.

중앙일보

(4) 데이터베이스 마케팅

데이터베이스 마케팅은 첫째, 경쟁요인으로 산업의 성숙화에 따라 제한된 시장을 획득하려는 경쟁은 날로 치열해지고 있으며 자본과 기술을 보유한 잠재적 경쟁자의 신규 진입 또한 커다란 위협요소로 등장하고 있다. 경쟁의 내용을 보면 가격경쟁뿐만 아니라 다양한 경쟁자원을 동원한 차별화가 주요한 경쟁수단이 되고 있으며, 각 경쟁사들은 강력하고 새로운 차별화 수단을 도입하고 있다.

둘째, 고객요인으로 고객들의 요구는 급속도로 다양화되고 있으며, 경쟁사 간 치열한 경쟁에 의해 고객의 요구수준 또한 크게 높아지고 있다. 많은 여행사들이 기존의 수단으로는 고객의 요구에 적절히 대처할 수 없다는 사실을 인식하게 되었다.

셋째, 기술요인으로 급속한 발전을 거듭하고 있은 정보기술은 실현 가능한 해결책을 제시하고 있다. 과거에는 상상도 할 수 없었던 컴퓨터 파워가 수십 분의 일 가격으로 제공되어, 기업들은 상대적으로 적은 비용으로도 정보기술을 이용하면서 경쟁우위를 점할 수 있게 되었다.

환대기업에서의 데이터베이스 마케팅의 필요성은 급속한 정보화의 진전과 시장성숙, 고객의 다양한 욕구와 구매 패턴의 변화, 그리고 다양한 신업태의 출현으로 점점 복잡하고 치열한 경쟁에서 획일화된 대중마케팅 전략은 고비용, 저효율에 의한 경영수지 악화 등으로 한계점에 도달했고, 경쟁우위를 위한 차별화된 마케팅 전략이 필요하게 되었다.

현재의 경영환경 변화는 경쟁요인, 고객요인, 기술요인 등이 있다. 데이터베이스 마케팅은 이러한 변화에 대응할 수 있는 방안이 될 수 있으며, 데이터베이스 마케팅 전략은 여러 가지 광고정책에 적용할 수 있다.

광고는 상품이나 서비스, 아이디어 등을 인적판매에 의하지 않는 촉진활동으로 정보형 광고, 설득형 광고, 기억형 광고 등의 종류가 있다.

❶ 정보형 광고

- 신상품의 시장도입 시 그 내용을 알리는데 사용되며 새로운 업소의 개업이나 새로운 메뉴의 개발 시 이를 알리고자 하는 경우 사용한다.

❷ 설득형 광고

- 경쟁이 심화되는 단계에서 선택적 수요를 대상으로 하는 경우에 사용되며 주로 비교광고 형태로 우리업소의 메뉴와 서비스는 이러한 점에서 경쟁업소의 메뉴와 서비스보다 우월하다는 광고형태이다.

❸ 기억형 광고

- 성숙기에 접어든 상품을 대상으로 고객에게 그 상품의 존재를 되새겨주는데 사용하며 업소의 존재와 메뉴 등을 고객에게 계속적으로 알리는 형태로 광고한다. 피자체인업체 파파존스에서는 고객의 최초 주문 후 1개월 이상 후속주문이 없을 경우 고객의 안부와 서비스를 다하겠다는 내용의 엽서를 보내는 정책이 있다.

<table>
<tr><td rowspan="3">기존
고객</td><td rowspan="2">기존상품</td><td>고객활성화 및
고객충성도 제고</td><td>- 우량 고객 우대
- 마일리지 서비스
- 물적 인센티브 제공(수수료 면제, 사은품, 경품 등)</td></tr>
<tr><td>고객유지</td><td>- 상품과 관련된 잡지 및 팜플렛 제공
- 타산업과의 연계상품 소개
- 전화응답서비스 및 call 센터
- 고객모임(주부클럽 등)</td></tr>
<tr><td>신상품</td><td>교차판매</td><td>- 구입가능한 상품소개</td></tr>
<tr><td rowspan="2">잠재
고객</td><td>신규고객</td><td>신규고객확보</td><td>- Out-sourcing을 통한 잠재고객 리스트 개발
- 회사 간 전략적 제휴</td></tr>
<tr><td>과거고객</td><td>재활성화</td><td>- 인사 및 안내문 발송</td></tr>
</table>

PR(public relation)이란 제3자를 통해서 긍정적인 이미지나 고객의 선호도를 창출하는 활동으로 언론홍보, 상품홍보, 의사전달, 로비, 카운셀링 등의 방법이 있다.

2) 포지셔닝

(1) 포지셔닝의 개념

"포지셔닝(positioning)"은 소비자의 인식 속에 우리 브랜드를 위치시키는 것이다.' Smith(1956)연구에 의하면 시장세분화는 마케팅 개념을 실천하는 효과적인 방식일 뿐 아니라 시장과 제품의사결정에서 마케팅 전략을 수립하고 자원을 배분하기 위한 지침을 마련한다고 하였으며, Morden(1985)은 시장세분화를 하나의 제품으로 다양한 소비자의 욕구를 충족시킬 수 없다는 사고에 기초를 두고 여러 개의 동질적인 세부 시장으로 분할한 후 특정한 세부시장을 선정하여 가장 효과적인 마케팅 믹스를 투입하고자 하는 것이라고 하였다.

시장세분화에 의하여 구분된 표적 시장 내에서 소비자의 의식에 제품의 정확한 위치를 심어주는 과정을 포지셔닝이라고 한다. 포지셔닝의 본질은 독특하게 차별화된 기초를 두고 고객들의 심리적인 부분에 독특하게 느끼게 하는 것이라고 지적하고, 한편 현재의 제품들은 일반적으로 고객의 마음속에 어떤 위치를 차지하고 있다. 고객의 인상,

■ 파리바케뜨의 포지셔닝 맵

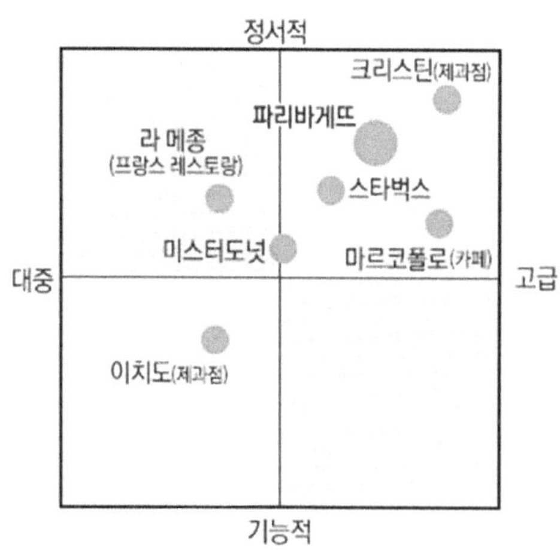

출처 : http://old.dongabiz.com

경험, 정보 등을 통해서 형성되는 이러한 위치가 기업의 입장에서는 바람직할 수도 있고 그렇지 않을 수도 있기 때문에 고객의 마음속에 자사의 제품을 원하는 위치로 부각시키기 위한 노력이 있어야 한다.

포지셔닝은 표적 시장 내 고객의 마음속에 어떻게 자리 잡을 것인가를 의미하기에 그 포지셔닝의 수단이 되는 마케팅 믹스 전략의 방향을 제시하는 역할을 한다. 또한 기업이 수행하는 STP분석(Segmentation → Targeting → Positioning)의 최종 단계로서 이를 기초로 총 마케팅 비용과 그 비용에 대한 배분을 정하고 실행 프로그램인 마케팅 믹스 전략을 수립하는 것이라고 하였다.

포지셔닝 역할은 3단계로 나누었는데, 포지션 구축을 통해서 얻을 수 있는 경쟁적 이점을 확립하는 것, 올바른 경쟁적 이점 선정, 신중하게 선택한 표적 시장에 선정된 포지션을 효과적으로 커뮤니케이션을 하고 전달하는 역할을 한다고 하였다. 즉, 포지셔닝은 타 경쟁업체와의 상품 차별화, 서비스 차별화, 종사원 차별화, 입지 차별화, 이미지 차별화 등 우위를 선정하는데 중요한 역할을 하는 것이다.

햄버거에는 맥도날드와 버거킹브랜드가 있는 경쟁환경에서 포지셔닝은 중요해지는데 포지셔닝은 소비자의 인식의 상위 위치를 잡아야 하는 전략이다. 즉, 브랜드란 홀로 존재하는 것이 아니라 몇 가지 특성을 기준으로 좌표축 상에서 상대적으로 위치한다. 맛이라는 고객의 욕구에서 버거킹이 더 높은 쪽에 위치하고 가격이라는 욕구에서는 맥도날드가 더 낮은 쪽에 위치한다.

브랜드 선도사에 의해 특정 영역이 장악되었다 하더라도, 선도자와 다른 좌표에 자신만의 영역을 구축할 수 있다면 후발 진입도 충분히 가능하고 좋은 결과를 거둘 수 있는 것이다. 상위 브랜드 안에 진입할 수도 있고, 경쟁이 거의 없는 우리 브랜드만의 영역을 차지할 수 있으면 될 수도 있기 때문에 포지셔닝이 중요하다.

포지셔닝의 핵심은 차별화에 있으며 소비자의 인식 속의 특정 위치를 점유하기 위해서는 소비자가 인식할 수 있는 차이점을 만들어내야 한다. 또한, 그 차이를 통해 점유한 위치가 가급적 수익성이 높은 곳이면 더욱 좋다.

(2) 포지셔닝의 전략

포지셔닝의 전략은 차별화이다. 가장 확실한 차별화는 선도자가 되어서 최초로 시장에 진입하는 것으로 어떤 영역의 최초의 플레이어가 되면 소비자의 인식에 확실하게 자리 잡을 수 있을 뿐만 아니라 그 영역 자체를 대표하게 된다. 예를 들면, 콜라는 코카콜라, 면도기는 질레트라는 인식이다. 최초가 되면 특별한 광고 없이도 가장 쉽게 인지도를 넓힐 수 있을 뿐만 아니라 특별한 이유 없이도 선호도가 올라갈 수가 있기 때문이다.

브랜드 선도자는 인지도와 선호도가 매우 높기 때문에 경쟁에 유리할 뿐만 아니라 축적된 경험과 진입장벽으로 후발주자를 쉽게 물리칠 수 있는 다양한 전략을 구사할 수 있기 때문이다. 또한, 시장규모의 환경이 구축된 경우에 부담없이 가격경쟁을 추구할 수도 있으며 시장점유율을 바탕으로 유통망에 압력을 행사할 수도 있다.

최고 전략은 최초가 되는 것이며, 더 좋은 것을 만들어서 경쟁하기보다는 최초가 될 수 있는 곳으로 진입하는 것이 제일 좋은 방법이다.

차별화를 통한 포지셔닝은 인구특성적으로 시장을 세분화하는 것이 가장 쉽고 또 상당히 효과적이어서 종종 활용된다. '남성' 미용실, '여성' 한의원, 축구화 전문 회사처럼 특정 사용자만을 타깃으로 차별화를 할 수 있는데, 선도자가 큰 점유율을 갖고 있더라도 전문성을 갖추는 경우 나름의 영역을 구축할 수 있다는 장점이 있다.

특정한 상황에서만 사용되는 제품이나 서비스의 경우 차별화 요소가 될 수 있다. '심야' 영화관, '아침' 과일처럼 같은 소비자에게 같은 제품을 팔더라도 특정 사용양태에 집중해서 자기 영역을 구축할 수 있다.

마케팅 믹스 "Product"과 "Place"에 의한 차별화는 제품에 독특한 속성이 있다면 당연히 이를 바탕으로 차별화를 할 수 있는데 예로는 '김치' 냉장고가 대표적이다. 마찬가지로 특정 채널을 통해서만 유통하는 것도 차별화 방법은 백화점을 통해서만 판매하는 의류 브랜드, 약국에서만 구입할 수 있는 치약 등을 예로 들 수 있으며, 이 방법은 마케팅 믹스가 내부적 일관성을 갖고 있어야 한다.

4P 중 가격(Price)을 차별화 요소로 활용할 수도 있는데, 제품 속성이 복잡해서 소비자에게 우리 브랜드의 우수성을 전달하는 게 곤란한 경우 고가정책을 채택함으로써 특

■미국 패스트푸드점의 지각도

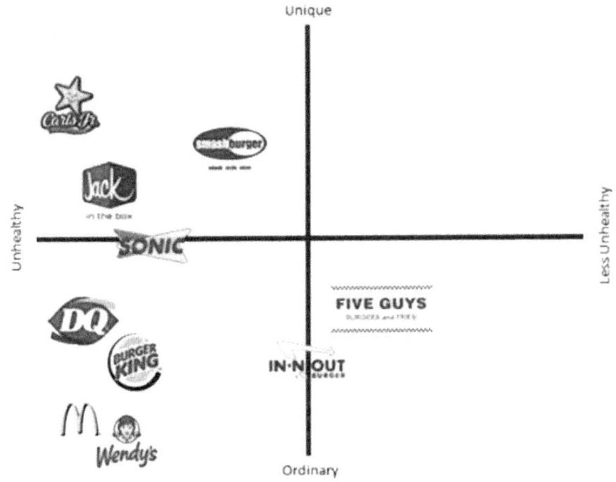

출처: http://blog.naver.com

정 영역을 차지할 수 있다. 소비자는 품질의 우수성을 가격을 통해 판단하는 경향이 있고, 가격은 거의 모든 경우에 구매결정에 큰 영향을 미치는 요소이므로 무척 효과적이며 저가정책도 마찬가지이다. 예를 들면, '가장 싼 곳' 이라는 인식을 얻고, 이를 지탱할 수 있는 원가경쟁력만 있다면 어떤 경우에도 자기만의 시장을 지키고 있을 수 있기 때문이다.

강력한 경쟁 브랜드가 있는 경우, 경쟁 브랜드를 다른 위치로 옮기려는 시도를 할 수 있는데, 유명한 타이레놀 사례가 대표적이다. 타이레놀은, '혹시 위징징에, 위궤양, 천식, 알리지, 철결핍성 빈혈 등이 있다면 아스피린을 복용하기 전에 의사와 상의하십시오.' 라는 광고를 통해서 아스피린을 부담없이 복용할 수 있는 좋은 진통제의 위치에서 위궤양이나 천식 등이 있는 사람은 복용하기 곤란한 브랜드로 위치를 옮겨 놓았다. 그리고 그 자리에 타이레놀을 포지셔닝했다. 그럼으로써 진통제 시장을 특정 경우에는 조심해야 할 '아스피린' 과 그럴 때도 복용할 수 있는 '타이레놀' 로 인식시킨 사례이다.

참고 점유율 1위 맥도날드 햄버거가 2위 제품보다 맛이 더 좋을까?

차별화를 달성하는 구체적 방안 세 가지, 즉 최초(the first), 유일함(the only), 최고(the best) 중 마지막 요건에 대해 설명하고자 한다.

제품은 그 자체로서 최고임을 인정받을 수 있다. 60년 전통의 곰탕집 '하동관'은 인테리어가 고급스러운 것도 아니고, 아리따운 여직원의 친절한 서비스가 있는 것도 아닌데, 점심시간마다 줄이 길게 늘어서 있다. 오직 수많은 사람이 인정하는 맛, 그 자체로 승부하는 것이다. 그러나 이처럼 최고의 품질을 여러 사람에게 인정받기는 쉽지 않다.

최고로 인정받기 위해 품질은 매우 중요하다. 그러나 품질의 우수성만으로 최고가 될 수는 없다. 최고임을 널리 인정받아야 한다. 그러기 위해서는 적어도 세 가지 방법을 고려할 수 있다.

첫째는 시장점유율에서 어떻게든 1등을 차지하는 것이다. 햄버거시장에서 맥도날드가 그런 것처럼, 면도기시장에서 질레트가, 국내 휴대폰시장에서 애니콜이, 탈취제시장에서 물먹는 하마가 그런 것처럼, 1등을 차지하고 지켜야 한다.

점유율 1위 기업의 제품이라고 해서 반드시 품질이 제일 좋은 것은 아니다. 웬만한 제품은 선두 브랜드와의 기술적인 차이가 두드러지지 않는다. 그래도 어떻게든 1등을 해야 한다. 차선(次善)에 만족하는 것은 최고임을 인정받는 데 있어 가장 큰 적이다.

일단 사람들의 마음속에 1등으로 자리를 잡게 되면, 그 뒤를 따라가는 기업은 힘든 게임을 하게 된다. 소비자들은 1등이 뭐가 나아도 낫다고 생각하기 때문이다. 남들이 많이 사는 제품을 사면 위험 부담이 적다고 생각하는 소비자의 심리가 선두 기업을 도와준다. 1위를 차지하고 나면 쉽게 내려오지도 않는다. 많은 사람이 그 제품에 익숙해져서 습관적으로 그 제품을 찾기 때문이다.

GE에서 경영 성과에 영향을 미치는 시장전략 요인들을 알아내기 위해 대규모 연구를 진행한 바 있는데, 그 결과가 유명한 PIMS(Profit Impact of Market Strategy) 데이터이다. 그 중 가장 중요한 결론은 "높은 시장점유율이 높은 수익을 가져온다"는 것이다. 시장점유율이 높은 기업은 상대적으로 규모의 경제를 누릴 수 있고, 마케팅 비용의 효율이 높아 수익성이 좋다는 것이다.

최고라 인정받는 두 번째 방법은 "유명인이 좋아하는 제품"이라고 소문내는 것이다. 독일의 스포츠용품업체인 푸마(Puma)는 별 특색이 없어 사람들의 기억 속에서 점차 사라지다가 1993년에는 파산 직전에 이르게 된다. 새로 영입된 자이츠(Zeitz) 사장은 유명 디자이너들의 도움을 받아 감각적인 디자인으로 사람들에게 어필하기 시작했다.

이때 부활의 획기적인 계기가 된 것이 인기 가수인 마돈나였다. 그녀가 2002년 세계

공연 투어의 바쁜 스케줄 가운데 산타 모니카의 한 매장에 들러 한꺼번에 16켤레의 푸마 신발을 산 것이다. 그 소문은 사람들이 푸마에 다시 관심을 기울이는 계기가 되었고, 자이츠 사장은 "이 일로 제품의 정통성을 인정받게 되었다(It legitimized products)"고 회고한다. 2003년 한 해 동안에만도 매출이 40%가 신장하여 16억 달러에 이르게 된다.

영화배우이자 모나코의 왕비였던 그레이스 켈리는 임신한 배를 에르메스(Hermes)의 커다란 가방으로 가려 화제가 되었다. 그 가방은 '켈리백'이란 별칭을 얻었고 지금도 구매하려면 2~3개월을 기다려야 하는 전설의 제품이 되었다. 켈리백 때문에 에르메스가 더욱 널리 알려지게 되었다고 해도 과언이 아니다.

미국에서 인기 있던 TV 드라마 섹스 앤 시티(Sex and the City)는 출연자들이 구매하는 제품과 방문하는 식당 등을 즉각적인 명품, 명소로 만들어 놓았다. 우리나라에서도 음식점에 다녀간 유명인의 사진과 사인을 걸어놓는 등 명사들이 즐겨 찾는 최고의 식당임을 인정받으려는 시도를 종종 볼 수 있다.

세 번째는 헤리티지(heritage · 대대로 물려받은 전통)를 자랑하는 것이다. 대를 이어 전하여 오는 데는 까닭이 있기 때문이다. 위에 언급한 하동관도 3대를 이어오는 곰탕집이라는 점이 맛의 탄복을 자아내는 데 기여한다.

소위 명품이라는 제품치고 헤리티지의 배경이 없는 경우는 드물다. 그들의 웹사이트에 들어가 보면 하나같이 전통(tradition)이나 유래(history)를 강조하고 있다. 1837년에 설립된 티파니는 최상급의 원석을 너욱 아름답게 보이도록 만드는 기술을 끊임없이 개발해 왔다. 예를 들어 6개의 백금발로 받쳐 보석이 더 빛나 보이게 하는 세팅(six-prong setting) 기술은 '티파니 세팅'이라는 이름으로 널리 알려져 왔다. 매년 새로이 개발되는 기공 기술과 보석에 얽힌 사연들은 그들의 역사만이 이뤄낼 수 있는 고유한 자산인 것이다. 바이올린이 좋은 소리를 내기 위해 세월이 필요하듯 장구한 세월 동안 쌓인 역사성은 어떤 분야의 최고임을 인정받는 데 필수불가결한 조건이다.

그러므로 기업들은 브랜드의 역사를 소중히 관리해야 할 것이다. 110년 전통의 부채표 활명수이기에 "부채표가 없는 것은 활명수가 아닙니다"라고 자랑스레 얘기할 수 있는 것이다. 하지만 전통성은 끊임없이 갈고 닦지 않으면 그 빛이 쉽게 바래고 만다는 점 역시 유의해야 한다. 헤리티지를 잘 계승 발전시키는 일 또한 피가 마르는 노력을 필요로 하는 것이다.

조선일보

제7장

외식사업 고객만족경영과 서비스 품질관리

1 고객만족경영

1) 고객관계관리(CRM, Customer Relationship Management)

고객의 의미는 시대적인 흐름과 환경의 변화에 따라 여러 가지로 해석이 가능할 것이다. 넓은 의미의 고객이란 '나를 제외한 모든 사람과 조직체' 이다. 그러나 일반적인 현상에서 보면 특정업체의 제품과 서비스를 최종적으로 구입하여 사용하거나 이용하는 자를 의미하기도 한다.

고객은 가치를 생산하는 내부고객과 가치를 구매하여 사용하는 외부고객으로 크게 나누어 볼 수 있으며, 내부고객은 나를 중심으로 종업원 모두를 의미한다. 또한 외부고객이란 상품이나 서비스를 제공받는 중간고객과 최종고객을 말한다.

위키백과사전에 고객관계관리(顧客關係管理, CRM ; customer relationship management)는 '소비자들을 자신의 고객으로 만들어, 이를 유지하고자 하는 경영기법이며, 기업들이 고객과의 관계를 관리, 고객 확보, 그리고 고객, 판매인, 협력자와 내부정보를 분석하고 저장하는 데 사용하는 광대한 분야를 아우르는 방법이다' 라고 하였다.

CRM(고객관계관리)은 잠재 고객을 포함한 고객과의 관계를 관리하는 것을 말한다. CRM은 비즈니스 프로세스, 인력 및 기술을 결합하여 고객을 만족시키고 이를 지속적으로 유지한다는 단일 목표를 실현하는 것이다.

CRM은 고객 및 고객의 행태를 자세히 파악하여 귀사와 귀사의 고객 모두에게 유익하고 더 강한 지속적인 관계를 개발할 수 있도록 도와주는 전반적인 전략이다. CRM에 중점을 두지 않고 비즈니스 성공을 거두기는 매우 어렵다.

고객과 기업 간에 상호 간의 믿음을 바탕으로 장기적인 파트너십을 개발하고 유지해 나가는 과정으로 고객에게 가치를 창출해 충성고객을 만들고, 그 고객을 자사의 핵심자산으로 만드는 일련의 노력이다.

고객관계관리는 기업이 고객관계를 관리해 나가기 위해 필요한 방법론이나 소프트웨어 등을 가리키는 용어이다. 현재의 고객과 잠재고객에 대한 정보 자료를 정리하여 분석해 마케팅 정보로 변환함으로써 고객의 구매 관련 행동을 지수화하고 이를 바탕으로 마케팅 프로그램을 개발, 실현, 수정하는 고객 중심의 경영 기법을 의미한다. 즉, 기업들이 고객들의 성향과 욕구를 미리 파악해 이를 충족시켜 주고 기업들이 목표로 하는 수익이나 광고효과 등 원하는 바를 얻어내는 기법을 말한다.

CRM은 단순히 제품을 팔기보다는 '고객과 어떤 관계를 형성해나갈 것인가', '고객들이 어떤 것을 원하는가' 등에 주안점을 둔다. 이런 고객 성향이나 취향을 먼저 파악한 뒤 이를 토대로 고객이 원하는 제품을 만들고 마케팅 전략을 개발한다. 신규고객 창출보다는 기존고객의 관리에 초점을 맞추고 있다는 것도 CRM의 특징이다. 기존고객을 잘 관리해 고객들의 욕구를 수용하고 이들로부터 기업이 원하는 수익 등을 얻는 것이다. 또한 오프라인의 CRM을 넘어 온라인에서의 고객행동과 고객성향 등을 분석해 고객만족을 극대화하는 eCRM(electronic CRM)이 새로이 주목받기 시작했다. 통상 CRM은 고객들의 행동패턴, 소비패턴 등을 통해 고객들이 원하는 것을 알아내야 하는 경우가 많아 정보분석 기술을 필요로 한다.

CRM은 4가지 측면

지속적인 관계를 통한 고객관리	습관적으로 자사의 제품이나 서비스를 구매하도록 하는 마케팅 행위
개별고객 관리	개별적인 고객에 대한 1:1 마케팅
정보기술에 의한 관리	데이터베이스를 이용하여 고객의 정보를 관리
전사적 차원에서의 관리	판매: 소매점 판매, 현장 판매, 통신 판매, 웹 판매 마케팅: 캠페인, 컨텐츠 개발 서비스: 콜센터, 웹서비스, 무선서비스 개발: 신상품개발, 사업개발

고객은 생산과 소비과정에서 상대적인 가치를 창출하여 배분하는 역할도 담당하고 있기 때문에 다음과 같은 중요성이 있다.

첫째, 내부고객은 기업의 가치를 창출하는 모든 사람은 서로 간에 고객이 되며 내부고객의 만족이 외부고객만족의 출발점이 되므로 사내고객의 만족을 가장 먼저 해야 한다. 불만족한 종사원이 외부고객에게 좋은 서비스를 제공하기란 기대할 수 없는 것이다.

둘째, 중간고객은 창출한 가치를 기업과 최종고객 사이에서 전달하는 중간적 역할을 하기 때문에 매우 중요한 고객이 아닐 수 없다.

셋째, 최종고객은 가치를 직접 구매하고 사용하는 최종소비자 즉 직접구매자들이기 때문에, 외부고객의 입장에서 객관적으로 고객의 소리를 평가하고 계량화하는 작업이 요구된다.

고객의 유형은 다음과 같이 여러 가지로 구분할 수 있다.

❶ 마차교역형(carriage trade)

높은 원가가 소요되지만 높은 가격을 지불할 용의가 있는 고객이다. 즉, 고품질 상품을 구매하려는 욕구가 있으면서 차별화되는 고객이다. 외식분야에서는 고품질, 고가격, 차별성 고객이 주류를 형성하는 유형이다.

❷ 바겐형(bargain basement)

가격에 민감하나 상대적으로 서비스품질에 덜 민감한 고객으로 마차교역형 고객보다는 비용이 적게 소요된다. 즉 실리추구형이다.

❸ **소극형**(passive)

소극형 고객은 원가가 낮게 드는데 높은 가격을 수용할 용의가 있는 수익성이 매우 높은 고객이다. 즉 시장주도형이다.

❹ **공격형**(aggressive)

공격형 고객은 최고의 품질을 요구하며 낮은 가격을 원한다. 보통 대규모 거래를 하는 강력한 구매자로서 가격흥정을 하며 더 많은 서비스를 요구한다. 즉 소비 소극형 고객이다.

오늘날의 세계는 글로벌화 수준에서 국가 간, 기업 간, 개인 간의 경쟁이 첨예화되는 '대형경쟁의 시대(mega competition age)를 맞이하게 되는 시점에 있다. 특히 외식업 분야의 신규고객은 다가오는 밀레니엄사회의 구조 속에서 이노베이션(innovation)요소를 의도적으로 부추겨 새로운 우위성을 확보하려는 배경으로 출현하게 되는 현상은 첫째, 종래에 모든 것이 대형화되어 있는 현상에서 고성능의 소형화, 간편화 현상을 추구하는 생활의 다운사이징문화 형성이다. 즉 생활을 편리하고 쾌적하고 재미있게 하는 다종다양한 라이프 스타일들과 상품들의 범람 속에서 실생활에 밀착된 진정한 가치를 지향하는 합리적이고 자성적인 소비생활 및 상품문화의 출현이다. 즉 생활의 심플라이프 현상이다.

둘째, 자기투자를 위해 소비하는 개인 메카니즘시대, 사적영역과 비즈니스가 혼합된 새로운 생활방식으로 소비와 생산을 서로 연결시켜 두 영역을 자유자재로 넘나드는 시대, 아날로그시대, 솔로(solo)현상을 구상하는 지적소비시대가 출현하리라 예상한다. 셋째, 향수추구형, 온고지신형, 본질회귀형, 지속불변형과 같은 레트로 현상시대이다. 넷째, 개개인의 복지에 관심이 대단히 높아지고 최신컴퓨터에 의한 빠른 변동과 급속한 변화를 추구하는 환경이 도래하는 배경이다.

CRM 실무 현장의 관점에서 고객을 분류하면 크게 3단계로 나눌 수 있다.

1단계로 자사의 제품이나 서비스를 구매하는 보편적인 의미의 고객이다.

2단계로 여기서 한 발 나아가 기업이 고객 개개인의 신상과 구매 내역, 취향을 파악할 경우 이를 '식별 고객(identified customer)' 이라고 부른다.

3단계로 기업의 수익에 공헌도가 높으며, 지속적인 관계를 유지하며, 다른 사람에게 추천까지 하는 고객을 '핵심 고객(core customer)' 이라고 한다.

'회사를 떠나는 고객의 5%만 줄이더라도 기본 수익의 두 배는 얻을 수 있다', '우수 고객 10%가 전체매출의 80%를 기여한다' 와 같이 레스토랑 경영에서도 이 법칙은 예외가 아니다. 모든 경영활동의 목적은 이윤을 창출하는 데 있고 레스토랑 산업에서도 마케팅의 패러다임은 적용돼 왔다. 불특정 다수에게 판촉활동을 하는 대중 마케팅의 시대에서 목표 고객을 세분화하여 특정 고객을 대상으로 하는 타깃 마케팅, 고객과의 관계에 초점을 맞춘 관계마케팅을 거쳐 이제는 레스토랑 산업에서도 이른바 CRM(Customer Relationship Management)의 시대가 되었다.

2) 고객만족(CS : Customer Satisfaction)

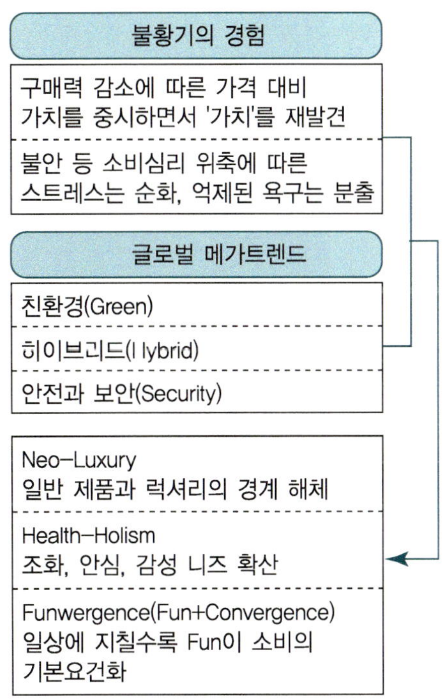

고객만족(CS : Customer Satisfaction)은 고객들이 제품이나 서비스를 포함한 기업의 마케팅활동에서 나타나는 상황을 사용 전의 기대(expectation)와 사용 후에 느끼는 제품성과(performance) 간의 지각된 불일치에 대한 고객의 평가과정이라 정의할 수 있다. 고객은 구매과정에서 기대지 이하로 나타날 때 불만족을 느낀다.

고객만족이란 감정에 관한 부분이므로 고객만족은 고객이 제품이나 서비스에 대해 원하는 것을 기대 이상으로 충족, 감동시켜줌으로써 고객의 재구매율과 재방문율을 높이는 상태라 할 수 있다.

고객만족의 실행과정에서 단골고객이 확보되고 마케팅전략에 따른 홍보 및 호의적인 구전에 의해 신규고객이 창출되는 패턴으로 전개되는 것이다.

고객만족에 대한 개념정립을 학자들의 요약은 다음과 같다.

고객만족은 고객의 주관적 평가의 기준이며, 반응의 척도라 할 수 있다.

고객은 기대했던 제품과 서비스의 제공이 실제 사용 후에 기대 이상으로 좋으면 만족을 느끼게 된다. 따라서 고객만족에 미치는 구성요소를 직접요소인 제품, 직접 · 간접요소인 서비스, 간접요소인 기업이미지로 구분할 수 있다.

직접적인 요소인 제품은 고객의 물리적인 형태인 유형의 제품과 무형의 서비스가 포함된 근본적인 요소로서 제품의 질, 특징, 기능, 성능, 효율성, 가격 등 하드적 가치와 디자인, 스타일, 편리성, 보증, 이용방법, 사용방법 등 소프트적 가치가 있다. 직 · 간접적인 서비스는 제품이나 다른 서비스 판매와 관련되어 있지 않은 활동으로서 고객과의 접대서비스로서의 무형의 상품을 말한다. 간접요소인 기업이미지는 고객만족의 간접적 구성요소로서 기업에 대한 소비자가 갖는 사회공헌활동과 환경보전활동 등의 이미지다.

일반기업 간의 국제경쟁력은 결국 다국화되어 있고, 차별화되어 있는 소비자들의 쟁탈전이라 해도 과언이 아니다. 자사가 생산한 상품은 경쟁력을 상실하고 또한 품질이 보장되어 있지 않은 서비스를 제공하여 소비자들을 만족시킬 수 없다면 그 기업은 퇴출되어야 한다.

1990년 이후부터 각 기업들은 소비자들의 만족을 제품과 서비스의 품질에 대한 평가에서 나온다는 긍정적인 사고를 가지고 있다. 특히 기업중심 마케팅에서 고객중심 마케팅으로 변화되고 있는 것을 보면 알 수 있다. 즉 고객에게 상품과 서비스를 판매하는 것이 아니라, 고객이 상품과 서비스를 직접 사준다는 것이다.

오늘날의 서비스산업과 관련된 부대산업은 전 세계적으로 전체산업의 약 60% 이상을 차지하고 있으면서, 선진국일수록 그 비율은 점차 높아지고 있다. 우리나라의 경우에도 마찬가지이지만, 서비스산업을 한편으로는 부수적인(secondary)산업으로 인식하고 있는 현상도 경제논리로 볼 때, 문제점으로 지적되고 있다.

서비스산업은 과거의 생산중심적인 경쟁에서 벗어나, 고객지향적인 사고에 초점을 맞추는 고객중심적인 마케팅전략을 개발하는데 많은 관심과 투자를 아끼지 않고 있다. 이러한 관심과 투자는 타 서비스 산업분야, 특히 호텔산업을 비롯하여 외식산업으로 점차 확대되고 있는 실정이다. 외식산업의 특징과 기능은 단순한 숙식기능의 차원에서 벗어나 식생활문화체험 기능, 사교기능, 국내 · 외정보 커뮤니케이션 기능, 나아가 가치 창출기능에 이르기까지 다양한 기능을 고객에게 제공하고 있기 때문에 고객들의 필요(need)와 욕구(want)에 충족될 수 있도록 서비스의 품질을 향상시켜 주어야 한다.

새롭게 형성되는 외식고객들의 지속적인 재방문을 유도하기 위해서는 만족스러운 서비스 품질을 제공해야 하는 것이 전제가 된다고 본다. 그러나 고객의 기대치와 서비스 품질이 일치하지 않아 불만족을 느끼고 불평 · 불만을 표출하였을 때, 이를 적절히 처리해 준다면 고객의 재방문율은 높아질 것이다.

참고 **'고객만족' 소용없어… 브랜드 선택 95%는 '습관' 이다**

언제부터인가 '고객만족(Customer Satisfaction · 일명 CS)경영' 이란 용어가 기업 경영의 당연한 지침처럼 자리 잡아 왔다. 직감적으로는 맞는 말 같지만, 곰곰이 재고해볼 필요가 있다. 일반적으로 고객의 만족도는 구매한 제품이 과연 사람들의 기대치를 능가하느냐로 가늠한다. 제품이나 서비스가 기대 이하면 불만족이라 평가되므로, 그 기대를 넘어서는 것을 목표로 한다.

문제는 기업이 어렵게 기대수준을 충족해도 고객들이 다음번에 기대 수준을 다시 높인다는 데 있다. 멀리 홍콩에서 부친 특송 우편이 다음 날 아침 서울 사무실의 책상 위에 놓여 있는 것은 생각해보면 기적과 같은 일이다. 하지만 이제 그 정도의 우편 서비스에 감동할 사람은 없다. 하루 만에 배달되는 것은 당연한 기대수준이 된 것이다. 기대수준이 날로 높아지면서 까다로워진 고객들의 불평이 끝이 나지 않는 딜레마에 봉착하게 된다.

더 큰 문제는 고객 만족도가 재구매와 연결되지 못한다는 점이다. 설문조사에서 "브랜드에 만족했다"고 응답한 고객들에게 "그렇다면 미래에 이 브랜드를 다시 구매할 의향이 있느냐"고 물으면, 말로는 "그렇다"고 답하는 사람이 대부분이다. 그러나 불행히도, 구매할 의향이 있다고 말한다고 해서 실제로 구매를 하는 것은 아니다. 조건만 좋다면 경쟁사의 제품을 마다하지 않는 것이 오늘날의 소비자들이다.

CS 전문가인 닐 마틴(Neale Martin)에 따르면, 만족한다고 대답한 고객 중 기껏해야 8% 정도가 실제로 재구매를 한다. 거꾸로 불만족하다고 말한다고 해서 그 브랜드의 구매를 기피하지도 않는다. 고객이 어떤 항공사의 서비스에 불만이 있다 해도 마일리지가 누적되어 있으면 다른 항공사로 쉽게 옮겨가지 않는 것을 보아도 알 수 있다.

이처럼 고객의 만족도가 참고는 될지언정, 경영의 초점을 고객만족(CS)에 맞추어야 할 만큼 중요하지 않다는 것이 새로운 깨달음이다. 그래서 이제는 기업의 관심이 CS에서 CH(Customer Habituation · 고객 습관화)로 옮겨 가고 있다.

심리학자 수잔 피스크(Susan Fiske)는 사람들을 '인지적 구두쇠(cognitive miser)' 라 칭한다. 두뇌가 정보 처리를 할 때 많은 에너지가 사용되는데, 되도록이면 그 에너지를 절약하려 든다는 것이다. 사람들은 제품을 구매할 때도 그 제품을 새로이 평가하는 것이 아니라 늘 하던 대로, 즉 습관에 따라 구매한다.

언젠가 한 번은 의식적으로 의사결정을 하겠지만, 그 다음부터는 무의식적으로 습관에 따라 구매하는 것이 더 편리한 행동방식인 것이다.

그래서 기업들은 새로운 습관을 형성시키고, 이를 유지시킬 장치를 마련하기 위해 부심한다. 마일리지가 대표적이다. 많은 피자 가게가 있는데도 어떤 고객이 유독 한 피자 가게에서 계속 주문하는 것도, 같은 주유소를 계속 가게 되는 것도, 늘 사용하던 신용카드를 으레 쓰게 되는 것도 마일리지 적립 등의 장치로 유도한 습관 때문이다.

좋은 디자인도 습관화에 한몫한다. 애플이 아이팟(iPod)을 내놓았을 때, 크지도 않은 MP3 시장에서는 이미 선두 주자들이 치열한 경쟁을 벌이고 있었다. 아이팟은 앞선 경쟁사의 제품보다 비쌌고, 저장 용량은 적었다.

그러나 아이팟의 기발한 디자인은 소비자들이 새로운 습관에 숙달되는 데 결정적인 역할을 한다. 아이팟의 클릭 휠(click wheel)은 손바닥만한 MP3의 볼륨 조절과 음악 탐색을 손쉽게 하는 천재적인 해결책이었다. 별도의 사용 설명이나 연습 없이도 사용법을 익히는 게 어렵지 않았다. 아이팟의 사용법이 그렇게 직관적이지 않았다면 사람들이 MP3에 길들여지는 데 시간이 걸렸을 것이고, 폭발적인 시장 창출은 늦어졌을 것이다.

CRM이 성공하려면?

- 핵심고객을 정의하라.
- 그들의 니즈(needs)를 파악하라.
- 니즈보다 큰 가치를 제공하라.
- 온라인과 오프라인 채널을 통합하라.
- 고객과 기업이 서로 주고 받는 가치가 공정한지 늘 확인하라.
- 고객에게 발생할 수 있는 문제를 예측하고 사전에 대처하라.
- 고객에 대해 알면 알수록 프라이버시를 침해하지 않도록 주의하라.

스타벅스의 성공 요인이 좋은 원두나 감성적 접근 때문이라는 분석들도 일리가 있지만, 기실은 편의성을 통한 습관의 형성이라 볼 수 있다. 프랜차이즈 매장들은 서로 가까이 위치시키지 않는 것이 통념이다. 그런데 스타벅스는 강남역 4거리에만도 5개의 매장이 있다. 고객이 길을 건너는 게 불편하다고 판단되면 기존 점포 바로 건너편에도 새로운 매장을 오픈하는 전략 때문이다. 그 결과 찾기 쉽고 접근하기 쉬운 스타벅스 매장에 길들여진 사람들은 습관적으로 스타벅스를 가게 되며, 심지어 하루라도 거르면 마음이 불편하게까지 된다.

기업들은 때로 기존의 습관을 파괴하여 새로운 습관을 창출하는 데 마케팅 자원을 쏟는다. 조사기관인 AC닐슨은 소비자들이 습관에 의거하여 구매 결정하는 것을 '오메가 룰(Omega rules)'이라 하고, 습관에 도전하여 의식적인 평가를 하게 되는 순간을 '델타 모멘트(Delta moments)'라고 부른다.

사람들이 습관적으로 기존의 우유를 사는 것을 저지하기 위해 저온 살균 방식을 상기시킨 파스퇴르 우유나, 침대를 가구처럼 구매하는 소비자들의 습성을 깨뜨리기 위해 '침대는 가구가 아닙니다'라고 주장한 에이스 침대는 델타 모멘트를 창출하여 경쟁자의 시장을 빼앗은 사례이다.

습관을 창출하는 것이 마케팅 장치이든, 디자인이든, 편의성이든, 델타 모멘트이든 브랜드 선택의 95% 이상이 습관에 의한 구매이다. 시장에 변화를 주고 싶은 기업은 '습관은 습관에 의해 정복된다'는 수도사 토마스 아켐피스의 말을 곱씹어 본다.

조선일보

3) 고객만족과 외식마케팅

(1) 고객기초자료를 통해 마케팅계획 수립

CRM에서 자주 발생하는 오류 중 하나는 시스템 기반이 구축되지 않으면 CRM은 불가능하다는 편견이다. 실제 많은 기업에서 IT적인 측면에서의 고객관리시스템을 개발 · 구축하고 전담부서를 운영하는데 막대한 자본과 시간을 투자하고 있는 게 사실이다. 레스토랑 개별 매장 단위에서도 CRM은 충분히 실행할 수 있다. 레스토랑은 타산업과 달리 생산과 소비가 동시에 이루어지는 곳이다. 직원과 고객이 레스토랑이라는 같은 공간에서 같은 시간에 서비스 관계를 맺으며 구매가 이뤄지는 곳이다. 즉 일반 소비재 제품과 다르게 복잡한 유통망이나 중간 도매상을 거치지 않아 어떤 고객이 방문하고 어떤 메뉴를 주문했는지 또는 어떤 메뉴를 선호하는지, 고객의 만족과 불만족 등 구매 결과까지도 현장에서 확인할 수 있다는 특징이 있다.

대부분의 레스토랑에서는 매출관리 프로그램인 POS 시스템을 구비하고 있어 별도로 CRM시스템을 구축하지 않더라도 이 POS시스템을 이용하여 간단한 고객 데이터베이스를 수집하고 마케팅 계획을 수립하는데 중요한 자료로 활용할 수 있다. 즉 서버가 주문을 받을 때 고객 성별과 연령대, 인원수, 이용목적 등 메뉴아이템을 POS KEY로 형성하여 입력하는 것과 같이 데이터를 입력하여 매출데이터와 연동함으로써 데이터를 분석할 수도 있고, 수기로 작성하여 간단한 엑셀을 활용한 통계를 이용해 경영자료로 이용할 수도 있다. 레스토랑 현장에서 획득할 수 있는 기본적인 데이터 형태로 내외국인 구분, 성별, 연령대 등이 있다.

(2) 고객세분화로 차별화 마케팅

고객의 개별정보를 수집하지 않으면 고객 데이터를 이용하여 마케팅 계획을 수립한 후, 고객의 불충분한 기초자료로 커뮤니케이션의 제한을 받을 수 있다는 점이다. 고객의 생년월일, 결혼기념일, 주거지, 근무지, 쿠폰발행 및 사용여부, 방문 횟수 및 방문주기, 이용금액 등 보다 상세한 데이터를 획득하여 데이터베이스를 구조화시킬 수 있다면 고객의 로열티 수준을 기준으로 고객을 보다 세분화하여 차별화된 마케팅을 실행할 수 있다. 고객세분화는 레스토랑의 CRM 데이터 기본 구성이다.

(3) 고객 로열티(Loyalty, 충성도) 수준에 따른 고객 분류

고객의 방문주기를 계산, 고객이 선호하는 매장과 메뉴, 특정 기념일 등을 계산하여 고객에게 부합되는 특정 가치를 제공하고 고객의 방문을 유도하는 것이다. 여기서 고객에게 제공되는 특정 가치란 쿠포닝, 이벤트, 경품, 기념일 서비스 등을 들 수 있다. CRM에서 가장 중요한 것은 고객을 어떻게 분류할 것인가에 대한 것이다. 일반적으로 고객은 로열티 수준에 따라 크게 4가지로 구분할 수 있는데, 먼저 휴면고객은 일정 기간 이상 방문이 없는 고객으로 이민이나 군대 등의 불가피한 사유가 있으나 대부분 일탈고객으로 전환될 수 있는 고객군이다. 이들은 재방문을 유도하는 캠페인을 기획, 실행한 후 결과에 따라 휴면고객으로 분류될 수도 있다.

관리고객은 방문주기가 길며 상대적으로 방문횟수가 적은 고객을 의미하며, 육성고객은 상위 30% 고객으로 우량고객의 가능성이 큰 고객군이며 핵심 고객군에 포함된다. 마지막으로 우량고객은 상위 20% 고객으로 방문횟수, 방문 주기, 이용금액 등 모든 면에서 전체 고객군 중에 로열티 수준이 가장 높은 계층이다. 실제 전체 매출액의 40% 이상을 차지한다.

서비스 산업에서의 가장 큰 자산은 바로 '고객'이다. 고객이 있기에 서비스산업이 존재할 수 있고 고객과의 관계를 어떻게 관리하느냐에 따라 시장에서 얼마만큼 점유할 수 있는가가 결정된다. 날로 가열되는 가격할인경쟁 속에서 레스토랑 자체 브랜드의 맛과 서비스, 신뢰를 쌓고 레스토랑의 재방문으로 이어질 수 있도록 해야 한다. 나아가 타인에게 추천할 수 있는 핵심 고객을 확보해 지속적으로 양성할 수 있느냐에 따라 레스토랑의 실패와 성공이 달려 있다.

왜 지금 "고객가치경영"을 필요로 하는가?

- 21C 기업의 경영환경은 기업이 고객을 선택하는 것이 아니라 고객이 기업을 선택하는 시대이다.
- 고객이 기업을 선택하는 시대에서 기업은 "고객만족"을 넘어 차별화된 "고객가치"를 창출하고, 이 가치를 고객에게 효과적으로 전달함으로써 선택의 확률을 높여 나가야 한다.

경영목표	매출액, 시장점유율	고객만족	가치창조
경쟁요소	물량(Quantity)	품질(Quality)	가치(Value)

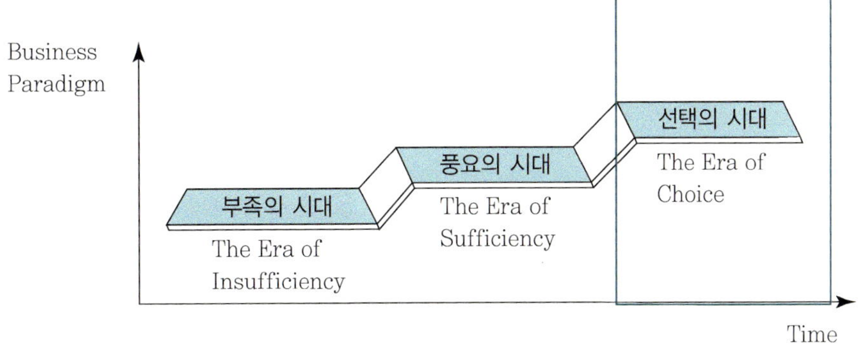

고객만족경영과 고객가치경영의 차이점은?

- 고객만족경영의 초점이 주로 고객의 욕구 충족 및 불안요인의 제거에 있다면, 고객가치경영의 초점은 차별화된 가치를 발굴하여 제공하는 데 있다.
- 특히, 이동통신, 금융, 홈쇼핑, 백화점, 학습지 등의 서비스업과 자동차, 가전 등 제조업에서의 성숙시장에서는 고객의 새로운 가치를 찾아냄으로써 고객의 충성도를 확보하고 나아가 시장을 확대할 수 있는 '고객가치'의 혁신이 필요하다.

고객만족경영		고객가치경영
상품 및 서비스의 총체적 만족	지향점 (Goal)	가치 제안(Value Proposition)
고객 욕구 충족 및 불안 요인의 제거	활동의 초점 (Focus)	차별화된 고객가치 요소 창출 및 제공
고객만족도(또는 고객불만족)	평가 (Measurement)	고객가치지수(CVI)
충성고객 확보	목표 (Target)	구매력 향상과 시장 확대 (경쟁전략 포함)

고객가치란 무엇인가?

- 고객만족은 고객의 기대에 대한 상품 또는 서비스의 품질로 정의한다.
- 고객가치는 고객만족의 개념을 더 확장하여 고객이 지불하는 비용에 대한 상품 또는 서비스의 효용으로 정의하며, 효용이란 상품 또는 서비스의 기능적 가치, 사용적 가치, 정서적 가치를 모두 아우르는 개념이다.

$$\text{고객만족(CS)} = \frac{PQ(SQ)}{Expectation} \qquad \text{고객가치(CV)} = \frac{PU_1(SU_1)+PU_2(SU_2)+\ldots\ldots PU_n(SU_n)}{Price(\text{금전적, 비금전적})}$$

PQ : Product Quality
SQ : Service Quality

PU : Product Utility
SU : Service Utility

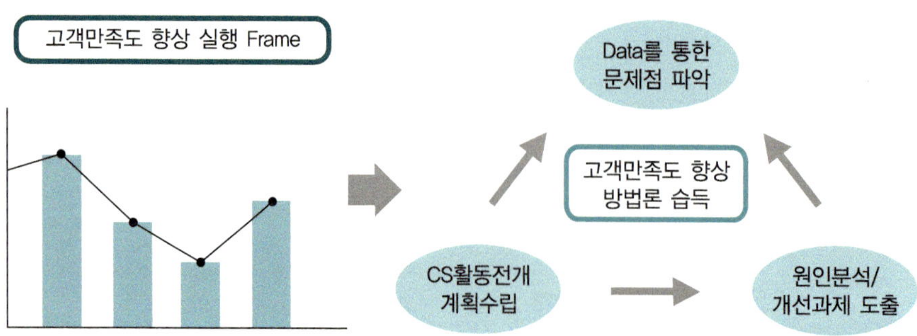

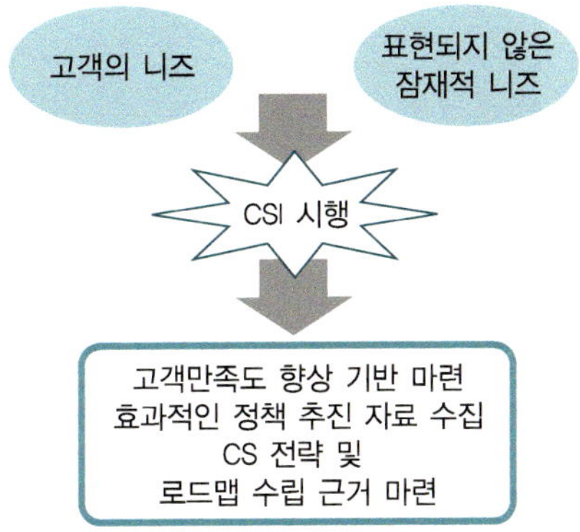

2 서비스품질(Service Quality)

1) 서비스의 개념

서비스(service)의 어원은 라틴어 세르부스(servus)에서 유래하였다. 현재에도 이탈리아와 독일, 오스트리아 등지에서는 세르부스라는 인사말이 있는데 이는 "나는 당신의 봉사자입니다"라는 의미로 사용되고 있다. 사람에게 편리함을 주는 것을 상품으로 하여 판매하는 행위이다.

서비스는 소유권이 설정될 수 있는 독립된 실체가 아니며, 그 생산과 분리하여 거래될 수 없고, 소비자에게 제공되어야 생산이 완료된다. 서비스는 주문에 따라 생산되는 이질적인 산출물로서, 전형적으로 소비자의 수요에 따라 생산자의 활동으로 실현되는 여건 변화들로 이루어진다. 서비스의 생산은 다른 단위의 이익을 위해 한 단위가 수행한 활동으로 국한되어야 하며, 그렇지 않으면 서비스산업은 발전할 수도 없고 시장도 형성될 수 없다. 서비스가 다른 단위에 의해 수행될 수 있는 활동의 형태라면 어떤 단위가 자가소비를 위한 서비스를 생산하는 것도 또한 가능하다. 서비스의 유형은 일반적으로 다음과 같다.

❶ **소비재 조건의 변화** 소비자가 보유하고 있는 상품의 운송, 청소 및 변형 등

❷ **개인의 육체적 조건의 변화** 운송, 숙박, 의료, 미용 등

❸ **개인의 정신적 조건의 변화** 교육, 정보, 상담, 오락 및 유사서비스

❹ **제도단위의 경제적 상태의 변화** 보험, 금융중개, 보증 등

일반적인 서비스의 특성은 다음과 같이 정리할 수 있다.

❶ **무형성** 물리적 상품과 달리 서비스는 실제로 구매하기 전까지는 보이지도 않고 맛도 볼 수 없으며 냄새도 맡을 수 없다. 그러므로 고객의 입장에서는 무형성에서 오는 불확실성을 유형의 대상인 업소의 외관, 청소상태나 종업원의 몸가짐, 복장 상태로 서비스를 짐작하게 된다. 종업원의 차림새는 외식업소의 서비스를 가늠할 수 있는 유형의 증거 중 한 부분으로 업소의 이미지를 좌우

❷ **불가분성** 외식사업의 서비스 거래가 일어나기 위해서는 서비스제공자와 고객이 함께 존재하여야 한다는 것이 불가분성이다. 고객을 응대하는 서비스제공자인 종업원은 상품의 일부라 할 수 있다.

❸ **가변성** 서비스는 매우 가변적이다. 서비스의 질은 누가 제공하느냐에 따라 그리고 언제, 어디서 제공받았느냐에 따라 달리한다.

❹ **소멸성** 서비스는 따로 보관을 할 수가 없다. 그러므로 업소의 수익을 극대화시키기 위해서는 서비스재고가 발생하지 않도록 수요와 수용능력관계를 잘 관리하여야 한다.

❺ **노동집약적** 사람에게 의존하는 부분이 많고 상품 생산적 요소가 강하며, 인건비의 비율이 크다.

❻ **서비스의 수요는 긍정적으로 소비자의 만족을 목적** 유형재의 가격은 수요와 관계는 있지만 기본적으로는 생산비에 의하여 결정된다. 이에 반하여 서비스의 가격은 구입자의 만족과 가치에 의해 영향을 받는다.

❼ **제공되는 서비스의 개성화** 그 가치는 수요자의 주관으로 평가되는 경우가 많다. 또한 서비스는 제공된 후에서야 서비스의 질을 판정할 수 있으며 서비스질의 균일화가 어렵다.

❽ **소득의 증감에 따라 서비스 수요에 대한 증감의 진폭이 심함** 서비스는 경기동향에 크게 좌우되기 쉬운 특성을 갖고 있다. 일반적으로 말하면 소득의 증대에 따라

가계의 서비스 지출의 비중은 증가하는 경향이 있고, 불경기나 소득의 감소에 따라 서비스 지출이 감소하는 경향이 있다.

2) 서비스품질의 개념

첫째, 서비스품질은 고객의 지각과 관련된 고객 지향적인 개념이다.

서비스품질을 평가하는 객관적 측정치가 존재하지 않는 상황에서 서비스품질을 측정하는 적절한 접근은 품질에 대한 고객의 지각을 측정하는 것이다.

둘째, 서비스품질은 태도와 유사한 개념이다.

서비스품질은 서비스에 대한 전반적인 우월성과 우수성을 나타내는 개념으로 만족과 다른 개념이지만 태도와 유사한 개념으로 구체적인 속성이라기보다는 추상적이고 다차원적인 개념이다. 태도와 유사한 개념이므로 서비스품질은 만족이라는 개념보다는 지속적이고 장기적인 상태로 대상에 대한 전반적인 판단이며 시간이 지남에 따라 동적으로 변화하는 누적구성개념이다.

셋째, 서비스품질은 서비스의 결과뿐만 아니라 과정에 대한 평가이다.

서비스품질은 단지 서비스의 결과와 서비스가 제공되는 과정까지도 고려되는 개념이다. PZB는 서비스품질은 기대와 수행의 비교이며 서비스품질의 평가는 결과와 서비스 제공과정의 평가에서 이루어지며 특히 서비스 제공자와 고객 간의 상호작용이 품질평가에 있어서 중요시되어야 한다고 했다.

넷째, 서비스품질은 구매 전에 미리 평가할 수 있는 탐색적 품질보다는 제품구매나 소비과정에서 평가하는 경험적 품질의 특성이 더욱 강하다.

서비스는 무형성, 비분리성, 이질성, 동시성 등의 특징을 갖고 있기 때문에 서비스에 대한 선험적인 탐색이 어렵고 그 평가는 서비스 제공 시점의 상호작용과 구매 후 평가로서 이루어지는 인지적 품질이라 할 수 있다.

다섯째, 서비스품질은 기대와 수행의 비교에 의해 결정된다.

고객들은 서비스품질을 기대와 수행의 비교를 통해 인식한다는 데에는 대부분의 학자들에 의해 동의가 이루어져 왔다. 즉 기대된 서비스와 지각된 서비스를 비교한 결과 서비스품질이 인식되는데, 이것은 고객의 기대와 지각 사이에 있는 불일치의 정도와 방향이라고 볼 수 있다.

여기서 지각이란 제공받은 서비스 혹은 경험한 서비스에 대한 고객의 믿음으로 정의된다. 그리고 기대란 고객들의 욕구, 즉 고객에게 서비스 기업이 제공해야만 한다고 느끼는 것으로 정의된다.

3) 서비스품질의 속성

서비스품질은 강력한 경쟁우위의 원천이며, 본래 품질이라는 단어는 매우 추상적이며 고객들에 의해서도 명확하게 정의되기 어려운 개념인데, 개념 자체는 애매하지만 품질은 조직성과에 뚜렷한 영향을 미칠 뿐 아니라 고객들이 점차 높은 수준의 품질을 추구하는 현상도 두드러지게 나타나고 있다. 또한 품질에 관한 고객들의 지각은 가격이 잊혀진 후에도 오래도록 기억에 남기 때문에 Federal Express, 3M, Motorola, Hewlett-Packard, Xerox, Ritz-Carlton, Buick, Ford 등을 비롯하여 포춘지가 선정한 500대 기업들은 바로 품질이라는 이처럼 애매한 목표를 추구하는 데 전사적으로 노력을 기울여 왔다.

그 이유는 한 마디로 고객들이 좋은 품질에 대해서는 기꺼이 할증가격을 지불하면서까지 구매하기 때문이다. 예를 들어, 1992년 미국 갤럽조사에 따르면 품질 좋은 소파는 평균가격보다 72%, 하이테크 TV는 평균가격보다 67%나 할증가격을 구사했으며, 새로운 식기세척기도 평균가격보다 400달러 정도가 비싼 가격에 판매되었다. 고객들은 대체로 지난 10년 동안 품질 좋은 수입품들에 의해 조건화 학습이 이루어진 것이지만 아직도 가격이 품질의 지표라고 생각하며 좋은 품질에 대해서는 기꺼이 할증가격을 지불한다.

품질이란 고객만족의 한 부분으로 간주된다. 예를 들어, 포드사는 일찍이 '품질 최우선'을 강조하고 광고를 통해 캠페인을 함으로써 품질의 선도자로 포지션되었는데, 최근에는 '고객 최우선'으로 초점을 변경하였다.

생산자 관점과 고객 관점의 비교로부터 아주 특별한 이유를 도출할 수 있다.

[표 7-1] 생산자 관점과 고객 관점의 비교

생산자 관점	고객 관점
제품을 만든다고 생각	서비스를 구매한다고 생각
가시적인 실수만 염려	눈에 보이지 않는 실수도 염려
기술이 제품을 창출한다는 생각	욕구가 제품을 창출한다는 생각
관리적 편의를 위한 조직	고객의 편의를 위한 조직
높은 생산성을 추구	높은 생활의 질을 추구

즉 1990년 여론조사 결과에 따르면 미국의 생산자들은 품질을 "사전에 정해진 표준을 얼마나 잘 충족시키는가?"의 측면에서 정의하면서 제품, 계획수립, 디자인, 생산활동을 통제하기 위한 기법들을 강조하는 것으로 밝혀졌다. 그러나 고객들은 품질을 "자신의 욕구가 얼마나 잘 충족되는가?"의 측면에서 정의하면서 제품의 신뢰성, 내구성, 사용 용이성, 저가격 등을 강조하고 있다.

서비스의 품질은 크게 대별하여 다음과 같은 다섯 가지 차원(RATER)으로 구분할 수 있는데, 이들은 고객들이 서비스에 대한 평가를 내리기 위해 참조하는 측면들이다. 따라서 마케터는 이러한 차원들이 고객 서비스 사이클의 각 단계(진실의 순간)들에 어떻게 적용될 수 있는지를 검토하고 개선해야 한다. 더욱이 품질표준은 차원별로 일관적인 성과수준을 보장해야 하는데, 예를 들어, 하이네켄 맥주는 잔에서 거품이 5분간 지속되는 것을 표준으로 하여 20초 이상 표준에서 벗어날 때 불합격으로 판정한다.

품질표준을 개발하기 위해서는 고객 서비스 사이클의 각 단계로부터 오는 고객의 피드백을 충분히 반영해야 한다. 이처럼 고객 서비스 사이클의 단계별로 품질표준을 적용하는 목적은 품질의 일관성과 우수한 성과를 촉진하려는 것이며, 품질표준은 명백하게 커뮤니케이션되고 종사자들의 성과측정 및 보상과 연결된다면 종사자들에 대해 방향성과 동기를 부여할 수 있다.

❶ **신뢰성(reliability)** 정확하고 믿음직함.

❷ **보장성(assurance)** 종사자들의 지식과 예의 바름.

❸ **유형성(tangibles)** 실체적 시설, 설비, 인력의 외관.

❹ **공감성(empathy)** 개인적 이해와 고객지원의 제공.

❺ **감응성(responsiveness)** 신속한 서비스의 제공.

예를 들어, 백화점 통신판매에 관련된 서비스 사이클의 한 단계, 즉 하나의 진실의 순간에 대해 이상의 다섯 가지 차원별 서비스품질 표준을 생각해본다면 [표 7-2]와 같다.

[표 7-2] 서비스 차원별 품질표준

단계명	통신판매(서비스 사이클) 중의 전화주문(진실의 순간)
신뢰성	24시간 벨이 3번 울리기 전에 전화를 받는다.
보장성	담당자가 통신판매상품과 가격에 관해 완전한 정보를 갖고 있다.
유형성	제품안내 카탈로그가 잘 만들어졌고 정보가 충분도 충분하다.
공감성	고객을 이름으로 확인하고 정중하게 주문받는다.
감응성	어떤 고객요구라고 신속히 처리하며 서비스를 개인화한다.

우선순위 마케팅(priority marketing)은 고객에게 중요한 차원에서 탁월한 성과를 제공하는 노력인데, 한 고객에게 중요한 차원이 다른 고객에게는 그 만큼 중요하지 않을 수 있다. 예를 들어, 한 주부집단은 상품의 배달이 매우 필수적이고 중요하다고 생각하지만 다른 주부집단은 배달보다는 저렴한 가격이 더 많은 가치를 갖는다고 지각할 수 있다. 결국 고객만족은 고객의 기대와 품질, 중요성에 달려 있기 때문에 고객기대에 비해 상대적으로 높은 성과를 제공할 수 있는 분야 중에서 고객에게 큰 가치를 갖는 차원들이 바로 고객만족을 개선하기 위해 우선순위를 갖는 기회분야로 간주된다.

4) 서비스품질의 측정

(1) 서비스와 서비스품질의 개념

서비스는 인간과 인간의 상호 활동으로써 고객의 욕구 충족을 극대화하기 위하여 그것의 명시적 요청에 의해서 제공되는 활동이나 편익이며, 개별적 확인이 가능한 무형의 것이며, 어떤 것을 소유한다는 것으로는 보지 않는다. 미국마케팅협회(AMA : American Marketing Association)는 서비스란, 판매를 위하여 제공되는 또는 상품의 판매와의 관계에서 준비되는 활동, 편익, 만족이라고 정의하였다. 또한, 국내의 레스토랑에서 서비스는 능력과 친절이 그것이고 능력은 식료와 음료를 고객에게 올바르게 제공하는 기교로 정의한다. 서비스 개념에 대한 다양한 정의들을 종합해 보면 "소유권의 이전이 없이 고객의 욕구를 충족시키기 위한 무형재로서 다자 간의 상황에서 육체적인 측면과 정신적인 측면을 통합한 것으로써 발휘되는 독립적인 제반활동"으로 정의할 수 있다. 레스토랑의 서비스품질이라 함은 레스토랑을 이용하는 고객의 기대 혹은 욕구로 정의되며, 상품품질과 더불어 고객 평가의 대상이 된다. 서비스의 품질은 사용자의 지각에 의하여 품질이 결정되며, 품질은 사용자의 만족 정도에 따라 구분한다.

(2) 서비스품질 평가의 연구

서비스품질 평가에 대한 연구는 파라슈라만(Parasuraman, Zeithamal and Berry, 1985, 1988, 1991, 1994 : 이하 PZB) 등에 의해서 시작되어(Lambert, Lewis, 1990) 많은 학자들에 의해서 활발히 진행되어 왔다.

PZB는 기존 연구를 확장하여 서비스 질에 대한 소비자의 지각을 평가하기 위하여 5개 차원의 22개 항목의 서비스 질 결정 요인 항목을 개발하였다. 기존의 10개 차원의 서비스 질 결정 요인은 이 연구에서 요소 분석을 통해 5개 차원으로 축소되어졌으며 이 5개의 SERVQUAL 차원은 기존의 3개 차원을 그대로 유지하였으며, 2개 차원은 통합된 것이다.

그 내용은 유형성, 신뢰성, 반응성, 보장성, 감정이입으로 나뉠 수 있다. 먼저, 유형성은 물리적 시설, 장비, 인적 존재 여부와 같은 실제 보이는 사물, 자원을 말한다. 둘째, 신뢰성은 약속된 서비스를 정확하게 수행할 능력이 있는 지의 여부, 셋째, 반응성은 고객을 도우려는 의지와 신속한 서비스를 제공할 의지, 즉 자발적으로 고객에게 직접 다가가 서비스를 제공하는 것을 말한다. 넷째, 보장성은 종업원의 지식과 예절 그리고 신뢰성과 믿음을 부여하려는 능력을 말하며, 마지막으로 감정이입은 고객들에게 주는 개인적 관심과 애정 즉 고객의 생일과 같은 기념일에 관심을 갖는 것을 말한다.

5) 서비스품질의 관리

(1) 내부고객의 서비스품질 향상 방안

내부고객이란 기업 내부의 경영활동에 참여하는 종업원들의 총칭으로 본다면, 대부분의 종업원은 자기가 하고 있는 일에 얼마큼 긍지와 비전을 갖고 서비스를 하겠는가? 특히 내부고객은 외부고객들과 가치사슬로 연결되어 있다. 자신의 일에 긍지를 갖고 사랑하는 사람에게서 받는 서비스만큼 만족스런 경우가 없을 것이다. 아주 중요한 일을 하고 있는 사람에게는 그런 자세를 발견할 수 있다. 우리들이 관계하는 사람, 사소한 것부터 복잡 다양한 것까지 우리의 요구를 만족시켜주려고 노력하는 사람에게서 그런 자세를 발견할 수 있다면, 최상의 기쁨을 맛볼 수 있고 최상의 서비스를 창출할 수 있을 것이다. 서비스를 제공하는 사람들이 스스로 가치 있는 활동에 참여하고 있다는 확신이 있으면 그 서비스는 전설적인 모습으로 변해 외부고객을 만족시킬 것이다.

(2) 비전 서비스

고객에게 만족스런 서비스라는 평가를 얻기 위해서는 상당히 차원 높은 서비스를 제공해야 한다. 내부고객이 나는 지금 왜 이 일을 하고 있는가? 라는 질문에 스스로 해답을 얻을 수 있는 비전을 제시하여야 한다. 내부고객이 첫째, 사명감을 갖고 긍정적인 서비스 태도를 가질 수 있도록 해야 한다. 둘째, 가치관을 가질 수 있도록 분위기를 형성하는 외식기업이 되어야 한다. 셋째, 내부고객 스스로가 자기의 장래를 미리 알 수 없기에 막연한 불안감에서 탈피할 수 있도록 장래에 대한 비전목표를 제시하면 외부고객만족을 통해 기업이 달성할 수 있는 목표수준을 높일 뿐 아니라, 내부고객들의 요망수준을 높이는 것으로 이어진다.

(3) 임파워먼트 서비스

임파워먼트 서비스(Empowerment Service)는 현재에 자주 사용되는 서비스기법으로 내부고객에게 '권한을 전적으로 위임' 한 서비스를 말한다. 외부고객에게 만족스런 서비스를 제공해야 할 책임이 있는 내부고객에게 현장에서 필요한 의사결정의 권한과 경영자원을 적절하게 배분하는 것이다.

어떠한 상황에서도 내부고객의 능력과 의욕을 믿고 스스로 최선의 판단을 내릴 수 있도록 권한과 책임을 주는 서비스기법이다. 임파워먼트 서비스는 외부고객을 만족시켜 단골고객으로 만들 수 있는 유일한 방법이기도 하다.

(4) 커스토마이즈 서비스

커스토마이즈 서비스(Customize Service)는 서비스제공자가 '고객과 개별적으로 대응하여 제공하는 서비스'를 말한다. 대부분의 모든 서비스방법은 개별적으로 이루어지는 경우이지만, 고객에게 가치를 제공하고 시스템을 만든다는 관점에서는 고객과의 개별적인 상호관계와 업무의 모든 측면, 그리고 상품과 서비스 전체를 개별적으로 대응해야 한다. 스칸디나비아 항공사의 얀.칼슨은 종업원이 고객과 직접 접촉하는 15초가 신규고객을 창출할 수 있는 접점이라 강조한 '고객만족 15초론'을 주장했다.

또한 마케팅 교수인 마사 로저스(Matha Rogers)는 다가오는 밀레니엄사회에서는 '소비=가치소유'라는 개념에서 고객만족을 통한 신고객창출방법은 고객 개개인과의 밀접한 관계를 바탕으로 그들의 가치를 만족시킬 수 있을 때 가능하다고 주장했다.

(5) C.A.R.E.V 서비스

첫째, 고객이 자사의 제품과 서비스품질, 고객서비스 정책 및 과정 등의 업무능력과 수행과정을 믿을 수 있는 신용 서비스(Confidence Service)를 제공해야 한다.

둘째, 고객은 종업원들의 서비스 시스템에 신속하고 쉽게 접근하기를 바라는 정확한 접근 서비스(Apporch Service)를 제공해야 한다.

셋째, 고객들은 항상 기업에게 기대할 만한 것이 무엇인가를 알고 싶어하기 때문에 제품과 서비스품질에 대한 신뢰 서비스(Reliability Service)를 제공해야 한다.

넷째, 고객들은 자기가 구매하려는 제품과 서비스가 항상 차별화를 원하기 때문에 이에 맞도록 우수성 서비스(Excellent Service)를 제공해야 한다.

다섯째, 다가오는 미래사회에서는 고객의 유형이 복잡 다양한 형태의 패턴으로 형성되기 때문에 각자에게 개별적인 가치(Value)를 부여하는 서비스를 제공해야 한다.

(6) 벤치마킹 서비스

고객은 자기가 가장 만족했던 경험을 서비스 평가의 지표로 삼아 기준을 설정하는 경우가 많다. 그렇기 때문에 고객이 예기치 못한 수준높은 차원의 서비스와 예기치 못한 기대를 능가할 수 있는 벤치마킹 서비스를 제공해야 한다.

(7) 시각적 서비스

서비스의 기본적 개념은 무형의 서비스라고 한다. 그러나 신규고객을 위한 서비스는 무형의 서비스와 함께 유형의 형태를 지닌 서비스도 존재해야 한다. 즉 외식기업의 이미지서비스로 볼 수 있는 종업원의 용모와 복장, 외장과 내부 인테리어, 테이블 셋팅, 쇼케이스, 화장실, 공중전화 장식, 기타 코디소품, 메뉴판, 조리사의 배려 등 시각적인 서비스 시대가 왔다.

(8) 코쿠닝 서비스(Cocooing service)

개인의 사생활을 공개하지 않으려는 고객, 즉 독신자, 실버세대 등을 위한 서비스 방법이다. 즉 소비자에게 직접 침투할 수 있는 새로운 유통경로에 맞는 서비스로서 퀵 서비스, 택배 서비스, 테이크아웃 서비스 등이다.

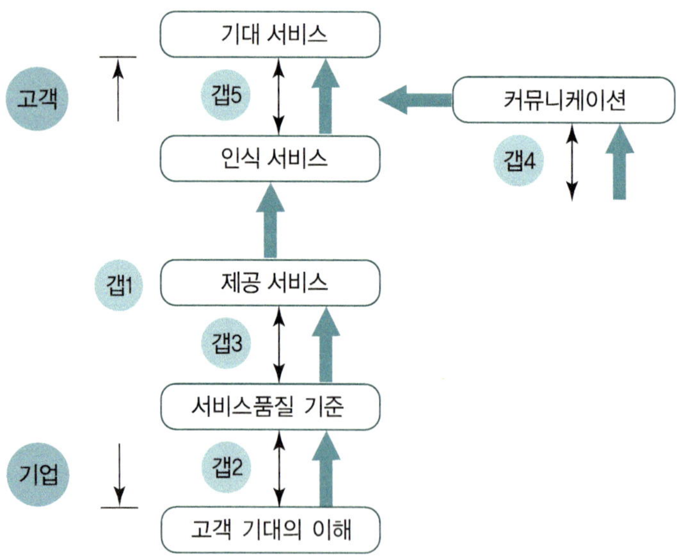

갭1 : 기업에서 고객이 기대하는 바를 알지 못할 때

이것은 상품이나 서비스가 고객의 니즈를 잘못 이해하고 있는 것으로 시장 조사가 잘못되어 있거나 시장세분화에 문제가 있거나 경영자, 간부가 고객과 현장을 잘 모르고 있는 것이다. 따라서 시장조사나 고객만족도 조사를 통해 고객의 기대를 정확히 파악하는 것이 중요하다.

갭2 : 고객의 기대를 반영하지 못하는 서비스품질 기준을 명기할 때

이것은 기업 내부의 서비스품질 기준이 적합하지 못한 것으로 고객중심이 아닌 기업중심의 시각에 원인이 있거나 서비스품질의 향상에 관심이 없는 이유이다.

갭3 : 서비스의 실제성과가 서비스명세서와 일치하지 않을 때

제공되는 서비스가 기업 내부의 품질기준에 미달하는 것으로 회사의 경영 관리나 품질관리, 조직운영과 종업원의 태도에 문제가 있는 것이다. 한편, 고객이 자기의 역할을 제대로 수행하지 못하거나 수용방법에 문제가 있는 경우에도 발생할 수 있다.

갭4 : 약속한 서비스수준을 서비스성과가 따르지 못할 때

제공되는 서비스가 약속한 수준에 미치지 못하는 것으로, 과잉약속이나 과대광고 또는 영업부서와 지원부서, 서비스현장 간의 협력이 원활하지 못한 경우에 발생한다.

갭5 : 고객의 기대된 서비스와 인식된 서비스가 일치하지 않을 때

갭1-갭4의 결과에서 고객의 기대를 고객의 기대수준과 실제 기업이 제공하는 수준의 차이를 말한다. 갭5가 고객불만의 원인이 되는 것이다.

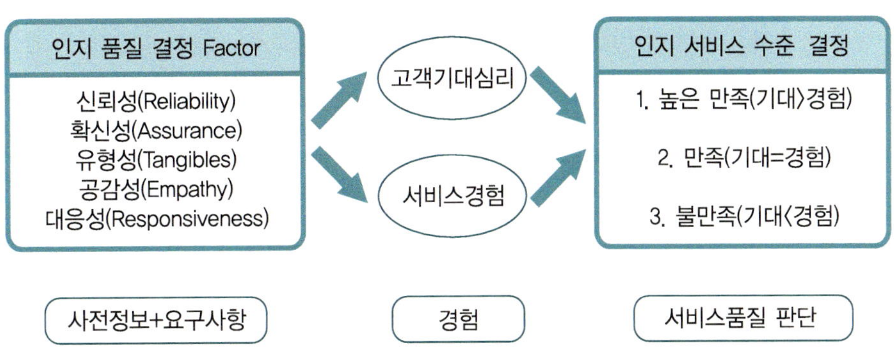

서비스품질 관리

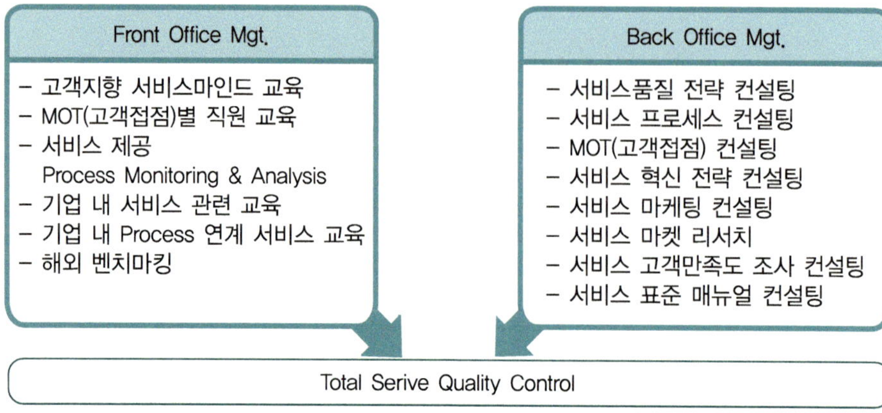

서비스품질 Consulting Process

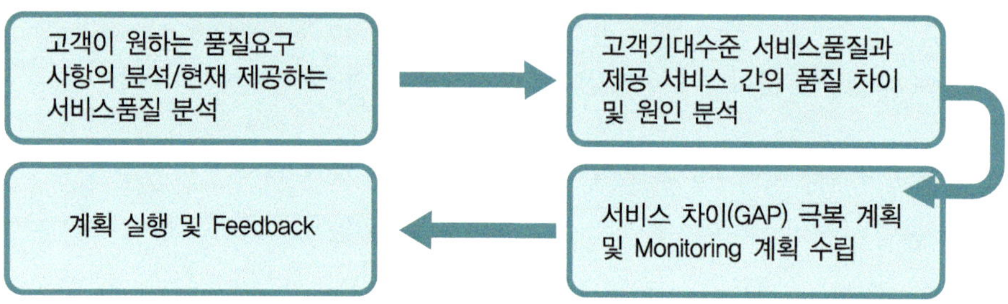

서비스품질에는 친절하고 성실한 종업원으로부터 서비스를 잘 받아 뿌듯한 만족감을 느끼는 것과 같이 고객과 종업원 간의 대응관계가 끝난 후 고객이 느끼는 기술적 품질과 서비스나 제품을 제공하는 과정인 기능적 품질, 그리고 사회적 여론이 지배하는 사회적 품질이 있다. 서비스의 질은 고객의 만족과 직결된다는 점을 인식해야 한다.

첫째, 일선에서 행해지고 있는 서비스수행의 품질의 차이를 없애고 그 수준을 안정시킨다.

둘째, 품질의 절대수준을 계속적으로 향상시켜 경쟁자에게 이길 수 있는 품질수준을 항상 유지하는 것이다.

세 번째 요소는 "불량" 대책이다. 그런데 서비스 산업에서는 서비스 하자에 대한 요구, 즉 클레임(Claim)을 파악하기가 곤란한 문제가 있다.

일반제품의 경우 클레임은 확실한 물적 증거가 있지만, 서비스 클레임은 서비스의 특성 때문에 증거가 남아있지 않다. 고객이 불만이나 불유쾌한 것을 느꼈더라도 자신의 주관이 지나치지 않았나 하고 생각해봐야 한다. 고객은 불만스럽더라도 그것을 말하지 않는 최대의 이유는 "앞으로 사용하지 않으면 된다"는 식으로 단념하기 때문이다.

일반 불만고객의 96%로부터 아무런 소리를 듣지 못한다는 것과 불만을 가지고 있는 보통 고객은 그들의 문제를 9~10명에게 이야기한다는 것이다.

고객에게 만족을 제공하는 데는 "우선 무엇보다도 고객의 불쾌감을 수집하여 제거하는 일이 중요하다" 철저하게 고객의 소리에 귀를 귀울여 불쾌감(불평 · 불만 · 불편 · 불량 · 불요의 5불) 해소에 노력해야 한다. 따라서 직원은 손님의 이야기를 귀담아 듣고, 그들이 무얼 찾고 있는지 고객의 불만이 무엇인지 청취하는 일이 중요하다.

최초에 적절하게 대응+효과적인 불만처리=최대의 고객만족(Brand Royalty)

참고 **에버랜드의 서비스 관리**

"에버랜드인은 손님에게 가족이 되고 친구가 되며 협조자가 되어야 한다"는 헌장을 그대로 실현함으로써 "고객만족의 바이블이 된 회사, 드롭커튼제, 오프스테이지제 등 서비스 개선 아이디어 백과사전, 개원한 이래 500여 기관, 단체 20여만 명에게 고품격 서비스를 체험시키고 서비스 우량기업인들을 양산하는 서비스사관학교, 5년연속 고객만족경영대상 수상, 지속적인 상품 개발로 손님에게 새로운 경험과 만족을 제공함으로써 내국인은 물론 연간 50만 명 이상의 외국인이 방문하여 개장 25년만에 입장객 1억 명을 돌파한 세계 6위의 영원한 놀이공간, 지위고하를 막론하고 전 직원들이 휴지만 보면 즉시 몸에 지닌 핀셋으로 줍고, 아이들이 흘리는 아이스크림이나 오물을 뒷주머니에서 꺼낸 휴지로 처리하는 회사" 이것이 에버랜드를 대변하는 표현 중의 일부이다.

"세계 최고의 고객만족 테마파크 구현"이라는 CS 비전을 달성하기 위한 전략-시스템-인적서비스의 Tri-angle이 만들어 내는 새로움과 즐거움!

에버랜드의 경쟁력은 고객에게 즐거운 경험을 할 수 있는 상품 및 이벤트의 지속적인 제공으로 고객가치 창출에 성공하고 있는 것이다. 에버랜드는 페스티벌월드와 캐리비안 베이를 통해 새로이 체험할 수 있는 즐거운 서비스를 지속적으로 창출하고 있다.

30만 평에 이르는 페스티벌월드는 각종 놀이시설과 사파리, 꽃동산, 휴식시설, 식당 등을 갖추고 퍼레이드, 공연 등 다양한 볼거리를 제공하고 있다. 입구에 들어서면 곧바로 이탈리아 산꼭대기 도시 전경, 아랍의 모스크 지붕을 한 건물 등 이국의 냄새가 물씬 풍겨온다. 동화책에서 봄직한 차림새의 직원들이 반기는 가운데 좀더 걸어가면 청룡열차, 독수리요새 등 50여 가지의 각종 놀이시설들이 있다. 사자, 호랑이, 곰 등이 살고 있는 사파리는 다른 나라 테마파크에서도 보기 힘든 한국적 아이디어의 산물이다. . 사파리와 함께 4계절 꽃축제, 산악 지형을 배경으로 한 조경은 에버랜드를 환경 친화적인 놀이공원이라는 인상을 주고 있다. 페스티벌월드에서 빼놓을 수 없는 볼거리가 퍼레이드다. 동유럽 출신 등 국내외 무용수 150여 명이 매일 낮과 밤에 펼치는 화려한 가장행렬은 30여 분간의 공연시간 동안 어른, 어린이 할 것 없이 꿈의 나라로 인도한다. 퍼레이드는 공연자들이 직접 고객들과 접촉하며 웃음을 선사하는 인적서비스라는 면에서 기계놀이시설과는 또 다른 서비스이다. 퍼레이드는 테마파크의 전체 이미지를 고양시키는 테마파크의 꽃이다.

페스티벌월드와 쌍벽을 이루는 또 하나의 주요 시설은 캐리비안 베이이다. 96년 개장한 이곳은 최근 에버랜드의 인기를 급속히 상승시키고 있는 새로운 체험상품이다. 페스티벌월드 정문 옆쪽에 위치한 이곳은 한 마디로 환상적인 물놀이를 즐길 수 있는 워터파크(Water Park)다. 높이 2.4m의 인공파도가 바닷가에 온 듯한 착각을 불러일으키는 실외 파도풀, 24m 높이에서 수직 낙하하는 짜릿한 워터 봅슬레이, 2.2m 해골 물탱크가 쏟아내는 물벼락이 일품인 어드벤처풀 등 하나같이 물놀이와 볼거리를 함께 제공하는 진기한 시설들이다. 수질 유지를 위해선 하루 총 사용량의 절반이 1시간50분마다 48개 정수기에서 정수된다.

서비스사관학교 생도들이 직접 고안한 다양한 서비스는 고객만족경영을 완성하는 시스템의 백미!

"어떤 환경에서건 100% 만족은 있을 수 없다. 환경 변화를 극복할 수 있는 개인적인 능력이 있어야 하고, 자신의 가치를 향상시키기 위한 노력이 있어야 하고, 에너지가 있어야 한다. 회사는 소수가 이끌어간다는 것은 과거의 얘기다. 이젠 모두 똑똑해져야 한다. 네트워크의 시대이기 때문이다. 네트워크를 통한 의사소통이 제대로 되지 않으면 발전할 수 없다"는 허태학 전사장의 말처럼 에버랜드는 전 직원들이 아이디어와 가치를 창출하고 공유함으로써 서비스품질 및 고객가치를 향상시키고 있다.

드롭커튼(Drop Curtain)제 : 손님에게 클레임을 받거나 시설의 문제점이 발견된 사업장은 곧바로 커튼을 내리는 제도이다. 즉 문제가 완전히 해결될 때까지 영업정지에 들어가게 함으로써 서비스품질을 철저하게 관리하고 있다. 불량품이 나올 경우 생산라인을 멈추는 공장의 '라인스톱제'를 응용한 제도이다. 제품은 불량이 생기는 경우 리콜이나 재생산이 가능하지만 서비스 불량은 리콜이나 재생산이 불가능하기 때문에 완벽한 품질관리가 필요하다.

미스테리 쇼핑(Mystery Shopping) : 서비스 수준 점검 및 향상과 문제가 있는 접점에 대한 문제점 파악으로 서비스 질의 평준화에 기여하기 위하여 각 시설 접점들을 타 직원의 시각에서 관찰하여 개선점을 발견하고 관리함으로써 보다 나은 서비스를 제공하기 위한 제도이다.

오프스테이지(Off Stage)제 : 기량이 떨어지는 배우, 즉 서비스가 미비한 직원을 퇴장(Off)시켜 재교육을 받게 하는 제도로서 '전화응대 불량', '퉁명스러운 말투', '손님과의 언쟁' 등으로 재교육 대상이 된 사람은 서비스 아카데미에 입소해 재교육을 받는 제도이다.

고객불만 예보제도 : 1년 전 고객들로부터 나왔던 불만과 제안을 데이터화해 그 실례들을 현장 운영자들에게 미리 알려 똑같은 불만을 사전에 방지하는 제도이다. 만약 이번 주 일요일에 비가 온다는 일기예보가 나오면 손님만족실에서 작년 이맘 때 비가 온 일요일의 컴플레인 자료를 뽑아 현장에 전달해 같은 불만을 사전에 막기 위한 것이다.

성공·실패파티 : 개인이나 집단의 성공이나 실패를 해당 부서 동료들이 모여 성공을 축하하거나 실패를 반복하지 않도록 사례를 공유함으로써 개선과제의 성실한 실행문화를 확립하기 위한 제도이다. 성공 시는 달콤한 술을 한잔, 실패 시는 쓴개주를 한잔 마시는 것이 다를 뿐 서비스 가치창출과정이 개선된다는 점에서는 동일하다.

에버랜드 친절서비스의 경쟁력은 결국 서비스사관학교 생도들이다.

에버랜드의 또 하나 빼놓을 수 없는 경쟁력 요소는 바로 서비스 정신이다. 친절서비스의 인적 파워는 최고경영자의 강력한 리더십과 이를 따르는 직원들의 노력이 어우러지는 데서 발휘되고 있다. 에버랜드는 직원들에게 '서비스의 중요성'을 집중 교육한다. 서비스맨이 고객에게 친절을 쏟으면 고객은 만족해서 다시 직원을 인정하는 선순환의 관계로 발전한다는 것이 교육철학이다. 에버랜드는 이러한 가치 아래 전 직원을 대상으로 매년 두 차례 서비스 정신을 재무장시키는 교육을 실시한다. 현장을 뛰는 직원들이 휴지만 보면 즉시 몸에 지닌 핀셋으로 줍고, 아이들이 흘리는 아이스크림이나 오물을 뒷주머니에서 꺼낸 휴지로 처리하는 행동은 이런 교육의 산물이다.

테마파크 에버랜드의 경쟁력인 "최상의 서비스"는 서비스아카데미에서 생성되고 외부로 전파되고 있다. 이곳에선 '서비스맨의 도(道)'를 강조한다. 에버랜드는 이런 '서비스 철학'을 바탕으로 직원들을 철저히 교육시켜 한국 최고의 서비스 기관이란 영예를 받고 있다. 사내 교육기관이던 서비스아카데미는 서비스를 받은 사람들의 호응에 힘입어 기업은 물론 정부, 공기업, 대학, 병원 직원들에게 '참다운 서비스'를 가르치는 교육기관으로 발전했다. 94년 개원한 이래 500여 기관, 단체 20여만 명에게 고품격 서비스를 체험시켰다. 에버랜드 허태학사장은 서비스 산업에서 경쟁력의 핵심에 대해 "인간에 대한 관심이죠. 특히 우리나라에는 서비스라고 하면 돈 없는 사람이나 못 배운 사람이 돈 많고 힘센 사람에게 굴욕적으로 비치는 것으로 인식되고 있어요. 그건 진정한 의미의 서비스가 아니죠. 그래서 우리나라에서 서비스업이 발전하지 못한다고 생각합니다. 대등한 관계에서 고객에 관심과 배려를 베풀면 그게 칭찬과 격려고 돌아오는 선순환 구조가 생겨야 서비스업이 발전합니다." 라고 말하여 손님은 물론 내부고객을 중시하는 철학이 세계 최고의 서비스 기업을 만들어내는 원동력이라고 말하고 있다.

6) 고객의 레스토랑 선택속성

필리트라울트(Fillitrault)와 리치엘(Ritchie, 1988)은 레스토랑 선택 시 고려되는 속성별로 상황요인의 영향에 대한 연구에서 가격, 요리의 종류, 서비스의 질, 레스토랑 분위기, 음식의 질 등의 레스토랑 선택 속성 등을 제시하면서 친구, 친지와의 식사 상황, 사업 목적 상황, 주말 가족 식사 상황 등에 있어서 고려되는 속성의 차이를 분석하였으며, 모간(Morgan, 1993)의 연구에서는 중간 규모 체인 레스토랑의 편익 시장을 구체적으로 세분화하여 13개의 속성(음식의 및, 신속한 서비스, 종업원의 친절, 메뉴 선택의 편리성, 저소음, 즐거운 분위기, 체인점의 규모, 어린이 전용공간, 재미, 가격에 대한 기대가치, 적당한 가격)을 음식의 질, 가격, 가치, 시간의 편의성 등 3개의 차원으로 나누어 3가지 유형의 레스토랑을 비교 연구하였다.

국내 패밀리 레스토랑의 선택 속성으로 청결성 및 메뉴, 주위환경 및 이미지, 시설, 이벤트, 가격 및 접근성 등을 요인으로 도출하였고, 또한, 레스토랑 선택속성으로 음식의 질, 양, 맛, 색상, 냄새, 영양, 신선도, 메뉴의 일관성, 서비스품질, 의사소통, 종업원의 태도, 용모, 유니폼, 서비스 제공의 신속성, 메뉴 선택의 다양성, 정확한 조리 상태, 쉽게 이해할 수 있는 메뉴, 어린이 메뉴, 건물 외양, 외식 업체의 로고, 실내 분위기(온도, 장식, 음악), 편리한 위치, 주차의 편리, 안락성, 분위기, 체인 규모, 종사원의 경험, 어린이 할인 가격, 청결, 위생상태 등을 측정항목으로 사용하였다.

선행연구들을 요약한다면 대부분의 연구들은 5가지 측면에 초점을 두고 있다고 볼 수 있다. 첫째, 레스토랑을 방문한 고객들의 만족도에 영향을 미치는 선택 속성들을 선정하여 이들의 상대적 중요도를 파악하고 있다는 것이다. 둘째, 만족도 차원에서 파악된 중요한 선택 속성들을 경쟁 업체들 간에 비교하고 있다는 것이다. 셋째, 여러 레스토랑들에서 파악된 고객 만족도를 연령, 소득 수준, 교육 수준, 결혼 여부, 그리고 성과 같은 조사 대상자의 인구 통계학적 특징과 비교하고 있다는 것이다. 넷째, 만족도가 구매패턴에 미치는 영향을 파악하고 있다는 것이다. 다섯째, 만족도가 향후 재방문할 가능성에 미치는 영향을 파악하고 있다는 것이다.

그 외 여러 학자들의 패밀리 레스토랑의 선택 속성에 대한 연구는 [표 7-3]과 같다.

패밀리레스토랑의 고객 서비스품질이 고객만족에 미치는 영향과 고객만족의 결과변수 즉 재방문의도와 구전의도와의 관계를 살펴본 결과 다음과 같은 시사점을 제시할 수 있다 하겠다.

첫째, 고객만족에 영향을 미치는 서비스품질 요인으로는 인적 서비스 요인, 메뉴 서비스 요인, 부가 서비스 요인이 도출되었다.

푸조(Puzo, 1997)의 연구에서 음식의 질, 메뉴의 다양성, 가격의 가치성, 서비스 수준, 레스토랑 분위기, 청결성, 접근의 용이성 등 7가지의 식당 선택속성을 제시하였고, 고호석(1996)의 연구에서 시설, 건물, 종업원으로부터 느끼는 분위기, 종업원의 신속한 서비스 대처 능력, 예약의 신뢰성 및 편의성, 종업원의 진실한 서비스, 주차 및 제반 자료, 가격, 음식의 질 및 메뉴의 다양성으로 나타난 레스토랑 서비스품질 속성과 또 서울지역 패밀리 레스토랑의 중심으로 서비스품질 속성을 연구한 윤민영(1999)의 연구에서 제시한 서비스 수준 및 다양성 요인, 예약 및 부대시설 요인, 종사원으로부터 느끼는 분위기 요인, 접근성 및 정확성 요인, 가격 요인 등과 비교하여 보면 그러한 기존 연구에서는 레스토랑의 서비스품질 속성만을 제시하였으며 고객이 인지한 서비스품질 속

[표 7-3] 패밀리레스토랑의 서비스품질 평가 속성

	서비스	가격	메뉴	음식	분위기	위생	건물외양	입지	후식	주차시설	오락시설	기타
June & Smith(1987)	○	○		○	○							○
Filitrault & Ritchile (1988)	○	○	○	○	○							
Cadotte & Turgeon (1988)	○	○	○	○	○	○						
Lundberg(1989)	○	○	○									
Khan(1991)	○		○	○						○		
Doi(1992)	○	○	○	○								
Khan(1992)	○		○						○	○	○	○
Morgan(1993)		○		○				○				
고호석(1996)		○	○	○	○		○			○		
백용창(1999)		○	○	○	○			○				○
유영진(1999)	○	○	○	○	○	○	○			○		○
강병관(1999)	○			○	○			○				
나정기(1998)	○		○	○	○			○				○

성의 우열을 가리지 못했으며 본 연구는 고객의 레스토랑 선택 속성으로 3가지를 제시하고 중요도 정도를 제시했다는데 그 의의가 있다고 할 수 있다. 따라서 다음과 같은 결과를 제시할 수 있다.

메뉴 서비스 요인은 고객 서비스품질 중 고객만족도에 가장 많은 영향을 미치는 요인으로서 향후 고객 위주의 메뉴 개발과 가격 조정, 가격에 대한 음식의 질과 양, 메뉴 모양 등 지속적으로 관리되어져야 할 부분이라고 할 수 있다.

인적 서비스 요인은 환대 산업에 있어서 가장 중요시되는 서비스 요인으로서 패밀리레스토랑에 있어서도 다양한 서비스 채널을 유지하고 연결하는 중요한 요소로서 종사원들의 교육과 훈련 그리고 이들 종사원의 보상과 혜택 등에 대한 철저한 관리만이 고객 서비스품질을 관리하는 방법이라 할 수 있다.

부가 서비스 요인은 고객 서비스품질을 구성하는 요인으로서 고객이 패밀리레스토랑을 선택하는 요인이다. 고객이 패밀리레스토랑을 이용하는 목적으로 부가 서비스 요인이 영향을 미치며 앞으로 고객이 패밀리레스토랑을 이용하는 목적으로 부가 서비스 요인이 영향을 미치며 앞으로 상품에 대한 홍보와 행사에 대한 On/Off Line의 공지와 철저한 약속 이행, 고객 위주의 예약 시간 운영, 생일 이벤트 및 다양한 이벤트의 개발 역시 필요하다 하겠다. 매장 내의 다양한 프로그램의 개발과 관리는 고객 서비스품질을 결정하는 중요한 요소라 할 수 있다.

둘째, 고객만족과 재방문의도 간의 관계를 분석한 결과 고객만족은 재방문의도에 유의적인 영향을 미치는 것으로 나타났으며 이는 고객만족도가 높은 고객은 다시 방문하게 될 확률이 높다는 것을 의미한다고 볼 수 있다.

셋째, 고객만족과 구전의도 간의 관계를 분석한 결과 고객만족은 구전의도에 유의적인 영향을 미치는 것으로 나타났으며 이는 고객만족도가 높으면 구전의도에 긍정적인 영향을 미치는 것을 의미한다고 볼 수 있다.

넷째, 재방문의도와 구전의도 간의 관계를 검정한 결과 고객의 재방문의도와 구전의도 간의 정(+)의 상관관계가 있는 것으로 나타났으며 이는 재방문의도가 높은 사람일수록 구전의도가 높은 것으로 볼 수 있다. 따라서 고객만족, 재방문의도, 구전의도는 서로 정(+)의 영향을 미치는 관계에 있으며 향후 고객만족에 영향을 미치는 요인 즉 메뉴 서비스 요인, 인적 서비스 요인, 부가서비스 요인의 관리만이 고객의 상표 전환을 방지하고 고객 충성도를 높이는 방안이라 할 수 있다.

다섯째, 서비스품질 요인과 재방문의도, 구전의도와 관계를 분석한 결과 고객의 재방문의도와 구전의도에 영향을 미치는 요인은 메뉴 서비스 요인, 인적 서비스 요인, 부가 서비스 요인의 순으로 나타났다. 이는 전반적인 서비스품질 수준이 높게 나타날수록 고객만족은 높게 나타나고 이에 따라 고객충성은 높아지며 고객만족이 낮을수록 거래관계를 바꾸고자 하는 경향이 있음을 보여주는 것이라 할 수 있다. 따라서 향후 고객만족을 극대화하고자 하려면 고객이 패밀리레스토랑 선택 시 가장 중요하게 생각하는 메뉴 서비스 요인, 인적 서비스 요인, 부가 서비스 요인에 대한 철저한 관리만이 고객만족을 극대화하고 고객의 재방문, 구전의도를 극대화할 수 있으며, 고객을 충성화시킨다고 볼 수 있다.

3 레스토랑 서비스 운영관리

1) 서비스 운영형태에 의한 분류

(1) 테이블 서비스(table service)

테이블 서비스는 가장 전형적이고 오래 전부터 유래되어 온 서비스 형태로 웨이터나 웨이트리스로부터 서비스를 제공받는 것이다. 따라서 어느 형식보다 가정적(home service)이며, 식사를 하면서 편히 쉴 수도 있고, 환담도 나눌 수 있다. 그리하여 여가가 충분하고 바쁘지 않은 사람은 이 서비스를 제공받고 싶어 한다.

테이블 서비스는 대개의 경우 손님의 오른쪽에서 식사를 서브하고, 손님의 오른쪽으로부터 빈 그릇을 철거하는 것이 상식이다. 음식도 주방으로부터 접시에 담겨져 나오거나 쟁반(tray)이나 왜건(wagon)에 의해서 운반된다.

(2) 셀프 서비스(self-service)

식당업계에는 인건비가 상승하고 원료비에 대한 부담이 크므로 원가를 절감하자는 뜻에서 실질적인 운영의 식당인 셀프서비스 제도가 등장하게 되었는데 카페테리아(cafeteria)와 뷔페(buffet)서비스가 바로 그것이다.

(3) 카운터 서비스(counter service)

카운터 서비스는 인건비의 상승의 측면에서 볼 때 가장 경제적이라 할 수 있다. 고객이 먹고 싶은 것을 선택하여 먹을 수가 있고, 또한 주문에 의하여 직접 주방으로부터 만들어 내놓는다. 때로는 음식을 테이블까지 웨이터가 운반해 줄 수도 있다. 앞에서도 설명하였지만, 이 서비스는 Coffee Shops, Luncheonettes, Drug Stores, Fountains,

Department Stores, super-markets 등에서 제공된다. 이것은 바쁜 손님에게 그리 넓지 않은 장소에서 팁의 부담없이 저렴한 가격으로 속히 요리가 제공될 수 있는 서비스인 것이다.

카운터의 의자(stool)는 금속제로 하는 것이 좋고, 밑받침의 직경은 26~32cm, 의자의 높이는 카운터 밑에서부터 30cm가량 떨어져야 한다. 즉 카운터의 두께가 1.1m일 때 의자는 바닥으로부터 77cm 높이면 적당하다. 옆 의자와는 50~55cm가 떨어져 있다.

(4) 카페테리아(cafeteria) 서비스

이 서비스는 일반회사, 공장, 학교, 병원, 시중의 런천 식당(luncheon restaurant), 하이웨이(high-way)식당, 드라이브인(drive-in)식당, 해변식당, 터미널(terminal)식당 등 규정된 많은 식사인원이 꾸준히 있는 경우 이 서비스 제도를 채택하고 있다.

2) 서비스 제공방법에 의한 분류

(1) 플레이트 서비스(plate service)

미국식 서비스라고도 하는 이 접시 서비스는 주방에서 접시에 담겨진 요리를 웨이터나 웨이트리스가 손으로 직접 들고 나와 식탁에 앉아 있는 고객에게 오른쪽에서 제공(serving)하는 서비스의 형태를 말한다. 이 방법은 약식형태로 회전이 빠른 대중식당에서 흔히 볼 수 있고, 손님이나 종사원의 입장에서 상당히 편리한 것으로, 한 웨이터가 요리가 담겨진 접시 3~4개를 한꺼번에 들고 가서 서브할 수 있는데 능숙한 웨이터는 그보다 더 많이 운반할 수도 있다.

■ 서비스 제공 순서

❶ 식사 서브는 손님의 오른쪽에서, 빈 그릇의 철거도 오른쪽에서 한다.

❷ 손가락이 접시 깊숙하게 들어가지 않도록 한다.

❸ 손님 앞에서 테이블에 접시를 밀어 넣을 때에는 오른발을 식탁 가까이에 들여놓고 손바닥으로 접시를 식탁 모서리에서 2cm가량 밀어 넣는다.

❹ 접시를 운반할 때 기울지 않게 조용히 걷는다.

❺ 빈 접시의 철거는 식사 순서에 따라 다르며, 식기가 부딪치는 소음이 없어야 한다.

❻ 무리하게 많은 접시를 운반하지 않는다.

❼ 식사서브는 어린이, 여자, 주빈, 고령자의 순서로 하는 것이 원칙이다.

반면에 접시 서비스는 정성어린 서비스가 못되고, 특수한 기술이 필요한 서비스가 아니기 때문에 정중한 식당에서는 오히려 카트 서비스(cart service)나 플래이터 서비스(platter service) 등을 활용하고 있다.

(2) 트레이 서비스(tray service)

요리가 담겨진 여러 접시를 다시 쟁반에다 담아 혹은 직접 요리를 쟁반에다 담아 고객의 식탁까지 운반하는 서비스형식으로, 이는 접시 서비스보다 안전하고, 여러 가지의 음식을 동시에 제공할 수 있는 유리한 점이 있다. 룸서비스, 커피 및 디저트 제공, 항공기의 기내식사, 급식 등을 제공할 때 이 서비스방식이 이용된다.

(3) 카트 서비스(cart service)

이는 게리돈(gueridon) 혹은 트롤리(trolley)서비스라고도 하나 미국에서는 소위 프렌치 서비스(French service)라고 부르고 있다. 이 서비스는 주방에서 고객이 요구하는 종류의 음식과 그 재료를 카트(cart)에 싣고 고객의 테이블까지 와서 고객이 보는 앞에서 직접 조리하여 제공하는 서비스 형태이다.

고객에게 가장 격조 높은 서비스의 한 형태로서, 버스 보이(bus boy)의 협조로 웨이터가 마지막 조리의 서브는 담당하고 있으나 기본적인 조리(cooking)준비는 주방의 협조가 필요하다. 보조와 웨이터의 한 팀(team)으로 적어도 20명 분을 서비스할 수 있는 숙련이 필요한 서비스로서, 고객의 테이블 앞에서도 고도의 기술로 음식을 조리하여 제공하여야 한다. 따라서 이러한 형태의 식당은 적어도 1인당 15square ft 이상의 객석면적을 활용하여야 하고, 고급식당에 고급의 고객을 유치하여 고가의 메뉴를 판매하여야 하는 고급 레스토랑 서비스이다.

3) 서비스 형식에 의한 분류

(1) 프랑스식 서비스(French service)

French Service는 유럽의 귀족들이 좋은 음식을 원하거나 시간의 여유가 있는 사람들이 즐기는 전형적인 우아한 서비스이다. 요리는 주방으로부터 무거운 Silver Platter에 담아 Gueridon에 의해 운반되어 고객 앞에서 알코올 램프나 버너를 사용하여 셉드랑(Chef De Rang)에 의해서 요리가 되어 서비스된다. 이와 같은 요리들은 완전하게 잘 배합, 조화되어 짧은 시간 내에 고객 앞에서 준비되어야 한다. 여기에 전형적인(대표적) 프랑스요리는 La Salade Ce' sar(Caesar salad), La Tournedos au poevre (Pepper steak) 등이다.

프랑스식의 접객원은 두 사람이 함께 구역을 담당하여 서비스하는데, 한 사람을 셉드랑(Chef De Rang : station waiter)이라고 부르며, 음료를 주로 서비스하는 셉드벵(Chef De Vin : wine steward, sommelier)이 있다. 이들은 서로 각각 독자적인 업무를 가지고 있으나 필요에 따라 협조하게 된다.

프랑스식 서비스는 모든 요리를 게리돈(Gueridon; wagon)에 의하여 서비스한다는 점에서 다른 서비스방법과는 다르다. 게리돈은 항상 깨끗이 손질된 상태에서 고객의 식탁 곁에 놓고 조리하며, 반드시 고객식탁의 높이와 똑같아야 한다.

주방에서 일부 조리된 요리는 접시에 담겨져 꼬미드랭(Commis De Rang)이 식당으로 운반한다. 게리돈의 레인지 위에 놓여진 접시를 셉드랑은 손님에게 한번 보이고 게리돈 위에서 카빙(Carving : 고기류를 먹기 좋게 잘라서 제공하는 서비스)한다든지, 요리를 완성한다든지, 생선종류의 뼈를 제거한다든지, 요리에 따라서는 소스(Sauce)나 조미료로서 맛을 내고 불꽃 요리(Flambe)한 다음, 서비스의 접시에 담는다. 꼬미드랭(Commis De Rang)은 요리 접시를 오른손으로 손님의 오른쪽에서 서비스한다.

프랑스식 서비스를 제공하는 레스토랑에서는 손님에게 빠른 식사를 요구해서는 안되며 천천히 여유를 가지고 요리나 서비스를 즐기는 기회를 주어야 한다. 왜건 서비스는 주요리(Main Course)나 후식(Dessert)을 서브할 때 흔히 사용하며, 후람베(Foambe)할 때에 많이 사용하게 된다. 후람베는 식사를 한층 더 화려하게 만들며 고객에게 강한 식욕과 인상을 준다. 어떤 테이블에서 후람베하고 있는 접객원의 모습은 다른 여러 고객들로부터 주목을 끌고, 그 손님들도 같은 요리를 주문하는 경우가 많기 때문에 연기력을 가지고 멋있고 우아하게 서비스한다.

French service

French service-(The last propagator of this style was the Lausanne Hotel School) Large presentation dishes by cooks, service was simply to present tray etc. to guest at the table, while the guest served themselves, as often as guest wanted. (The signal was how the guest placed silver on plate, knife and fork together at top of plate usually signaled guest was done.) The service kept on coming until guest indicated he was done. Essentially this was appropriate for banquets in private homes of the aristocracy and rich. Restaurants did not find this service apprpriate due to money, time and employee constraints.

■ **게리돈 서비스의 특징**

❶ 일품요리(A La Cart Menu)를 사용하는 고급식당에서 적합한 서비스이다.

❷ 식탁과 식탁 사이에 왜곤이 움직일 수 있는 충분한 공간이 필요하다.

❸ 숙달된 접객원으로 접객편성이 이루어져야 하므로 인건비의 지출이 높다.

❹ 손님은 자기 양껏 먹을 수 있고, 남은 음식은 따뜻하게 보관되어 추가 서비스할 수 있다.

❺ 다른 서비스에 비해 시간이 오래 걸리는 단점이 있다.

(2) 러시안 서비스(Russian service)

일명 플래이터 서비스(platter service)혹은 실버 서비스(silver service)로 러시안 서비스는 프랑스식 서비스와 유사한 점이 많으며, 서기 1800년대 중반에 유행한 것으로 대단히 고급스러운 우아한 서비스이다. 접객원은 무거운 플래이터를 사용하며, 식탁차림(Table Setup)은 게리돈 서비스와 같다.

게리돈 서비스와 다른 점은 요리서비스를 접객원 혼자 한다는 것과 모든 요리가 주방에서 완전히 준비되는 것이다. 접객원은 고객으로부터 주문을 받아 주방에 주문전표를 넣으면 주방에서 완전히 조리되고, 은식기 쟁반에 담겨져 우아하고 멋있게 장식된다. 접객원은 잘 만들어진 요리를 식당의 Side Board에 놓고, 접시만을 먼저 고객 앞에 정중하게 테이블 끝에서 약 2cm 안으로 놓고 시계 도는 방향으로 돌아가며 또 다른 손님 앞에 놓은 다음 보조 테이블에 놓인 쟁반을 왼손에 서비스 냅킨을 받쳐놓고 고객의 왼쪽에서 왼발을 한 발자국 앞으로 다가서 먼저 고객에게 자기 주문한 요리가 얼마나 멋있고 먹음직스러운가를 보여준다.

이러한 서비스는 고객의 식욕을 돋을 뿐만 아니라 자기가 선택한 요리에 만족감을 준다. 이때 고객은 셀프 서비스를 할 수도 있고 종사원에게 의뢰할 수도 있다. 서브할 때 종사원은 오른손으로 서비스용 스푼과 포크를 잡고 약간 구부린 자세에서 요리접시를 고객의 접시와 수평이 되도록 가까이 하고 한사람에 알맞은 몫을 서비스한다. 이러한 서비스를 러시안 서비스라고 하며, 근래 식당의 경향으로 우리나라 및 유럽 제국에서 전형적인 연회서비스로 널리 알려지고 있다.

Russian service

Russian service became the norm for fancier service until the 1970's use of large dinner plates that were elaborately prepared for presentation by the kitchen.

Formal and elegant service very similar to (but faster and less expensive than) french service, except that the food is completed (prepared and garnished) in the kitchen and only one waiter (server) is used.

Russian service is essentially a derivative of French service. Main feature is the preparation of the large platter in the kitchen and served by the waiter to the guest, using usually a fork and a spoon in the right hand while holding the platter in left hand. Presentation of the platter is part of visual presentation by cooks. Also "handy" to help control food costs- an innovative idea when it appeared.

■ **러시안 서비스(Russian Service)의 특징**

❶ 전형적인 연회 서비스이다.

❷ 혼자서 우아하고 멋있는 서비스를 할 수 있고, 게리돈 서비스에 비해서 특별한 준비기물이 필요 없다.

❸ 접시에 담겨진 요리는 고객의 왼쪽에서 오른손으로 서비스한다.

❹ 게리돈 서비스에 비해서 시간이 절약된다.

❺ 마지막 손님은 선택권이 줄어든다.

❻ 음식은 비교적 따뜻하게 서브된다.

(3) 미국식 서비스(American Service)

일명 플레이트 서비스(plate service)로 알려진 미국식 서비스는 프랑스식 또는 러시안 서비스보다 화려하지는 않으나 레스토랑에서 일반적으로 이루어지는 서비스 형태로써 가장 신속하고 능률적인 서비스이다. 고급 레스토랑을 제외하고는 대부분의 식당에서 미국식 서비스방법을 취하고 있다. 이 서비스는 주문받은 요리를 빠른 시간에 손님께 제공할 수 있다는 것이며, 종사원의 숙련도가 그다지 요구되지 않는다. 미국식 서비스는 쟁반 서비스와 플레이트 서비스로 생각할 수 있다. 종사원은 활동구역(Service Station)을 배정받으면 배정된 구역에서 일어나는 모든 서비스를 책임 있게 완성시키는 것이다. 고객으로부터 받은 주문은 주방에서 1인분씩 접시에 우아하고 멋있고 예쁘게 장식되어 나온다. 이때 종사원은 고객의 수가 많을 때에는 서비스 츄레이(Service Tray)를 사용하여 운반하고, 고객의 오른쪽에서 오른손으로 서비스하고, 시계 도는 방향으로 움직이면서 서비스한다.

주문된 요리를 츄레이를 사용하지 않고 직접 손으로 접시를 들고 가서 직접 제공하는 빠른 서비스를 플레이트 서비스라고 한다. 이때 츄레이 대신 서비스 카나 카트(cart)로 접시를 운반하기도 한다. 한산한 구역의 웨이터에게 만일 여유가 있을 경우에는 다른 station을 도와주기고 하나 그것은 항상 자기 Station의 서비스가 완전할 경우이다. 이러한 방법은 서비스 종사원의 작업 동작 범위를 국한시키고 불필요한 노동력을 줄이자는 데 있다. 그러므로 서비스 종사원 혼자서 동시에 고객을 서비스할 수 있는 인원은 12~20명까지 가능하다.

American service

A method of serving hotel or restaurant food, in which portions of food are placed on plates in kitchen (except for bread and butter and salads which are served on the table) by the establishment's employees and served to each guest by a waiter or waitress. See also English service and French service.

American service, particularly suited to banquet service means that all the glass and silver, plus napkin and perhaps a service plate are on the table when guest arrives. Plate service (means waiters serve only plates, which are plated (prepared) in the kitchen.

이때 주의할 사항은

❶ 엄지손가락이 너무 깊숙이 잡혀서 음식에 닿지 않도록 한다.

❷ 접시를 수평으로 잡아 접시 안쪽의 소스가 옆으로 흐르지 않도록 한다.

❸ 한 손에 너무 많은 접시를 들지 말 것이며, 위험 부담이나 위생적인 면을 감안하여야 한다.

■ **American Service의 특징**

❶ 주방에서 접시에 담겨지면 접시 채 운반하여 서브한다.

❷ 빠른 서비스를 할 수 있다.

❸ 고객의 미각을 살리지는 못한다.

❹ 음식이 비교적 빨리 식는다.

❺ 고급식당보다는 고객회전이 빠른 식당에 적합하다.

❻ 종사원 한사람이 보다 많은 테이블의 손님을 담당하며 서빙을 할 수 있다.

(4) 가족형 서비스(Family Service)

일명 영국식 서비스(English service)라는 가족형 서비스는 미국식 서비스를 일부 변경한 일반적인 서비스이다. 주방에서 만들어진 요리는 접시에 담기어 식탁 중앙에 놓으면 손님 스스로가 각자 적당한 양으로 배분하거나 때로는 접객원이 이를 도와서 서비스하고, 요리가 남은 것은 식탁 위에 놓아둔다. 접객원은 손님이 원할 경우 음료는 따라주고 소스나 양념은 서브한다. 접시나 그릇은 인원에 알맞게 충분히 준비하여야 하며 서비스 스푼(Service spoon)은 요리 접시나 그릇과 함께 놓아두어야 한다.

Family service

Method of serving private dining room or restaurant food in which a waiter or waitress serves each guest from a large dish, starting with the host or hostess (or a guest of honor, if any) at the head of the table. In a more formal version (requiring a high degree of skill and showmanship), the host or hostess carves the meat and dishes out vegetables on each plate which the waiter or waitress serves first to the guest of honor (if any) and then to other guests. See also American service and French service.

■ **가족형 서비스(family service)의 특징**

❶ 서비스 방법이 단조로워 서비스에 능통하지 않은 종사원도 담당할 수 있다.

❷ 고객 스스로가 요리를 분배 식사하는 것이다.

❸ 접객원은 많은 고객을 서브할 수 있으며, 좋은 서비스도 할 수 있다.

❹ 요리를 고객 스스로 떠놓기 때문에 종사원이 고객에 대한 관심도가 적고, 요리가 다른 고객들에게는 호화스럽게 보이지 않는다.

(5) 뷔페 서비스(buffet service)

뷔페 서비스는 테이블에 진열된 요리 중에서 자기가 먹고 싶은 음식을 선택하여, 먹고 싶은 만큼 접시에 담아 식탁에서 먹는 식사방법이다. 때로는 진열된 식탁 뒤에 요리사가 배치되어 고객이 선택하는 요리를 서비스한다. 우리나라 호텔의 뷔페레스토랑에는 한식, 양식, 일식, 중식 등의 요리종류가 다양하게 준비되고 있고 많은 고객들이 이용하고 있다. 현재 우리나라에서는 테이블 서비스(Table Service)와 셀프서비스(Self Service)를 절충한 서비스방법을 쓰고 있다.

■ **뷔페(Buffet)의 특징**

❶ 많은 수의 고객을 유치하고 접대할 수 있다.

❷ 국적이 다른 여러 나라 고객을 서비스할 수 있다.

❸ 고객은 기호에 따라 양껏 먹을 수 있다.

❹ 소수의 접객원으로 많은 고객을 서비스할 수 있으나, 때로는 많은 요리가 필요하기도 하다.

❺ 여러 종류의 음식을 준비하여야 하며, 육(肉)고기 종류는 조리사들이 직접 썰어서(carving) 손님에게 제공한다.

4) 서비스 매뉴얼

체인경영의 핵심요소는 표준화와 시스템화된 매뉴얼이며 다수의 점포를 동일한 수준으로 운영하기 위한 수단이다. 체인경영 운영의 핵심요소로 매뉴얼이 있다. 홀에는 서비스매뉴얼, 주방에는 조리매뉴얼, 그리고 기타 모든 업무 역시 매뉴얼에 의해 운영되고 있어 체인 외식경영은 매뉴얼사업이라 해도 과언이 아닐지도 모른다.

매뉴얼은 어디서 탄생했을까? 정확히 알려져 있진 않지만 매뉴얼은 일반적으로 군대에서 제일 먼저 적용되었다는 것이 통설이다. 군은 학력과 지식수준이 다양한 인력들의 집합체이다.

이처럼 수준 편차가 큰 집단을 통솔하기 위한 가장 효과적인 수단은 매뉴얼이기 때문이다. 즉 매뉴얼의 목적은 연령, 학력, 사고방식, 습관이 다른 많은 사람들을 통일되게 행동하게끔 할 필요에 의해 아주 쉽고 누구나 바로 실행할 수 있도록 하기 위한 목적으로 만들어진 것이다. 이것이 오늘날 체인스토어의 매뉴얼에도 응용된 것이다.

체인스토어에서의 생산성은 표준화, 전문화, 단순화, 집중화로 이루어짐은 이미 전술한 바 있다. 여기서 매뉴얼이 없으면 작업의 표준화가 이루어지지 않으며 감독(SV)도 이루어지지 않는다.

매뉴얼이란 일과 작업의 목적에 따라서 그 방법과 순서, 기준을 상세하게 명시한 것으로, 처음 하는 사람이든 아르바이트 사원이든 간에 매뉴얼로 훈련받으면 100% 작업 목석을 효과적으로 달성할 수 있도록 만들어진 것이다.

이러한 매뉴얼의 목적은 개인적 경험의 일반화(기업 경험화)에 따른 지적 재산의 축적, 업무처리의 표준화와 지속적 개선(과학화), 교육훈련, 지도의 속도(speed)와 수준(level)의 향상, 업무 인수인계의 원활화와 정확화, 사고, 실패의 미연방지 목적이다.

참고 **외식업소의 접객 서비스 매뉴얼 기본사례**

① 고객이 업소에 들어오면 주저하지 말고 극진히 환영하며 주빈으로 모신다. 고객에게 테이블을 우선 안내하고 의자에 편히 앉을 수 있도록 도와준다. 업소에 대한 인상이 오래 남을 수 있는 것은 첫 서비스임을 명심한다.

② 담당을 맡은 테이블은 완벽하게 준비한다. 양념그릇은 깨끗이 닦아서 양념을 채워두고 꽃병의 꽃 등은 항상 싱싱하게 그리고 깨끗한 재떨이 등을 준비한다.

③ 주문을 받을 때는 혹시 생길 수 있는 실수를 사전에 방지하기 위하여 주문받은 음식을 재확인한다.

④ 메뉴에 대하여 완벽한 지식을 가지고 있어야 한다. 전문 서비스인이라면 업소의 메뉴를 완전히 알고 고객의 주문 시 적절한 조언으로 고객으로 하여금 즐겁게 식사를 할 수 있도록 도움을 줄 수 있어야 한다.

⑤ 주방에서 음식이 예상대로 나오지 않거나 기준에 미치지 못할 시에는 즉시 매니저에게 알리도록 한다. 그러한 문제로 절대 주방의 동료들과 논쟁하거나 싸우지 말고 매니저로 하여금 문제를 해결하도록 한다. 또한 고객의 불평도 즉시 매니저에게 보고하도록 한다.

⑥ 음식이나 음료는 항상 쟁반에 받쳐서 나른다. 또 항상 깨끗하게 접혀진 냅킨을 가지고 다니면서 그릇을 다루도록 한다. 음식을 나를 때는 다룰 수 있을 정도만 담아 나른다. 그리고 항상 예기치 않은 사고가 일어날 수 있다는 것을 의식하고 있어야 한다. 때로는 서로 부딪히는 경우도 있으며 걸려 넘어지거나 미끄러질 경우도 있다.

⑦ 집기류를 다룰 때는 입이 닿는 곳을 잡지 않도록 하며 깨지지 않도록 조심해서 다룬다. 뜨거운 접시를 다룰 때는 깨끗한 냅킨이나 수건 등을 접어서 사용한다.

⑧ 테이블은 항상 깨끗하게 유지하도록 한다. 테이블 위가 지저분하거나 그 위에 그릇이 쌓여 있어서는 안 된다. 더러운 재떨이나 그릇, 그리고 음식 흔적은 그때 그때 치우도록 한다. 만일 그릇에 음식이 남아 있을 때는 반드시 “다 드셨습니까?”라고 의사를 확인한 후 치우도록 한다.

⑨ 빈 그릇은 즉시 즉시 치우도록 하여 테이블 위에 그릇이 쌓이지 않도록 한다. 고객 앞에서 지저분한 그릇을 포개어 놓지 않도록 하며 그릇을 치울 때는 지나치게 많은 수를 왜건이나 카트, 쟁반 등으로 옮기지 않도록 한다. 위험하기도 하지만 보기에도 좋지 않다.

⑩ 고객이 식사를 다 마칠 때까지 테이블을 치우지 않도록 한다. 테이블 위로 손을 가로질러 뻗는 행동이나 음식을 고객 앞에서 다른 그릇에 긁어모으지 않도록 유의한다. 쟁반은 항상 보관대에 질서 있게 쌓아 둔다. 무질서하게 늘어놓은 쟁반은 고객에게 불쾌감을 준다.

⑪ 쟁반을 떨어뜨려 음식이 쏟아졌을 경우에는 냅킨으로 그 장소를 덮거나 빈 의자로 막아 두고 청소를 한다.

⑫ 빈손으로 식당과 주방을 출입하지 않는다. 항상 테이블 위를 살펴서 더러운 그릇이 있는지 또는 해야 할 일이 있는지 살펴보는 자세로 두 번 일해야 하는 힘을 낭비하지 않는다.

⑬ 다른 동료에게 의존하기보다는 스스로 고객의 요구가 다 이루어졌는지 확인하도록 한다. 항상 고객의 요구를 확인하면서 신속한 서비스가 이루어지도록 동료들과 팀을 이루어 행동한다.

⑭ 거스름돈을 손님에게 가져다 줄 때에는 깨끗한 돈으로 정리하여 감사함을 표시한다.

⑮ 고객을 맞이하는 태도가 중요하듯이 고객을 배웅하는 태도 역시 중요하다. "감사합니다. 또 찾아 주십시오" 라든지 "다음 번 찾아주실 때는 더 좋은 서비스로 모시겠습니다" 와 같은 감사의 인사를 잊지 않도록 한다. 인사 외에도 고객의 물건을 잊지 말고 챙겨 주고 외투나 신발 등을 정리해 두도록 한다.

매뉴얼의 작성의 기본 요령은 작업 매뉴얼 속에는 작업상 필요한 동작을 가능한 한 세분화해서 명시하는 것이 보통이나 누가 사용하는가에 따라 그 세분화의 정도는 달라질 수 있다. 그러나 대부분의 매뉴얼은 다음의 조건을 충족시켜 작성한다.

❶ 일의 목적, 작업 목표를 명확히 할 것

❷ 누구나 이해할 수 있는 쉬운 것으로 사용자에 따라서 도표나 일러스트 등을 사용할 것

❸ 이론에 그치기보다는 현재의 실무와 여러 조건에 따라서 구체화할 것

❹ 지속성을 지닐 것, 그러나 보다 나은 방법이 발견되었을 때는 변경이 가능할 것

❺ 예측되는 조건을 모두 전제로 해서 작성할 것, 단 욕심을 부린 나머지 혼란스럽게 하지는 말 것

❻ 능률원칙과 경제동작원칙 등 합리적인 원칙을 반영할 것

❼ 가능한한 세부적이고 구체적일 것

❽ 예외의 경우 누가 어떻게 처리하는 가를 명확히 할 것

체인레스토랑의 서비스 매뉴얼은 동일한 점포명, 인테리어, 메뉴, 가격으로써 동시에 동일한 수준의 서비스를 제공한다. 이러한 운영은 현실적으로 쉬운 일이 아니다. 점포를 건설하고 점포를 꾸미며 주방기기를 설치하는 등의 면에서는 그리 어렵지는 않다.

또한 조리와 접객서비스의 스킬(skill)은 경험과 적성에 따라 크게 차이가 있다. 아울러 다수의 점포를 동일한 수준으로 운영하기 위해서는 많은 종업원이 필요하다. 동일 스타일의 사람을 채용한다 해도 시간이 경과하면 서로 다른 차이를 나타낸다. 그래서 점포를 운영하는데 공통의 기준(약속)을 설정해서 그 기준을 각 점포에 운영하도록 하는 것이다.

그 기준(약속)에는 두 종류가 있다. 하나는 그 체인이 소비자에게 대응하는 것으로서 약속한 요리의 맛, 품질과 서비스 수준을 실천하기 위해 작성한 기준이고, 다른 하나는 점포운영을 위한 노동력 편성기준이다.

매뉴얼에서 소비자에게 대응하는 기준은 체인점에서 재현(再現)하는 요리의 품질이 결정적 요소이다. 조리가공의 이론을 살펴보면 조리는 식재 · 주방 · 조리노동이라고 하는 3요소로 이루어진다.

주방과 식재료는 각 점포가 동일하므로 조리노동을 동일하게 할 수 있다면 요리품질을 동일하게 재현하는 것이 가능하다. 때문에 조리노동을 똑같이 할 수 있도록 하는 일이 필요한 것이다. 이를 위해 구체적으로 공정작업의 순서와 온도, 시간관리, 수치의 통일이 이루어져야 하는데 이러한 정보를 정리한 것이 매뉴얼이다.

매뉴얼에서 노동력 편성기준은 점포운영을 위해서는 업무를 일정하게 수행할 수 있는 다수의 사람을 배치해야 한다. 그런데 업무라는 것은 습득단계가 있다. 숙련도가 낮은 사람이 높은 수준의 업무를 할 수는 없다. 따라서 필요한 사람수를 산정하고 업무의 단계에 따라 배치조건을 산정하게 된다.

체인점을 실제로 운영할 시 노동력의 대부분은 파트타이머나 아르바이트이다. 다시 말해 노동력에 소요되는 비용을 고정비에서 변동비화하는 것이 필요한데 파트타이머와 아르바이트를 운영하는 것은 바로 이 조건을 충족시키는 것이다.

미숙련자를 교육을 통해 업무를 수행하고 인건비를 변동비화하기 위해서 매뉴얼이 필요하며, 인건비를 사전에 컨트롤하기 위해 업무스케줄의 작성이 요구된다. 이때 업무의 내용을 분석해보면 습득도가 낮은 업무는 많고, 높은 숙련을 요하는 고난도 업무는 적게 가져갈 수 있는 구조가 바람직하므로 이에 대한 효과적인 업무 습득단계의 수립이 필요하다.

매뉴얼의 업그레이드는 체인경영에서 매뉴얼대로 훈련을 잘 한다면 그것이 점포의 수준이 되고 나아가 브랜드력이 된다. 이를 효과적으로 달성하기 위한 방법으로는 먼저 정해진 매뉴얼대로 현장에서 실천하도록 하는 훈련이 필요하다. 이 훈련은 전사차원의 집합훈련과 점포자체에서 시행하는 OJT의 두 가지 방법으로 구분해서 생각해볼 수 있는데 업무내용에 따라 구분해 시행해야 한다.

제8장

외식사업 메뉴관리

1 메뉴의 개념과 중요성

1) 메뉴의 개념

메뉴는 라틴어의 미닛트(minutus)에서 파생되었고, 영어의 미누테(minute)에 해당되는데, 그 의미는 '상세한 기록을 한 것'이라는 뜻이다. 메뉴의 어원을 라틴어의 Minutus에서 유래하여 영어의 Minute에 해당하는 말로서 "상세히 기록한다"라는 의미이다. 사전적인 의미로서는 메뉴란 식사로 제공되는 요리의 품목과 형태를 체계적으로 짜놓은 상세한 목록이나 표를 말한다. 메뉴라는 용어는 각국에서 공통적으로 사용한다(a menu ; a menu card ; a bill of fare "the range of dishes available in a restaurant", "the dishes to be served at a particular meal", "a list of these dishes").

프랑스에서는 카트(carte), 영국에서는 bill of fare, 독일에서는 speisekarte, 일본에서는 곤다데효, 중국에서는 차이 딴, 스페인에서는 미누따(minuta) 그리고 우리나라에서는 차림표 혹은 식단이라고 한다. 메뉴는 조리사가 재료 및 요리방법을 메모한 것에서 유래되었다.

이후 1541년 프랑스 '앙리 8세' 때 '브랑위그' 공작이 베푼 만찬회 때 주인이 여러 가지 음식을 접대함으로써 생기는 복잡함과 순서가 틀리는 불편을 해소하기 위해 요리명과 순서를 기입한 리스트 작성하였고, 참석자들은 그 리스트를 보면서 식을 즐겼는데, 이것이 메뉴로 발전하게 되었다.

그 후 19세기 프랑스의 파리에 있는 펠리스 로열(Palace Royal)이 공식적으로 메뉴를 사용하여 일반화되었다. 메뉴란 식사를 서비스하는 식당에서 제공되는 품목과 형태를 체계적으로 짜놓은 차림표이다.

즉 식음료를 상품으로 하고 있는 장소에서 고객에게 제공하기 위한 상품의 가격과 품목을 작성하여 고객이 상품을 구입하는데 필요한 조건과 정보를 기록한 목록표이다.

Websters Dictionary에 의하면 메뉴란 "A detailed list of the foods served at a meal"이라 설명되고 있으며, The Oxford Dictionary에서는 "A detailed list of the dishes to be served at a banquet or meal"로 설명되어 있다. 즉 "식사로 제공되는 요리를 상세히 기록한 목록표"라 할 수 있다.

이러한 메뉴가 영리를 목적으로 하는 외식업체에서는 각 식당들의 모든 경영활동의 총체가 됨으로써 그 식당의 음식이나 서비스, 가격, 분위기, 조리사의 기술 · 기능, 계절감각 및 청결까지도 총망라한 내부관리의 매뉴얼의 축소판이다.

메뉴는 식당을 통제하는 관리의 기본일 뿐만 아니라 내부마케팅과 외부마케팅의 중요한 도구가 되었다. 외식산업에 있어 메뉴의 개념을 외식업체별로 메뉴의 성격이 달라지기 때문에 메뉴의 개념도 달라진다.

외식사업의 성패는 콘셉트설정에 달려 있으며, 콘셉트설정의 가장 중요한 부분이 메뉴계획이다. 다시 말해서 외식사업 경영의 핵심은 메뉴개발이며, 가장 중요한 요소라는 것을 아무리 강조해도 지나치지 않는다. 고객이 레스토랑을 방문하고자 할 때는 먼저 메뉴를 고려하여 선택하며, 최종적으로 이용할 업소를 결정한다. 메뉴는 판매하는 요리상품을 의미하기도 하지만 다른 한편으로는 상품의 목록을 명시한 리스트, 즉 메뉴북을 의미하기도 한다. 메뉴의 계획과 개발, 그리고 메뉴를 어떻게 상품으로 관리할 것인가에 대하여 알아보고자 한다.

■ **메뉴의 중요성**

❶ 메뉴는 식당의 얼굴이다-고객과 최초 접촉하는 1차 마케팅

❷ 메뉴는 중요한 판매도구이다-메뉴사진 및 메뉴배치 식욕을 자극하는 마케팅

❸ 메뉴는 개성과 이미지를 반영해야 한다-레스토랑의 얼굴, 분위기와 이미지 표현

※ 우리나라 상차림은 공간전개형 식단 – 한상차림

※ 서양 경우 – 시간전개형 식단 – 코스별로 제공하는 풀코스
(어페리티프 – 애피타이저 – 수프 – 생선요리 – 앙뜨레 – 로스트 – 샐러드 – 치즈 – 디저트 – 과일 – 커피 – 디제스띠프)

2) 메뉴의 기능과 역할

(1) 고객 측면

메뉴는 Needs(현재적 욕구)와 기능(역할)의 Wants(잠재적 욕구)를 최대 만족할 수 있어야 한다. 그런데 고객의 욕구를 보면 어떤 고객은 가격이 저렴하고 음식의 양을 많이 요구하는 고객일 수도 있고 가격이 적당하고 음식의 질과 양도 적당히 요구하는 고객과 가격이 저렴하고 음식의 양도 많이 요구하고 질도 높게 요구하는 고객, 가격이 비싸더라도 질만 높게 추구하는 고객 등 서민층 · 중산층 · 상류층에 따라 욕구가 다르며 같은 서민층, 중산층, 상류층에 따라서 욕구가 천차만별하다는 것은 먼저 의식해야 한다. 그래서 고객은 메뉴에 대한 각지의 욕구가 있는데 그에 따른 메뉴는 고객의 욕구를 최대로 만족시켜 주어야 한다.

(2) 경영자 측면

식당경영자들도 메뉴에 대한 기대욕구가 다르게 나타나는데 질과 양의 가격에 따라 느끼는 경영의 정도가 다르고 수익성에 따른 금액의 만족도가 각기 다르게 나타난다는 사실을 인식해야 한다. 메뉴에서는 경영자의 욕구에 따라 메뉴는 경영자에게 수익성 보장을 통한 만족을 주어야 한다.

(3) 고객과 경영자의 관계 측면

경영자가 마케팅을 통하여 고객의 Needs와 Wants를 정확히 파악한 후 메뉴를 제공한다면 고객은 식당에 대한 신뢰를 느끼고 그에 대한 보답으로 사회적, 시대적 욕구에 따른 고객의 정보를 경영자에게 제공한다.

(4) 종업원 측면

메뉴, 고객, 식당경영자의 가장 적절한 이론적 역할이 식당경영을 성공시키는 것이 아니다. 메뉴와 고객과 식당경영자를 연결시키는 종업원이 그 무엇보다도 중요한 측면으로 부각되었다는 사실을 인식하는 것이 고객이 원하는 메뉴나 식당경영자가 원하는 메뉴를 만들고 제공하는 종업원이기 때문이다. 그렇기 때문에 메뉴는 고객, 종업원과 식당경영자의 각자의 역할을 잘 통합·조정하는 것이 메뉴의 기능을 최대로 발휘할 수 있게 된다.

외식소비자의 메뉴 선택할 때 고려하는 사항은 일반적으로 다음과 같다.

❶ 음식의 질과 양

❷ 가격

❸ 메뉴 품목의 종류와 다양성

❹ 영양적 요인과 건강적 요인

❺ 준거집단과 사회적 체면의식

3) 메뉴의 특징과 유형

메뉴의 선택방식에 따라서 일품요리메뉴(A La Carte menu), 정식메뉴(Table D'hote menu), 모둠요리메뉴(Buffet menu)로 나눌 수 있으며, 정식메뉴에는 ① 전채요리, ② 수프, ③ 생선요리, ④ 샐러드, ⑤ 주요리, ⑥ 후식, ⑦ 음료의 7가지 순으로 제공되는 것이 일반적이나 경우에 따라서는 1~2가지가 빠지거나 샤베트나 가금류가 추가되기도 한다.

메뉴의 구성형태에 따라서 단면메뉴, 양면메뉴, 삼면(3 page 또는 3 fold)메뉴로 나눌 수 있는데 우리나라의 경우 호텔의 커피숍에서 단면메뉴를 많이 사용하며, 삼면메뉴는 독특한 디자인을 요하는 레스토랑에서 주로 이용한다. 가장 일반적인 형태는 양면메뉴로 많은 레스토랑에서 이용한다.

(1) 메뉴(Menu) 특징

❶ 식당의 운영 특성을 나타내는 얼굴이다.

❷ 잘 만들어진 메뉴는 식당의 판매촉진을 위한 도구이다.

❸ 상호와 업소외관 및 취식 형태와 유사성이 있다.

❹ 메뉴(차림표, 식단)는 식당의 조리기술, 분위기와 조화를 이룬다.

(2) 메뉴(Menu)의 유형

❶ **정식**(Table d' hote menu)

한 끼분의 식사 전체로 구성되며, 미각, 영양, 분량의 균형을 도모하는 식단을 말한다.

※ Full course Menu – 요즘은 정식메뉴와 비슷한 "오늘의 특별(특선)메뉴"가 양질의 재료와 저렴한 가격으로 제공되고 있다.

❷ **일품요리**(ALa carte Menu)

일품요리 메뉴란 "고객이 스스로 자기의 기호에 맞는 음식을 식성대로 한가지씩 자유로이 선택하여 먹을 수 있는 음식"으로 자신에게 적합한 것만 기호에 맞게 주문하기 때문에 편리하며 현재 대부분 식당에서 사용하고 있는 메뉴이다.

❸ **특별요리메뉴**(Daily special Menu)

특선요리, 특별요리(오늘의 "특선요리") 또는 오늘의 요리, 주방장이 추천하는 요리 등으로 불리는 이 특별메뉴는 당일 시장에서 구입되는 신선한 재료를 가지고 고객의 기호성에 맞추어 양질의 재료와 저렴한 가격으로 고객에게 서비스하는 음식을 말한다.

잘 준비되고 고객의 선호기준에 맞는 메뉴는 다음과 같은 장점을 지니게 된다.

- 매일 새로 준비된 음식을 고객에게 빠르게 제공할 수가 있다.
- 재료의 사용에 있어 저장재료를 낭비하지 않고 판매할 수가 있다.
- 고객의 메뉴선택을 쉽게 해주는 역할을 한다.
- 매출액 증가에 기여한다.

❹ **뷔페메뉴**(Buffet Menu)

음식메뉴가 다양하게 구성되어 일정액을 지불하고 구성되어 제공되는 전 요리를 고루 먹을 수 있는 장점이 있다.

또한, 메뉴의 구성 및 분류는 고정메뉴(변동이 없는 일정한 메뉴), 사이클메뉴(한주나 격주 또는 일정 기간 기준으로 제공), 싱글유즈메뉴(설날 및 추석 등 특별히 선정된 메뉴를 제공하는 일회성 메뉴), 마켓메뉴(특정 기간 동안 제철의 싱싱한 식재료구매가 가능할 경우 만들 수 있는 메뉴)로 할 수 있다.

2 메뉴의 계획

1) 고객의 관점

메뉴계획이란 제공할 음식의 메뉴를 결정하는 과정으로 메뉴는 업소의 판매상품이자 경영의 객체로 경영 의사결정의 요소인 "무엇을 만들어 팔 것인가"라는 정성적인 계획의 기능을 담당한다.

외식업체에서는 생산성이나 수익성 등에서 최고의 효율을 나타내기 위해서 메뉴의 선택이 필요하며, 효과적인 메뉴 계획은 마케팅의 표적시장을 정확히 설정하는 것으로부터 시작하여 원가와 품질, 생산능력 등 다음과 같은 여러 요소를 포함한다.

[표 8-1] **메뉴계획 시 중요점**

분류	내용
사회문화적 요소	관습, 가치관, 지형적 특성 등(고객의 식습관과 패턴, 지형적인 특수성, 선호 식재료, 나이 등 최우선 고려)
선호도 파악	고객 설문, 인터뷰, 의견카드, 잔반 등 통해 데이터 수집
영양학적 요소	최근 저 칼로리 선호
미적인 요소	풍미, 질감, 농도, 색, 형태, 결합 등
경영과 관련된 요소	식재료 원가, 생산능력, 서비스 형태

❶ 고객의 욕구 파악

판매하고자 하는 상품, 즉 제공하고자 하는 메뉴의 주력 대상층과 그 대상층의 욕구와 경향을 분석한다. 사회경제적 변화, 수요시장과 공급시장의 변화는 고객의 욕구를 항상 변화시키는 요인으로 작용한다. 이에 따라 시장의 흐름과 목표고객의 경향을 파악하는 것은 주력메뉴의 종류를 결정하는 가장 중심적인 요소이다.

❷ 원가와 수익성의 함수관계 고려

메뉴의 원가는 식자재비 외에 인건비와 기타 제비용 등을 포함한다. 종전의 개념이 식자재 구매비용에만 초점이 맞추어져 있었으나 현재와 같이 인건비 및 기타 제비용의 구성비가 커지는 실정에서 수익성과 연계되어 메뉴가격을 결정하도록 한다. 원가가 높은 메뉴란 식자재의 구매비가 비싼 것 외에도 제공되기까지 많은 인력을 필요로 하는 것이나 특수한 설비기기를 필요로 하는 것 등으로 가격의 변동에 따라 매출의 추이가 변하는 점을 고려하여 전반적인 사항을 설정한다.

❸ 구입가능한 식자재의 조사

메뉴의 계획 시 고려하여야 하는 중요사항은 시장에서 안정적으로 공급되고 있는 식자재의 파악과 공급받는 방법 등을 사전에 조사하는 것이다.

❹ 조리기기의 사용 용례와 한계 파악

대부분의 주방설비는 조리 시 다용도로 설계되어 있으나 품질경쟁력을 갖추기 위해서는 각각의 메뉴특성에 적합한 전문설비의 도입이 필요하다.

❺ 다양성 있는 메뉴의 설계

메뉴는 다양성을 지닐 수 있도록 설계를 한다. 주력메뉴에 조리법이나 식자재를 조금만 변화시켜도 메뉴의 폭과 다양성을 함께 추구할 수 있다.

❻ 영양적 요소 고려

오늘날과 같이 영양에 대한 관심이 증가하는 상황에서 메뉴는 음식의 질에 영향을 준다는 사실을 고려하여 영양적 균형을 함께 계획한다.

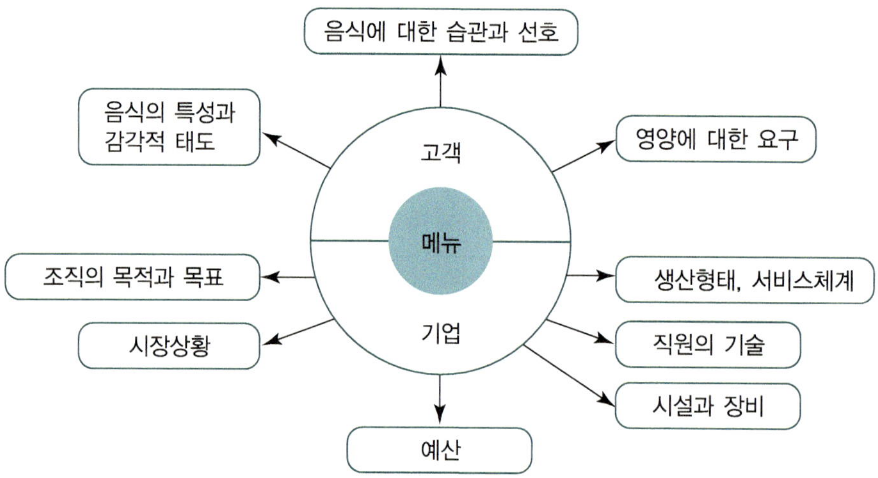

Mahmood A. Khan – "Menus and menu Planning"

2) 경영자의 관점

고객은 메뉴를 통하여 레스토랑이 전달하고자 하는 의미를 파악함으로써 메뉴를 선택하며, 기업은 그들이 전달하고자 하는 메시지를 메뉴를 통하여 고객에게 전달한다.

메뉴는 고객이라는 측면과 기업이라는 측면을 동시에 수행하여야 하는데 이를 메뉴의 양면성이라고 한다. 그러나 메뉴가 일방적인 개념에서 기획된다면 고객의 만족 추구와 기업의 이윤 창출은 불가능할 것이다.

고객의 관점에서는 음식의 특성과 감각적 태도, 식습관과 음식의 선호도, 영양가 등이 중요 사안이며, 기업의 관점에서는 조직의 목적과 목표, 시장 상황, 예산, 시설과 장비, 직원의 기술, 생산 형태와 서비스체계가 중요한 고려사항이다.

고객은 끊임없이 변화하고 새로운 것을 추구하게 되므로 외식업소는 변화하는 고객의 욕구에 민감해야 하며, 서비스는 언제나 새로워야 한다.

레스토랑은 이러한 고객의 욕구에 부응하기 위하여 새로운 제품을 개발하여야 하지만 무계획적인 제품개발은 기업 경영을 어렵게 할 뿐만 아니라 고객으로부터 외면당하게 된다.

시장여건에 적합한 계획을 수립하기 위해서는 제품과 메뉴에 대한 주기적인 모니터링(monitoring)이 필요하고, 이러한 시스템을 효과적으로 수행하는 것이 메뉴분석이며 메뉴기획에 있어서 메뉴분석은 기초적인 업무가 된다.

3 메뉴의 개발

1) 메뉴가격

가격 결정은 외식업체 성공에 있어 중요 요인 중 한 요인이라고 할 수 있다. 음식점에 있어서 메뉴의 가격결정 방법은 3가지로 나눌 수 있다. 원가에 의한 가격결정 방법과 경쟁업체의 가격에 의한 방법 그리고 소비자 수용가에 의한 방법으로 나눌 수 있다.

최근 음식메뉴의 가격결정은 소비자 수용가에 의한 가격결정이 주로 사용된다. 이 방법에 의한 가격결정은 고객의 타깃(Target)을 정확히 분석하여 고객의 소비심리를 반영한 가격의 결정이다.

외식업에 있어 가장 좋은 가격결정은 그 업체만의 경쟁력을 갖춘 메뉴로 부가가치를 더하여 결정하는 것이 가장 합리적이고 고객에게도 이익이 되는 가격결정 방법이 될 것이다.

외식업의 본질은 업종 · 업태에 따른 메뉴를 개발하고 상품을 구성해야 한다. 고객이 레스토랑을 찾는 가장 큰 이유 중의 하나는 맛있는 메뉴를 먹기 위해서다. 따라서 레스토랑의 경쟁력은 상품(메뉴) 경쟁력이 크게 좌우한다. 맛이 없으면 손님은 다시 오지 않게 되고, 강한 상품, 즉 잘 팔리는 상품이 없으면 이용 동기가 감소되어 객수가 점점 줄어들게 된다. 체인 레스토랑에서의 상품은 기본적으로 업종 및 업태와 밀접한 관계가 있다. 다시 말해 현장(레스토랑)에서 가장 강력하게 표현된 것 중의 하나가 메뉴인 것이다.

체인 레스토랑에서 보다 나은 상품을 개발하기 위해서는 포지셔닝을 이해해야 하며 이와 관련된 내용에는 취급상품, 대상 고객층, 서비스 스타일, 객단가 등이 있다.

취급상품 메뉴에는 한식, 양식, 일식, 중식 등이 있으며 최근에는 각각의 상품이 혼합되어 가는 경향이 증가하고 있다. 이러한 취급상품의 차이가 업종인 것이다. 취급 상품의 차이에 따라서 고객층이 다르기도 하고 피크타임과 아이들타임의 객수차이를 보이기도 한다. 중식 레스토랑과 양식 레스토랑에서의 아이들타임에 객수차이가 날 수밖에 없는 것은 바로 이 취급상품의 차이 때문이다.

목표 고객층은 업태를 결정하는 주요한 요인이 된다. 이는 또 상품구성, 프로모션, 서비스 스타일 등에 직접적인 영향을 준다. 목표 고객층을 고려할 때 세대별, 성별, 소득별 등으로 분류하는 것이 보통이지만, 보다 중요한 것은 어떠한 라이프스타일을 가진 사람이 이용할까 하는 점이다. 따라서 동일한 라이프스타일을 염두에 두다 보면 세대를 고려한 젊은이나 가족을 목표로 하는 등의 예를 생각해볼 수가 있는 것이다.

서비스 스타일 역시 업태를 결정하는 핵심적 요소이다. 이것은 객단가, 라이프 스타일과도 관계가 깊다. 서비스 스타일에는 테이블 서비스, 카페테리아, 셀프 서비스 등이 있으며 각 스타일을 혼합하여 서비스하는 경우도 있다.

고객에게 판매되는 메뉴를 만들기 위해 염두에 두어야 할 내용은 먼저 남녀노소 누구든지 좋아할 수 있는 상품이어야 하며, 다음으로 싫증나지 않는 즉, 일상적으로 먹을 수 있는 메뉴일수록 성공 가능성이 높다. 또한, 가급적 대표메뉴를 육성하는 것이 필요하다. 영업이 잘된다면 가급적 적은 메뉴를 가지고 운영하는 것이 효과적이기 때문이다. 그러나 그 브랜드의 콘셉트가 지향하는 목표고객을 고려해 일정한 숫자의 한정된 메뉴를 놓고 스타메뉴를 육성함과 동시에 필요한 메뉴를 계절에 맞춰 변화를 주는 것도 필요하다.

둘째, 고객이 선호하지 않는 상품은 개발하지 않는다. 일반적으로 1000인당 15식 미만으로 특정지향상품, 특정인을 위한 상품, 예전부터 판매해 왔으나 재고가 많은 상품 등이 이에 속한다. 개인레스토랑에서는 이런 상품을 취급할 수 있으나 체인레스토랑에서는 취급해서는 안 된다.

셋째, 재료나 조리법 등으로 인해 일반가정이나 다른 레스토랑에서 맛보기 힘든 식재료 상품을 취급한다. 가정에서 만들기 힘든 상품(음식)이 있다. 이것을 대량생산해 원가를 낮추고 품질은 향상시킴으로써 가격과 품질 면에서 가정에서보다 유리하게 제안한다면 좋은 상품이 될 수 있다.

가격대는 상품구성의 기본으로 상품정책상 중요한 요소이다. 왜냐하면 가격대는 곧 점포의 이미지이기 때문이다. 높은 가격대의 레스토랑은 고급 이미지로서 객수는 적을 것이다. 반면 낮은 가격대라면 부담이 적은 만큼 객수는 증가하게 될 것이다.

일반적으로 가격이 비싸면 품질이 좋고, 가격이 싸면 품질이 낮다. 그러나 체인에서는 가격이 민감한 품목을 취급해 스케일 메리트(scale merit, 대량구매, 생산)를 추구하므로 가격은 낮으나 그에 비해 더 높은 품질을 실현한다. 따라서 체인에서 취급하는 상품가격이 일반적인 점포에 비해 가격이 비싸다면 객수는 늘지 않으며 점포가 늘어날수록 수익이 악화되기 쉽다. 품질과 가격결정에 있어서 유의할 점은 어느 한쪽에 비중을 두면 착각을 일으키기 쉽다는 점이다.

메뉴는 도입, 성장, 성숙, 침체의 4단계로 구분할 수 있으며, 이러한 라이프사이클을 고려해 메뉴를 구성하는 것이 필요하다. 메뉴구성 중 일반상품이 95% 내외, 미지의 도입상품은 5% 내외로 구성하는 것이 보통이다. 95% 내외의 일반메뉴 중 잘 판매되는 메뉴(성숙) 50~55%, 팔고 싶은 메뉴(성장) 30~40%, 보여주는 메뉴(성장 초기) 10% 내외 등으로 구성한다. 나머지 메뉴는 5% 내외를 도입해 차세대 주력 상품 군으로 육성하는 것이 필요하다.

메뉴가격의 결정은 업소의 경제적 목표인 이윤의 결정하는 요소로 이의 결정법으로는 고객중심의 가격결정법, 저가격법, 특별할인 및 세트가격법, 이윤가격법 등이 있다.

[그림 8-1] 가격에 영향을 미치는 요인

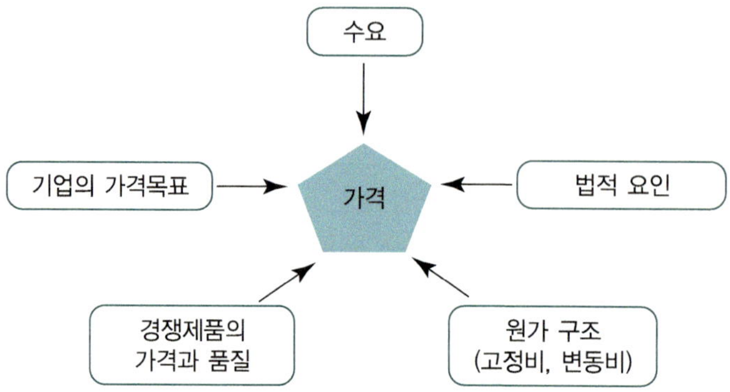

(1) 주관적 산출법

❶ **적정**(이상적인) **가격법**(Reasonable Price Method)

외식경영자의 경험과 추측으로 메뉴가격을 결정하는 방법으로 목표고객의 취향 외식동기를 판단하여 결정하는 직관적 가격법이다.

❷ **최고 가격법**(Highest Price Method)

레스토랑에서 판매하는 최고메뉴품목의 가치를 최대한 평가하여 수요와 관계없이 레스토랑의 이미지 부각을 목적으로 하며, 타 레스토랑과의 기술적인 우위를 가지고 있다고 판단될 때 결정하는 가격법이다.

❸ **최저**(손실유도) **가격법**(Loss Leader Price Method)

신규시장에 진입하거나 새로운 고객층을 유인을 목적으로 하며, 고객이 방문하여 타 음식 주문을 유도할 때 사용하는 가격결정 방법으로 반드시 저가의 가격이라도 가격대비 음식의 질이 병행되어야만 고객이 상품가치를 인정한다.

❹ **경쟁자 가격법**(Competition Price Method)

동일업종 및 주변의 경쟁자가 정한 가격을 따르는 방법으로 경쟁 레스토랑의 메뉴가격이 고객들이 만족하고 있다는 가정 하에 사용하는 방법이다. 레스토랑마다의 콘셉트와 원가 및 판매량이 다르므로 단순한 모방은 위험하지만, 경쟁자 시장의 잠식과 방어목적으로 일반적으로 사용하는 방법이다.

(2) 객관적 가격 산출법(이윤가격법, Markup Pricing)

❶ 팩터(배수) 가격법(Factor Price Method)

가장 간단한 가격결정법으로 과거의 영업실적 자료를 가지고 있는 레스토랑에서 많이 활용한다. 원하는 식재료비 %를 100으로 나눈 승수(factor)를 식재료비에 곱하여 산출하는 방법이다.

예를 들면 원하는 식재료 비율이 34%이고 메뉴원가가 2,000원이라면, 34%를 100%로 나눠 2.94(factor)를 산출한 후 2.94를 원가에 곱하면 5,880원이 판매 가격으로 산출된다. 전통적인 가격산출 가격법으로 식재료비에 몇 배를 받아야 적절한 판매가격이 되는지 산출하는 계산 방법이다.

❷ 프라임 코스트(주원가)법(Prime Cost Method-Harry Pope)

경영주가 목표하는 식재료비용과 직접인건비를 메뉴가격에 포함시켜 가격을 결정하는 방법으로 좀 더 정확한 방법이라고 할 수 있다. 이 가격법은 프라임 코스트를 먼저 산출하여 적용을 하여야 하는데, 프라임 코스트는 식재료비(Food Cost)와 직접인건비(Labor Cost)를 합한 비용을 말한다. 또한, 직접인건비 비율은 전체 일반적으로 전체 인건비의 1/3 정도로 추정하며, 경영주는 반드시 목표로 하는 식재료 비율을 정해야지만 계산할 수 있는 방법이다.

프라임코스트=식재료비/직접인건비
핀매가격=프라임 코스트/(식재료비율+직접인건비율)

❸ The Gross Mark-up Method

손익계산서상의 매출총이익(gross profit : 매출-식재료비)을 전체 고객 수로 나눈 숫자(고객 1인당 기여도)를 메뉴원가에 합산하여 산출하는 방법으로 식재료비만을 기준으로 한 위의 두 방법과 달리 식재료비 외에 인건비, 경비, 이익률 등의 기타 요소를 모두 고려하여 메뉴들의 원가범위가 서로 비슷할 경우에 활용한다.

예를 들면, 매출 총이익이 3억 원이고 방문고객 수가 7만5000명이라고 가정하면, 1인당 기여도는 4000원(3억÷7만5000)이며 이 숫자를 메뉴원가 2000원에 합하면 판매가격은 6000원이 된다.

(3) 고객중심의 가격결정법

일반적으로 고객의 입장에서 경영자가 가격을 결정하는 방법으로 목표고객이 부담없이 지불할 수 있는 가격수준으로 가격을 결정하는 방법으로서 주관적인 입장에서 가격결정이 되면, 그 가격에 맞게 원가비용을 역산출하는 결정법이다.

(4) 저가격법

유통망을 갖춘 체인업체 및 신규업체에서 단기간에 사용하는 방법으로 신제품의 시장개척 및 시장점유율을 높이고자 하는 경우에 채택하는 가격법으로 새로운 메뉴를 낮은 가격에 판매하여 고객의 주의를 끌며 사용하는 가격결정법이다.

(5) 특별할인 및 세트 가격법

고객의 주문이 한 메뉴로 한정되지 않는 점을 이용하여 특정메뉴의 가격을 특별봉사가격으로 설정함으로써 고객의 방문을 유도하고 다른 메뉴로부터 그 이윤을 보상하는 방법이다. 예를 들면 패스트푸드점에서의 햄버거 메뉴를 최저가격으로 봉사하며 음료수나 프렌치프라이와 같은 다른 메뉴를 판매함으로써 총이윤을 증가시키는 방법이다.

(6) 이윤가격법

이윤가격법은 식품의 식재료비용 및 여러 가지 비용을 이윤과 함께 고려하여 결정하는 방법으로 합리적인 객관적인 가격결정법이라 할 수 있다. 이는 연간매출액과 영업비, 매출이익에 따라 가격승수를 결정한 후 표준 원가에 배부하는 방법이다.

외식업의 경영자는 메뉴가격의 산출할 때 다른 업소의 가격비교나 원가율만을 고려하는 경향이 많았다. 연간예상매출액과 매출이익 등을 고려하여 산출하지 못하는 단점에서 소위 말하는 앞으로 남고 뒤로 밑지는 결과가 많았다고 본다. 고객의 가치기준과 합리적인 가격을 산출하여 경영함으로써 적정이윤을 보장받을 수 있는 외식사업 경영이 가능하겠다.

인플레이션에서의 가격정책은 일반적으로 가격과 가치에 민감한 고객을 대상으로 하는 경우에, 메뉴엔지니어링은 적정가격정책을 수립하는데 유용한 가격결정법이지만 인플레이션에서는 다른 대안도 필요하다. 일반적인 인플레이션의 가격정책에는 다음과 같은 방법이 있다.

❶ 제공하는 음식의 양을 줄인다.

❷ 식품구매 사양을 변경한다(더 저렴한 원재료로 변경).

❸ 기본찬을 줄인다.

❹ 주문식단의 메뉴별로 가격을 매긴다(예 : 비프스테이크에 샐러드는 별도).

❺ 종업원의 생산성을 높인다.

❻ 작업방법을 개선한다.

위의 방법은 인플레이션에서 채택할 수 있는 일반적 방법이지만 고객들이 느끼는 가치에 대한 인식을 나쁘게 만들 수 있고 궁극적으로는 사업이 하향곡선을 그리는 결과까지도 이를 수 있다. 인플레이션을 극복하는 가장 효과적인 방법은 고객수요에 근거한 불황을 타지 않는 메뉴의 개발이나. 마지막으로 수익성의 저하를 해결하는 적극적인 방법으로는 다음과 같은 사항이 있다.

❶ 고객수요를 창출한다.

❷ 유동자산의 이용도를 높인다.

❸ 메뉴의 공헌이익을 높이도록 한다.

위에서 제시한 각각의 방법은 가격을 인상시키지 않으면서도 수익성을 향상시키는 긍정적인 효과를 기대할 수 있다. 메뉴엔지니어링은 메뉴의 내용과 가격, 메뉴구성의 결정 등을 평가하는 경영활동에 유용한 관리방법으로 고객의 수요 증가나 메뉴별 공헌이익을 증가시킴으로써 메뉴의 총공헌이익을 제고시키는데 중점을 두고 있다.

신메뉴의 가격을 산출하는 방법으로는 원가산출법, 경쟁자 가격산출법, 목표손익법 등 크게 3가지 방법이 있다. 이때 원가산출법을 바탕으로 가격을 상정하며, 다소 주관적인 경쟁자 가격산출법과 목표손익법을 고려하여 최종 메뉴가격을 정한다.

원가산출법은 원재료비와 부재료비를 통해 식재 원가를 산출하는 것이다. 원가를 약 25% 수준에서 맞춰 산출된 원가를 기준으로 가격을 책정한다. 원가율은 메뉴 카테고리에 따라 상이한데 샐러드는 15% 수준, 스테이크와 시푸드는 30%를 상회하기도 한다. 즉, 표준원가는 메뉴 믹스를 통해 산출된다. 이때 표준원가는 할인 프로모션, 식재료 스펙에 따른 손실비율, 프랩(prap) 과정 등의 이유로 실제 원가와 약 2~3% 차이가 나기도 한다는 점을 참고하도록 한다.

원가산출법에 따라 스테이크를 가격을 책정해 본다면, 300g 스테이크 원가는 3000원, 토마토는 700원, 올리브 소스는 200원 등 총 1만2000원 정도의 식재료비가 산출된다. 스테이크와 같이 원가비가 높은 경우는 식재원가를 30%로 책정하는 것이 일반적이므로, 이때 메뉴가격은 3만6000원 정도가 적합하다. 최근에는 노동원가 개념으로 메뉴를 만들기 위해 투입되는 노동력과 조리기술을 원가에 포함하여 산출하기도 한다.

경쟁자 가격산출법은 유사한 규모와 수준의 레스토랑 및 인근 상권의 레스토랑 메뉴 가격을 조사하여 동일하게 맞추는 것이다. 특히, 단품메뉴보다 세트메뉴의 경우 많이 적용된다. 피자의 경우 1만3000~1만5000원대가 가장 많으며, 파스타는 8000~1만 원대가 일반적이다. 목표손익법은 사업계획서 상의 매출(손익)목표를 근간으로 목표 객단가를 설정하고 이를 달성하기 위해 가격을 먼저 세팅한 후, 메뉴개발을 진행하는 것이다. 목표 객단가 산출 시, 음료와 주류 비율을 감안해야 한다. 음료비율은 약 15~18% 수준이 일반적이다.

2) 메뉴판 디자인

메뉴판 디자인이란 메뉴계획과정에서 선정된 내용들을 메뉴판에 배정하는 과정으로서 고객에게 제공되는 메뉴상품과 정보를 보다 효과적으로 전달할 수 있도록 해야 한다. 레스토랑 운영 시 변경되는 메뉴내용을 쉽게 교체될 수 있도록 경제적으로 제작하면 비용도 절약할 수 있으며 특별 이벤트 메뉴를 삽입할 수 있는 기능성도 고려가 되어야 한다.

또한, 메뉴의 배열과 메뉴의 상세한 설명은 고객에게 미각을 자극시키고 음식을 이해시켜 더욱 만족하는 식사시간을 준비하게 하는 요소가 되기도 하기 때문이다. 메뉴를 설명하는 글씨는 목표고객층의 취향을 고려하여 제작하여야 한다. 예를 들면, 아이들을 위한 메뉴는 그림과 함께 쉽게 설명할 수 있는 글씨크기와 배치 그리고 노인층 고객을 위한 메뉴설명에는 젊은층 고객을 위한 글씨보다 더욱 크게 제작되어야 할 것이다. 메뉴판 사이즈도 레스토랑의 분위기와 고객취향을 고려하여 사이즈를 결정해야 한다. 또한 메뉴판 내외부의 색상도 레스토랑의 분위기와 고객층의 취향에 일치하도록 선택해야지만 고객의 만족도를 향상시키는 요소가 된다.

메뉴판의 재질은 얼룩이 지지 않는 견고한 재질이 메뉴판을 관리하기에 용이하지만 제작과 교체비용이 많이 들기 때문에 충분히 고려해야 한다.

(1) 메뉴품목의 배치

메뉴 디자인 형태에 따라 메뉴 품목의 배치는 매출증대를 위하여 중요한 요소가 될 수 있으며 판매 증진 목적의 전략메뉴는 배치의 적절성에 따라 판매량이 증대될 수가 있다. 모든 레스토랑에게 적용되는 방법은 아니지만 고객들이 메뉴판을 보며 메뉴선택 결정과정의 심리를 이용하는 전략으로 많이 이용되는 방법이라고 할 수 있다. 특히, 고급레스토랑일수록 메뉴품목 배치는 매출향상에 영향을 많이 미칠 수 있기 때문에 고려해야 할 부분이다.

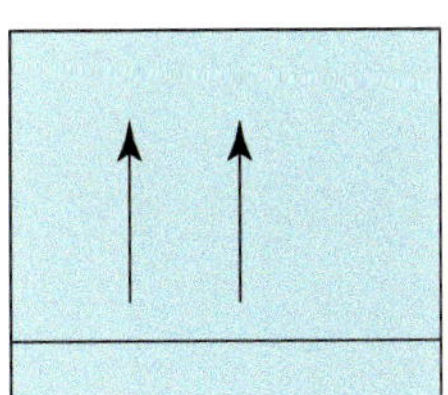

Single-Panel Menu

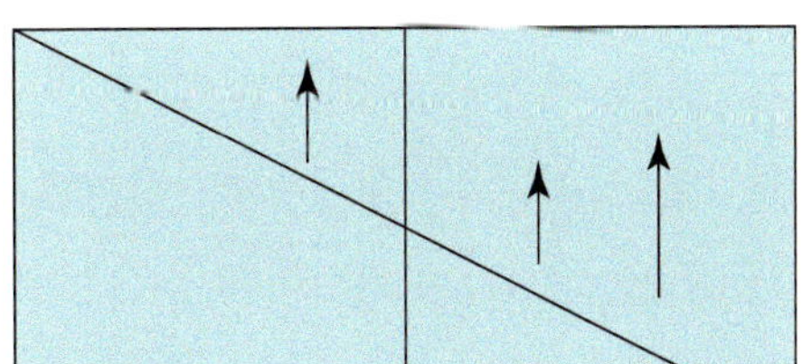

Two-Panel Menu

(2) 고객시선에 의한 메뉴가격 배치

레스토랑의 주력메뉴와 고가의 메뉴 및 공헌이익(contribution margin)이 높은 메뉴들도 메뉴판 어느 위치에 있느냐에 따라 판매량과 이익증대에 많은 영향을 미치므로 아래와 같이 위치선정을 고려하면 도움이 될 수 있다.

고객의 시선은 대부분 메뉴판 중상위 부분과 오른쪽 부분을 먼저 보는 경향이 많으므로 주력메뉴와 수익성이 높은 메뉴를 적절히 배치하여야 한다.

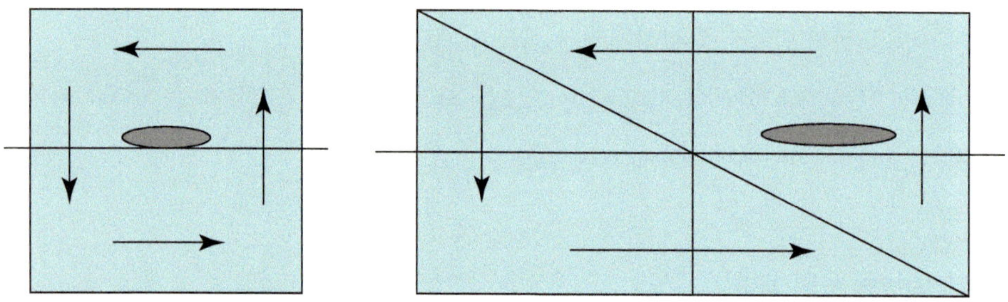

3) 메뉴명 네이밍(naming)

메뉴명은 레스토랑을 나타내는 대표성을 갖는다. 특히 단일메뉴 전문점일 경우 메뉴가 레스토랑의 이미지를 대표하기도 한다. 따라서 같은 메뉴라고 할지라도 톡톡 튀는 아이디어와 개성, 함축적인 의미가 녹아든 메뉴명의 중요성이 부각되고 있다. 최근 업소마다 메뉴명을 특허 출원하는 경우가 늘고 있는데 이 역시 메뉴명의 중요성이 커지고 있기 때문이다. 메뉴 네이밍을 통해 브랜드 전체 이미지 또한 효과적으로 관리할 수 있음을 염두에 두자.

레스토랑의 콘셉트, 목표고객층의 성향에 따라 메뉴명도 변화가 필요하다. 어딜 가나 똑같은 메뉴명은 고객에게 브랜드 차별화 및 로열티를 제공하는데 걸림돌로 작용할 수 있기 때문이다. 따라서 목표고객층의 범위와 객단가에 따라 메뉴명도 전략적으로 만들어야 한다. 비교적 대중적이고 객단가가 낮을 경우, 메뉴만 보고도 메뉴의 맛이나 특성을 쉽게 가늠할 수 있는 설명적인 메뉴명이 바람직하다.

소수 고객층을 목표로 하고 객단가가 높을수록 목표고객층의 라이프 스타일에 맞춰 상징적인 메뉴명을 만들어 차별화하는 것이 효과적이다. 메뉴명의 효과를 극대화하기 위해서는 다양한 홍보 도구를 활용해야 한다. 메뉴 보드 및 카운터 메뉴판 등 고객이 가장 많이 살피는 곳과 대형 배너, POP 등을 매장 내에 배치해 인지도를 높이는 것이 중요하다.

메뉴 네이밍에 앞서 법적으로 메뉴명의 사용 허가 여부를 꼼꼼히 따져봐야 하며, 고객이 쉽게 부를 수 있고 인지할 수 있는지 등을 충분히 고려해야 한다.

❶ 목표고객층을 위한 메뉴개발

❷ 마케팅을 고려한 메뉴개발

❸ 이벤트(Event) 메뉴개발

❹ 재고관리를 고려하여 개발

❺ 기획메뉴 상품개발

❻ 건강 메뉴개발

❼ 식이요법 메뉴개발

❽ 주방 설비를 고려하는 메뉴개발

❾ 메뉴 북(Menu Book)전문가 투고, 메뉴개발 스케줄

메뉴의 개발부터 운영, 고객의 접점에서 보여지는 네이밍과 메뉴북 콘셉트까지 사례와 함께 실제로 수익성과 연결되는 가격전략과 프로모션은 다음과 같다.

메뉴에 있어 '불리는 이름', 즉 네이밍은 메뉴에 대한 첫인상이며 고정관념을 갖게 하므로 '맛' 만큼이나 중요하다. 네이밍은 영어단독으로 표기하거나 영어와 한국어를 병행해서 표기하기도 한다. 최근에는 메뉴의 개성을 살려 이탈리아어나 프랑스어 등 현지어를 사용하기도 한다. '잘 지은 메뉴명' 은 4음절을 초과하지 않는다. 미사여구나 수식어구가 너무 많이 붙으면 그만큼 임팩트가 약해지기 때문이다. 일반적으로 메뉴명은 형용사와 명사의 조합어로 만들며, '쉬림프 올리브 토마토 파스타' 와 같이 주요 식재료나 주요 소스의 명칭을 네이밍의 구성요소로 활용하는 경우가 많다. 또한 매드포갈릭의 '드라큘라 킬러' 와 같이 연상되는 이미지를 통해 메뉴를 상징화하여 고객의 감정을 표현하는 단어를 삽입하기도 한다. 한 가지 주의해야 할 점은 모든 메뉴네이밍 전략이 독

특하기보다는 전략적 메뉴, 즉 스타메뉴 15~20%의 네이밍 정도만 마케팅 요소와 홍보 요소를 감안하여 트렌드를 반영하는 네이밍이어야 적절하다.

메뉴북에는 메뉴명과 함께 고객의 이해를 돕는 메뉴설명이 곁들어진다. 메뉴설명은 기본적으로 구성 식재료, 소스와 드레싱 설명, 먹는 방법, 기타 메뉴의 특징을 담은 내용을 포함하는데, 최근에는 육류는 원산지와 그램 수 표기가 의무화되어 함께 표기해야 한다. 원산지 표기는 육류뿐만 아니라 전 식재료로 확대 시행될 예정이므로 사전에 특별한 주의가 요구된다. 원산지 정보 이외에도 경우에 따라 영양정보와 칼로리 등을 표기하기도 한다.

메뉴

1. 메뉴 네이밍의 포인트, 브랜드 콘셉트의 연장선

메뉴 네이밍의 핵심은 전체 레스토랑 콘셉트와의 일관성이라 할 수 있다. 즉, 판매하고자 하는 메뉴가 무엇인지, 서비스 방법은 무엇인지, 매장 분위기가 어떤 지에 맞춰 메뉴명 역시 달리해야 한다. '시골 할머니 칼국수'라는 간판을 내건 음식점에서 '프리미엄 코리언 누들'이라는 메뉴명을 내걸었을 때, 고객들은 어색하다 못해 당황할 것이다.

2. 사실적? 추상적? 어떤 방식이 메뉴를 잘 표현할까?

메뉴에 사용되는 재료나 조리방법을 메뉴명에 있는 그대로 표현한 '사실적' 메뉴명이 있는가 하면 도대체 이게 무슨 메뉴인지 알 수 없는 '추상적'인 메뉴명도 있다.

이 두 가지 메뉴명 형태 중 어떤 것이 자기 업소에 적합할까?

일반적으로 사실적 메뉴명이 많이 사용되다 보니 추상적 메뉴명이 고객들에게 꽤 깊은 인상을 심어줘, 오랫동안 기억될 수 있는 이점이 있다. 하지만 메뉴 본연의 가치나 품질을 격하시키거나 전혀 다른 의미를 뜻한다면 인상만 깊고 해당 메뉴의 주문율은 감소할 수 있다. 한편 사실적인 메뉴명에 일부 메뉴만 추상적인 메뉴명을 삽입해 고객에게 재미를 제공하는 것도 아이디어다. 예를 들어 구이전문점에서 사이드 메뉴로 내놓는 냉면이나 국수를 '상큼이', '개운한 거~'라는 식으로 메뉴의 특성을 살린 메뉴명으로 짓는 것이다.

3. 롯데리아

'쉽고 편하게 재미있게' 다양한 고객층을 흡수한다.

롯데리아는 버거 20종, 디저트 20종, 커피 8종, 아이스크림 4종, 치킨 2종 등 총 80여 종의 메뉴를 선보이고 있다. 이는 다양한 메뉴 구성으로 주요 타깃층의 니즈를 충족시킨다는 전략으로, 메뉴 가짓수가 많은 만큼 고객이 메뉴명만 듣고도 쉽게 메뉴의 특징을 인지할 수 있도록 메뉴 네이밍에도 주력하고 있다.

4. 메뉴명에 모든 정보 수록, 설명 기능

롯데리아는 '설명적' 메뉴명으로 고객이 쉽게 메뉴를 이해할 수 있도록 하는 데 초점을 두고 있다. 메뉴의 주요 재료를 메뉴명으로 설정해 이름만 보고도 어떤 맛을 낼 지 미리 가늠해 볼 수 있어 선택의 편의를 더한 것이다.

특히 패스트푸드의 특성상 타깃 대상이 10~20대 젊은층과 어린이를 동반한 주부고객인 점을 감안해 쉽게 이해할 수 있도록 한 동시에 직원들도 메뉴 설명을 별도로 하지 않아도 돼 신속한 서비스가 가능토록 했다. 파프리카베이컨비프버거, 한우불고기버거 등 메뉴명에 주 식재료를 넣은 것이 그 예다.

5. 연상 단어 활용, 메뉴 이미지 부각

최근 롯데리아는 지속적인 신메뉴 론칭 및 경쟁업체와의 차별화를 위해 고객들의 호기심을 유발할 수 있는 메뉴명을 도입했다. 기존 원부재료를 메뉴명으로 사용한 것이 아닌 메뉴의 특성을 살려 이미지를 연상할 수 있는 메뉴명을 선보인 것이다.

일례로 지이언트 더블버거는 '자이언트=크다' 라는 이미지와 함께 '더블=크다' 라는 이미지를 접목해 양적인 만족감을 부각시켰으며 아이스크림 메뉴군은 토네이도로 통합해 '시원한' 느낌을 살리는 한편 메뉴 확장이 보다 용이하도록 했다. 더불어 브랜드 네이밍의 중요성이 커짐에 따라 메뉴명에도 새로운 전략을 펼치고 있다.

타깃의 트렌드를 파악해 이에 부합하는 핫 이슈, 키워드 등을 발굴, 이를 메뉴명에 접목하는 것이다. 쌀팍 역시 당시 MBC의 오락프로그램인 '무릎팍 도사' 에서 아이디어를 얻어 개발한 이름으로 친근감과 흥미를 유발하는 한편 '쌀알이 팍팍 들어간 치킨' 이라는 의미를 함축, 단순하지만 강한 느낌으로 메뉴 특성과 이름을 효과적으로 살린 예다.

6. 네이밍=디자인, 오감을 자극

메뉴 네이밍은 '디자인' 이라 할 수 있다. 같은 메뉴명이라 할지라도 서체나 활자의 크기 등에 따라 고객에게 어필하는 정도도 확연한 차이를 보인다.

특히 다양한 메뉴를 선보이는 업소일 경우 메뉴 보드나 메뉴판에는 통일된 서체를 사용하되 POP 등 홍보용에는 메뉴의 특성을 살려 서체를 달리해 쉽게 눈에 띄도록 가시성을 높이는 것이 좋다. 롯데리아는 텐더그릴 치킨버거부터 이를 시행해 각 메뉴명의 개성을 살리고 고객에게 보다 눈에 띄게 관심을 유도했다.

7. '네이밍=디자인, 오감을 자극할 수 있어야'

롯데리아 마케팅팀 정세진 주임은 최근 출시한 쌀팍 치킨과 아보카도 통새우 버거의 메뉴명을 개발한 주역으로 롯데리아의 메뉴 네이밍을 도맡아 하고 있다. 그녀는 효과적인 메뉴명을 만들기 위해서는 철저한 사전 조사 및 다양한 의견 수렴을 통한 창의적인 아이디어가 반드시 수반되어야 한다고 강조한다.

"메뉴 네이밍 시에는 직원들의 의견과 고객 설문 등 다양한 의견을 반영해 보편타당한 이름을 선정하고 있다. 회사 직원 모두에게 메일을 통해 아이디어를 모집하는 이벤트를 열기도 하며 계열사인 광고업체의 의견을 귀담아 듣는다. 무엇보다 롯데리아의 메뉴 특성을 잘 알고 있기 때문. 더불어 내점 고객에게 스탬프 투표를 통한 설문 조사나 주요 타깃층이 몰려있는 종로, 신촌 등 역세권에서 길거리 조사 등을 통해 고객의 의견을 묻는 것은 기본이다."

4 메뉴의 관리

1) 메뉴의 개발과정

우리나라 외식업의 메뉴를 시대별 흐름으로 보면 1950년대에는 먹고살기가 힘든 사회환경과 빈곤한 경제 환경에서 자연식품을 위주로 한 식물성 메뉴와 동물성 메뉴가 최고의 상품으로 등장한 시대였다.

음식점 경영의 성패는 음식의 양에 있었다고 하여도 과언이 아닐 정도의 사회적으로 궁핍할 때였으며, 이때 성행하는 메뉴 단어로는 '곱빼기', '왕만두', '왕대포' 라는 양을 대표하는 단어들이 탄생하게 한 시대이다.

1960년대에는 메뉴에 대한 인식단계로 1963년 인스턴트 라면이 들어와 15원에 팔리기 시작하면서 가공식품의 눈부신 발전은 양적인 식당경영에서 질적인 면을 중요시하는 시발점의 시대가 되었다.

1970년대에는 배고픔 시대에서 어느 정도 벗어나 우리나라 사람들의 빨리빨리라는 습관에 맞는 패스트푸드가 등장하면서 음식을 선택하여 먹게 되는 선택단계에 들어선다. 맛을 중요시하고 질적인 면에서 맛과 멋을 중요시하는 미적인 측면에 돌입하게 된다.

1980년대에는 외식산업이 눈부시게 발달하면서 식도락단계에 돌입하게 된다. 많은 고객들은 맛있고 분위기 있고 깨끗한 브랜드를 찾아 음식을 즐기는 시대가 되어 이에 발 빠르게 체인레스토랑이 발전하는 시대가 된다. 이때에 데코레이션과 음식을 담는 접시 등을 중요시하던 시대를 마감하면서 성인병이 갑자기 불어닥치는 바람에 내추럴(Natural)하고 복잡하지 않는 자연식을 중요시하게 된다.

1990년대에는 양분되는데 IMF 이전에는 식품의 예술화단계로서 자연식품을 위주로 한 음식 등이 최절정에 다다른다. IMF 이후에는 식품의 정보화 단계로서 건강식품이 전국을 강타하게 되면서 복고풍의 옛날 전통음식을 위주로 한 가격 양극화 현상이 나타난다.

2000년대에는 식품의 탈국적화 현상으로서 퓨전(Fusion)메뉴들이 외식시장을 소용돌이치게 하면서 메뉴구성에 따른 양식과 한식, 중식과 한식, 일식과 한식, 양식과 중식, 양식과 일식 등이다. 또한, 메뉴이름에 따른 퓨전 즉, 나딤버디플라이(샤브샤브푸쇠고기 야채), 비너스의 탄생(가리비구이), 헤라클레스의 열애(버섯핫 샐러드), 씨저의 정원(즉석 샐러드), 로데오켄터키(양념후라이드치킨) 등이다.

퓨전이 서서히 정착되면서 아셈(ASEM)회의를 계기로 밀레니엄 메뉴가 선을 보이면서 식당에 무섭게 도입되고 있다. 밀레니엄메뉴는 퓨전과 같이 한 음식에 다른 나라 메뉴 두 가지 이상을 섞어내는 것이 아니라 메뉴 풀코스 중에서 전채는 미국식, 수프는 일식, 메인은 한국식, 샐러드는 이탈리아식, 디저트는 중국식 등으로 각국의 음식을 코스별로 넣어 다양하게 즐길 수 있도록 하기 때문에 많은 인기를 얻고 있다.

향후 메뉴의 개발 전망은 기능성 식품을 위주로 한 건강과 고통에서 해방하려는 속성에 근거한 메뉴가 계속 전개될 것 같다.

메뉴개발 전제조건 및 고려사항은 최근 국내 유통업계에서 화두로 떠오른 이슈는 "우리의 소비자들이 달라졌다"는 것이다. 특히 외식업계는 경제 불황기, 고유가 시대의 영향을 직접적으로 받아 어느 업계보다 타격이 크다. 이러한 어려움을 극복하기 위해 전문가들이 찾은 해결점은 "소비자의 변덕스러운 트렌드를 반영한 메뉴를 구성하라"는 것으로 화두가 '메뉴개발'에 맞춰졌다.

외식업계 상당 수 기업들은 여전히 메뉴개발팀(R&D팀)이 마케팅, 구매, 교육, 영업 부분 등 관련부서와 분리, 고립되어 있는 실정이다. 외식업은 일반기업과 다르기 때문에 메뉴개발팀은 다른 관련부서와 하나의 조직 안에 구성되어야 한다. 고객의 트렌드를 가장 빨리 파악하는 마케팅팀에서는 메뉴개발팀에 항상 최신 트렌드를 업데이트하여 공감대를 형성해야 하고, 구매팀에서는 새로운 식재료의 등장 또는 메뉴개발팀에서 필요로 하는 식재료에 대해서 항상 유기적인 미팅을 통해 메뉴개발팀의 니즈를 파악해야만 한다. 또한 PR담당자와 영업팀, 교육팀에서는 메뉴개발 초기단계부터 관여하여 메뉴개발자의 의도를 제대로 파악하고 직원들에게 신메뉴에 대한 본질적인 기반부터 깊숙히 교육해 줄 수 있어야만 비로소 메뉴개발과정의 전 단계를 완성할 수 있다.

메뉴개발 프로젝트 진행에 있어 팀 구성원이 모두 공유하고 숙지해야 하는 내용이다. 먼저 명확한 브랜드 콘셉트가 녹아있는 아이덴티티를 설정하고 그 가이드라인 안에서 벗어나지 말아야 한다. 예를 들어 매드포갈릭은 중세 유럽풍의 분위기에 건강식인 갈릭을 테마로 한 이탈리안 레스토랑 및 와인 바이다. '갈릭 레스토랑'이라는 콘셉트를 설정했으므로 식재료뿐만 아니라 메뉴구성, 인테리어, 제작물, 로고, 분위기 등에서도 갈릭이라는 콘셉트를 느낄 수 있어야 한다. 그러므로 만약 현장에서 고객이 원한다고 해서 매드포갈릭의 콘셉트에 맞지 않는 김치나 소주를 판매한다면 그것은 이미 브랜딩에 실패한 것이다.

브랜드 아이덴티티를 지키는 것과 함께 현실적인 부분도 고려해야 한다. 주방의 한정된 공간을 배려해 메뉴를 개발해야 하며 전체 직원들의 역량을 고려한 레시피를 만들어야 한다. 또한 현재 있는 주방 도구들로 음식 조리가 가능한지, 손님이 집중되는 시간에 원활한 업무처리가 가능한지도 확인해야 한다.

2) 메뉴의 수명주기(PLC : Product Life Cycle)

일반적으로 메뉴의 수명주기는 결정되어 있는 것이 아니다. 잘 판매되는 메뉴의 수명은 길어지게 마련이고 그렇지 않은 경우에는 새로운 메뉴의 등장이 필수적일 수밖에 없을 것이다.

보통 패밀리레스토랑이나 호텔의 경우 3~6개월 사이에 새로운 메뉴 상품이 등장하게 되고, 또한 계절에 따라 새롭게 메뉴를 만들어야 하는 경우도 있다.

2003년 이후 외식업계의 최대 화두라고 하면 '웰빙'의 바람이다. 통계청이 '2003년 한국의 사회지표'를 발표하면서 국민 관심사 항목 중 '건강'이라고 답한 사람이 전체 답변자 중 가장 많은 44.9%를 차지하고 있다. 사회 전반에 걸친 건강에 대한 관심은 외식업계 또한 피할 수 없는 대세로 최근에는 건강 음료를 시작으로 앞다퉈 경쟁적인 출시를 보이고 있다.

T.G.I.FRiDAY's도 웰빙족을 위해 '프라이데이스 비타민 티'와 '프라이데이스 그린티' 등 건강음료 2종을 출시해 특히 다이어트에 관심이 많은 여성고객 방문에 기대를 걸고 있으며, 아웃백 스테이크하우스 역시 딸기와 키위를 넣은 '딸기에이드'와 '키위에이드'를 선보여 나와 같은 경우도 그곳을 방문하였을 경우 다른 음료보다는 이러한 음료들을 주로 선택하여 마시고 있다.

예로 오킴스 압구정점에서는 "여타 매장과는 달리 '식자층'이라고 불리는 전문가 집단이 주고객으로 형성돼 이들이 선호하는 메뉴 또한 남다른 특징이 있다"며 "가격에 근 의미를 두지 않는 것은 물론 검은 깨죽과 감자수프, 유기농 등의 메뉴가 호전되고 있고, 최근에는 육류보다 생선류가 높은 인기를 보이고 있다"고 설명하고 있다.

메뉴의 선택에 있어서 "고객은 메뉴 하나를 주문해도 유기농을 원료로 사용하는지 확인하는 고객이 점차 증가하고 있다"며 기존의 일부 채소에서 모든 유기농 채소로 전환할 것이라고 밝히고 있다.

또 하나 주목할만한 변화는 여성고객이 주 고객으로 등장한 것을 들 수 있다.

'런치타임에는 여성고객이 남성고객과 비교해 두 배 이상 방문하고 있다. 특히 샐러드바는 95% 이상을 차지하고 있다.

메뉴의 수명주기(PLC : Product Life Cycle)는 외식시장에 메뉴가 도입되어 시장에서 쇠퇴하고 모습을 감추게 될 때까지의 과정이라고 할 수 있다.

일반적으로 단계는 도입기 → 성장기 → 성숙기 → 쇠퇴기로 구분할 수 있으며 제품수명주기 곡선은 일반적으로 S자 모양을 취하고 있다.

도입기(Introduction Stage)는 메뉴가 시장에 처음으로 소개되는 시기이다.

이 시기 특성은 판촉이 가장 강조되는 시기이며, 신메뉴에 대한 소비자의 인지도가 낮으며, 메뉴에 대한 신빙성 있는 정보 획득이 어려우며, 생산시설을 늘리고 제품생산이나 제품 자체에서 나타난 메뉴의 결함이 나타나며 문제해결에도 적지 않은 시간 소요와 경쟁자가 없는 환경이다.

코틀러 교수는 종래의 마케팅 믹스인 4P를 바꾸어야 한다고 주장한다. 상품(production)은 고객가치(customer value)로, 가격(price)은 고객비용(cost to the customer)으로, 유통경로(place)는 편리성(convenience)으로, 판매촉진(promotion)은 의사소통(communication)으로, 즉 기업이 아닌 고객의 관점에서 마케팅 전략의 전환을 역설하고 있다. 고객과의 커뮤니케이션 채널을 통하여 빠르게 접속하여 고객의 구매를 자극하고 고객이 참여하여 생산된 제품을 고객이 느끼는 가치에 판매하는 마케팅 전략을 전개해야 한다는 것이다.

'고객은 왕이다' 는 흘러간 팝송이며 아주 오래전 마케팅관련 '어록' 에서나 볼 수 있는 캐치프레이즈다. 고객은 더 이상 기업의 위에서 군림하는 존재가 아닌 동반자로 인식되어야 한다. 인터넷 시대의 디지털고객에게 유효한 방법은 '우리가 남이가?' 전략이다. 즉, 아군으로 받아들인 고객의 참여마케팅이 요구되며 이를 통하여 고객의 요구사항이 반영된 제품개발과 마케팅활동을 이루어 고객만족이 아닌 '우리 만족' 으로 극대화할 수 있다.

패밀리레스토랑 '빕스' 역시 고객참여 마케팅의 성공사례이다. 정기적으로 고객들이 메뉴개발의 아이디어 제안에서 출시까지 모든 과정에 고객들이 참여하는 '고객제안 메뉴 프로그램' 을 운영하고 있다. '스위트 찰리찹과 왕새우' , '허브마리네이드 포크 스테이크' 는 출시한 후 한 달 동안 4억 원의 매출실적을 올렸다. 고객제안 프로그램의 성과였다.

3) 메뉴의 분석(Menu Analysis)

메뉴분석에는 메뉴가 식당명칭이 맞는지 메뉴이미지 분석에서부터 메뉴가격에 대한 비교분석, 메뉴원가에 대한 가격분석, 메뉴에 대한 고객선호도 분석, 메뉴중요도 분석, 메뉴만족도 분석, 메뉴인기도 분석, 메뉴원가 분석, 메뉴총수익 분석, 메뉴매출액 분석, 메뉴별 고객수요분석 등 다양한 분석을 할 수 있다.

그러나 대체적으로 메뉴분석은 경쟁업체 간의 비교분석이나 한 업체 내에서 같은 종류의 메뉴끼리 비교분석하기 위하여 많이 이용한다. 이러한 메뉴분석을 통하여 메뉴의 원가를 분석하여 수익성, 인기성을 결정하고 메뉴비교점수 등을 이용하여 메뉴판매가능성을 측정하고 메뉴변화가능성과 메뉴가격을 변화시킬 수 있으며 판매촉진전략을 통한 매출증대나 메뉴를 삭제하여 영업향상을 가져오게 하는데 큰 의의를 찾을 수 있다.

외식산업에 있어 메뉴분석이란 고객의 선호도에 따른 최고의 만족, 종업원 능력에 따른 최대 매출량 증가, 식당경영자에게 순이익 증가시키기 위한 메뉴를 구성하는 일련의 행위라고 개념정의를 내릴 수 있다.

(1) ABC 메뉴분석방법

대부분의 식당들이 가장 많이 사용하는 간단한 분석방법으로 메뉴아이템의 20%가 전체매출의 80%를 차지한다는 20:80법칙을 적용하는 분석기법이다. 고객이 좋아하는 메뉴의 대부분은 극히 일부분의 메뉴에 의해 구성되는 것을 알아볼 수 있는 분석기법이다. 이 분석방법은 메뉴부분만을 대상으로 고객이 좋아하는 메뉴가 무엇인가를 찾아내어 보다 많이 계속해서 인기를 유지하며 판매증가를 가져올 수 있도록 하는 방법이다.

ABC 메뉴분석방법은 첫째, 어느 일정한 기간(보통 1개월 단위) 동안 판매된 메뉴의 수와 매출액을 합한다. 둘째, 매출액이 많은 메뉴 순으로 모든 메뉴를 기재한다. 셋째, 메뉴의 매출전체 총합계를 낸다. 넷째, 각각 메뉴의 매출액을 총합계로 나누어 전체에서 차지하는 비율(%)을 낸다. 다섯째, 비율(%)의 누계를 낸다. 여섯째, 메뉴순서별 누계치의 75~80%를 A부분, 85~90%까지를 B부분, 그리고 나머지 100%를 C부분으로 한다.

이러한 ABC분석방법은 잘 팔리는 메뉴의 성향이 파악되므로 고객의 메뉴선호도나 메뉴제공시간 등을 단축시킬 수 있는 장점이 있으나 메뉴조리과정에서 일어나는 인력에 대한 인건비가 무시되기 때문에 정확한 분석결과를 얻기 어려운 한계점이 있다.

(2) SWOT 메뉴분석방법

SWOT(Strength, Weakness, Opportunities, Threats)메뉴분석방법은 James. F. Keiser가 주장하였으며 각 외식업체 내에서 메뉴의 강점과 약점을 결합시켜 효과적인 메뉴전략을 모색하는 것이다. 따라서 SWOT분석은 강점을 최대로 살리고 약점을 최소화하여 기회요소를 최대로 살리고 위협요소를 최소화하는 방법이다.

[그림 8-2] SWOT분석

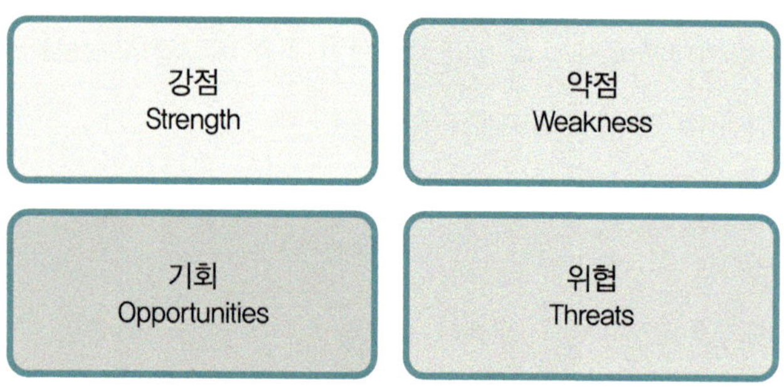

(3) Jack. E. Miller의 메뉴분석 방법

Jack. E. Miller가 1980년에 메뉴가격결정과 전략에서 주장한 방식으로 일정 기간 동안 판매한 메뉴원가 비율과 판매량과의 상관관계를 나타내는 방법이다.

이 방법은 가장 낮은 원가메뉴와 가장 높은 매출량의 메뉴들이 가장 좋은 영업성과를 가져오는 메뉴라는 접근방법이다. 그러나 원가율이 낮은 메뉴는 판매가격도 낮을 수 있어 수익성이 없을 수도 있는 동시에 수익성을 높이기 위해 가격을 올리면 고객감소를 초래할 수 있다. 또한 낮은 원가율과 높은 판매량의 메뉴들이 있을 수 있으나 매출액이나 공헌이익이 나타낼 수 없는 한계가 있다.

[그림 8-3] 원가/매출량

Ⅰ. Winner 높은 인기, 낮은 원가	Ⅱ. Marginals 높은 인기, 높은 원가
Ⅲ. Marginals 낮은 인기, 낮은 원가	Ⅳ. Loser 낮은 인기, 높은 원가

(4) M. L. Kasavana와 D. Smith의 분석방법

M. L. Kasavana와 D. Smith가 1982년에 Menu Engineering이라는 체계화된 메뉴분석프로그램 기법으로 높은 공헌이익과 판매량이 많은 메뉴의 상관관계를 나타내는 분석기법이다. 이 방법에서는 가장 좋은 메뉴는 단위당 공헌이익이 높은 판매량이 가장 많은 메뉴가 가장 좋다는 접근방법이다. 이 분석방법의 장점은 사용자 측에서 분석프로그램은 쉽게 사용할 수 있는 장점도 있지만 이 방법 역시 식자재원가를 제외한 인건비와 같은 것을 고려하지 않은 단점이 있다.

[그림 8-4] 판매량(인기도)/수익성(공헌이익)

Ⅰ. Plow horse 높은 인기, 낮은 수익	Ⅱ. Star 높은 인기, 높은 수익
Ⅲ. Dog 낮은 인기, 낮은 수익	Ⅳ. Puzzle 낮은 인기, 높은 수익

(5) David V. Paviesic의 분석방법

Paviesic이 주장하는 분석방법은 가사바나와 스미스 그리고 밀러의 분석방법들을 보완하기 위하여 식자재 원가율(Food cost %), 공헌이익(Contribution Margin), 판매량(Sales Volume)의 세 가지 변수를 혼합한 분석방법이다.

[그림 8-5] 원가율/수익중심

Ⅰ. Prime 낮은 원가, 높은 수익	Ⅱ. Standards 높은 원가, 높은 수익
Ⅲ. Sleeper 낮은 원가, 낮은 수익	Ⅳ. Problem 높은 원가, 낮은 수익

이 방법은 판매량에 따라서 낮은 식재료원가율과 높은 공헌이익을 내는 메뉴가 가장 좋은 메뉴라고 하면서 이 분석기법을 CMA(Cost Margin Analysis)라고 하였다. 그러나 이 방법은 식재료비 이외의 비용까지 포함된 순이익을 고려하지 않은 한계점이 있다.

제9장

외식사업의 주방운영관리

1 주방관리와 공간활용

1) 주방관리

오늘날 외식업에서 있어 주방의 위치는 과거의 음식상품의 생산만을 담당했던 단순한 업무기능을 벗어나 고객에게 상품과 서비스를 직접 제공하며 주방공간 자체가 또 하나의 고객을 위한 상품 및 서비스 공간이 되고 있다. 이에 따라 외식업 경영자 및 운영자는 주방 설비에 있어 주방 자체의 기능은 물론 서비스 공간과 식자재 관리 및 저장시설의 업무적인 관계를 고려하여 항상 직원들의 업무 효율성을 위한 관리를 해야 한다.

즉, 경영자는 조리와 직·간접적으로 연관된 모든 업무와 원활한 조합을 이룰 수 있는 기능을 가진 주방을 설계 작업부터 염두하며 개선할 수 있는 기능을 파악해야 한다.

일반적인 외식업체의 주방 업무의 흐름은 식재료의 **입고 → 보관 → 준비 → 조리 → 서빙으로 구성**된다. 이러한 5가지의 기본적인 업무동선을 단순화 및 최소화하여 관리하는 것이 외식업체의 주방 관리의 효율성을 결정하는 요소가 될 수 있다.

기존에 운영하던 외식업소를 인수하여 개업할 때 업주는 기존에 있던 주방의 형태나 시설을 변경하려 한다. 자금이 충분한 업소나 대형 업소의 경우 주방시설 업자나 전문가에게 자문을 구해 업소에 최적화된 설계와 시설을 완비하기도 하지만 그렇지 못한 경우도 있다.

자금이 충분하건 그렇지 못하건 주방 설비의 가장 큰 목적은 가장 짧은 동선을 확보하는데 있다. 패스트푸드 업소의 경우 종사원의 활동반경이 최소화되어 있다. 재료준비에서부터 조리, 서빙까지의 작업이 반경 1~2m 정도의 공간에서 이루어진다. 일반 업소의 경우도 그 개념은 같다. 메뉴의 성격이 달라 주방의 면적만 넓을 뿐 종사원의 작업 동선은 최소화되어 있어야 한다.

최근에는 작업 동선과 위생을 함께 고려한 주방기기들이 다수 출시되어 주방 설비의 효율성이 개선되고 있다. 냉장시설이 겸비된 가스렌지나 작업대, 자체 청소기능이 있는 후드, 지능형 오븐 등이 좋은 예다. 조리시설 이외에도 입고용 컨베이어나 식기세척 자동 컨베이어의 설치도 주방 업무의 효율성을 높이는 방법이다.

2) 주방의 공간면적

일반적으로 주방은 홀 면적의 50% 정도가 적당하다. 그러나 외식업소마다 제각각의 환경과 사정이 있을 수도 있고 건물 자체의 공간이 문제가 될 수 있기 때문에 반드시 50%의 숫자에 얽매일 필요는 없다.

업소 형태별 고객 1인당 필요한 홀 공간이다. 산출된 홀 공간의 50% 정도에서 적정한 주방의 면적을 구하면 된다.

고객 1인당 필요한 홀 공간

- 대형 업소 : 1.6㎡
- 중소형 업소 : 1.4㎡
- 연회업소 : 1.2㎡

최근에는 오픈 키친을 설비하는 업소도 늘어가고 있다. 고객에게 조리 과정을 공개함으로써 메뉴에 대한 흥미를 유발시키고 위생적인 작업환경을 느끼게 하는 장점이 있기 때문이다. 스테이크 전문점의 그릴, 피자 전문점의 가마형 오븐, 스시바 등이 오픈 키친의 대표적인 예다.

오픈 키친의 경우 폐쇄형 주방보다 매출이 증가하는 장점을 갖고 있지만 설비비가 25% 정도 추가되는 단점도 있다. 별도의 식재료 준비 공간이나 저장 공간이 필요하기 때문이다. 또한 조리과정의 소음이 문제가 되기도 한다. 대부분의 오픈 키친에서는 유리벽과 적절한 방음시설로 소음 문제를 해결하고 있다.

3) 주방의 공간활용

(1) 주방의 바닥

일반적으로 주방의 바닥은 타일이나 석재, 콘크리트 등으로 마감을 하게 된다. 주방 바닥재는 방수성이 있어야 하며 청소하기 용이하고 세제 등에 손상되지 않아야 한다. 또한 물기가 많은 식기 세척대 부근은 미끄럼 방지를 위해 고무매트를 설치해야 한다. 또한 주방 바닥재는 쉽게 긁히지 않는 재질이어야 한다. 외식업소에서 가장 큰 사고의 요인은 미끄러짐과 넘어짐이다. 미끄러지거나 넘어지는 사고는 골절 및 뇌진탕을 야기해 업소에 큰 부담을 안긴다.

주방의 후미진 곳 혹은 곡선 부분의 틈새는 실리콘 등으로 방수처리를 해야 하고 각진 모서리 등은 보호 장치를 설치해야 한다. 설비 후 사고 예방 조치도 필요하다. 안전화의 착용은 물론이고 안전교육에 반전을 기한다. 특히 바닥면의 물기는 발생 즉시 건조시켜 드라이 키친을 유시한다.

(2) 주방 기기

주방기기의 선정은 업주나 관리자의 경험에 따라 간단할 수도 복잡할 수도 있다. 일반적인 업소의 경우 타 업체의 설비를 참고로 그 기준을 정할 수도 있다. 기존 업소를 인수한 경우라면 주방의 설비를 그대로 운용하거나 주방 기기 업자에게 도움을 청하기도 한다. 신규 업주의 경우 외식업 전문가에게 약간의 비용을 지불하고 주방의 설비 및 기기에 내해 자문을 얻는 것도 좋은 방법이다.

주방 기기는 사용 목적에 따라 다음과 같이 분류할 수 있다.

- 식자재의 입고 및 보관
- 식자재의 가공 및 준비
- 조리 및 서빙
- 세척 및 소독

주방 기기의 선정은 외식업에 대한 경험이 있건 없건 주방 기기의 선정에 있어 다음과 같은 사항에 업주나 관리자의 판단이 필요하다.

- 현재 메뉴를 운영하는데 있어 효과적인가?
- 미래에 있어서도 운영이 효과적인가?
- 기기의 구입비용 및 운용비용은?
- 동력원은 가스인가, 전기인가?
- 업주, 고객이 원하는 능력을 갖고 있는가?
- 대용량 1대를 구입하는가? 혹은 소용량 2대를 구입하는가?
- After Service는 용이한가?
- 사용기기를 신뢰할 수 있는가?

주방기기와 메뉴의 연관성은 매우 중요한 요소이기 때문에 외식업의 메뉴는 그 업소의 주방기기 종류 및 용량의 선정과 직접적인 관계를 갖고 있다. 일반적인 서양식 패밀리레스토랑이 구비해야 할 기기들에 대한 품목들은 동양식과 많은 차이가 있다.

(3) 설치비 대비 운용비

주방기기의 종류와 용량 등을 결정하고 해당 기기들을 구비할 때 업주나 관리자가 파악해야 할 것은 비단 설치비용뿐만 아니다. 운용비용 역시 꼼꼼히 따져봐야 한다. 에너지를 사용하는 기기들이 대부분인 만큼 효율성과 경제성이 보장되어야 한다. 가열기기의 경우 일반적으로 가스기기가 전기기기보다 열량이나 경제성에서 운용비용이 적게 든다. 전기기기의 경우 사용 편리성에서 장점이 있다.

최근에는 전기를 이용하는 기기들도 열량과 경제성에서 가스기기보다 우위를 점하는 품목들도 생산되고 있다.

(4) 효과적인 주방기기의 설치

사용빈도가 아주 적거나 아예 사용하지 않는 주방기기가 설치되어 있는 경우가 생각보다 많다. 반드시 업소 운영에 실질적으로 도움을 줄 수 있는 기기들만 설치하는 것이 효과적이다.

실제로 유명 대형업소의 경우를 보더라도 기기의 용량만 클 뿐 종류는 다양하지 않다. 업소 운영에 필요한 기기들만 효과적으로 운용하고 있다. 초기 설치 시부터 사용빈도가 미미한 것들은 과감히 리스트에서 제외하도록 하자.

(5) 미숙련자와 주방기기

최신 주방기기들은 초보자들도 쉽게 사용할 수 있도록 최대한 편리한 기능을 갖고 있다. 피자업소에서 볼 수 있는 컨베이어 오븐이 좋은 예다. 피자도우에 토핑만 얹고 컨베이어 오븐에 넣으면 조리과정을 일일이 확인하지 않아도 정해진 시간 안에 피자가 완성된다. 피자가 몇 도의 온도에서, 몇 분간의 시간에서 최적의 조리가 되는지 알 필요가 없다. 따라서 주방에 미숙련자를 고용하더라도 원하는 메뉴를 얻을 수 있다.

(6) 대표적인 주방기기

대표적인 주방기기 몇 가지를 알아보도록 하자. 패스트푸드점의 경우 대표적인 주방기기는 그리들(철판팬)과 튀김기라고 할 수 있다. 중국 음식점의 경우 고화력 버너와 웍팬이 대표적인 주방기기라고 할 수 있다. 아래에 열거되는 것들은 일반적으로 모든 업소에서 사용하고 있는 대표적인 주방기기이다.

(7) 가스레인지

어떤 메뉴를 서빙하건 가스레인지가 없는 외식업소는 없다. 업소용으로 출시되어 있는 가스레인지의 형태는 다양하다. 그릴이 장착된 형태, 아랫부분에 오븐이 장착된 형태 등이 있다. 주방기기가 발전하면서 종래 가스레인지가 했던 많은 부분들을 새로운 기기들이 대신하고 있지만 아직도 가스레인지는 대표적인 주방기기이다. 가스를 사용하는 것이 대부분이기 때문에 업소의 환경과 메뉴에 따라 버너의 개수를 조정하여 제작할 수도 있고 뚝배기를 사용할 수 있게 제작하기도 한다.

(8) 튀김기

치킨전문점이 대표적인 예다. 패스트푸드점에서 감자튀김을 조리하는 일반 튀김기보다 단시간 안에 조리가 가능하다. 또한 튀김기는 면렌지 대용으로 사용하거나 음식을 삶을 때 유용하게 이용하기도 한다.

(9) 컨벡션오븐

최근에는 양식 업소가 아니더라도 오븐을 사용하는 업소가 늘어가고 있다. 바비큐요리를 전문으로 하는 고깃집이 성업함에 따라 서양식 조리기기였던 오븐이 한식업소 주방에도 자리를 잡고 있다. 컨벡션오븐은 종래의 단순 가열식 화덕형 오븐 방식이 아닌 팬 공기 순환식 오븐으로 강력한 온풍으로 음식물을 가열함으로써 신속하게 조리를 마칠 수 있다.

(10) 전자레인지

가정에서도 사용빈도가 높은 전자레인지는 업소에서도 사용되고 있다. 전자레인지의 장점은 예열시간이 필요 없고 한 번의 버튼조작으로 음식을 가열하고 공간이 그다지 필요하지 않다는데 있다.

(11) 주방기기 - 냉장고 · 냉동고

냉장고나 냉동고는 별개로 사용하거나 하나의 기기에 두 가지 기능이 있는 것을 사용한다. 대형업소일수록 냉장·냉동시설이 대형 창고형태를 나타내고 있다.

용도에 따라서 서랍식 랙(rack)을 설치한다면 입 · 출고 및 저장이 수월하다. 창고형 대형 냉장·냉동시설은 식자재 반입시설과 연계되어 있는 것이 효율적인데 반입장소와 주방 쪽에 출입시설을 각각 마련한다면 더욱 업무에 효과적이다.

(12) 제빙기

소형업소라도 제빙기는 필수다. 최근에는 양식업소가 아니더라도 얼음이 필요한 경우가 많다. 과거에는 위생상의 문제나 관리 및 비용의 문제로 제빙기 사용을 꺼리는 경우가 많았지만 최근에는 정수 및 제빙 능력이 향상되고 관리가 용이한 제품들이 많다.

(13) 제면기

중식업소에서만 사용되는 것으로 인식되던 제면기를 사용하는 업소가 늘고 있다. 우동전문점이나 전골전문점 등에서 제면기로 업소 고유의 면을 제조, 메뉴에 활용하고 있다. 이탈리안 레스토랑에서도 형식은 다소 차이가 있지만 독특한 파스타면을 제조하기 위해 제면기를 구비하고 있다.

(14) 특화 주방시설

업소의 메뉴가 다양해짐에 따라 특화된 주방 시설의 개발과 보급이 이루어지고 있다. 한식업소에서 가마솥밥을 할 경우 대부분 조리시간과 화력이 자동으로 조절되는 시설을 사용하는 추세다.

(15) 기타 주방시설

주방 내에서 사용하는 시설은 아니지만 홀에서 사용하는 주방 시설도 많다. 대표적인 것들이 뷔페나 카페테리아에서 사용하는 보온·보냉시설이다.

보온시설은 차핑디쉬, 쟁반스탠드, 커피 디스펜서, 소스볼, 용기워머 등이 있다. 한편 보냉시설로는 음료용 냉장고, 아이스크림용 냉장고, 음료 디스펜서 등이 있다. 최근에는 쇼케이스형 보온·보냉시설의 사용이 늘고 있다.

(16) 주방시설의 유지관리

주방시설의 유지관리는 예방의학과도 같다. 평소 꾸준하고 확실한 예방조치를 통해 문제의 발생소지를 방지하는 것이 유지관리의 기본이다. 주방시설의 경우 대략 10년의 수명주기를 갖고 있다. 하지만 적절한 관리가 이루어진다면 10년 이상 사용할 수 있다.

일반적으로 외식업소에서는 기계나 설비의 유지관리에 미쳐 신경을 쓰지 못하거나 아에 관심을 두지 않는 경우가 많다. 식자재, 메뉴, 고객에 대해서 몰두하기도 시간이 모자라고, 기계나 설비에 대한 인식이 부족하기 때문이다. 하지만 시설의 유지관리를 병행하지 않는다면 오늘 당장이라도 예기치 못한 고장이나 화재, 폭발이 발생할 수 있다.

(17) 주방시설의 안전관리

시설의 기계적인 유지관리만큼 중요한 것이 안전관리다. 주방에는 가스, 전기를 사용하는 조리기구가 대부분이다. 그만큼 안전사고나 화재의 위험이 도사리고 있다. 설령 별다른 오작동이나 고장이 없는 경우라 할지라도 사용자의 실수로 사고가 발생하는 경우가 적지 않다.

참고 안전사고 대비 안전수칙

■일반 작업 시

- 가열된 용기에 신체부위 접촉 금지
- 무거운 용기나 기기의 단독 운반 금지
- 작업동선에 기기나 시설물 방치 금지
- 날카로운 기기에 신체부위 접촉 금지

■전기관련

- 젖은 손으로 전기 코드 접촉 금지
- 문어발식 전기콘센트 사용 금지
- 전기 누전 확인
- 전열기 과열 금지

■가스관련

- 도시가스전용 기구와 LPG전용 기구의 혼용 금지
- 가스레인지 사용 시 밸브나 스위치 개폐 확인
- 가스레인지 주위에 인화성 물질 금지
- 점화 시 반드시 점화봉 사용
- 가스 누출 확인

2 식자재 구매관리

1) 식자재의 주문 기준

외식업 관리자는 자신의 업소에 적절한 식자재의 구매를 위해 주문 시 일정한 기준을 마련해 놓는 것이 좋다. 주문 기준은 업소의 규모마다 또 요일마다 달라질 수 있다. 소규모의 업소가 일부러 식자재 공급업자를 선정하여 필요 이상의 주문을 할 필요는 없다. 가까운 할인마트가 오히려 식자재 구매에 유리할 수 있다. 또 주말에 매출이 높은 업소가 월요일에 많은 양의 식자재를 구매할 필요가 없다.

2) 식자재의 보관

식자재 구매에 있어 보관은 중요한 부분을 차지한다. 보관의 의미에 입고, 출고, 재고 관리의 개념이 종합되어 있기 때문이다. 신선도를 요하는 식품은 냉동 · 냉장시설이 확보되어야 하고 사용빈도가 많은 식품은 출입구 쪽에 저장해야 한다. 업소에 적합한 보관 시스템이 결정되면 모든 품명의 리스트를 작성하고 입고일, 보관방법과 사용처 등의 체크 항목을 설정한다.

식자재가 입고가 되면 선입선출 방식에 입각하여 먼저 입고된 품목들은 앞쪽으로 나중에 입고된 품목들은 뒤쪽으로 배치한다. 이러한 배치는 사용기간을 쉽게 파악할 수 있어 유용한 방법이다. 상식적으로 식자재의 선도를 생각했을 때 당연한 보관 방법이다. 그러나 원가나 회계적인 측면에서 보았을 때는 후입선출이 유리한 경우도 있다. 물가 상승 폭이 높은 경우가 그 예다.

3) 식자재의 구매 종류

(1) 직접 구매

지역 내외의 식자재 판매업자를 방문하여 직접 구매하는 방법이다. 외식업소의 업주나 관리자가 직접 식자재를 육안으로 확인하고 구매를 하므로 신선도나 원산지 등을 명확히 할 수 있다는 장점이 있다.

(2) 전문 납품업자로부터의 구매

외식업 시장이 발달하면서 국내에서도 전문 식품관련 납품업체가 늘어났다. 전문 업체인 만큼 전문성이나 신선도를 보장해주고 택배와 다름없는 공급시스템을 갖고 있어 편리하다. 전문업체로부터 식자재를 납품받을 때의 가장 큰 장점은 시간의 절약이다. 주문과 공급이 신속하므로 원활한 입고가 가능하다.

(3) 공동구매 및 조합으로부터 구매

업자들끼리의 모임을 만들어 식자재를 공동 구매하는 것도 합리적 구매 방법이다. 개별적으로 구매하는 것보다 공동으로 구매함으로써 구매 비용을 절약할 수 있다. 단순한 공동구매의 모임을 비영리조합의 설립으로 발전시켜 여러 업소의 식자재 구매를 담당하게 하는 방법도 있다. 업소가 밀집된 지역에서 활용할만한 방법이다.

(4) 신선 식자재의 구매

❶ 육류 구매

대부분의 업소에서 육류는 식자재 원가에서 차지하는 부분이 높고 신선도와 품질에 민감한 품목이기 때문에 구매에 있어 신중을 기하게 된다. 국내의 경우 정부 산하기관인 축산물등급판정소의 판정에 따른 등급을 사용하여 육류의 신선도와 품질에 관한 기준을 마련하고 있다. 수입육의 경우에도 각국마다 등급이 있다.

❷ 청과류 구매

고급 메뉴를 판매하는 업소일수록 신선한 채소와 과일을 사용한다. 하지만 당연히 원가 부담은 높다.

- 수확 후 바로 먹어야 하는 청과류에 유의한다.
- 청과류는 가급적 만지지 않는다.
- 흠이 있어도 메뉴 판매에 상관없는 종류와 외양과 맛이 메뉴와 상관있는 종류를 분류한다.
- 숙성도를 점검한다.
- 너무 익거나 부패하지 않도록 유의한다.
- 크기와 수량을 확인한다.
- 청과류가 담긴 상자나 용기의 용량과 실제 양을 점검한다.

식자재 구매 전반에 걸쳐 먼저 생각해야 할 것들은 다음과 같다.

- 사용 식자재의 기준 마련
- 식자재의 보관
- 적절 재고량 설정
- 구매, 보관 담당자의 선정
- 입출고 담당자의 선정

구매자는 신선도가 확보된 식자재를 손쉽게 구매할 수 있게 됨에 따라 메뉴 개발에 제한을 두지 않고 선택의 폭을 넓힐 수 있게 되었다. 또한 반조리 식자재의 발달도 구매 패턴의 변화를 가져왔다. 반조리된 식자재의 단가는 높을 수 있다. 업소는 반조리 상태의 식자재를 사용함으로써 인건비와 부가 식자재 원가를 낮출 수 있다.

관리자는 업소 개업 전에 사용 식자재의 기준을 세워 규격명세서를 작성해야 한다. 구매량은 예상 매출액에 근거하여 산출된다. 종전 매출이 없어 순전히 예상 치로만 산출하는 어려움이 따르므로 비슷한 업소의 현황을 파악하는 것이 중요하다. 유사 업소의 정보를 참고하여 정확하지는 않지만 근사치의 기준을 설정한다. 식자재는 물론 냅킨, 세제 등 소모품의 경우도 마찬가지다. 그 다음 납품업자를 선정하여 물품을 구매, 보관한다.

4) 식자재 구매 시스템

구매는 외식업체 운영을 위하여 중요한 부분이다. 레스토랑 운영과 연계한 구매 시스템의 책정 단계는 다음과 같은 기준을 마련하는 것이 일반적이다.

- 메뉴에 근거한 식자재 기준을 마련한다.
- 가공형태, 등급
- 식자재 규격 명세서의 작성
- 식자재의 지속적 확보 여부와 납품자 상세 정보 점검
- 기존 식자재 공급자 대체 업자 확보
- 구매, 입고별 담당자의 선정
- 재고 보관을 위한 충분한 공간 확보
- 필요 재고 산정
- 재고 관리 시스템 수립
- 비용 절감을 위한 납품 사이즈, 수량 설정
- 입고 물품 수량 및 중량 체크
- 재고관리와 원가관리의 상호 연관

(1) 구매 사이클

구매 사이클은 부분마다 매일 효율적으로 순환될 수 있게 설정되어야 한다. 구매 사이클은 부분마다 미세한 변동이 있는 지속적인 순환을 보이지만 메뉴가 변경되어 새로운 식자재가 필요할 경우 아이템이나 공급자가 바뀌기도 한다.

식자재 구매명세서는 주문 전 첫 단계로 참고가 된다. 필재고 및 재주문 시점에서는 매출의 변화나 메뉴 변동의 상황에서 수정될 수 있다. 주 식자재 공급자는 거의 바뀌지 않는다. 입출고의 모든 기록은 원가관리의 기초 데이터로 활용된다.

(2) 구매 관리의 주체

대부분의 업소에서 업주나 관리자는 조리장과 홀 지배인 등과 구매 명세서, 공급자, 재주문 시점에 대해 상의한다. 하지만 원가관리와 외식업계에 대한 충분한 지식이 있는

한 사람만이 구매 관리의 주체가 되는 것이 바람직하다. 그런 면에서 업주나 관리자가 구매 관리의 주체가 되어야 한다. 업주나 관리자가 아닌 조리장과 절친한 식자재 업자의 부적절한 거래가 이루어지는 경우가 적지 않기 때문이다.

(3) 품질 기준

일부 업소의 경우 신선한 식자재 이외에는 사용하지 않는 업소가 있다. 신선한 재료만을 주문해 바로 조리한다. 그러한 업소의 경우 특별한 품질 기준이 설정되어 있어야 한다. 품질 기준은 일반 업소에 있어서도 중요하다.

(4) 명세서에 의한 구매

대부분의 업소가 식자재 구매 명세서를 자세히 작성하지 않지만 업주나 관리자의 머릿속엔 식자재에 대한 명세가 정리되어 있다. 모든 업소의 운영에 있어 식자재는 고객의 수요에 상응하는 품질이 요구된다.

(5) 필요재고 및 재주문

최소한의 필요량을 필요재고라고 한다. 해당 식자재가 필요재고 이하로 도달했을 때가 재주문 시점이 된다. 필요재고와 재주문 시점의 설정은 사용빈도, 보관 공간, 추가 확보 가능성 등을 고려한다. 신선한 식자재가 요구되는 경우 매일 필요재고 및 재주문이 이루어지고 캔 제품의 경우 6개월 정도의 기간을 두고 재주문이 이루어지기도 한다.

(6) 고정메뉴와 필요재고

업소의 메뉴가 한 가지인 설렁탕 전문점의 경우 메뉴는 항상 고정되어 있다. 기간 당 평균 고객 수가 파악된다면 식자재의 필요재고와 재주문 시점은 어느 정도 일정해진다. 식자재 품목 하나하나에 필요재고를 설정할 필요없이 정기적인 식자재 주문이 가능해지는 장점을 갖고 있다.

제4부

외식사업의 창업과 체인사업

학습 초점

외식창업을 위한 상권분석과 체인 및 프랜차이즈 사업의 특징을 학습함으로서 성공적인 외식창업을 위한 기본적인 환경을 이해한다.

제10장

외식사업의 상권분석과 창업

1 외식사업의 상권분석

1) 상권(商圈)의 이해

외식업의 성공적인 창업을 위해서는 주변의 경쟁업체와 차별화할 수 있는 독특하고 다양한 메뉴, 조리기술, 고객 서비스가 중요하지만, 무엇보다도 성공하는 창업에 가장 중요한 요소는 많은 고객을 유치할 수 있으며, 고객이 쉽게 방문할 수 있는 지리적인 우수성이 있는 상권이 가장 중요한 요소이다.

상권분석이 성공창업을 위한 중요한 이유는 최고의 차별화된 고객서비스가 있더라도 고객의 방문이 어려운 입지의 상권에 위치하여 외식 창업한다면, 성공적인 정착과 영업이익 발생을 위해서는 상당기간의 시간과 마케팅을 위한 부대비용이 발생할 수 있기 때문이다.

상권은 실질구매력을 갖고 있는 현재 및 잠재고객의 수요가 분포되어 있는 공간 또는 업체가 고객에게 미치는 방문의 영향권 범위이다. 또한, 고객이 외식업체에 유입되는 지리적 범위로 목표 고객들을 위한 중요한 영업지역이라고 정의할 수 있다.

외식 창업을 위한 국내 대부분의 유명상권은 지리적, 유동인구 등 다양하게 유리한 조건을 갖추고 있기 때문에 성공창업을 위해서는 유명상권을 선택하는 것이 좋다. 하지만, 단점은 유명상권들은 매출대비 임대비용 높아 수익성이 좋지 않을 수가 있다.

[그림 10-1] 서울의 명동 상권

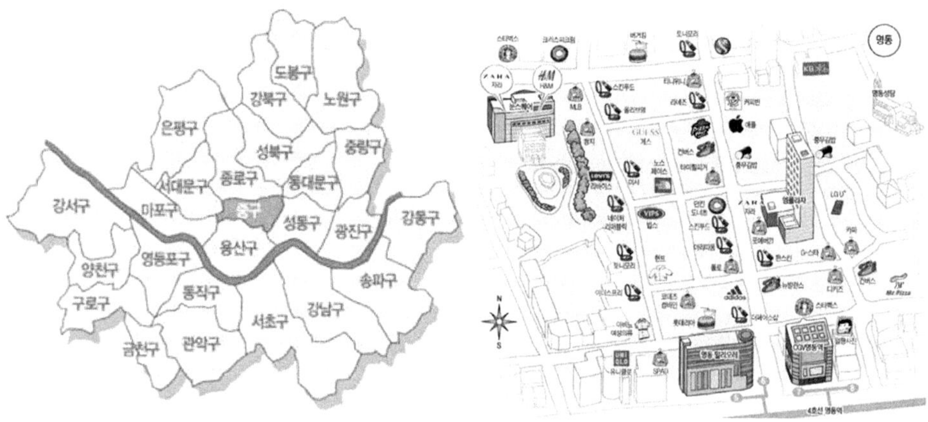

http://gis.seoul.go.kr/ http://blog.naver.com

서울지역의 경우에는 강북의 신촌, 명동, 종로, 강남의 삼성동, 강남역 주변처럼 유동 인구가 많은 '유명 상권'에 입점하는 것은 쉽지는 않다.

외식점포가 유명상권이 아닌 수도권 외곽이나 이면도로의 입지를 선택한다면, 비교적 부동산 임대비가 높지 않으면서 경쟁이 심하지 않은 곳이기 때문에 오히려 상품과 고객서비스가 차별화된다면 수익성이 더 좋을 수도 있다.

외식업은 성공적인 창업을 위하여 상품판매 아이템은 고객의 방문빈도가 낮은 업종일수록 넓은 상권의 범위를 가져야 하고 방문빈도가 높은 업종은 좁은 상권의 범위를 가져야 한다.

상권의 의미는 외식업체 경영자 측면과 고객 측면에서 다르게 인식될 수 있는데, 일반적으로 외식업체 측면의 "상권의 의미는 특정 마케팅을 위한 고객군과 외식상품을 판매하고 인적서비스 제공함에 있어 경제적이며, 그 매출 규모가 결정되는 지역적 범위"이며, "전체 매출액이 90% 이상을 실현하는 지역적인 범위이며, 부분적으로 전체 매출액의 75%가 발생되는 주변지역을 1차 상권, 15%의 매출이 실현되는 주변지역을 2~3차 상권"으로 구분한다.

고객 측면의 상권의 의미는 "외식업체의 상품 및 서비스를 구매하기 위한 적절한 가격, 차별화된 가치 및 방문 욕구가 발생하는 지역적인 범위"라고 할 수 있다.

(1) 외식업 상권의 범위와 특성

외식상권은 지역적인 특성에 따라 도심권, 역세권, 대학가, 아파트 단지, 주택가 등이 있으며, 창업을 위한 상권과 입지 선택은 지역적은 특성을 고려해야 한다.

❶ 도심권

고객을 유입할 수 있는 공공기관, 백화점, 대형 쇼핑센터, 극장, 서점, 각종 사무실 등이 집중되어 있어서 연중 유동인구가 많다는 특성이 있다.

http://onglish.seoul.go.kr

❷ 역세권

국내 대부분의 지하철 역세권 지역은 상권이 활발히 형성되고 있지만, 대부분 역세권 입구만 유명하기 때문에 꾸준하게 유동인구를 흡수할 수 있는 대형 백화점, 쇼핑센타, 대학교, 입시학원, 은행 등이 있어야 한다. 역세권의 특징은 고객의 트렌드 변화에 따라 지역의 외식업종과 업태가 자주 바뀌기도 한다.

http://english.seoul.go.kr

❸ 대학가

대학가 상권 특성은 주변대학 갯수와 총 학생인원 수, 기숙사 여부, 재학생의 지역별 출신구성, 대학병원, 부설센터, 지하철역 유무에 따라 상권 크기 및 유입인구에 영향을 미치므로 이러한 주변특성을 반드시 참조해야 한다.

신촌대학가 주변

경희대학교 경희의료원 http://www.bostonkorea.com

❹ 아파트 단지

단지주변의 총 세대수와 평형구성, 단지 내 상가의 규모와 수, 대중교통수단의 주요 이동경로, 아파트 단지 내 이동 동선의 유무 즉, 단지 내 상가위치가 맨 끝에 위치한 아파트, 특히 상가의 위치가 통로가 없는 아파트에 위치에 있다면 피해야 할 입지이다.

아파트 상가 주변 : http://news.mk.co.kr

❺ 주택가

주택가 지역의 업종은 다양한 소규모 독립경영 및 프랜차이즈 브랜드 외식업체들이 선호하는 지역으로서 지역의 생활수준, 환경 등을 다수 분포되어 상권의 특성 파악이 힘들지만 주로 대로변, 버스 정류장, 학교, 구청 등 주변에 상권이 형성되는 특성이 있다.

분당 정자동 주변 : http://seongnam.grandculture.net

(2) 지리적 상권범위

❶ 1차적 지리적 상권범위

외식업체 주요 방문고객의 60%~70%를 포함하는 지리적 지역을 말하며, 일반적으로 점포를 중심으로 약 500m 반경 주변의 근접한 지역을 상권범위로 지정할 수 있지만 업종과 업태에 따라서 달라질 수 있다.

❷ 2차 지리적 상권범위

외식업체 주요 방문고객의 15%~25%를 포함하는 지리적 지역을 말하며, 일반적으로 점포를 중심으로 약 1km 반경 주변의 근접한 지역을 상권범위로 지정할 수 있지만 업종과 업태에 따라서 달라질 수 있다.

❸ 3차 지리적 상권범위

외식업체의 주요 방문고객이 아닌 부수적인 잠재 고객의 거주지역이다. 점포의 약 5%~10% 내외를 형성하는 고객이 거주하는 지역적인 상권범위로 1차, 2차 상권 이외의 점포주변 약 2km 반경 주변의 지역을 상권범위로 지정할 수 있지만 업종과 업태에 따라서 달라질 수 있다.

[표 10-1] 상권의 지리적 범위

분류 구분	상권 기준 거리	주요고객 비율	매출액 비율	고객전략
1차 상권	반경 500m 주변	60~70%	70%~	주 2~3회 이상 방문유도, 고객의 거주지역 내 단골고객 구축을 위한 인센티브 제공
2차 상권	반경 1km 주변	15~25%	20%~	주1회 이상 방문유도, 메뉴의 차별화와 다양화를 통한 방문유도
3차 상권	반경 2km 주변	5~10%	5%~	경쟁사와 차별화된 특별 프로모션제공을 통한 방문유도

[표 10-2] 업종 및 업태에 관련된 상권의 범위

구분	1차상권	2차상권	3차상권
Coffee shop, Cafe' (커피숍, 찻집 - 음료중심)	반경 100m	반경 500m	반경 1km
Fast Food Restaurant (햄버거, 피자, 김밥, 토스트, 우동, 치킨)	반경 100m	반경 1km	반경 2km
Family Restaurant (양식, 한식, 일식, 중식)	반경 1km	반경 2.5km	소도시- 전 지역 중도시- 5km
Casual & Pine Dining Restaurant (스테이크하우스, 고급 한정식, 일식, 중식, 고급뷔페, 양정식, 호텔 등)	반경 2km	반경 10km	반경 15km

길 바꾸고 驛 생기자… 되살아난 서울 3대 상권

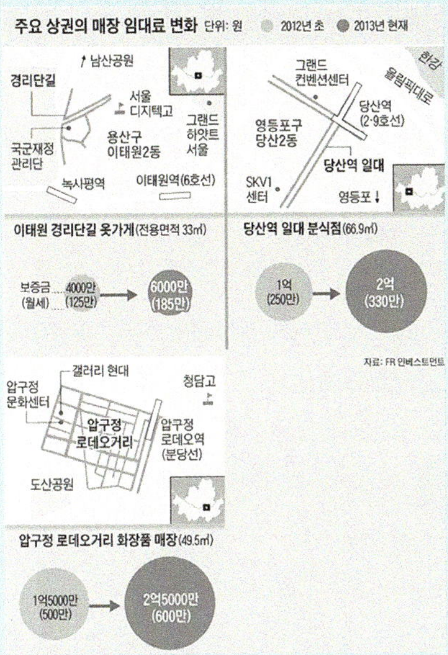

이태원 경리단길

- 세계 각국 음식점들과 옛 주택과 어우러져 이색적

압구정 로데오거리

- 분당선 들어선 이후 활기… 개통 후 유동인구 3배 늘어

영등포구 당산역 일대

- 오피스텔 공급 붐 일며 20~30대 생활 주거지로 변신

http://biz.chosun.com

[표 10-3] 지역적 상권분석을 위한 기본방법

구분	1차상권
공간적 범위	• 창업계획지역 또는 특정 건물(점포) 중심으로 한 상권 범위 설정 • 원형 또는 지역특성에 알맞은 다각형 구조 활용
내용적 범위	• 지역의 업종과 업태분석, 인구통계조사, 구매현황 조사, 시장규모 분석, 수익성 분석, 잠재고객의 생활환경 분석 • 목표 점포분석 : 교통/도로계획, 통행인구(목표유동인구), 주변상가(경쟁), 점포접근 용이성, 외부적 가시성 조사
절차적 분석	• 직접 현장방문을 통한 조사(부동산 활용) • 인구통계를 이용한 조사(담당 관할구청, 시청자료 활용)

상권분석은 성공적인 창업을 위해에서는 업종 및 업태 선택의 기준, 임대료 수준 정도, 향후 마케팅 전략 계획, 안정적인 매출 계획 등을 위하여 충분한 1~2년 여유를 가지고 면밀히 검토해야 하는 중요한 창업 기초단계이다.

또한, 프랜차이즈 가맹창업을 계획하는 창업자에겐 상권분석이란 시장 환경에 대한 사전조사, 상권 지배력 검증, 가맹계약의 활성화, 사업성 검증을 통한 점포 적합성 평가, 상권 유형에 따른 마케팅 전략 차별화 등 계획을 위한 사전 단계로 매우 중요하다.

사례 자영업 위기, '자생적 생태계'로 해결해야 한다!

OECD 두 배인 한국 자영업 경제활력 저하시키는 원인
창업보다 재취업 유도하고 고부가가치 · 고용창출 집중
과밀화 막는 자율규제와 연령별 맞춤형 지원 필요

자영업자 규모가 계속 증가하고 있다. 구직(求職) 희망자들은 높은 취업 문턱을 넘지 못해 구직을 단념하고, 은퇴한 베이비부머 세대들은 재취업을 포기하고 자영업에 뛰어들고 있기 때문이다. 특히 창업규모가 500만 원 미만인 영세자영업이나 호프집 · 치킨집 등 생활밀접형 자영업의 창업이 꾸준히 늘고 있다. 우리나라 자영업자 규모는 다른 국가들과 비교해 볼 때 매우 큰 수준이다. 한국의 자영업 비율은 2010년 기준으로 OECD(경제협력개발기구) 평균의 2배 수준인 28.8%에 이른다. 한국보다 자영업 비율이 높은 국가는 터키 · 그리스 · 멕시코 등 3개국에 불과하다.

자영업자가 과다하게 늘어나는 것은 한국경제의 활력을 저하시키는 요인으로 작용한다. 자영업자 증가는 과열 경쟁으로 이어지고, 그 결과로 자영업자들은 생존 위기에 처하게 된다.

실제 자영업자 대다수의 창업 동기는 '다른 대안이 없어서'이며, 적절한 창업교육을 받거나 충분한 창업 준비기간을 갖지 못하고 있다. 이로 인해 상대적으로 익숙한 음식 · 숙박업 등에만 집중하게 되고, 과당경쟁 때문에 월수익 100만 원 이하인 자영업자가 절반을 넘고 있다. 또 자영업자의 가계부채는 8500만 원에 달해, 5100만 원 수준인 상용(常用) 임금근로자를 훨씬 넘는다. 결국 절반 이상의 자영업자가 3년이 안 되어 문을 닫고 있다.

자영업을 위기에서 벗어나게 하려면 소모적인 정부 지원보다는 스스로 활로를 찾을 수 있도록 '자생적 성장 생태계'를 조성해 줘야 한다. 이를 위해서는 우선 창업보다는 재취업 유도가 선행돼야 한다. 자영업 위기의 주원인이 자영업 과밀로 인한 과당경쟁 때문이다. 창업지원 정책에 앞서 재취업 유도 정책을 강화해야 한다. 은퇴한 베이비부머 세대의 경우 경험과 노하우를 활용해 경력 교사로 활동할 수 있도록 각급 교육기관과의 연계망을 확충하는 방안 등을 강구할 수 있다.

다음으로 준비된 창업 환경을 조성해야 한다. 창업을 위한 경영 노하우가 없음에도 불구하고 3개월 미만의 짧은 준비로 자영업을 시작하는 경우가 허다하다. 캐나다·독일·스웨덴 등의 국가에서는 사업계획서를 미리 받아, 타당성이 있는 사업에 대해서만 창업지원금을 제공함으로써 '준비된 창업'을 유도하고 있다.

그리고 고부가가치 자영업 창업을 활성화해야 한다. 현재 정부의 창업 및 경영교육은 주로 저부가가치 자영업에 초점을 두고 있는데 고부가가치 창업을 유도할 필요가 있다. 단순 음식업보다는 차세대 먹을거리를 개발할 수 있도록 지원하거나, 귀농(歸農)·귀촌(歸村)하는 은퇴자들에게 특용작물·유기농 채소 등 고부가가치 농업을 시도할 수 있도록 안내·지원하는 것이다. 자영업주의 고용창출 지원 방안도 마련해야 한다. 1인 자영업체가 고용을 늘리면서 견실한 사업체로 발전할 수 있는 환경을 조성하는 것이다. 프랑스는 근로자를 고용하는 자영업주에게 사회보장분담금을 면제하는 제도가 있다. 벨기에와 아일랜드도 신규 일자리를 창출할 경우 임금보조금을 지원하고 있다.

아울러 자율규제 환경을 만들 필요가 있다. 지역별로 세부적인 업종별 과밀화 정도를 보여주는 현황판인 '자영업 보드' 같은 것을 만들고, 지역 내 업종별 자율규제위원회 등을 구성하도록 해 무제한적인 진입을 억제할 필요가 있다. 또한 자영업 지원책을 계층별로 차별화해야 한다. 자영업 지원정책들을 창업자의 연령·경력·업종·규모 등에 따라 맞춤형으로 지원하는 것이다. 고학력 은퇴자들에게는 재취업을 유도하거나 고부가가치형 자영업을 창업하도록 지원하고, 구직에 실패한 청년의 경우 성급한 자영업 창업보다는 기존 자영업주와 연결해 주는 방안을 생각할 수 있다.

김광석 현대경제연구원 선임연구원 조선일보

2) 상권의 분석방법

(1) 분석의 기본조사

❶ 분석을 위한 기본조사 항목

- **입지환경** 배후환경, 생활수준, 지형과 지세, 입지성격 등의 조사
- **상권환경** 상가특성, 경쟁관계, 유동인구 상권특성 등의 조사
- **교통환경** 대중교통, 도로망, 접근성, 영향권 등의 조사
- **개발계획** 도시계획, 개발계획, 향후 지역발전 계획 등의 조사

❷ 항목별 세부조사 내용

■ 입지환경 조사

- 배후환경 : 세대수, 인구 수, 연령층, 부동산 종류별 분포비중 등
- 생활수준 : 거주민들의 생활수준 및 소비성향, 교육시설 등
- 지형환경 : 대상지역의 지형적 특성, 도로폭 등
- 입지성격 : 대상지역에 거주하는 주민들의 성향(유흥가, 연구단지, 대학가 등)

■ 상권환경 조사

- 상가특성 : 판매 업종, 서비스 업종 비중
- 경쟁관계 : 상권범위 내 동종 업종의 분포 현황
- 유동인구 : 주동선, 보조동선, 유동인구가 가장 많은 시간대, 유동인구의 성별, 연령대별 비중과 성향 분석
- 상권특성 : 상권의 성쇠(성숙기, 쇠퇴기 등)

■ 교통환경 조사

- 대중교통 : 버스노선 수, 지하철 노선, 횡단보도 등
- 도로망 : 주간선도로, 보조간선도로, 이면도로(노선, 차선 수)
- 접근성 : 교통수단별 주동선, 보조동선, 정류장/지하철역에서의 도보 접근성 등
- 영향권 : 대중교통에 의한 연결지역(직접연결, 환승 등)

■ 개발계획 조사

- 도시계획 : 해당지역 도시 기본계획

- 개발계획 : 해당지역의 개발가능성(재개발 재건축, 특수용도지역 설정 등)
- 향후전망 : 도시계획과 개발계획에 의한 지역 발전성

(2) 상권분석 조사절차

❶ 예비조사

■ 목표상권 선택

- 기초 인구통계를 조사한다.
- 소득 및 소비수준 등 생활환경을 조사한다.
- 지역상권의 특성을 조사한다.
- 업종과 업태의 특성에 부합하는지 검토한다.
- 잠재수요 고객층은 충분한지 검토한다.

[그림 10-2] 쇼핑센터 내 점포 선정과 창업과정

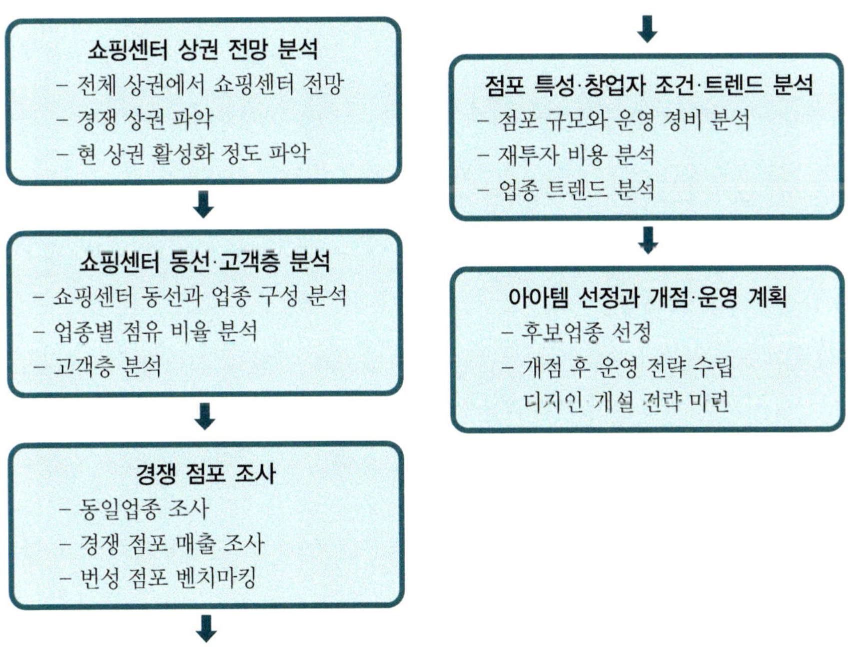

❷ 현장조사

■ 목표상권 선택

- 예비 조사를 통하여 2~3곳 정도의 지역을 선정한다.
- 경쟁 업종, 유사 업종, 기타 업종 등 업종별 점포의 분포를 조사한다.
- 학교, 병원, 관공서, 시장 및 쇼핑센터, 터미널 등 고객 유입시설을 조사한다.
- 10층 이상 또는 연면적 2,000평 이상의 오피스 빌딩 분포를 조사한다.
- 주변지역 부동산을 통한 상권시세를 조사한다.
- 투자자본의 규모, 투자 가능여부를 통한 사업성을 검토한다.

❸ 입지분석

■ 후보 점포 선정

- 지역 내 2~3곳 정도의 후보 점포를 선정한다.
- 시간대별, 연령대별, 요일별, 성별 유동인구를 조사한다.
- 전철역, 버스정류장, 교차로 등 도로와 교통여건을 조사한다.
- 경쟁점포의 매출액과 영업전략, 주요고객층 등을 조사한다.
- 유동인구의 동선을 조사한다.
- 주변상권의 활성화와 향후 발전계획 통한 예상 매출을 산출한다.
- 주변상권의 벤치마킹을 통한 틈새시장 여부를 확인한다.

❹ 상권범위 지도 작성

목표입지 장소를 중심으로 1차 상권(반경 약 500m), 2차 상권(반경 약 1,000m), 3차 상권(그 이상) 지역으로 구분하여 상권 지역범위를 설정한다. 상권 지역범위는 일반 지도를 이용하여 원형, 타원형, 다각형 등 지역 특성에 맞게 그려 마케팅 전략에 용이하도록 준비한다.

[그림 10-3] 상권에 영향을 미치는 요인

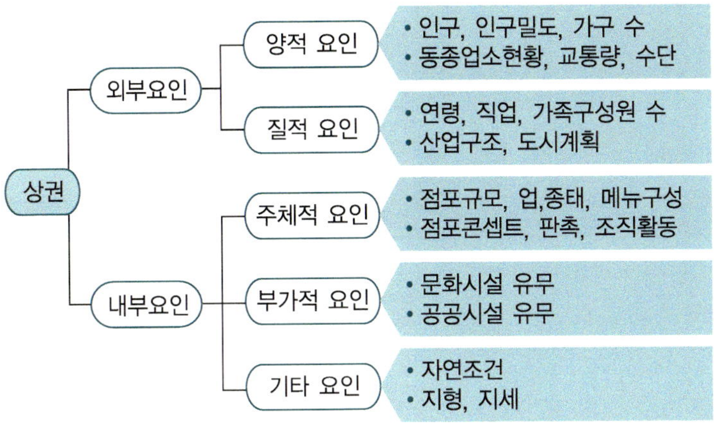

(3) 상권분석과 입지조건분석

상권분석은 성공창업 및 향후 성공 잠재성 여부를 파악하며, 입지분석 이전에 목표 상권이 쇠퇴 혹은 성장 잠재력이 있는 상권인가를 파악하는 것이 주목적이다.

창업을 계획하는 예비 창업자는 반드시 잠재력을 가지고 번성하는 상권에 진출해야 하며, 상권지역 내 개별 점포의 입지조건분석을 하여 입지조건이 유리한 점포를 얻어야 한다.

일반적으로 외식업에서 상권과 입지분석을 보통 동일한 의미로 상권분석이라고 한다. 어떤 점포가 입지해 있는 전체적인 상권은 침체가 되어 있어도 자기 점포의 입지가 매우 좋아서 상권과 무관하게 사업가 잘 되는 경우도 있다. 대부분상권 자체가 침체되고 쇠퇴하다면, 상권 내 있는 각각의 많은 점포도 침체영향을 받는 환경에 처하게 되기 때문에 상권과 입지조건은 구분하여 별도로 분석해야 한다.

상권의 특성은 첫째, 많은 상가가 형성되어 있는 범위 전체가 크게 형성되어 세부적으로는 그 상권 지역 내 핵심입지, 주변입지 등을 의미한다.

둘째, 입지조건에 따른 상권의 범위에서 점포업종과 업태에 따른 위치조건, 고객의 이동동선이 갖추어져 있어야 한다.

외식업의 성공은 입지에 좌우되며 특히, 소자본으로 시작하는 외식창업에 있어서 입지선정은 매우 중요한 요소이므로 상권분석과 입지조건 분석의 근본적인 개념정립이 필요하다.

[그림 10-4] 상권의 이해

구분	상권
개념	점포가 위치하고 있는 지리적인 전체적인 조건
주변특성	도로변, 상업시설, 도시계획 지구 등 물리적 시설의 유무
등급구분	1차 상권, 2차 상권, 3차 상권
분석방법	점포의 유형분석, 유동인구의 통행량, 교통환경, 인구통계적 분석
평가기준	권리금, 임대료(㎡=평당 단가)

(4) 상권분석의 검토 조건

❶ 지리적 환경

일반적으로 상권구분의 시작은 지리적 환경인 하천, 도로, 둑 등에 의하여 행정적으로 구분되므로 상권을 분할하는 요소를 세심하게 분석해야 한다. 행정구역상의 도로는 상권을 분할하며 주변의 횡단보도 등은 상권을 연계하는 역할을 한다. 경사진 곳은 상권 형성이 어려운 지형이며, 도시계획 등으로 인해 신도시의 외곽지역 등은 상권의 형성이 어려운 조건이다.

발전하는 상권의 지리적인 조건은 교통망 확충이 잘되어 있으며 그 지역의 각종 편의시설, 사람들이 자연적으로 몰려 올 수 있는 관공서, 시장, 백화점, 극장, 예식장, 은행 등이 집중되어 있어야 한다.

❷ 교통망 등 도로조건

상권은 교통망 등의 변화에 의해 번성하기도 하고 쇠퇴기에 빠지기도 한다. 특히 대도시 및 신도시의 지하철과의 연계와 근접 여부는 상권의 성공에 중요한 요건이 된다.

❸ 유동인구와 상주인구 조건

성공한 상권은 도심권과 역세권 및 대학가상권이 있는데, 이 상권은 유동인구의 특성이 그대로 반영되어 상권이 형성되어 있다. 그 상권에 유입되고 있는 유동인구의 연령층, 남녀구성비, 소비행태 등에 의해 상권마다의 특징이 나타난다. 이곳의 상권분석은 그다지 어렵지 않다.

아파트단지와 주택지 상권은 상권분석이 어려운 경우가 있는데, 이곳은 지역마다 상권분석을 하여 그 지역 거주인구의 소득수준, 인구수 및 세대수, 교육 정도, 주거형태, 소비행태, 연령층, 남녀구성비 등을 특성별로 조사하여 창업계획에 반영해야 한다.

❹ 집객유도의 편의시설 조건

성공한 상권은 그 지역의 중심지이므로 그 지역의 중심지에 소재한 각종 편의시설을 조사해야 한다. 관공서, 은행, 쇼핑센터, 대형 의류점 등이 있는 곳은 대부분 좋은 상권에 위치한다. 또한, 향후의 도시계획을 반영하여 상권의 잠재성을 분석해야 한다.

http://www.seoul.go.kr http://www.coex.co.kr

사례 **업종 선택하기~어떤 고객 많은지 알려면 주변 상점 분석하라**

대형 쇼핑몰 계속 생기는 신도시 상권은 변동 심해

퓨전면요리점 · 키즈카페는 여성 고객 끌기에 좋아!

경기 일산의 한 대형 쇼핑몰에 278㎡(84평) 규모의 점포를 가진 김종숙(55)씨가 재창업을 희망하며 어떤 아이템이 좋을지 문의해왔다.

전업 주부였던 김씨는 6년 전 남편 박영학(55)씨가 은퇴 준비 차원에서 대형 상가의 점포를 분양받으면서 사업에 뛰어들었다. 쇠고기 샤브샤브 전문점을 연 김씨 부부는 사업 경험이 없었지만 솜씨 좋은 주방장을 채용해 하루 300만 원의 매출을 올릴 정도로 성공했다. 자신감을 얻은 김씨 부부는 점포를 거주지와 더 가까운 신축 건물로 옮기고 기존 점포는 전세를 내주었다. 하지만 광우병 파동 등으로 매출이 부진해 새로 낸 가게는 문을 닫았고, 전세를 준 점포도 최근 사업을 접어 비어 있다.

신도시는 수시로 상권 변동

일산과 같은 신도시에 재투자할 때 가장 염두에 두어야 할 요소는 상권의 변동이다. 전통적인 도심 상권과 달리 상권 특성이 수시로 바뀐다. 상권의 축이 이동할 때마다 매출 변동이 심해지고 경쟁도 치열해진다. 일산 상권은 초기엔 마두 · 주엽동 등 역세권 중심이었지만 이후 대형 쇼핑센터 쪽으로 상권의 축이 이동했다. 특히 대형 쇼핑몰이 들어설 때마다 기존 쇼핑몰은 적잖은 타격을 입었다. 지난해 1월 착공한 킨텍스 단지 내 대형 쇼핑몰이 조만간 완공되면 또다시 일산 상권이 출렁거릴 수 있다. 김씨가 입주한 쇼핑몰 역시 최근 경기 회복과 함께 비어 있는 점포들이 메워지면서 활기를 되찾는 추세지만 인근에 경쟁 대형 쇼핑몰이 들어서 있어 전성기 때의 호황은 누리지 못하고 있다.

입점 업종을 먼저 분석하라

쇼핑센터의 업종 구성을 분석하면 고객층이 보인다. 김씨가 입주해 있는 쇼핑몰에 입점한 업종들은 여성의류, 일반 캐주얼, 아동 · 남성의류, 신발, 패션잡화 등 패션 업종이 가장 큰 비중을 차지하고 있다. 또 여성의류가 많고 그다음 남녀 공용, 아동복 순이다. 피부관리 네일숍 · 미용실 등 뷰티 · 미용 업종이 많은 점도 눈여겨볼 대목이다. 팬시 · 휴대폰 · 문구 등 판매업종, 게임 등 젊은 층을 겨냥한 업종, 복합 상영관 · 노래방 등 레저 오락 업종과 외식업, 교육 관련 업종도 일부 있다. 이런 업종 구성을 통해 젊은 주부, 젊은 층, 가족단위 고객, 10대와 20대가 주 고객층임을 알 수 있다. 외식업종 가격대는 중저가 수준이다.

주고객층에 맞는 업종 선정해야

첫째, 콩요리 전문점은 쇼핑센터 내 주요 고객층인 여성들에게 어필할 수 있는 메뉴. 주식(主食)과 별미 모두 가능해 쇼핑센터 입주민과 쇼핑 고객들에게 모두 호감을 얻을 수 있다. 점포 외관만 리모델링하면 기존 시설을 그대로 활용하는 데도 큰 무리가 없다는 점도 장점이다.

둘째는 퓨전 면요리+샤부샤부 전문점. 면류는 식사와 간식, 외식 수요를 모두 충족할 수 있고 여성들에게 인기다. 국수를 전문으로 하면 분식 느낌이 강해 현재 평수와는 잘 맞지 않으므로 전통 면을 다양하게 변형시킨 퓨전 면 등 전문적 느낌을 주는 메뉴를 갖추는 것이 좋다.

셋째, 현대적인 퓨전 감자탕도 추천할만하다. 감자탕은 여성보다는 남성들이 더 좋아하는 음식이지만, 기존 감자탕에 찜요리, 보리밥이나 수제비, 묵은지 찌개, 부대전골 등을 가미한 퓨전 감자탕은 가족단위 고객은 물론 주부, 20대들에게도 호응이 좋은 편이다.

어떤 창업을 하더라도 공통적으로 고민할 사안이 있다. 젊은 주부나 가족단위 고객을 겨냥해 현대적인 인테리어 모델링을 하는 것이다. 또 상권이 전성기만큼 활성화돼 있지 않으므로 반드시 마케팅 판촉을 위한 운영자금을 준비해야 한다. 오픈 초기 쇼핑센터 내에 개업을 알리는 떡과 사은품, 쿠폰을 돌리는 등 적극적으로 판촉활동을 벌이고, 인근 주거지를 대상으로 쿠폰을 인쇄한 전단을 배포할 필요가 있다. 창업 후 일정 기간 적극적으로 가두 홍보를 실시하는 것도 고려할 점이다.

조선일보

3) 입지의 분석

(1) 입지(立地, location for business)의 개념

점포가 소재하고 있는 위지적인 소선으로 보통 상권의 크기, 교통망, 고객층, 점포의 지세 및 지형과 밀접한 관계가 있다. 입지는 주변 여건에 따라 상급, 중급, 하급로 분류할 수 있기 때문에 입지 선정 시 업종과의 적합성 검토는 것이 필요하다.

일반적으로 좋은 입지라고 판단된 곳이라고 할지라도 창업계획 업종과 적합하지 않으면 좋은 입지가 아니다. 일반적으로 학교, 관공서, 위락시설, 시장, 쇼핑센터, 은행 등이 있으면 고객의 유입이 원활하기 때문에 좋은 입지가 될 수 있다.

(2) 입지 선정 포인트

- 지하철역에서 300미터 이내의 범위에 있고, 버스정류장에서 100미터 이내이며 버스 노선이 5개 이상인 지역의 점포
- 역세권이나 버스정류장으로부터 주택가 진입로 지역
- 편도 2차선 이상의 도로가 있는 상권의 입지로 3거리 이상 도로의 200미터 이내이면서 동일 업종이 없는 지역의 점포
- 대규모 아파트 단지의 입주 시작 지역
- 반경 200미터 안에 전철역 신설 지역
- 버스 노선이 늘고 마을버스 정류장 신설 지역
- 대형 업무용 빌딩의 완공과 입주, 관공서 등이 이전해 오는 지역
- 입지 해당 지역이 상업지역으로 용도 변경한 지역

■ 입지 선정 시 유의사항

- 인근 아파트의 재개발, 재건축 공사 임박 지역
- 지하철 공사가 임박하거나 공사 중인 지역
- 도보로 유동하던 곳에 마을버스 노선 신설 지역
- 대형할인점 입점 지역
- 관공서 등의 이전 계획 지역
- 상권의 반경 500미터 바깥쪽에 중심 상업지역 신설 지역

일반적으로 발생하는 창업 실패 원인	
1	부적절한 입지의 선택(즉흥적인 선택-세밀한 자료수집 미비)
2	부실한 사업 준비과정의 문제(업종, 업태 및 부실한 프랜차이즈 본사 선택)
3	경영자 본인의 노력과 자세 및 성공의지 결여
4	소극적 & 방만한 경영(아르바이트 위탁, 식자재, 서비스 부실경영 등)
5	주변 경쟁업체들의 등장으로 인한 출혈경쟁 환경
6	소극적인 재투자(신규메뉴 미개발 및 서비스 시설의 노후화)

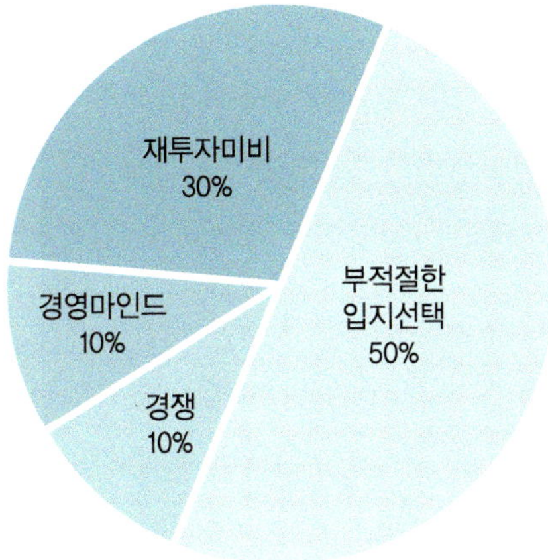

일반적인 창업 실패요인

피해야 할 입지조건	
1	점포 임대료가 너무 싼 점포나 권리금이 형성이 안 되는 점포
2	주인이 자주 바뀌는 점포
3	반경 200m 이내에 최소 세대수가 2,000세대 미만인 경우
4	주위의 상권이 침체되어 있는 경우 (저녁 9시 이후로 인적이 드물거나 주위 상가가 죽어 있는 경우)
5	주위 세대수는 2,000 세대이상 확보되나 주 주거 층이 노령인 경우
6	반경 100m 이내 자신의 점포보다 규모가 1.5배 이상 큰 업소가 있는 경우
7	과도한 권리금과 월세를 요구하는 곳은 필히 전문가와 상의하여 결정

상대적으로 좋은 입지조건	
1	반경 300m 이내에 동업종이 3개 이상 없는 곳 내지는 타 경쟁업체보다 월등한 규모와 입지 조건을 가진 점포
2	반경 500m 이내 최소 세대수 2,500세대 이상의 점포
3	반경 2km 이내에 10층 이상의 대형건물 5개 이상이거나 유흥업소 밀집지역
4	지하철역 버스정류장으로부터 주택으로 들어오는 입구 모퉁이 주변
5	주위 세대수는 많으나 타 동업체들이 거의 영세한 규모의 수준인 경우
6	아파트나 주택밀집 지역과 조금은 떨어져 있지만 대도로 변을 끼고 있는 큰 규모의 점포(약 70평 이상)
7	주택가 아파트 밀집지역의 한 중앙보다는 지역주민이 퇴근하여 들어오는 입구 외각 주변

(3) 입지조건 분석

입지조건 분석은 개개 점포의 성패를 좌우하는 것이다. 상권분석에서 살펴보았던 바와 같이 입지조건도 거의 같은 요인으로 분석한다. 차이가 있다면 상권분석은 상권 전체를 놓고 상권 자체의 성쇠 여부를 파악하는 것이고, 입지조건 분석은 한 상권 안에서 개개 점포의 성패 여부를 파악하는 것이다.

입지조건에 따라서 상권의 범위를 구분할 수 있는데, 입지(위치) 좋으면 당연히 상권의 범위가 넓은 A급 입지라고 하며, 입지가 그 상권에서 제일 나쁘면 상권의 범위가 작은 것으로 C급 입지이다.

❶ A급 입지는 상권의 범위가 넓다

A급 입지는 어느 상권에서든지 상권의 범위가 넓다. 즉 점포 앞으로 지나다니는 유동인구는 물론 배후지에 거주하는 주민까지 흡수할 수 있다. 같은 상권 안의 B, C급 입지보다 입지조건이 월등히 좋다. 당연히 점포 보증금과 권리금도 매우 높다.

❷ B급 입지는 A급 입지보다 상권의 범위가 좁다

A급 입지는 유동인구를 흡수하고 있지만, B급 입지는 유동인구의 일부만 흡수하며 배후지에 거주하는 주민을 흡수하는 것은 A급 입지와 같다. 따라서 같은 상권 내의 A급 입지보다는 입지조건이 좋지 않지만 C급 입지보다는 낫다. B급 입지는 유동인구를 상대하는 판매업보다는 맛으로 승부할 수 있는 음식점이 적합하다.

❸ C급 입지는 상권의 범위가 매우 좁다.

주택지 상권의 C급 입지에서는 소규모로 장사를 하되 반드시 시설비를 많이 투자하지 않는 업종을 선택해야 한다.

❹ 점포의 구조와 규모 파악

- 전용면적 : 등기부등본 등재면적
- 점포 전면 길이와 점포 모양 : 점포의 전면이 길수록 좋다. 당연히 간판의 홍보 효과도 크다.
- 출입구의 위치와 크기, 창문의 위치와 크기

• 기둥의 위치와 크기 : 기둥의 활용도 고려

• 층의 위치, 계단의 위치와 넓이 및 경사도

• 천장의 높이 - 건물 및 영업시설의 노후상태 - 건물 전체 규모와 업종구성 내용

❺ 점포의 형태

점포의 형태는 가급적으로 정사격형이나 직사각형 모양으로 반듯하게 형성되어 있는 것이 운영상 유리하며 업종에 따라서는 주택과 달리 북향이며 대로를 접하고 있는 형태의 점포도 괜찮다. 때로는 자외선으로부터 점포의 상품을 보호하여 선도가 오래 유지될 수 있기 때문이다.

오르막 경사 또는 계단이 점포전면에 있는 점포의 경우 고객들의 심리적 부담감 및 접근성에 불편을 줄 수 있다.

❻ 유동인구 조사

점포 앞과 주변을 도보로 이동하는 인구수, 즉 점포전면의 유동인구를 반드시 체크해야 한다. 이는 점포의 매출과 직결되는 중요한 요소이다.

유동인구의 조사는 남녀별, 연령 및 계층별로 이루어져야 하며, 조사방법으로는 주말통행인구 및 주중 통행 인구를 나누어 조사해야 하며 원칙적으로 시간별로 조사해야 하나 출근 시간인 8시경과 출근시간 후인 10시, 점심시간인 12시, 오후에 2, 4시경과 퇴근 시간인 6시 그리고 퇴근 이후의 저녁 시간인 20시, 22시, 24시 그리고 익일 2시경에 체크하는 것이 통상적인 조사 방법이다.

체크시간은 60분 지속적인 것이 아닌 대략 15분의 체크한 후 파악된 통행인구수에 4를 곱한 것을 한 시간 동안의 통행인구로 파악하면 된다.

❼ 차량통행 조사

차량의 통행 수 조사도 유동인구 조사의 예와 같은 방법으로 실시해야 한다. 주중과 주말에 나누어 2차로 조사해야 하며 시간대도 같은 시간대를 조사하면 된다는 점에서 유동인구 조사 시와 같은 방법으로 적용하며, 주의할 점은 승용 및 승합, 사업용 및 비사업용 그리고 오토바이 및 자전거를 구분지어 체크해야 한다는 점이다.

http://desktop.freewallpaper4.me

❽ 경쟁 점포의 조사

경쟁 점포의 조사는 창업 시 내 점포의 매출 예측과 향후 영업의 성공에 결정적인 자료를 제공하는 근거가 될 수 있다. 경쟁 점포와 내가 창업을 예상하고 있는 점포 후보지 중에서 어느 점포가 고객의 주요 동선에 가깝게 위치하고 유리한지를 파악해야 한다.

경쟁 점포 조사를 하는 또 다른 이유는 경쟁 점의 매출을 예상하여 창업 시 내 점포의 매출을 예상하여 출점 여부를 결정할 수 있는 결정적 자료를 제공하기 때문이다. 경쟁 점포의 추정매출을 파악하기 위한 방법은 쉽지 않지만 업종별로 평균 객단가를 예측하여 경쟁 점포의 일 평균 방문객 수를 곱하여 매출을 추정해볼 수 있다.

예를 들어 커피전문점 경우 평균 객단가 약 3,000원, 파스타전문점 평균 객단가 약 9,000원, 삼겹살 전문점의 경우 평균 객단가 약 13,000원 등으로 가정, 조사한 경쟁 점포의 방문객 수와 곱하여 예상매출을 산출해낼 수 있다.

❾ 상권 내 고객들의 주요 동선파악

목표 상권의 전반적인 현황을 파악하기 위해서는 주위의 지인 또는 해당지역의 부동산의 도움이 큰 수도 있다. 상권 내 잠재 고객들의 주요 이동 동선파악과 지역 주민들의 성향 및 소비 수준과 해당지역의 부동산 및 권리금 시세를 파악한다면 고객의 주요 동선도 예측할 수 있는 자료가 될 수 있다.

[표 10-4] 상권 및 입지 조사·분석

구분	판단기준		
	A급	B급	C급
1차 상권(반경 500미터) 인구수	15,000명 이상	10,000명 이상	5,000명 이상
2차 상권(반경 500미터) 인구수	50,000명 이상	30,000명 이상	20,000명 이상
상권 인구증가율	5% 이상	3% 이상	1% 이상
상권 1세대당 인구수	2.5인 이상	2.0인 이상	2.0인 미만
상권 사업체 수	증가	미세한 증가	변화 없음
점포에서 역까지의 시간(도보)	1분 이내	5분 이내	8분 이내
점포에서 역까지의 거리	30미터 이내	50미터 이내	100미터 이내
지하철역의 승하차 인원수(1일)	10만 명 이내	7만 명 이상	5만 명 이상
전면도로의 차량통행량(12시간)	3만대 이상	2만 대 이상	1만 대 이상
전면도로의 유동인구수(12시간)	10,000명 이상	7,000명 이상	4,000명 이상
점포의 가시성	매우 양호	양호	보통
주차가능대 수	20대 이상	10대 이상	5대 이상
점포의 전면	7미터 이상	4미터 이상	2미터 이상
점포의 위치	1층	1층+2층	2층 이상, 지하
간판 설치 위치	전면측면	전면	측면

[표 10-5] 점포 조사·분석

구분	내용	기타
1. 몇 층 건물인가?		
2. 점포 앞의 전면도로는 직선인가?		
3. 전면도로는 횡단 가능하는가?		
4. 전면 보도의 보행자 수와 속도는 적절한가?		
5. 어떤 방향에서 점포가 보이는가?		
6. 점포의 어디가 보이는가?		
7. 어떤 거리에서 보이는가?		

구분	내용	기타
8. 간판의 설치 위치는 보기 쉬운 것인가?		
9. 간판의 설치 폭은 충분한가?		
10. 점포 앞에 간판을 놓을 수 있는가?		
11. 거는 간판은 설치 가능한가?		
12. 점포 입구의 폭은 얼마나 되는가?		
13. 점포 앞의 인도에는 여유가 있는가?		
14. 주변의 장애물은 없는가?		

참고 **창업을 위한 자신의 업종과 선택과 효과적인 점포 구입 요령!**

상권분석 : 유명 상권 No, 유망 상권 Yes! 상권 전문가들이 말하는 '유망 상권 No.10'

분식, 여대 상권을 주목하라

분식 창업자들이 대학교, 학원가를 선호하는 것이 일반적이지만, 그 중에서도 여대 상권은 '알짜'라고 할 수 있다.

외식업계에서 젊은 여성층을 겨냥하는 것이 주요 트렌드이기도 하고, 남성보다는 여성이 밀가루 음식에 대한 선호도가 높기 때문이다.

"한 분식 브랜드의 지점별 매출을 비교한 결과, 남녀공학 대학보다는 여대 앞에서 매출이 더 높게 나타났다"며 "여대 상권은 분식창업이 성공할 가능성이 높은 곳"이라고 설명했다. 보통의 남학생들은 양이 많은 음식을 빨리 먹고 당구장이나 게임방으로 직행하기 때문에 분식보다 밥을 선호하는데 비해, 여학생들은 다양한 음식을 자주 섭취하기 때문에 분식을 선호한다는 분석이다.

■한식, 아파트형 공장을 잡아라

어디라도 직장인이 많은 곳이라면 한식 상권으로 적합하다. 최근에는 정부에서 입주를 장려하고 있는 아파트형 공장 상권이 급부상했다. 전문가들은 특히 구로디지털단지역, 가산디지털단지역을 유망 상권으로 손꼽았다.

이미 구로디지털단지역은 하루 평균 하차인원이 5만7천여 명(서울메트로 1~4호선 올해 상반기 8위)으로 많은 유동인구를 자랑하고 있다. 한 외식프랜차이즈 점포개발담당자는 최근 이곳의 유동인구가 전년 대비 15% 늘었다고 전했다.

구로디지털단지역은 중소 IT벤처업체가 대부분을 차지하고, 단지 내에 인구가 밀집돼 있어 외식업체의 매출요소가 많다. 2번 출구 쪽에 상권이 형성돼 있고, 보통 20층 짜리 벤처빌딩이 30여 개 정도 줄지어 있다. 한 건물에 상주인구가 최대 3천 명인 것으로 추정된다.

■고기구이류, 인구 대비 점포수가 적은 곳

고기구이를 생계형으로 유지한다면 굳이 유명 상권으로 들어갈 필요가 없다는 게 전문가들의 의견이다.

신도시나 신규건물에 새롭게 조성된 상권은 인구는 많지만 기대만큼 매출이 나오지 않다는 분석이다. 한 고기구이류 프랜차이즈의 점포개발부장은 "신도시 아파트에 들어온 사람들은 보통 대출을 받아 들어오기 때문에 소비수준이 높지 않다"며 "신도시 상권에서 살아남으려면 거주인구가 집을 전세, 월임대료로 돌리는 등 경제적으로 여유가 생기는 2~3년 후까지 내다봐야 한다"고 말했다.

따라서 오히려 유동인구, 상주인구에 비해 매장수가 적은 상권에 매장을 열면 경쟁업체가 없어 손님이 몰릴 수 있다는 분석이다. 그러나 업계 전문가들은 "누구나 즐겨먹는 고기구이류는 어느 상권이나 망라하기 때문에 상권보다는 마케팅이 더 중요하다"고 조언했다.

■주점, 외곽에 있더라도 복합 상권이라면 승산 있다.

주점업게 점포개발 전문가들은 서울 중심부가 아니더라도 여러 요소가 복합된 상권이라면 전망이 밝다고 입을 모았다.

상권분석의 6대 요소인 주거지, 오피스, 유흥지, 대학가, 역, 유원지 중에 2~3가지 요소가 섞여있는 곳이라면 유망하다는 것이다.

이에 전문가들은 주거지, 오피스, 유흥지, 역이 복합된 창동역, 연신내역, 신도림역 상권을 추천했다.

foodbank

참고 **불황 모르는 서울 7대 상권은?**

서울 시내 7대 상권은 명동, 홍대, 강남역, 대학로, 신림, 건대입구, 신촌 · 이대 등이다. 유명 상권은 유동인구량이 타 상권 대비 월등히 많고 또 대부분이 소비를 목적으로 상권을 찾기 때문에 기본 이상의 매출을 안정적으로 가져갈 수 있다. 불경기일수록 안정적 수익을 추구하는 경향이 강해지는 만큼 유명 상권에 대한 선호도 역시 오름세를 보이고 있는 것으로 분석된다.

이처럼 이들 상권 월세가 증가세를 보이고 있는 것은 수요에 비해 공급이 적기 때문으로 분석된다.

"불경기에도 일부상권의 임대료가 상승하는 것은 기업들의 로드샵 수요 때문"이라며 "개인 창업자들은 점포 양수 시 계약만료 이후 점포의 양도가 원만하게 이루어질 것까지 꼭 염두에 둬야 한다."

newsis

2 외식사업 창업과 사업계획서

1) 창업과 절차

일반적인 개념의 창업은 무엇인가? 창업은 자신의 자본으로 창업을 하는 것이다. 본인의 자본으로 계획했던 사업으로 수익을 발생시키고 그것을 통해 본인의 삶의 재무적 또는 이상적으로 궁극적인 목표를 이룰 수 있다는 것이 가장 매력이다.

외식창업은 어느 누구나 할 수는 있지만 성공하기란 쉽지 않다. 창업자는 한 분야의 전문가보다는 여러 분야에서 지식과 상식이 풍부한 것이 훨씬 유리하며, 종업원과 경영자의 역할을 동시에 요구하고 있기 때문이다.

외식창업은 성공 여하에 따라서는 엄청난 부를 쌓을 수도 있지만, 창업으로 인한 스트레스와 실패할 경우에는 본인은 물론 가족 및 주변에게도 엄청난 피해가 있으므로 창업성공을 위하여 상황변화에 적극적으로 대처할 수 있어야 한다.

외식창업 성공을 위해서는 중요한 4가지 요소가 있다. 창업자, 창업아이템, 창업자금, 창업상권이다. 이 4가지 요소는 성공을 위한 각 요소의 필요한 충분조건이 맞도록 준비가 되어야 한다. 즉, 창업자에게 맞는 아이템과 아이템에 맞는 상권 그리고 목표상권 입점이 가능한 창업자금이 있어야 한다.

프랜차이즈 창업을 시작하는 경우에도 본사에서 충분한 교육을 받았지만, 실제로 영업시작 1개월 혹은 단시간에 점포운영을 포기하고 실패하는 사례도 많다. 외식창업은 튼튼한 자금만 가지고 되는 것도 아니고, 차별화된 아이템이 있다고 되는 것도 아니다. 창업자 자신이 창업을 할 수 있는 마음의 준비가 확고하게 되어 있는지를 점검하고 준비해야 한다.

외식창업 아이템은 가장 중요한 요소 중에 하나다. 어떤 외식상품과 메뉴를 판매할 것인가를 결정하는 업종이 중요하다. 성공창업 아이템을 결정할 때는 반드시 창업자 성격 및 경험의 적합성 고려되어야 한다.

일반적으로 외식창업을 하게 된 동기를 조사해보면 친구나 지인 및 가족의 소개로 창업을 하는 경우가 언론매체나 인터넷을 통한 아이템 선정보다 훨씬 높다.

자신의 적성이나 능력 등을 고려하기보다는 '남이 해서 잘 된다' 고 하니까 '나도 하면 되겠지' 라는 식으로 업종을 선정하기 때문이다. 창업자가 오랫동안 즐겁게 할 수 있는 업종을 선택하는 것이 창업자에게 유망 아이템이라고 할 수 있다.

일반적으로 상권은 크게 역세권, 대학가 상권, 오피스 상권, 아파트 상권, 주거 밀집 상권, 복합 상권 등으로 나눈다. 상권에서도 입지 즉 점포의 위치에 따라 등급이 있고 입지에 맞는 업종이 다르다. 상권마다 점포 위치 크기 업종 그리고 투자자금 등의 요소를 따져서 가장 효율적인 것을 선택하는 합리적인 분석이 필요하다.

'상권이 반이다.' 라고 할 만큼 외식 창업에서 상권은 중요하기 때문에 많은 창업자들은 A급 상권에서 창업을 희망하지만, 주요 A급 상권의 점포는 점포 임대비용과 권리금이 비싸다는 것을 알고 있어야 한다.

일반적으로 창업자금은 총투자비용의 70%가 자기자본 구성비율이 되어야 안정적이라고 할 수 있다. 왜냐하면, 자기자본은 외부로부터 차입금이 아니고 금융이자가 발생되지 않는 자금을 의미한다. 자금 없이는 창업은 불가능하므로 자금계획부터 세밀히 구체적으로 준비해야 한다.

상권, 점포 크기, 업종선택 등으로 창업에 투자규모를 창업자금에 알맞게 무리하지 않는 것이 좋은 안정한 창업계획이다.

점포임대비용으로 50%, 시설 및 집기 구입비용으로 40% 그리고 나머지 10%는 운영자금으로 집행하는 것이 이상적인 방법이다.

프랜차이즈로 창업할 경우에는 이 법칙은 달리 적용되어야 하는데, 프랜차이즈는 기본적으로 창업의 전반적인 시스템을 본사로부터 구입하기 때문에 그 비용이 때론 많이 발생하기 때문이다. 즉, 창업자가 직접 창업을 준비하는데 소요되는 비용을 프랜차이즈 본사에게 지불하는 것이나 마찬가지다.

점포구입이나 임대비용이 전체 투자금의 60~70%를 차지하기 때문에 미래의 투자가치나 점포 운영 수익으로 그 부분을 충당할 수 있는지를 판단해야 하고, 다른 부분에서 비용을 줄일 수가 있는지를 따져보아야 한다는 것이다.

창업에 필요한 사전준비가 끝났을 때가 창업시기이며, 사전준비는 창업자에 대한 분석, 아이템 선정, 창업자금 조달 등에 대한 계획을 뜻하며, 창업을 본격으로 시작해도 된다.

창업을 위한 점포 영업시작 시기는 성수기 3개월 전이 적당하고, 창업 준비는 그 업종의 성수기 6개월 전에 적당하다. 창업은 준비는 최소 6개월에서 1년 정도의 기간이 소요되는 것이므로 오픈 시기를 성수기로 맞춰 서두르면 득보다 실이 발생하는 경우가 많다.

영업 시작시기를 업종의 성수기 3개월 전으로 해야 하는 이유는 점포 운영에 대한 전반적인 운영을 익히고 고객에 대한 접객서비스를 확고히 하기 위해서이다. 향후 고정고객을 확보해 가는 가장 기본이 되기 때문이다.

직접 점포를 창업하고 경영하는 독립경영형태 창업보다는 처음 창업을 하는 경우에는 프랜차이즈가 좀 더 안정적인 창업형태의 창업이다. 하지만, 프랜차이즈가 모든 초보 창업자들의 대안은 아니며, 어떤 브랜드를 선택하느냐가 중요하다.

창업을 계획하고 시기가 결정이 되면, 먼저 구체적인 창업계획을 세우고 자신의 상황을 고려해서 1년~3년간의 충분한 시간을 가지고 업종선정이나 창업자금 확보 등을 준비해야 한다. 창업자가 즐겁고 자신 있게 운영할 수 있는 일을 찾기 위해서 먼저 창업이나 소비자들의 소비패턴 등 생활 경제에 관심을 가지는 것이 좋다.

창업정보는 신문과 방송 등 언론 매체와 인터넷이다. 구체적이고 세밀한 정보를 얻고 이를 분석하고 판단하기 위해서는 다음 방법을 골고루 활용하는 것이 좋다.

가맹절차

1. 가맹점 개설 상담
- 창업 전문가의 1:1 상담
- 본사 방문 상담
- 전화상담
- 홈페이지 및 E-MAIL 상담

2. 가맹계약
- 가맹 사업 공전화 법률에 의거한 가맹계약 체결
- 상호 인·허가
- 노하우 전수에 따른 계약

3. 상권분석 및 점포개발
- 희망지역 상권 입지 분석
- 창업 자금 맞춤 점포 개발
- 계약 준비사항 설명
- 임대차 계약 체결

4. 인테리어 공사
- 매장 실측
- 점주님의 의견 반영
- 본부 공사 감리
- 주방 공사 및 홀 공사

5. 시설 및 집기류 입고
- 주방기기 집기 입고
- 홀 집기 입고
- 시운전, 시설 공사 최종 점검
- 담당자 1:1 전

6. 가맹점주 교육
- 가맹점주님 조리 교육
- 가맹점주님 운영 서비스 교육
- 매뉴얼 교육
- 오픈 관리 인허가 신청 교육

7. 원부자재 입고
- 물류배송 체크리스트 일정 소모품 및 집비품 입고
- 최종 리허설, 오픈 점검

8. 오픈
- 오프닝 행사 도우미 지원
- 상권 맞춤 각종 이벤트 진행
- 본부 임직원 지원

오픈 전 준비사항

온라인 식품위생교육

- 장소 : (사)한국외식중앙회 교육원
- 홈페이지 : www.nfoode.or.kr
- 준비물 : 증명사진 1매
- 교육대상자-사업자등록증 본인

영업허가증

- 장소 : 구청 환경 위생과
- 준비물 : 위생교육필증, 신분증, 보건증, 건축관리대장, 인지대(28,000), LGP(30평 이상) 시공시검사필증

보건증

- 장소 : 관할 구청 보건소
- 준비물 : 신분증, 증명사진 2매 , 인지대금
- 대상자 : 매장에서 근무하는 점주 및 전 전 종업원

사업자등록증

- 장소 : 관할 세무서
- 준비물 : 사업자등록 신청서, 점포임대차 계약서 산본, 영업허가증사본
- 업종 : 음식
- 종목 : 일반음식점

(1) 창업박람회

창업을 위한 창업 및 프랜차이즈박람회 방문은 창업 가능한 아이템을 한곳에서 볼 수 있다는 것이 장점이다. 박람회는 창업의 흐름이나 방향을 가늠할 수 있으며, 현장에서 궁금한 점을 직접 해결할 수 있다는 장점이 있다.

사전에 관심분야를 선정해서 상담을 받는 것이 좋다. 상담을 받을 때는 업체의 설명을 듣는 것이 아니라 필요한 것을 메모해서 질문하고 그 답을 얻는 것이 효과적이다.

(2) 사업설명회

창업을 위한 사업설명회는 프랜차이즈 본사나 창업컨설팅 회사에서 수시로 신규 사업이나 기존 사업의 확장을 위해 개최하는 것이다. 자사 브랜드의 우수성과 차별성에 대해서 집중적으로 설명을 하기 때문에 사업설명회는 비교적 객관적인 시각에서 참여하는 것이 좋다. 사전에 이런 정보 없이 참석했다가 쉽게 가맹을 결정하는 우를 범하지 말아야 한다. 창업 박람회 체크리스트를 활용해서 체계적으로 질문하는 것이 좋다.

[표 10-6] 창업을 위한 체크리스트

체크리스트	(브랜드 명 :　　　　)	
구분	내용	비고
업종현황 및 업종전망	업종 사이클 도입기, 성장기, 성숙기, 쇠퇴기 확인	
특징	상담 브랜드의 특징 파악	
주요상권	주요 타깃 상권	
점포형태 및 크기	적정 점포의 크기	
개설비용	표준형 기준으로 비용 확인(본인의 창업비용 대비)	
수익성	식자재 비중 확인	
장래성	발전 가능성이 있는지 확인	
점주의 자율권	본사 관리가 획일적인지 아닌지	
인테리어	리모델링이 가능하지	
물류공급	부분적으로 개별매입이 가능한지	

(3) 창업 유경험자 및 성공 창업자의 조언

창업을 먼저 유경험자의 조언을 무시할 수는 없지만 업종과 업태에 따라서 절대적이지는 않다. 대부분 기존 유경험의 창업자들은 흔쾌히 창업을 권하지는 않는다. 왜냐하면, 창업실패에 대한 책임을 지기 싫은 경우와 또 다른 경쟁자가 생기기 때문이다.

(4) 프랜차이즈 직영점포와 가맹점포 방문

창업을 위한 업종을 선정을 결정하면, 반드시 직영 및 가맹된 외식업체를 직접방문에서 필요한 정보를 얻어야 한다. 수집한 정보들은 성공창업과 효율적인 운영을 위하여 필요한 단계이다.

창업자는 선택한 창업 아이템을 성공적으로 운영할 수 있는지 재점검해야 하고 구체적인 정보를 얻어야 한다.

창업은 점포를 선정하고 인테리어를 공사, 필요한 집기비품을 구입, 최종점검을 거쳐 오픈을 하게 되는 것이 일반적인 진행절차이다. 모든 과정을 창업자 본인이 스스로 결정할 수 있으면 최상의 방법이지만 현실적으로는 전문가의 도움을 받는 것이 훨씬 경제적이고 창업위험을 줄이는 방법이다.

점포 선정은 창업자 집에서 가깝거나 지인들이 많은 지역을 택하는 것이 유리하다. 창업은 창업자체 만의 문제가 아니며 어떻게 운영해서 매출을 올리느냐가 더 중요하다. 외부적인 여건으로 점포운영이 방해를 받을 수도 있고 크게 도움을 받을 수도 있는데, 점포운영에 집중을 해야 한다는 것이다.

❶ 30일 - 업종선택 및 환경 분석

이 기간 동안에는 관련 정보서적들을 구입하여 읽어보거나 매스컴 자료를 활용, 간접체험 기회를 넓히고 다양한 아이템을 통하여 환경 분석을 해야 한다. 업종을 선정하는 중요한 기준 중에 자신의 생활에 꼭 필요한 한 달 총 생활비가 얼마인지부터 점검한 후에 최소한의 수익으로 생활비를 벌 수 있는 아이템을 우선적으로 타당성 분석을 해야 한다. 같은 자본을 투자하더라도 최대의 수익이 예상되는 업종을 우선 고려해야 하는 것이 창업의 분석이다.

❷ 31~40일 - 최적 업종분석 및 현장 점검

업종이 최종후보에 오르면 일주일 정도는 집중적으로 후보 아이템에 관한 현장실사와 정보수집에 투자한다. 해당 업종을 이해할 수 있는 전문서적이나 관련단체 등으로부터 보다 자세한 정보를 수집한다. 해당 업종에 종사하고 경험자를 만나서 동향을 파악하는 것도 이때 해야 할 일이다. 성공한 기존 사업자로부터 그들만의 독특한 마케팅 전략이나 영업 기법들을 배우는 것도 좋다. 성공한 점포들은 상권이 좋다는 프리미엄도 크지만 매장운영자의 차별화된 영업전략이 중요하기 때문이다.

프랜차이즈 본사는 한 곳만 방문하지 말고 경쟁사를 다 둘러보면 중요한 정보를 많이 수집할 수 있다. 신고만으로 창업을 할 수 있는지, 허가나 인가가 필요한지를 세무서나 구청 담당과를 통해서 알아본다. 만일 허가나 인가기 필요하다면 소요되는 경비나 방법도 체크해 둔다. 체인점 운영을 고려하더라도 '독립점포' 로 창업할 경우도 생각해 보도록 한다. 혼자 힘으로 창업을 한다는 가정으로 해당 분야의 도매상을 만나서 조언을 구하고 인테리어나 설비업자들로부터 업종전망과 가격 등을 알아보도록 한다. 선택된 아이템에 대한 식재재 구매 거래선을 미리 확인해야 하는 작업도 이때 해야 한다.

❸ 41~60일 – 표적 상권 내 입지선정

업종이 정해졌다면 본격적인 창업에 20일 정도의 시간을 투자해서 최종 결정한 업종에 가장 잘 적합한 점포 찾기에 나서도록 한다. 일단 본인의 도시를 세부적으로 분류할 필요가 있다. 소비자입장에서 사람들이 많이 몰리는 상권에서 출발해서 동네 상권까지 몇 개의 그룹으로 나눈다.

최종적으로 3~5개 정도의 점포들로 압축한 뒤 가장 좋은 조건과 상권에 유동인구 또는 상주인구가 많은 곳을 최우선으로 선택하여 그 점포주인과 협상에 들어가는 게 좋다.

점포계약 전에 점포가 서류상 문제가 있는지 반드시 검증하는 게 좋다. 대개의 경우 건물주들이 건물에 근저당을 설정하고 금융권에서 돈을 차입하여 자칫 악성채무자의 건물일 수도 있기 때문이다. 건물 시가의 80% 이상에 해당하는 근저당이 설정되어 있다면 일단 조심하는 게 좋다.

❹ 61~85일 – 시설공사 및 재반업무 점검

입지가 결정되었으면 곧바로 시설팀을 투입하여 최소한의 시설을 할 필요가 있다. 공사기간은 20여 일 정도로 필요하므로 공사가 진행되는 동안 예비창업자는 각종 집기와 인쇄홍보물 등 부대적인 요소들을 준비하는 게 좋다. 전화도 미리 신청해야 인쇄물이나 답례품들을 만들 때 번호기재가 가능하다.

주변상권은 검토하여 유사점포나 경쟁점포들을 분석하여 좀 더 경쟁력 있는 마케팅 전략을 구상하도록 한다. 특히 외식 창업인 경우에는 고객서비스와 메뉴 품질과 조리방식의 차별화를 통한 과감한 마케팅 전략이 필요하다. 상품을 판매하는 점포인 경우에는 제품의 질과 가격 그리고 구색에서의 우위를 점해야 한다.

오픈을 알리는 현수막이나 전단지의 작업도 이 기간 중에 준비가 되어야 한다. 현수막은 미리 만들어서 점포 오픈 전부터 걸어두면 홍보 효과가 있다. 외식업은 깔끔한 근무복을 주문하여 착용하는 게 좋으며, 근무복의 준비도 시설기간 중에 마무리해야 한다. 또한 이 기간 동안 빠지지 않고 해야 할 일이 종업원 확보다.

통상적으로 운영자금은 6개월 정도의 생활비를 준비하는 것이 좋다. 자금 확보가 어려우면 최저 3개월 정도의 생활비 수준의 운영자금 확보는 필요하다.

❺ 86~95일 – 상품 준비와 개업준비

시설이 완료된 후 집기나 식자재를 준비하는데 5일 정도의 여유를 가지고 충분히 세심한 배치를 한다. 간판과 선팅 등은 전적으로 간판업체에 위임하지 말고 디자인이나 콘셉트가 가능하면 세련되도록 전문가의 조언을 활용하는 것이 좋다.

❻ 96~99일 – 판촉홍보 및 개업 리허설

개업을 5일 정도 남기고부터는 홍보용 전단을 배포하여야 한다. 홍보용 전단은 2종류로 만들어 개업 전과 개업 후로 나누어 배포하는 게 훨씬 효과적이다. 개업 5일을 남긴 이 기간 동안에는 제품의 이름이나 소비자가격 등을 인지한다.

선물용인 경우 포장을 원하게 되는데 포장하는 법은 점포 개업식 이전에 충분히 연습하여 무리없이 소화해 내야 한다.

단골 관리가 필요한 업종은 개업 전에 고객 리스트를 작성할 수 있는 용지도 미리 준비해 둔다.

❼ OPEN일·고객의 중요성

개업식에 찾아오는 손님들의 상당수가 곧바로 고정고객으로 이어지기 때문이다.

개업식이 끝난 후에는 다시 한 번 앞으로 전개할 독특한 마케팅이나 고객 접대방법, 고객서비스에 대해 점검하는 것이 좋다. 고객에게는 과잉친절이라는 말을 들을 정도로 고객에게 항상 친절해야 한다.

참고 **치열한 창업시장에서 성공하는 방법, 블루오션 전략**

블루오션 전략으로 승부하라

커피, 치킨, 술집 등 생계형 창업시장은 레드오션으로 통한다. 창업 인구 80%가 생계형 창업일 정도로 경쟁이 치열하다. 별다른 기술이나 경험 없이도 도전할 수 있는 아이템일 뿐 아니라 프랜차이즈 업계 대부분도 생계형 창업시장에 발을 들여 놓고 예비창업자들의 선택을 기다리고 있기 때문이다. 그러나 이곳에서도 발상의 전환을 통한 틈새시장 공략으로 수익을 창출하는 블루오션은 존재한다.

블루오션 전략 Ⅰ, 치킨무한리필 시스템으로 승부

http://www.edaily.co.kr

'치킨팩토리'는 최근 치킨무한리필 시스템을 도입해 소비자들에게 큰 호응을 얻고 있다. 치킨팩토리의 블루오션 전략인 치킨무한리필 시스템은 그동안 2차 음주문화라고 여겨지던 치킨호프의 인식 변화와 함께 이른 저녁, 매장을 찾은 고객들의 발길을 끌고 있다.

치킨팩토리의 승부수가 성공할 수 있었던 것은 무한리필에 대한 저평가된 인식을 바꿨기 때문으로 분석된다. 업체 측은 "엄선된 국내산 닭과 재료의 사용으로 안전성은 물론 꾸준한 연구를 통한 다양한 메뉴 개발이 고객들의 호응을 이끌어 낸 것 같다"고 분석했다.

카페풍의 인테리어 등 다양한 블루오션전략을 사용한 치킨팩토리는 가맹사업 진출 6개월만인 현재 20호점이 성업 중이다.

블루오션 전략 Ⅱ, 차별화된 전통차와 건강음료로 틈새시장 공략

http://www.edaily.co.kr

'티맑은'은 전통차와 건강음료를 내세워 블루오션 전략을 실현하고 있다. 우후죽순 생겨나는 커피전문점 시장에서 한방과학으로 만든 건강에 좋은 차와 전통차, 건강음료 등을 메뉴화한 티맑은의 틈새공략은 시장에 신선한 바람을 몰고 있다. 창업 측면에서도 차별화를 시도했다.

대부분 커피 프랜차이즈에서 받고 있는 로열티를 없애고 상권에 따라 메뉴를 조절하는 합리적인 방식을 도입했다. 이같은 시도는 가맹주의 가족이나 친구, 지인의 재창업 사례로 이어지고 있다.

김희경 팀장은 "비슷한 커피메뉴를 판매하는 차별화가 없는 커피전문점으로 성공하기 위해서는 좋은 점포, 대형 평수를 갖추기 위해 수억 원의 많은 자본금이 필요하지만 티맑은은 차별화된 블루오션 전략으로 소자본 창업이 가능하다"고 말했다.

블루오션 전략 Ⅲ, 꼬치전문점과 포차의 결합, 고정관념 탈피

'쿠시쿠시 꼬치포차'는 주방에서 구워나오는 대부분의 꼬치전문점과는 달리 고객이 직접 구워 먹는 방식으로 운영된다. 육류부터 해산물까지 다양한 재료로 만들어진 31가지

수제꼬치를 고르는 것부터 숯불에 굽는 것까지 고객이 모두 직접 참여한다.

식성에 따라 메뉴를 선택할 수 있을 뿐 아니라 테이블에서 손수 구워먹는 재미까지 더해져 고객들의 반응이 뜨겁다. 1호점 오픈 후 창업문의가 이어지고 있다. 이같은 반응에 힘입어 '쿠시쿠시'는 가맹사업까지 사업 영역을 확대할 예정이다.

http://www.edaily.co.kr

업체 측은 "쿠시쿠시 자체가 새로운 블루오션 아이템인 만큼 창업조건도 획기적인 차별화된 조건을 내세울 예정"이라고 밝혔다.

자영업자 수 600만 명 시대. 많은 창업전문가들은 치열한 창업시장에서 살아남는 방법으로 '차별화'를 강조한다. 이미 포화상태에 놓인 창업시장에서 누가 빨리 발상의 전환으로 틈새시장을 공략하느냐에 따라 성공과 실패가 엇갈리기 때문이다. 창업시장에도 역발상을 앞세운 블루오션 전략이 필요한 이유다.

e뉴스

2) 사업계획서의 작성

사업계획서는 결정이 되면 수정할 수 없는 것이 아니라 상황에 따라서 새로운 요소가 발견되면 수시로 수정할 수 있어야 한다. 사업계획 잠재되어 있는 문제점에 대해 항상 점검하고 계획되어야 한다. 사업계획서는 충분성과 자신감을 바탕으로 작성되어야 한다. 창업자 자신이 가지고 있는 목표 아이템을 제3자에게 설득하고 납득시키는 것이 사업계획서의 제1의 목표이다.

사업계획서는 정확한 자료에 의거한 객관적인 것이어야 한다. 사업계획서의 핵심내용을 강조하고 부각시켜야 하며, 전문용어의 사용보다는 보편적인 용어를 사용하여 작성되어야 한다.

자신만의 사업아이템의 핵심을 중점 부각시키고, 기술적 내용일 경우라도 투자자 및 관련 당사자가 알기 쉽게 작성되어야 한다. 자금조달 운용계획은 정확하고 실현가능성이 있어야 한다. 사업계획서 작성 시 가정을 배제해야 한다. '자금조달은 순조로울 것이다.', '무엇이 어떻게 된다면 판매에는 아무 문제가 없을 것이다.'라는 식의 가정을 바탕으로 작성되어서는 안 된다. 특히 자금조달 및 운용 부분에 있어서는 더욱 그 원칙이 중요하다.

■ 사업계획서를 작성할 때 주의할 점 10가지 원칙

❶ 창업의 목적이 개인적인 이익의 추구와 투자자의 이익을 위한 것이어야 한다.

❷ 사업내용이 차별화되도록 노력한다. 특징이 없으면 성공할 수 없다.

❸ 틈새시장을 집중적으로 공격할 전략을 제시한다.

❹ 구체적인 숫자의 예측으로부터 사업이 성공할 것이라는 객관적인 자료를 보인다.

❺ 제품의 가격, 이윤, 판매량, 시장점유율 등을 예측할 때는 지나치게 낙관적인 자세로 임하지 않는다.

❻ 유능한 사람들이 모여 균형 잡힌 경영진이 되도록 인력을 구성한다.

❼ 회사의 소요자본이나 운영비를 너무 적게 예측하지 않는다.

❽ 예상되는 경쟁관계를 과소평가하지 않는다.

❾ 일회용 히트 기술로는 회사가 지속될 수 없다. 지속적인 기술진보와 제품향상이 이루어질 수 있는 것이어야 한다.

❿ 투자자를 찾을 때는 어떤 형태(경영에 관여할 사람 또는 단순히 투자에만 관심이 있는 전문 투자자)의 투자자를 원하는지 명확히 정의하여야 한다.

(1) 사업계획서의 구성

❶ 사업계획서의 요약 및 목차

요약은 사업계획서의 가장 중요한 부분이다. 자본가나 자문에 응하는 사람은 대부분 주어진 모든 서류를 읽을 시간이나 의지가 충분하지 않다. 요약부분에서 그들을 끌어당길 포인트를 발견하지 못하면 투자가 어려울 수가 있다. 요약에서는 사업의 간략한 스케치가 있어야 하고 계획서의 핵심이 강조되어야 한다.

목차의 큰 제목에 해당하는 부분을 압축 제시해 주어야 한다. 우리의 아이템은 다른 것과 다르고 성공할 것인지 보여주어야 한다. 요약부분에서 구체적으로 설명할 필요는 없다.

❷ 회사의 소개와 조직

회사에 관한 일반적인 사항을 소개하는 부분으로써 다음과 같은 내용이 포함된다.

- 회사 개요(기업명 및 형태, 설립 예정지역, 주요 생산품 등)
- 회사 연혁(창업 동기 및 사업의 기대효과)
- 조직 기구도
- 주주현황
- 경영진 및 기술진
- 금융거래 현황
- 조업현황
- 관련기업현황
- 기타

기타 항목에서는 구체적으로 차입금 및 담보(거래은행, 대출 금리, 담보내용 담보자격 등), 재무상태, 기술보유 현황(기술 개발실적, 기술인력, 국내외 기술수준, 기술제휴 현황 등)이 포함된다.

❸ 시장분석

사업 아이템과 관련서비스의 시장 전망이 좋지 않으면 좋은 성과를 얻기 어렵다. 창업자들이 시장분석을 어떻게 하고 있느냐 하는 부분은 투자자의 주요 관심대상이다. 사실상 시장분석은 사업계획서에서 창업자에게 가장 새로운 도전을 요구하는 부분이다. 시장분석을 함에 있어서는 외부에 자문을 구하든, 신문, 잡지, 서적, 인터넷 등을 활용해 구한 자료로 분석을 숫자로 된 구체적 자료를 수집하고 분석해야 한다.

■ 도전하고자 하는 시장의 분석 : 현재의 시장 규모는 얼마인가? 5년 후, 10년 후에는 규모가 얼마나 될까? 이 산업의 가장 중요한 특성은 어떤 것인가? 누가 현재 이 산업에서 가장 중요한 소비자인가? 새로 생산될 제품이나 서비스가 적용되거나 이용될 주요 분야는 어떤 것이 있는가? 산업이 변화추세는 어떤가? 사업에 영향을 줄 산업의 내적 외적인 변화는 어떤 것이 일어나고 있는가?

■목표시장 : 일반적으로 사업을 시작할 때는 넓은 소비자 계층을 대상으로 하지 않고 특수하면서도 확실한 소비자들을 대상으로 하는 것이 유리하다. 이를 특정한 틈새시장(Niche Market)이라 한다.

■소비자 분석 : 수요계층, 소득, 연령 등 소비자에 대한 일반적 분석은 물론 수요예측과 그러한 수요예측의 근거를 제품별로 구체적으로 제시하여 신뢰를 주어야 한다.

■경쟁자 분석 : 기본적으로 동업계 현황 및 경쟁제품을 자사와 비교 장.단점을 분석해야 하고, 진출하고자 하는 업계의 경쟁강도를 분석해야 한다. 시장은 항상 동적인 특성을 가지고 있다. 수많은 경쟁자와 소비자들이 어떻게 움직일지 정확히 예측한다는 것은 사실상 불가능하다.

❹ 마케팅 계획

마케팅의 4P(Product, Price, Promote, Place) 측면에 따른 전략을 제시한다.

■Product : 제품정책

■Price : 가격정책

■Promote : 촉진정책

■Place : 유통정책

마케팅 전략은 사업화하려는 제품이나 서비스가 어떠한 것인가에 따라 달라지므로 4P의 측면을 모두 고려하여 효과적인 마케팅 전략을 수립 구사하여야 사업의 성공을 이룩할 수 있으며 그러한 전략에 대한 설명이 제시되어야 한다.

❺ 자본 및 재무계획, 자본금 회수방안

창업자가 필요로 하는 자본에 대해서도 언급한다. 필요한 액수와 시기에 대해서 설명한다. 현재 얼마가 필요한가? 향후 5년간 어느 시점에 얼마가 필요한가? 만약 필요자본금보다 적은 돈이 투자되면 어떻게 할 것인가? 현재 회사의 가치는 얼마로 평가하고 있으며, 이에 따라서 신규 투자가에게는 회사의 가치를 평가한 방법을 투자자들이 이해할 수 있도록 설명할 필요가 있다. 따라서 매출액, 보유기술의 중요성, 인력의 우수성, 성장 가능성 등을 잘 보여주어야 한다. 향후 수입에 대한 전망도 필요하다.

사업계획서의 목차

1. 사업계획서 요약
2. 기업 및 산업
   1) 회사 개요
   2) 사업 개념
   3) 사업 전개 방향 및 향후 계획
3. 사업 및 제품 개요
   1) 제품 개요
   2) 제품의 특성 및 용도
   3) 제품 개발 계획 및 기술 인력
   4) 경쟁 제품과의 차별성
4. 시장 환경 분석
   1) 목표 시장
   2) 시장 규모 및 성장 추이
   3) 경쟁 및 경쟁 우위 전략
   4) 시장 진입 및 성장 전략
   5) 예상 매출 규모
5. 마케팅 계획
   1) 주요 마케팅 전략
   2) 가격 전략
   3) 판매 전략
   4) 광고 전략
6. 메뉴 계획
   1) 메뉴 전략
   2) 설비 투자 계획
   3) 식자재 조달 계획
   4) CK 공장 입지 및 기타 법적인 규제
7. 재무 계획
   1) 채산성 분석
   2) 추정 재무 계획
   3) 자금 조달 계획
8. 조직 및 인적 자원 구성
   1) 조직도
   2) 핵심 창업 인력
   3) 외부 자문 및 지원 인력
9. 위험 요소 및 대책
10. 사업 추진 일정

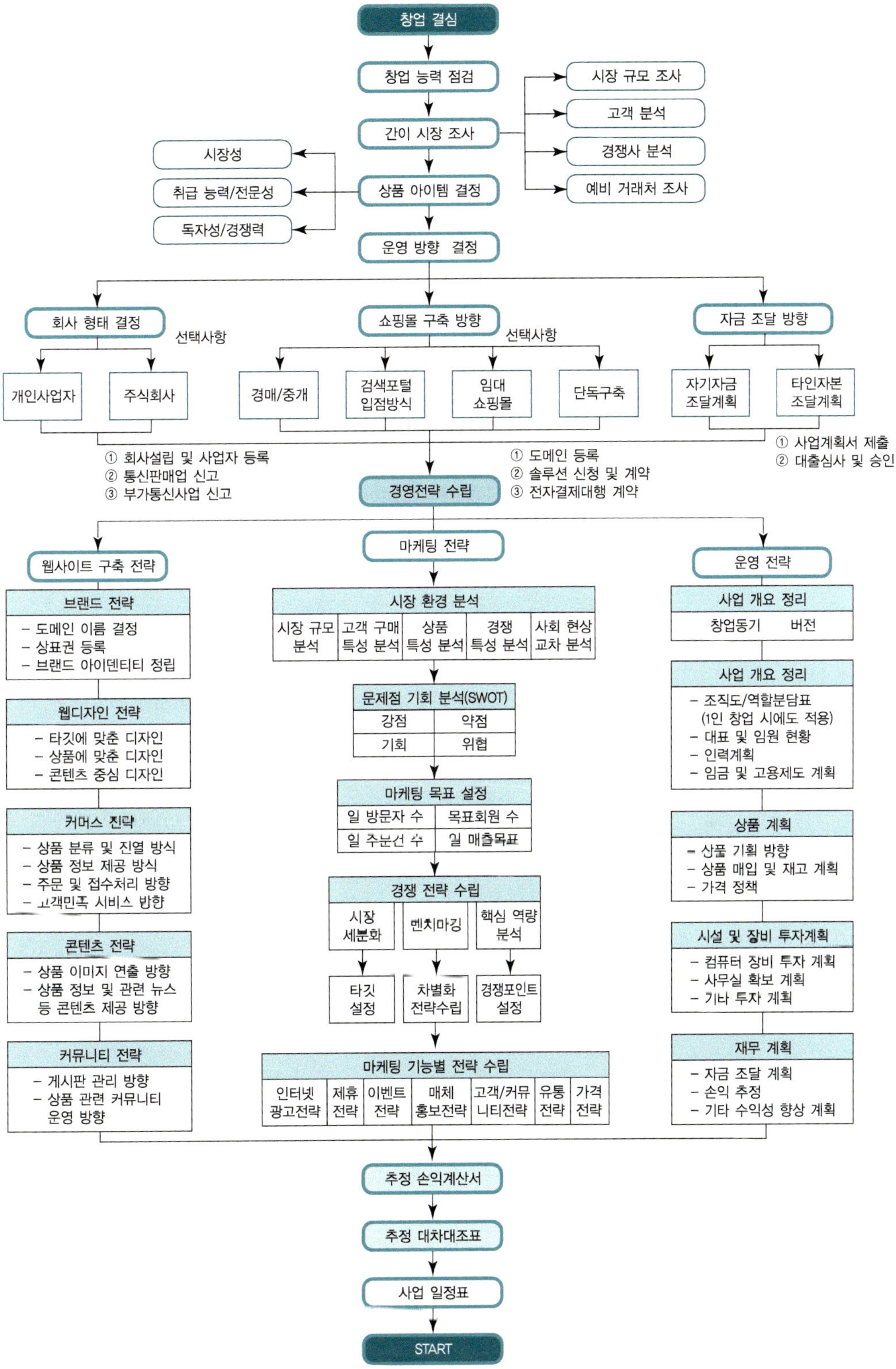

창업 결심
창업 능력 점검
간이 시장 조사
시장 규모 조사
고객 분석
경쟁사 분석
예비 거래처 조사
시장성
취급 능력/전문성
독자성/경쟁력
상품 아이템 결정
운영 방향 결정
회사 형태 결정
선택사항
개인사업자
주식회사
쇼핑몰 구축 방향
선택사항
경매/중개
검색포털 입점방식
임대 쇼핑몰
단독구축
자금 조달 방향
자기자금 조달계획
타인자본 조달계획
① 회사설립 및 사업자 등록
② 통신판매업 신고
③ 부가통신사업 신고
① 도메인 등록
② 솔루션 신청 및 계약
③ 전자결제대행 계약
① 사업계획서 제출
② 대출심사 및 승인
경영전략 수립
웹사이트 구축 전략
브랜드 전략
– 도메인 이름 결정
– 상표권 등록
– 브랜드 아이덴티티 정립
웹디자인 전략
– 타깃에 맞춘 디자인
– 상품에 맞춘 디자인
– 콘텐츠 중심 디자인
커머스 전략
– 상품 분류 및 진열 방식
– 상품 정보 제공 방식
– 주문 및 접수처리 방향
– 고객만족 서비스 방향
콘텐츠 전략
– 상품 이미지 연출 방향
– 상품 정보 및 관련 뉴스 등 콘텐츠 제공 방향
커뮤니티 전략
– 게시판 관리 방향
– 상품 관련 커뮤니티 운영 방향
마케팅 전략
시장 환경 분석
시장 규모 분석
고객 구매 특성 분석
상품 특성 분석
경쟁 특성 분석
사회 현상 교차 분석
문제점 기회 분석(SWOT)
강점
약점
기회
위협
마케팅 목표 설정
일 방문자 수
목표회원 수
일 주문건 수
일 매출목표
경쟁 전략 수립
시장 세분화
벤치마킹
핵심 역량 분석
타깃 설정
차별화 전략수립
경쟁포인트 설정
마케팅 기능별 전략 수립
인터넷 광고전략
제휴 전략
이벤트 전략
매체 홍보전략
고객/커뮤니티전략
유통 전략
가격 전략
운영 전략
사업 개요 정리
창업동기
버전
사업 개요 정리
– 조직도/역할분담표 (1인 창업 시에도 적용)
– 대표 및 임원 현황
– 인력계획
– 임금 및 고용제도 계획
상품 계획
– 상품 기획 방향
– 상품 매입 및 재고 계획
– 가격 정책
시설 및 장비 투자계획
– 컴퓨터 장비 투자 계획
– 사무실 확보 계획
– 기타 투자 계획
재무 계획
– 자금 조달 계획
– 손익 추정
– 기타 수익성 향상 계획
추정 손익계산서
추정 대차대조표
사업 일정표
START

3) 사업타당성의 분석

사업타당성 분석은 경제주체가 수행 및 추진하고자 하는 사업활동의 타당성 여부를 사전에 조사, 분석, 검토하여 경영의사 결정에 필요한 기초자료를 제시하는 활동을 말한다.

사업계획서는 계획사업이 어떤 방향으로 나아가고 있고 어떻게 목표에 도달할 수 있는지에 대해 설득력 있게 설명하는 문서라 말할 수 있다. 하지만, 기본적으로 사업계획서를 작성하는 것은 두 가지 이유가 있다. 첫째, 사업계획서를 작성해 봄으로써 창업자가 자신이 하고자 하는 사업을 완벽하게 이해하고 있으며, 그에 따른 실천계획이 의의가 있다. 둘째, 현실적으로 사업계획서는 벤처캐피탈 혹은 엔젤 투자자들에게 자금조달을 목적으로 그들을 설득시키기 위해 작성하는 경우다. 특히, 재무계획에 있어 단지 수치만 제시하는 것이 아니라 그들이 이해할만한 재무계획을 말해 주어야 한다.

당신의 제품은 무엇인가? 누가 고객인가? 누가 이것을 팔 것인가?(유통채널) 실제로 얼마나 많은 사람들이 이 제품을 살 것인가? 이 제품을 설계/생산하는데 얼마의 자본이 필요하며, 이것을 어떻게 확보할 것인가? 제품의 가격은 어떠해야 하는가? 언제 손익분기점에 도달할 수 있을 것인가?

참고 **명문대 나온 28세, 배달로 월 1억7천만 원 대박**

베니건스 · 비비고 등 자체 배달을 하지 않는 160여 음식점의 메뉴를 주문받아 배달하는 업체가 생겼다. 포스텍 출신 임은선 대표(왼쪽에서 둘째)가 세운 '푸드플라이' 다. 지난달 매출 1억7000만 원을 기록했다. 임 대표가 직원들과 함께했다.

포스텍(옛 포항공대) 전자공학과 졸업. 첫 직장은 대표적인 고소득 직종인 외국계 경영컨설팅 회사. 하지만 그는 이를 박차고 나와 창업을 했다. 소비자와 음식점 사이에서 주문을 받고 배달을 대행하는 사업이다.

주인공은 '푸드플라이' 임은선(28) 대표다. '푸드플라이'는 베니건스·비비고·스시히로바 같은 160여 개 식당의 음식을 주문받아 배달해 주는 업체. 지난해 8월 서비스를 시작했다. 처음 직원은 6명뿐. 올 초까지만 해도 월 매출이 3000만 원 정도였다. 그러나 지금은 직원 30명에 월 매출 1억 7000만 원 규모로 성장했다. 포스텍 후배들 몇 명까지 이 사업에 합류했다.

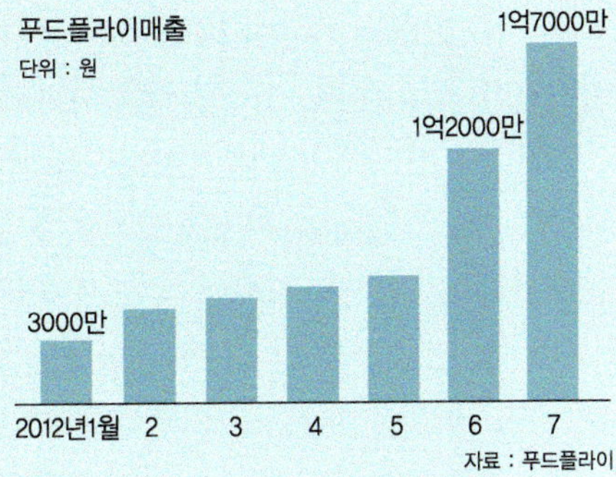

임 대표 자신은 "이전 직장인 컨설팅 회사는 많은 사람이 부러워하는 직장이었다"고 수긍했다. 하지만 정작 자신은 창업을 생각했다. 대학 친구들과 선후배 중에 창업을 한 이들이 많아서일지도 모르겠다고 했다. 알고 지내는 번듯한 벤처창업자도 여럿이었다.

이것저것 창업 아이템을 생각하던 중 음식 관련 사업에 생각이 미쳤다. 외식업 시장 규모가 대단히 큰데도 온라인에서는 레스토랑 예약이나 할인권 구매 정도만 이뤄질 뿐 주문과 배달 서비스는 거의 없다는 데 주목했다. 그는 "주문·배달을 한꺼번에 하는 사이트로 50조 원에 이르는 외식 시장을 온라인으로 끌어들일 수 있다고 생각했다"고 말했다.

티켓몬스터 창업 4인방 중 하나인 신성윤(26) 이사로부터 2억 원의 에인절 투자를 받아 시작했다. 임 대표는 "처음엔 이름이 알려지지 않아 고전했다"며 "타깃 지역을 강남지역으로 좁게 잡고 소비자·음식점과 직접 접촉하는 방식을 썼다"고 말했다. 우선 전단을 만들어 회사가 위치한 서울 논현동 근처의 아파트에 돌렸다. 음식점은 논현동 인근에서 직원들이 직접 먹어본 후 맛이 좋은 곳부터 계약을 맺었다.

"맛을 보고 '이 집이다' 싶으면 무조건 사장님을 만났죠. '추가 비용을 들이지 않고 온라인상에 제2의 매장을 만드는 셈'이라고 설득했습니다." 통하지 않을 때도 많았다. 장사가 잘되는 유명 레스토랑은 배달의 필요성을 못 느꼈다. '배달 음식'으로 이미지가 떨어지지 않을까 걱정했다. 무엇보다 막 출발한 작은 업체와 거래하기를 꺼리는 식당이 상당수였다.

올 2월 벤처캐피털인 스톤브릿지캐피탈에서 7억 원을 투자받고, 4월 베니건스와 계약하면서 신뢰성을 인정받았다. 지난 1월 40개이던 가맹 음식점은 현재 162개로 늘어났다. 압구정동, 신사동 가로수길의 소규모 맛집들도 포함됐다.

푸드플라이는 원칙적으로 소비자들에게서 주문·배달료를 받는다. 기본료 4800원에 거리요금이 덧붙는다. 경쟁상대가 될 수 있는, 심부름센터를 고려한 요금이다. 심부름센터는 기본 배달료가 6900원이다. 거리 요금은 동(洞) 경계를 한 번 넘을 때마다 1000원을 추가로 받는다. 결과적으로는 강남구 내에서 총 배달료가 8000원을 넘지 않도록 맞췄다. 아무리 주문량이 많아도 같은 배달료로 서비스를 한다.

배달료를 받지 않는 경우도 있다. 음식점이 '푸드플라이'에 수수료를 직접 내는 경우다. 임 대표는 "소비자 가격을 낮추고 더 많은 고객을 확보하고 싶어 하는 식당도 있기 때문"이라며 "식당엔 선택권을 주고 심부름센터보다는 값을 낮출 수 있었다"고 했다.

'자리를 잡았다'고 할 수 있게 된 지금 임 대표는 창업 선택을 후회하지 않는다고 했다. "조직에 있을 때는 부속처럼 움직이지만 지금은 내가 주도해 아이디어를 내고 직접 실행하며 결과물인 거래 건수까지 받아들게 됐다"는 것이다. 그는 "내 창의력의 결과를 직접 손에 쥘 수 있다는 점에서 창업을 잘한 선택으로 생각한다"고 덧붙였다.

임 대표의 목표는 서울 25개 구 전체로 서비스를 확장하는 것. "음식 배달이 짜장면·피자·치킨에만 머물지 않을 것"이라며 "무엇이든 시켜 먹을 수 있다는 점에서 승산이 있을 것으로 본다"고 말했다.

중앙일보

3 레스토랑 디자인

1) 디자인 중요성

디자인은 사람의 감성을 움직이는 작업이다. 레스토랑 매장의 실내디자인은 그런 감성적인 부분과 가장 가까운 작업일 것이다. 그 공간에서 느끼는 오감의 체험은 단지 먹는 것의 행위가 아닌 문화를 소비하고 먹는 것으로 발전하고 있는 환경이다.

영업증대에 직접적 영향을 주지 못하는 디자인은 사실상 아무 의미가 없으며 죽은 디자인과 같은 것이라 할 수 있다. 실내디자인은 창조성이 필요하며 그 창조성은 영업증대의 사업 계획을 바탕으로 해야 될 것이다. 그 중에서 가장 기본이 되며 중요한 단계가 평면설계 단계다. 평면설계는 첫 단계이며 마지막이라고 할 수 있으며, 제반 조건이나 기능을 분석해서 업장의 유형을 분석하고 면적을 배분한다. 식당의 실내공간은 크게 영업, 주방(조리), 관리의 세 가지 기능을 가진 공간과 복도, 계단 등의 공용 공간으로 분류할 수 있다.

(1) 영업 기능 공간

영업 기능 공간은 고객이 머무르는 곳이며 수익을 가져오는 부분으로 크게 세 부분으로 나누어질 수 있다.

■출입 공간 : 외부에서 객석으로 진입하는 부분으로서 공적 공간으로 개방해 놓는다. 방풍실, 리셉션, 대기실 등이 이 부분에 속한다.

■다이닝 공간 : 테이블과 바 카운터로 이뤄진 부분으로 고객의 식사 공간 및 접객 종업원의 유동 공간으로 구성되는 영업 부분을 말한다.

■기타 서비스 부분 : 손님이 사용하기 위한 카운터, 화장실 등이 이에 속한다. 이외에 상품대, 어린이 놀이 공간이 추가될 수 있다.

(2) 주방 공간

주방은 주로 창고 공간(냉장, 냉동, 드라이 창고)과 식자재를 준비하는 프렙 공간, 조리 공간, 후처리를 위한 공간, 준비 공간(음료 · 컵) 등으로 구성되어 있다. 또 직원을 위한 공간도 주방 공간에 두는 경우가 많다. 직원 락커와 샤워시설이라든지 직원을 위한 식당 공간도 함께 만들면 복지 차원에서도 좋다.

(3) 관리 공간

관리 공간은 매장관리를 위한 사무실 공간으로 여유가 있다면 홀과 주방, 사무실을 별도로 운영하는 방법도 있다. 사무실 공간은 중요한 공간을 구성한 후에 자투리 공간을 이용하는 것이 좋다.

(4) 출입구 공간

출입구에 필요한 요소로는 카운터, 대기 공간, 고객에게 상품 정보를 줄 수 있는 공간(프로모션, 와인셀러, 리플렛), 수납 공간(전기설비, 음향을 위한 공간 등)이 필요하다. 카운터에서는 포스라든지 전화 등의 위치를 미리 생각해서 전선 등이 깔끔하게 처리될 수 있도록 한다. 하부장을 이용해서 수납의 용도로 이용하고, 되도록 간단한 업무를 볼 수 있도록 사무실을 두는 것도 좋다.

(5) 다이닝 홀 공간

고객석 부분은 업종에 따라 구성은 달라지지만 기본적으로 음식이 서비스되는 형태에 따른 적당한 크기의 테이블과 의자, 고객층의 성향에 따른 좌석 배치 등이 필수적으로 필요할 것이다. 좌석 배치는 개별성을 고려하고 인체공학적 특성을 반영해야 한다. 평면구성을 할 때 콘셉트를 적용해야 하는데, 최근에는 이터테인먼트가 중요한 코드로 작용된다. 평면에 이런 공간을 위한 구성을 해보는 것도 좋다.

이터테인먼트는 eat+entertainment, 즉, 먹고 마시는 것과 오락의 결합이라는 뜻으로 엔터테인먼트의 개념이 활발히 사용되며 새롭게 이슈화되고 있는 신조어다. 즐거움, 이벤트, 체험, 꿈 등의 요소를 전략으로 내세우고 그 자체가 바로 이터테인먼트라 정의하고 있다.

이터테인먼트는 체험 지향적 요소를 가지고 있다. 객석 부분에서 즐길 수 있는 문화를 만들어 주는 것이 중요하다. 예를 들면 주방을 오픈해서 조리모습을 즐길 수 있게 한다든지, 좀 더 적극적인 예로는 미국의 레인포레스트 카페(Rain forest cafe) 같은 경우 콘셉트와 맞춰서 갑자기 소나기가 내리게 하거나 직원들이 간단한 쇼를 한다든지, 출입구 쪽에 오락요소를 도입하고 관련 물품을 판매하기도 한다.

(6) 고객서비스 부분

서비스 부분은 화장실이나 웨이팅 공간, 놀이방 등이 있다. 활용에 맞게 위치를 배치하고 놀이방 등은 특히 직원들이 관리하기 쉬운 곳에 위치하는 것이 좋다. 서비스 부분은 용도에 맞게 구성하는 것이 중요하다. '화장실은 깨끗하게, 웨이팅 공간은 편하게, 놀이방은 안전하게' 가 기본이 된다.

화장실 공간은 냄새가 유입되기 쉬운 공간인 만큼 특히 더 세심한 배려가 필요하다. 또 시각적으로도 주의를 기울여서 불쾌한 느낌이 없도록 쾌적하게 구성해야 한다.

❶ 디스플레이 사인 계획

VMD(Visual Merchandising Display)는 마케팅과 관련해서 공간을 활용한 시각적인 정보전달을 중심으로 처음부터 끝까지 일관된 하나의 이미지 공간을 연출하는 것을 말한다.

❷ 파사드

매장은 새로운 정보와 체험을 얻기 위한 공간으로 쾌적함과 즐거움, 그리고 서비스와 정보가 포함된 상품을 제공해야 하며 그 대상이 되는 고객을 유지해 나가고 새로운 고객을 창조하기 위해서는 폭넓은 차원에서의 환경으로 매장을 생각하지 않으면 안 된다. 고객이 처음 대하는 파사드는 무조건 고급스러운 것보다는 상품에 따라 또는 업태에 따라 성격이 분명해야 하고 요소별로 기능에 충실해야 하며 미적인 요소 역시 세세한 부분까지 고객의 미의식을 고려한 디자인적인 배려가 있어야 한다.

❸ 사인

사인은 침묵의 세일즈맨이라고 한다. 사인은 정보전달을 위한 시각전달 기능과 더불어 환경 미화를 위한 구성 요소로서 인식돼야 하며 형태 · 색 · 구조 등이 가독성 · 시인성 · 상징성 등의 조건을 만족시켜 주어야 한다.

❹ 건물 외부 조명 장치

야간 혹은 일찍 어두워지는 겨울에는 건물 외부를 비춰 주는 조명에 주의를 기울여야 한다. 또한 계절별로 크리스마스 등 특별한 분위기 연출이 필요한 경우 네온 벨트, 장식 조명 등으로 분위기를 연출할 수 있는 조명 시설이 필요하다.

❺ 셔터

영업시간 외의 폐점 시 또는 휴일에도 거리의 환경을 만든다는 점을 인식하여 셔터 이미지 연출에 주의를 기울일 필요가 있다. 가령 파이프 셔터인 경우에는 일정 시간까지는 조명을 켜 두어 내부를 일부 보여준다든지, 완전 폐쇄된 셔터의 경우에는 점의 심벌 마크나 로고 타입을 그려 넣을 수 있으며, 이미지 위주의 일러스트를 그려 넣어도 좋다.

❻ 내부 연출

내부 연출을 위한 집기들은 매장의 분위기와 콘셉트에 어울려야 한다. 단순히 구매를 해서 가져다 놓는 것이 아닌 매장의 특색에 맞추어 계획되고 디자인된 소품은 매장의 구성을 훨씬 완성도 있게 할 것이다.

❼ 집기

매장 내부의 집기는 충분한 디스플레이 요소이다. 서비스 스테이션이나 테이블 의자 등이 모두 분위기에 적합해야 하며 사용하기에도 편리해야 한다.

❽ 소품

매장에서 쓰이는 소품도 이미지와 맞아야 한다. 화장실의 쓰레기통이라든지, 휴지걸이 등은 말할 것도 없고, 손님을 위한 옷걸이, 카운터의 카드 사인을 위한 펜 하나까지도 분위기에 맞는 것을 구비하는 것이 좋다.

❾ 입면계획

벽은 캔버스이다. 어떤 그림을 그리느냐에 따라 전혀 다른 작품이 나온다. 따라서 '입면 설계'는 단순히 실내 설계 분야에만 국한되는 것이 아니라 건축적인, 심리적인 부분까지 포함한다.

입면 즉, 벽은 건축물의 둘레를 싸서 더위나 추위를 방지하고 소리나 빛, 비바람, 눈 등 자연 현상으로부터 사람이나 물건을 보호하기 위한 것이다. 또한 벽에 놓이는 존재의 양상에 따라 여러 가지 다양한 실내 공간을 만들어낸다.

❿ 장식벽 설계

입면에 들어가는 요소는 시각적인 비중이 커 장식적인 요소가 많이 적용된다. 레스토랑 콘셉트에 따라 다르긴 하겠지만 고객이 매장으로 들어올 때 입구에서 실내 전체가 다 보이는 것은 좋지 않다. 매장 입구에 벽을 구성해 놓으면, 고객이 어떤 공간이 연출될 것인가에 대한 기대를 갖게 되는데 그 기대를 충족시킬 수 있는 공간 연출도 실내 디자인의 기술이다. 공간의 연결 방법은 시선의 유도를 기본으로 만들어진다.

식공간 내에 구획을 만드는 벽 펜스와 같은 요소들은 고객들에게 독립적인 공간을 제공하기 때문에 심리적으로 안정감을 갖게 한다. 반대로 개방형의 공간은 레스토랑의 내부 환경에 고객이 쉽게 각성되어 혼잡할 경우 식사를 빨리 마치도록 유도한다. 또한 식사공간을 계단식으로 디자인하거나 내부 벽면에 거울을 설치할 경우 가능한 많은 좌석들이 혼잡한 식사 공간과 내부 환경을 관찰할 수 있기 때문에 빠른 테이블 회전을 필요로 하는 레스토랑의 식공간 연출에 도입되고 있다.

■소재를 보이는 벽 : 목재, 벽돌, 회벽, 타일, 자연석, 유리, 금속 등 소재가 가진 질감을 사용하고 디자인 요소로서 취급하는 것이다. 단순한 방법부터 복잡한 표면처리까지 다양한 기법으로 표현될 수 있다.

■빛을 이용한 벽 : 빛은 사람의 마음을 끌어당기고 주의를 끄는 작용을 한다. 아크릴 글라스에 의한 빛이 있는 벽, 화려한 스테인드글라스 등이 있을 것이다.

■거울에 의한 다차원 공간 : 거울로서 점포 공간을 확대시켜 보이거나 만화경의 효과를 이용하거나 굴절하는 빛의 작용을 응용하는 등 거울은 무한의 공간을 재창조한다.

■투명유리에 의한 경관을 이용의 벽 : 투명유리를 통하여 보이는 바깥 풍경을 계산에 넣어 벽면에 유리를 배치한다.

■수퍼 그래픽을 표현한 벽 : 타일이나 표면이 매끈한 벽에 대형의 그래픽을 표현해 화려하고 대담하다.

■조각 그림 조명기구 등으로 장식한 벽 : 비교적 평탄한 벽에 조각을 하거나 그림을 붙여서 장식한 일반적인 벽

■평면적이지만 밸런스가 좋은 벽 : 무장식주의 벽으로서 색, 면적, 종횡의 밸런스 등이 생명이고 조명등에서 조화를 찾는다.

⑪ 수평선상 위의 시각 요소 : 컬러

빨간색이나 노란색과 같은 따뜻한 색채는 물리적으로 대상을 유인하지만 일반적으로 긴장을 야기하고 부정적으로 지각되는 반면 초록색이나 파란색과 같은 차가운 색채는 보다 매력적이고 유쾌한 환경을 제공한다.

패스트푸드점이 외부와 내부 인테리어 색채로서 모두 따뜻한 색채와 밝은 조명을 사용할 경우, 고객을 유인하는데 효과적이며 좌석회전율이 빠를 것이다.

풀 서비스 레스토랑의 경우 내부 인테리어 색채로서 차가운 색채를 사용한다면 장시간의 테이블 서비스 고품질, 그리고 고액 구매 등을 유도할 수 있다.

⑫ 기능적 벽면설계

입면 구성 시에는 유지 · 보수를 위한 계획도 고려하고, 아름답고 견고한 입면이 되도록 계획해야 한다. 유지 · 보수는 상당히 중요한 부분으로 이러한 부분이 고려되지 않는다면 계속해서 매장의 유지 · 보수 비용이 증가하여 영업이익이 줄어드는 결과가 발생할 수 있다.

⑬ 음식과 궁합이 맞는 디자인

디자인적 요소들은 적절한 장소에 통일감을 가지고 계획되어야 하며, 무엇보다도 판매하는 음식과의 궁합이 중요하다. 식공간에서 중요하게 생각되는 부분은 외관 부분과 내부의 캐시카운터 부분, 홀의 일부 디자인 요소가 가미되어야 할 부분 파티션 등이 있다.

⑭ 천장 설계

평면설계가 결정되면 천장을 설계하는데 바닥 벽과 같이 실내의 큰 윤곽을 이룬다. 천장 설계는 사람의 오감 중 큰 부분을 차지하는 시각적인 요소와 연관성이 높으며, 평면과 연계해서 설계를 해야 만들고 싶은 식당 공간에 근접한 디자인을 할 수 있다.

⑮ 조명 기능

천장을 설계하기 위해 먼저 설비와 전기 설계를 진행한다. 설계를 검토해서 천장에 전기 설비들이 어떻게 배치되는지를 체크하는 것이 기본이다. 설비부분은 소방관련, 냉난방기, 공기정화를 위한 급배기 시설 등이 있다.

미적인 부분만 생각하고 설계할 경우 시공할 때 설비 시설 등의 설치로 디자인이 변경되어야 할 경우도 생기고 설비를 다시 하는 일들이 생겨서 이중으로 비용이 발생하기도 한다. 따라서 기능적인 면과 미적인 면을 고려해 천장 구성을 스케치해야 한다.

- ■조도 : 조명의 기능은 먼저 적정한 조도를 공간에 배치하는 것이라고 할 수 있다. 기본적인 조도는 공간마다 다르다. 같은 공간 안에서도 주방과 화장실, 객장과 고객 편의공간 등 기능에 따른 조도를 고려한다.
- ■심리적 경계 : 조명은 밝기의 차이에 의해서 공간을 나누는 기능을 하기도 한다. 예를 들어 전체의 조도를 낮추고 테이블 쪽의 조명을 밝게 했을 때 테이블에 앉은

고객은 더 집중하게 되고 옆 테이블이 신경 쓰이지 않게 되는데, 조명이 심리적인 경계를 나누는 역할을 하기 때문이다. 방법적으로는 조명을 계획할 때 라인을 별도로 분리하여 조도를 조절함으로써 매장의 분위기를 연출할 수 있도록 한다. 특히 분위기 있는 조명이 필요한 매장들은 디머 장치(dimmer, 조명 감도를 조절하는 장치)를 해서 시간에 따라 조정이 가능하도록 하는 것이 좋다. 내부 인테리어가 끝났을 때 매장의 분위기에 따라 조도를 조절해주는데, 아무래도 낮과 밤의 세일 형태와 영업의 초점이 틀리기 때문에 그에 따라 조명이 바뀔 필요가 있다.

조명 색에 따른 고객반응

빨간색 → 흥분, 희열 / 식욕촉진
노란색 → 경쾌, 명쾌 / 식욕촉진
파란색 → 안정, 냉랭 / 식욕감소
보라색 → 애수, 고귀 / 식욕감소
주황색 → 혼난, 희열 / 식욕촉진
녹색 → 안정, 만족, 희망 / 식욕균형
남색 → 침정, 근면 / 식욕감소

2) 동신계획

(1) 서비스 동선

고객들은 구매결정을 할 때, 합리적인 판단을 하는 듯 보여도, 개인적인 경험에서 비롯된 주관을 근거로 소비하기 때문에, 음식 경영자들이 고객의 사고를 바꾸기란 쉽지 않으므로, 고객의 음식문화를 어필할 수 있는 디자인으로 대변하자는 것이다.

"비교적 값이 저렴하면서도, 감성적인 자기만족을 얻을 수 있는 타깃을 설정"하였다면, 인테리어 내부도 그에 부합되는 콘셉트로 직설적이기보다는 비언어적인 방식이 효율적이다.

스타벅스를 찾는 사람들이 단순히 커피가 좋아서, 이용하는 것이 아니라, 스타벅스 커피를 마심으로 인해 자신의 존재 가치가 높아지는 느낌이 들도록 한 마케팅의 기법이며, 비언어적인 인테리어 방식이다.

창업주의 마음에 드는 인테리어가 아닌 고객의 성향과 품격을 높일 수 있는 간접 마케팅의 효과를, 고객의 이야기에 공감할 수 있는 창업주와 고객으로 거듭나야 한다.

❶ 디자인 절차와 과정을 지키는 것이 중요하다.

무리한 오픈 일정에 맞춰 식당 디자인을 요구하는 고객들이 가끔 있는데, 급하게 디자인하는 식당이나 레스토랑이 올바른 콘셉트를 세워 경쟁력 있는 기초가 튼튼하게 만들어지지 않는 것은 분명하다. 오픈시기까지 적절한 일정을 가지고 진행해야 할 것이다.

❷ Zoning을 위해서는 필요한 공간과 규모를 파악해야 한다.

식당 공간의 사용용도, 법적 규제 등을 고려하여, 기능별로 배치해보는 것을 조닝이라 한다. 조닝을 위해서는 먼저 식당에 필요한 공간을 파악해야 한다.

주방과 홀은 필수 공간이므로 계획하는 식당의 규모가 커지면 필수공간 외에도 도입부, 카운터, 화장실 등이 추가될 수 있다.

❸ 브랜드 콘셉트는 이제 선택이 아닌 필수불가결한 요소이어야 한다.

외식업체들의 경쟁이 치열한 상황에서는 인테리어, 메뉴, 서비스, 광고캠페인 등을 별개로 판단하고 진행해서는 안 된다. 레스토랑은 단순히 음식 서비스를 제공하는 장소가 아니라 문화적 체험의 장이며, 우리의 삶을 더욱 윤택하게 하는 즐거움을 경험하는 복합 문화공간화되고 있기 때문이다.

경쟁 식당 사이에서 고객의 선택을 받기 위해서는 차별성이 있어야 하고, 독특한 무엇인가를 고객이 느낄 수 있는 전략이 필요하다.

차별화된 전략은 브랜드 콘셉트를 의미한다. 강력한 콘셉트가 있는 식당은 모든 것(인테리어, 메뉴, 서비스, 광고 캠페인)을 콘셉트에 맞추어 통합할 수 있기 때문에 브랜드에 강한 개성이 느껴지고 이에 호응하는 감성적인 사람들을 고객으로 만들어낼 수 있는 브랜드파워가 생겨날 수밖에 없다.

식당은 음식뿐만 아니라 객석과 환경을 제공하고 그 대가를 받는 것이므로, 식당의 상품(음식+객석임대)을 제대로 이해하고, 고객의 감성을 자극하기 위한 공간을 연출해야만 고객의 지지를 받을 수 있다.

❹ 적절한 서비스동선 계획은 혼잡을 최소화할 수 있다.

서비스 동선은 식당 내에서 이루어지는 사람과 상품의 이동경로이다. 동선은 고객과 종업원, 두 가지로 나눌 수 있다. 고객 동선은 종업원 동선에 비해 단순하고, 이동경로 또한 명쾌하게 계획할 수 있는 반면, 종업원 동선은 고객을 객석까지 안내하고, 주문을 받고, 음식을 서비스하기 위해 객석과 주방을 반복하여 왕복하는 동선이다. 테이블 정리 및 퇴식을 위한 작업동선이다. 적절한 동선계획으로 통행을 분산시키면, 고객의 통행과 종업원 서비스로 인한 홀의 혼잡을 최소화할 수 있다. 고객과 종업원이 서로 부딪치는 것을 최소화하면서도 고객에게는 자신만을 위한 심리적 공간으로 느껴지게 할 수 있다면 더욱 좋은 계획이 될 것이다.

❺ 인테리어 계획단계를 거쳐 공간의 골격이 완성된다.

주방 및 보조주방, 객실, 도입부, 계단, 화장실 등의 필요공간의 모양과 치수, 출입문의 위치와 크기를 결정한다. 구체적인 치수가 결정되면 식당의 골격이 만들어진다. 레스토랑 설계에서는 인테리어 계획과 가구의 배치가 거의 동시에 고려되어야 한다. 소요공간의 계획과 객석의 배치가 연관성을 갖고 있기 때문이다

독창적 콘셉트는 효과적 인테리어의 선결조건이다. 인테리어를 위해 공간을 구성하는 것을 레이아웃이라고 하는데, 필요한 공간을 효과적으로 배치하는 단계이다.

주방의 적정 면적산출은 식당 레이아웃의 시작이다. 식당 주방에 필요한 적정 면적의 산출은 식당 전체 레이아웃의 시작인데 콘셉트에 따른 메뉴를 처리해낼 수 있는 최저의 주방면적과 구조적 형태, 적정위치를 결정하고, 홀과 어프로치, 화장실과 같은 부대 서비스 공간과 연결해 나가기 때문이다. 절대적인 것은 아니지만 업태에 따른 전체 면적에 대비한 주방의 면적은 다음과 같다.

- 중식, 한식, 양식(22%~35%)
- 일식 카운터(26%)
- 카페(16%)
- 요리 전문점(10%~15%)
- 클럽, 라운지(9%)

중식은 조리작업의 효율성이 높아서, 상대적으로 적은 주방면적을 필요로 하는 반면 양식이나 스테이크하우스는 큰 주방면적을 필요로 한다. 일식 카운터 요리점의 경우 점포의 규모가 작더라도 조리과정의 특성상 주방의 소요면적을 줄이기 어렵지만, 카페와

같은 업태는 점포의 규모가 커지더라도 다른 레스토랑처럼 주방면적이 비례적으로 늘어날 필요는 없는 특성이 있다. 이처럼 업종과 업태에 따른 특성을 고려하면, 적정한 주방면적과 객석 수를 산출할 수 있으며, 예상 손익분기점도 추론해낼 수 있다.

(2) 테이블 동선

테이블 위에 정성스레 접힌 냅킨, 분위기 있는 촛불과 특별한 고객을 위한 조명과 특별한 서비스가 마련되어 있는 듯한 테이블은 누구를 위하여 존재하는가?

레스토랑의 인테리어 포인트는 무엇인가? 평면을 디자인할 때 주방과 홀을 철저히 분리시켜야 한다. 주방과 홀을 연결하는 동선은 철저히 직원들만을 위한 동선이 되어야 한다. 천장은 주어진 공간에서 가능한 한 최대한 높게 구성해야 한다. 높은 천장은 고객에게 공간이 넓어 보이게 할 뿐 아니라, 그 공간의 무게를 더하는 요소가 되어 고객으로 하여금 개방감을 느끼게 하기 때문이다.

테이블은 독립성을 확보해주어야 한다. 만약 대화 도중 옆 테이블의 방해를 받는다면 고객은 상당한 불편을 느낄 것이다. 테이블과 테이블에 충분한 간격을 두어 대화에 방해를 받지 않도록 해야 한다. 충분한 간격의 테이블 배치는 또한 직원의 자연스런 동선을 형성해 준다. 양식당은 다른 식당에 비해 직원의 서비스 비중이 높으므로 충분한 테이블 간격은 고객에게 더 나은 서비스를 제공하는 기본 바탕이 된다. 독립성이 테이블 간의 거리를 말한다면, 프라이버시는 테이블에 직접 앉아 있는 고객의 시선이 그들에게만 집중될 수 있도록 유도하는 것이다.

테이블과 의자의 선택 또한 중요하다. 다른 종류의 식당에 비해 고객이 머무는 시간이 길기 때문에 비교적 편안한 것, 보다 고급스러운 테이블과 의자를 마련하는 것이 좋다. 의자의 쿠션은 가죽, 테이블의 경우 목재 질감이 살아 있는 소재가 많이 이용된다. 테이블보는 간접조명의 색을 선택한다. 테이블보는 시각적으로 '음식의 바탕'이 되기 때문에 깨끗하고 깔끔한 이미지의 색상과 소재를 쓰되, 관리 또한 간편한 것으로 준비해야 한다.

제11장

외식사업의 체인사업

1 체인경영

1) 체인경영의 개념

체인경영은 경영자가 동일한 다수점포를 동시에 운영과 경영을 하는 시스템으로 조직상의 특징은 본부와 점포가 기능을 분담하는 것이다. 프랜차이즈 시스템은 본부와는 다른 경영주체가 점포의 운영을 담당하는 운영방법이다. 본부와 동일한 경영주체가 담당하는 것은 직영체인이라고 한다. 체인에는 본부와 동일한 경영주체가 운영하는 직영체인과 본부와 다른 경영주체가 운영하는 프랜차이즈로 나누어진다. 그러나 엄격한 의미로는, 체인점이란 두 곳 이상의 장소에서 똑같은 브랜드와 상품과 이미지를 파는 점포형태, 즉 연쇄점을 포괄적으로 이야기하는 것이다.

레귤러체인(regular chain)은 체인본사가 독자적으로 자기자본 전액을 출자하여 체인형태를 확장해가는 방식을 말하며 동일 경영자와 단일 자본에 의한 다점포화를 의미한다. 즉 하나의 기업이 다수의 직영점을 내고 본부가 총괄하여 관리하는 방식의 체인조직을 말한다. 어느 기업이 몇 개의 점포를 가지고 있는 경우에 이 점포 전체를 레귤러체인 또는 직영체인점이라고 한다.

점포가 많이 있어도 결국 같은 하나의 회사가 관리, 감독하므로 기업형 체인이라고도 불린다. 종업원 모집에서부터 교육, 광고전략, 상품의 일괄매입, 재고관리, 점포경영 등을 모두 본부가 감독하게 된다. 직영점은 모두 본부가 경영하고 있기 때문에 각 점포 점장의 권한은 매우 제한되어 있을 뿐만 아니라 본부의 관리감독 아래 각 점포의 서비스 등의 질적인 수준을 일정하게 유지하도록 하고 있다. 즉 규모가 크다는 점을 최대 장점으로 살려 효율적인 경영이 가능한 것이다.

레귤러체인의 단점은 프랜차이즈 체인방식에 비해서 점포개설 비용이 많이 들어간다는 것이다. 점포의 구입, 자금조달을 비롯하여 점포개설비용도 모두 본부가 투자하기 때문에 자금력이 없이는 체인점을 전개할 수 없다. 또한 일부 점포의 경영이 실패할 경우 손해는 전부 본부가 책임져야 하는 위험도 존재하게 된다. 레귤러체인은 기본적으로 개설에 들어가는 비용이 있기 때문에 급속하게 점포수를 확대할 수 없다. 외식업계에서 프랜차이즈 시스템을 도입하고 있는 체인에서도 몇 개의 점포는 시장 조사나 경영 노하우 축적, 매뉴얼 작성 등을 위해서 직영체제로 운영하고 있다.

볼런터리 체인(voluntary chain)은 독립자본에 의한 같은 업종의 소매점이 모여서 공동으로 매입하는 등의 형태로 생겨난 체인조직이며, 기능의 일부를 체인 본사에 위탁하여 프랜차이즈 시스템을 갖추고 영업하는 방식이다. 공동브랜드에 가깝다. 임의 연쇄점이라고도 불리는 볼런터리 체인은 경영의 독립성과 체인화로 얻는 이득을 동시에 충족하고자 하는 체인 조직이며 하나의 점포가 복수의 체인에 속하는 경우도 있다. 각 점포가 각각 독립한 회사라는 점에서는 프랜차이즈 체인방식과 같지만 가맹점이 본부의 지시에 따르지 않고 조직의 주체는 어디까지나 가맹점이며, 전 가맹점이 경영의 의사결정에 참여하는 등 가맹점 간의 수평적 관계가 중시된다. 사실 이러한 임의적 체인점은 출발 자체가 쉽지 않지만 저렴한 가격정책을 무기로 하는 연쇄점이나 슈퍼 등의 업종에 적합하다.

(1) 체인경영의 장단점

❶ 체인본부(Franchiser)**의 측면**

- 신규업소의 개업 시 적은 자본으로 상표이용료 및 기술지원료 등의 수익을 창출한다.
- 단기간 내 업소의 확대와 체인의 지명도를 높일 수 있다.
- 가맹점의 증가분만큼 이익이 증가한다.
- 규모의 경제로 구매상의 이점을 가진다.
- 관리의 체계화가 요구되며 가맹점 통제가 용이하지 아니하다.
- 가맹점의 과실이 전체 이미지를 손상시킨다.
- 가맹점과의 마찰과 영업상의 책임소재 해결이 불분명하다.
- 가맹점이 탈퇴한 후 유사영업을 창업하여 경쟁관계를 형성할 수 있다.

❷ 체인가맹점(Franchisee)**의 측면**

- 체인의 시스템을 따르므로 경험의 부족에서 오는 위험을 줄일 수 있다.
- 체인의 상호, 상표, 상품의 사용과 경영노하우를 전수받을 수 있다.
- 통합된 영업, 광고, 판촉 등의 지원으로 영업효과를 높일 수 있다.
- 재고의 부담을 덜 수 있으며 품질의 균일화를 이룰 수 있다.
- 표준화된 통일방식을 따르므로 임의로 더 나은 방안을 채택할 수 없다.
- 체인본부와의 이해가 상반되는 경우 그 해결방법이 복잡하다.
- 불평등한 계약을 요구하는 경우가 많다.
- 체인본부의 사세가 약화되는 경우 그 보상이 어렵다.

참고 **프랜차이즈 창업 실패 확률 최소화… 3가지를 기억하라**

① 프랜차이즈 본사 말 100% 믿다간 100% 망해
② 업종 · 상권 철저히 분석… 최소 6개월 이상 준비를
③ 전세로 가게 얻고 인건비 최소화… 고정비용 줄여야

20여 년간 직장생활을 하다 2009년 퇴직한 김모(58)씨는 '빵집 사장'으로 제2의 인생을 살기로 결심했다. 퇴직금에 은행대출까지 받아서 명동의 한 상가에 S사 프랜차이즈 빵집을 냈다. 본사 직원은 컴퓨터로 상권 분석 결과를 보여주며 한 달 1500만 원 매출은 거뜬하다고 장담했다. 다른 직영점이 하루 평균 70만 원씩 매출을 올리고 있다는 '영업제안서'까지 증거로 내밀었다. 김씨는 이 말을 믿고 가맹금과 인테리어비 등의 명목으로 본사에 8000만 원을 냈다.

하지만 실제 가게를 열고 나자 현실은 판이하게 달랐다. 매장이 상가 6층 외진 곳에 자리 잡고 있어서인지 하루 매출은 10만 원을 넘지 못했다. 하루 70만 원 매출을 올린다던 직영점도 실제로는 매출이 30여만 원에 불과했다. 김씨는 본사가 거짓말을 했다며 계약 해지와 계약금 반환을 요구했지만, 본사가 응하지 않자 복잡한 분쟁 조정으로 다시 한 번 속을 끓여야 했다.

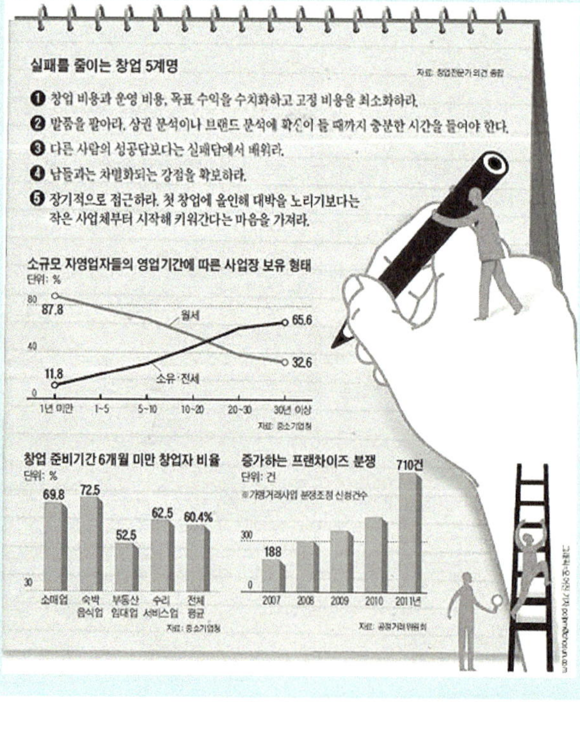

살기가 막막한 많은 이들이 창업 전선에 뛰어들지만 성공 확률은 바늘구멍이다. 창업 실패 확률을 최소화하기 위한 전략은 무엇일까. 창업 전문가들은 세 가지를 꼽는다.

① 프랜차이즈 명성에 현혹되지 말라

"프랜차이즈 본사가 하는 말을 100% 믿었다간 100% 망한다"고 말했다. 프랜차이즈 본사 영업사원들은 계약 건수에 따라 월급이 달라진다. 그래서 제대로 상권 분석도 하지 않은 채 "여기는 사장님 아니라도 줄 서 있는 가게"라는 식으로 창업을 권하는 경우가 많다. 이상헌 창업경영연구소 소장은 "프랜차이즈에 가맹하려면 계약하기 전에 혼자서 기존 프랜차이즈 가맹점 10곳 정도는 돌아다니며 얼마나 장사가 되는지를 직접 보고 점주 이야기도 직접 들어본 뒤 결정해야 한다"고 말했다.

공정거래위원회에 따르면 프랜차이즈 브랜드는 2009년 1901개에서 2011년 말 현재 2947개로 55% 급증했는데, 같은 기간 프랜차이즈로 인한 분쟁 건수는 367건에서 710건으로 두 배 가까이 증가했다. 예상 매출액을 부풀리는 식의 허위 정보로 창업자를 현혹하거나 가맹비만 챙긴 뒤 약속했던 대로 관리해 주지 않아 발생한 분쟁이 대부분이다.

② 충분히 준비한 뒤 뛰어들어라

대구에 사는 김지원(41)씨는 고등학교를 졸업하자마자 포장마차를 시작했다. 어느 정도 돈이 모이자 대출을 끼고 대구 중심가인 수성구에 술집을 내서 한동안 재미를 봤지만, 2003년 카드 대란(大亂)으로 소비가 얼어붙자 순식간에 가게가 망했다. 밀린 세금에 빚까지 다 정리하고 나니 남은 것은 1억 원의 빚뿐이었다.

몇 년간 암울한 시절을 보낸 김씨는 채무 조정을 받아 빚을 정리한 뒤 주변에서 돈을 빌려 1년여 전에 조그만 국숫집을 냈다. 과거와 달리 사전에 치밀한 계획을 세운 그는, 지난 1년여 동안 인근 한식집과 삼계탕집, 김치찜집이 줄줄이 망해 주인이 바뀌는 동안 한 날 평균 400만 원 정도의 수익을 올리며 주변의 부러움을 사고 있다. 그가 재창업에 성공적으로 인착할 수 있었던 이유는 철저한 준비였다. 그는 가게를 내기 전 1년 2개월 동안 요리학원에 다니면서 자격증을 땄고, 발품을 팔아가며 업종과 상권(商圈)을 분석했다. 중소기업청의 전국소상공인 실태조사에 따르면 창업을 위해 준비한 기간이 6개월도 채 안 된 자영업자가 60%에 달했다. 그러나 창업을 하기로 했다면 준비 기간을 최소 6개월 이상 잡으라고 창업 전문가들은 조언한다. 업종 선택, 입지 선정, 상권 분석, 소비자 분석에 드는 시간은 아무리 짧아야 6개월 이상이라는 것이다.

③ 월세 등 고정비 최대로 줄여라

위 사례의 김씨가 두 번째로 신경 쓴 건 고정비였다. 그는 고정비를 줄이기 위해 월세

대신 3000만 원짜리 전세로 가게를 얻었다. 그는 "월세의 경우 매달 꼬박꼬박 내야 하고 예고 없이 올려줘야 해 망하는 경우를 주위에서 많이 봤기 때문에 처음부터 전세가 되는 가게만 물색했다"고 했다. 종업원을 두지 않고 혼자 가게를 운영하며 인건비를 줄인 것도 비용 부담을 크게 던 비결이었다.

중소기업청 조사에 따르면 영업한 지 얼마 안 된 자영업체일수록 가게에 월세로 세 드는 경우가 많다. 영업기간이 1년 미만인 소상공인의 월세 의존율이 88%에 이른다. 월세와 인건비, 유지비 등 고정비에 매출의 절반 이상을 지출하는 사업구조는 불경기나 임대료 상승 등 외부 환경이 악화됐을 때 버티지 못하고 도태될 가능성이 그만큼 높아진다. 창업 컨설팅 업체인 스타트비즈니스의 김상훈 소장은 "실패하는 창업자들의 공통점은 지출엔 신경 쓰지 않으면서 돈 많이 벌기만을 바라는 것"이라며 "반면 비용을 꼼꼼히 체크하고 차근차근 준비한 창업자들은 어려움이 닥쳐도 살아남을 확률이 높다"고 말했다.

조선일보

2) 외식사업의 체인경영

외식사업이란 식사(食事) 서비스를 소비자에게 제공하는 사업이다. 외식산업이 식품 또는 요리를 제공하는 재화(財貨)의 제공과 고객이 식사를 하는 행위가 수반되는 것으로 식사환경과 분위기, 종업원, 접객 등 서비스라는 상품이다.

경제학에서 사용하는 개념에 재화와 서비스가 있다. 재화란 구체적인 물품으로서 유형(有形)의 상품이고, 서비스는 무형(無形)의 상품이다. 서비스업은 무형의 상품(재화가 아닌 서비스)을 소비자에게 판매한다. 따라서 서비스는 무형의 상품으로 소비자의 욕구를 충족시킨다.

외식산업을 영어로는 'food service industry'라고 하는 'food'와 'service'가 and로 결합되지 않고 한 단어로 표현되어 있음에 유의할 필요가 있다. 다시 말해 외식산업은 재화(財貨=요리, 메뉴, 식품)와 서비스(점포인테리어, 분위기, 접객)를 동시에 소비자에게 제공하는 사업인 것이다.

체인경영의 특징은 본사에서 경영하는 점포의 숫자가 증가함에 따라 본부와 각 점포의 기능 및 역할분담이 발생하게 된다.

체인경영 외식사업의 경영조직상 최대 특징은 본부와 점포가 분리되어 고유의 기능을 분담함으로써 전체로서의 능력을 최대한 발휘하는 조직이라는 점이다. 점포는 소비자와 직접 접촉하는 곳이다. 점포에서는 소비자에게 요리를 맛있고, 즐겁게 제공하여 만족도를 높이고자 노력한다. 즉, 소비자와 직접 접점에 관련이 없는 업무는 점포에서 배제해 모두 본부에서 수행한다. 흔히 체인조직은 본부와 점포가 분리되어 본부는 사령탑으로서 점포에 지시하고 점포는 이를 따르도록 하는 것이 보통이나 이것은 다소 전근대적 형태이다. 근대적인 체인경영은 본부와 점포의 기능이 명확해야 하며 그에 대한 책임도 수반되어야 한다. 본부는 입지선정, 점포개발, 메뉴개발, 조리작업의 측정과 재구성, 식재조달의 시스템 재구축, 종업원 채용 및 훈련과 기준의 작성, 정보활용시스템의 고안과 시행, 마케팅과 전체적 판매촉진 시행, 홍보 활용 등 전체적으로 시너지가 있으며 점포에서 수행할 수 없는 업무를 포함하는 것이 되어야 한다.

체인경영은 본부기능과 점포기능이 원활히 이루어지기 위해서는 조직적으로 수퍼바이징(supervising)이라는 수퍼바이저(supervisor) 역할이 필요하다. 수퍼바이저는 직역하면 감독하고 지시하는 것으로서, 본부가 정한 점포운영기준이 각 점포에서 실천되는 것을 체크하여 점포 운영에 지도적 권한을 행사하는 경우가 많다.

수퍼바이저의 본래적 기능은 점포에서 발생하는 현장정보는 수집하고 정리하여 정보의 유용성(관계성)을 고려, 본부에 전달함과 동시에 점포의 점장에게 제공해 더 나은 대책을 수립하는 것이다. 따라서 수퍼바이저는 본부에 속하지만 본질적 기능은 본부와 점포의 연결점으로서 양쪽에 중립적(neutral)인 정보제공을 하는 것이 중요하다.

체인경영에서 중요한 역할을 담당하는 센트럴 키친(central kitchen : CK)은 체인레스토랑의 경쟁력을 확보할 수 있는 중요한 요소 중의 하나이다. 센트럴 키친이 주요 기능은 조리가공과 식재의 조달이다.

(1) 센트럴 키친(Central Kitchen) 조리가공의 장점

독립경영 레스토랑에서는 거의 모든 요리를 점포에서 조리와 가공하지만, 체인레스토랑에서는 대부분 센트럴 키친에서 가공 및 반가공을 하는데 장점은 다음과 같다.

첫째, 체인점에서는 동일메뉴로 영업을 하기 때문에 각 점포에서 공통으로 이루어지는 모든 조리가공 절차를 한 장소에서 전문적으로 가공함으로써 식재료 사용 및 맛의 동질성을 유지할 수 있다. 또한 전문화된 특별한 고가의 조리용 장비를 사용하여 조리의 품질향상도 도모할 수 있다.

둘째, 균일한 조리가공이 가능해 각 지역의 점포에서 판매하는 메뉴품질이 일정해질 수 있다.

셋째, 각 점포의 주방 활용면적을 축소할 수 있어 경제적인 운영이 가능하다. 각 점포에 냉동 또는 냉장으로 공급할 경우에는 각 점포의 냉동고 또는 냉장고의 필요숫자가 줄어들 수도 있다.

넷째, 각 점포 조리과정이 줄어들기 때문에 직원의 조리노동을 줄어들어 인건비가 절약된다. 모든 점포의 조리직원들이 조리품질 수준이 안정될 수 있고, 점포의 조리노동이 단순하여 짧은 시간에 조리기술을 습득할 수 있고, 단기간에 많은 체인레스토랑의 점포를 확장할 수 있다. 즉, 각 점포 운영자는 조리노동의 단순화와 고정비, 조리노동 인건비를 절약할 수 있는 운영상 장점이 있다.

체인경영에서 센트럴 키친과 체인경영점포와의 유통관계에서 반가공과 후조리의 조리과정을 구분해 후조리 과정은 각 점포에서 최종 완성으로 조리가공하고, 반가공형태의 조리과정은 점포 외에 센트럴 키친에서 필요한 수량만큼 제공할 수 있기 때문에 독립경영 레스토랑보다 유리한 경쟁력을 확보할 수 있게 되는 것이다.

(2) 체인경영의 성공요소

체인경영의 성공요소는 체인점들의 이익추구 정책이 기본이다. 체인레스토랑의 이익은 기본적으로 매출증대를 통해서 이루어지지만, 운영 측면에서는 내부관리의 효율성 전략으로 이익추구를 하기 때문이다.

❶ 운영비용 절약

체인레스토랑은 거대한 규모에 의한 고정비가 많이 발생하기 때문에 매출을 증대하여 고정비의 비율을 상대적으로 낮추는 운영체계를 만들지 않으면 수익성 있는 경영을 할 수 없다. 고정비를 매출액 대비 상대적으로 낮게 해야 만이 전체적으로 손익분기점을 낮추고 매출증대에 따른 수익률을 증대시키기 때문에 체인경영에서는 중요하다.

❷ 점포규모 확대를 통한 경영규모 통제

체인경영은 통제 가능한 경영의 영역을 넓힘으로써 계획된 운영경비의 예산실행과 통제 불가능 영역에 대한 조사, 예측실험, 계획을 정확히 하여 이익을 안정시키도록 하는 것이 원칙이다.

체인점포는 판매가격에 대한 고객의 반응이 우수한 메뉴를 취급하기 때문에 고객회전율 우선주의로 운영을 한다. 고객회전율을 높인다는 것은 매출과 손실이 함께 발생할 수 있다. 따라서 조리 및 서비스 과정의 표준화, 단순화, 조직화, 자본설비의 투자가 필요한 것이다.

❸ 고객시장 창조전략

체인점포는 입지의 변화에 대응하여 점포의 확대, 계획적 출발 전략의 추진을 통해서 시장을 창출할 수 있다. 다점포 전개 경영방식으로 각 점포의 매출액을 적정수준까지 유지하면서 전체적인 매출성장을 지속적으로 확대하는 경영이다. 따라서 표준 매출액의 점포를 계획적으로 확장한다면 이론적으로 전체 매출액을 증대하면서 매출규모를 키워나갈 수 있는 특징을 지니고 있다.

❹ 자산전략

체인점포 경영은 부동산의 소유보다는 임대 활용하는 것을 중시한다. 즉, 고정자산에 대해서도 변화의 유연성을 적용하는 것이다. 필요한 토지와 건물을 임대 활용하는 것이 더욱 효율성이 있다면 건물을 타인에게 임대차할 수 있다.

소유 점포(임차 포함)는 일정 기간이 지나면 리뉴얼을 실시한다. 그 해에 새로운 30개 점포를 개점할 경우 오래된 시설 점포 5개를 개보수하며 수익성이 저조한 불리한 점포 3개는 폐점시키는 방식을 선택해야 한다.

(3) 체인경영의 특징

❶ 전 점포가 본사 경영자의 단일자본으로 운용된다

프랜차이즈 체인과는 달리 체인스토어는 전 점포가 한 개의 기업으로 경영된다. 따라서 회사 체인 또는 법인 체인이라고 불리기도 하며 다른 것과 구분된다.

❷ 각 점포는 중앙본부 관리체제 하에 운영된다

각 점포는 상품판매기능을 주요기능으로 하고 있으며 점포의 마케팅전략수행은 본사로부터 이루어진다.

❸ 레스토랑 공동판매상품(merchandising)은 집중화되고 동질화된다

각 점포에 제공되는 상품은 통일적, 정형적으로 기획되며, 제공방법도 통일되고 표준화된다. 이로 인하여 규모의 이익(scale merit)을 통한 대중적인 가격정책과 전 점포가 동일품질을 재현함으로써 동일 브랜드력의 실현을 통해 브랜드파워를 가질 수 있다.

❹ 출점 계획정책은 본사에서 수행한다

체인경영에서 출점은 반드시 계획적으로 수행하며 한 부서의 업무이기도 하다. 체인스토어라고 불릴 수 있는 최저 점포 수를 정확히 규정할 수는 없으나 대체적으로 10개 이상이 되면 체인 경영이 시작되는 분기점이라고 할 수 있다.

❺ 체인점포의 생산성은 표준화, 단순화, 전문화로부터 나온다

기존의 외식업에서는 '생산성'이라고 하는 개념은 없었지만 생산성이라는 개념을 외식업 체인경영에 적용함으로써 외식업 경영이 지니는 한계를 극복하고 기업의 능력을 확대할 수 있게 되었다. 이 생산성은 체인경영의 경영원칙인 표준화, 단순화, 전문화라는 근대적 경영논리에서 나왔다.

체인 경영은 '경영기능의 본부집중과 판매기능의 점포분산'이라는 방식을 통하여 중앙본부로부터 고도의 표준화, 단순화, 전문화를 달성해 가면서 자체의 판매관리, 시장점유율을 강화해 가는 경영방식이라고 할 수 있다.

참고 망하는 창업자 매년 86만 명… 땡처리업자에 넘겨진 '서민의 꿈'

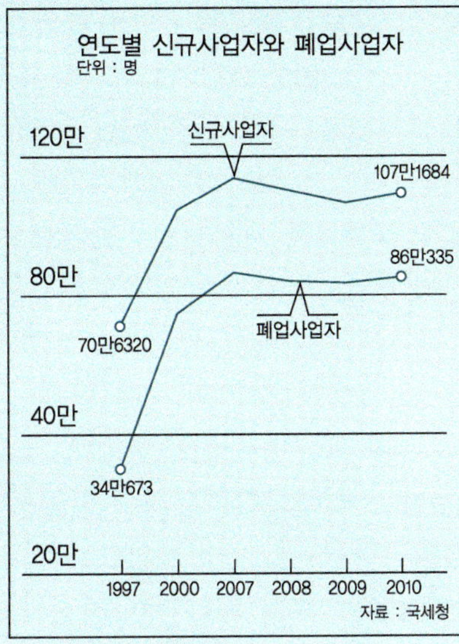

우리나라에서는 1년에 107만여 명이 창업을 하고, 86만여 명이 가게 문을 닫는다. 문 닫는 가게들에서는 대한민국 창업자들의 자화상이 그대로 드러난다. 서울 중구 황학동 중앙시장에서 5년째 폐업처리 업체를 운영하는 김맹호(56) 사장. 그는 폐업을 결심한 가게에서 연락을 주면 그곳으로 찾아가 폐업 견적을 내준다. 서로의 눈높이가 맞으면 김씨는 폐업 가게의 물품을 갖고 와 중고물품으로 다시 판매한다. 우리 사회 바닥에서 벌어지는 서민들의 창업 애환을 현장에서 두 눈으로 목격하는 김 사장과 보름간 동행하며 7곳의 폐업가게를 찾아봤다.

살벌한 분위기에 말 한마디, 웃음도 눈치 보여

"쉿!" 지난달 18일 오전, 서울 회현동에 위치한 대형 주상복합건물 1층의 피자가게. 김맹호씨가 손가락을 입에 갖다 댔다. 그는 "이 가게 문 연 지 3개월 만에 망했어. 조용히 얼른 끝내고 가는 게 상책이야"라고 했다. 벽에 고정된 선반을 떼어내는 데 애를 먹던 김씨는 "나사가 장난 아니게 깊게 박혔어. 장사 진짜 오래 할 생각이었나 봐"라고 말했다. 오전 11시 30분, 200㎏이 넘는 피자오븐이 트럭에 실리면서 9평의 피자가게 폐업작업이 끝났다. 물건을 싣고 가던 길에 김씨는 "이제 4년이 넘어가지만 남의 불행이 내 생업이니까 마음이 편하지는 않다"고 했다. 수천만 원을 들여 내부시설을 만들었는데, 폐업 견적으로 100만~200만 원이 나오면 그 자리에서 통곡을 하는 사람도 있다. 김씨는 "그렇다고 값을 더 쳐줄 수는 없지. 중고시세가 엄격하니까"라고 말했다.

본사 횡포 못 이겨 1년 만에 문닫는 프랜차이즈 커피숍

4월 30일, 커피숍 불이 꺼져 있었고, 유리문에는 '매장 내부수리 관계로 휴무합니다' 라고 적힌 종이가 붙어 있었다. 전화를 하자 곧 나타난 사장 김모(여 · 42)씨는 "가게 낸 지 1년도 안 됐는데 '망했다' 고 쓰기는 창피하니까…"라고 했다.

"이 조그만 탁자 6개랑 의자 6개가 1000만 원이에요. 말이 돼요?"

김씨가 작년 5월 가게를 내며 들인 돈은 2억3000만 원. 보증금 5000만 원을 돌려받아도 1억8000만 원을 고스란히 날릴 판이다. 인테리어 하는 데 4125만 원, 각종 기기와 물품구매에 8000만 원 넘는 돈을 프랜차이즈 본사에서 가져갔다. "커피머신이랑 오븐 등 10개 기계에 4800만 원 냈는데 나중에 인터넷으로 가격 찾아보니까 다 합쳐서 1500만 원이에요. 이 정도 남겨먹으면 사기꾼 아니에요?"

프랜차이즈에 밀려 7년 만에 문 닫는 케이크카페

지난 4월 5일. 서울 명지대 앞 카페로 폐업 견적을 뽑으러 갔다. 같은 앞치마, 모자까지 쓴 부부는 둘 다 아무 말이 없었다. 3일 후 폐업을 한다고 했다.

18살 때 처음 제빵기술을 배운 사장 이모씨는 호텔과 대형 제과점에서 일하다 7년 전 결혼과 함께 자신의 케이크집을 차렸다. 그러나 지난 7년은 시련의 연속이었다.

"그나마 오는 손님들은 단골이지만 대부분 유명 브랜드 빵집만 찾죠."

이씨는 케이크 포장지만 봐도 마음이 아프다고 했다. 별다른 장식이나 그림이 없는 밋밋한 연두색 포장지였다. 포장지 제작업체가 대기업 위주의 대량주문만 받아서 이씨처럼 영세상인은 싸구려 포장지밖에 못 쓴다고 했다. 이씨는 "단골손님들한테 문 닫는다는 얘기도 못했다. 조용히 사라지려고 한다"면서 "꼭 손님없는 일요일에 폐업작업을 해달라"고 부탁했다. 일요일이던 8일 오전 10시부터 시작된 작업은 2시간도 안 돼 끝이 났다. 부부는 "시원하다"는 말을 반복했지만 "그래도 제 가게였잖아요"라며 폐업작업을 끝까지 지켜봤다.

제2인생 꿈꾸며 차린 서울 응암동 만두소 공장

4월 16일, 진모씨의 만두소 공장 기계들엔 뽀얗게 밀가루와 먼지가 내려앉아 있었다. 바닥 여기저기엔 오래전에 사용됐을 만두피들이 누렇게 변색된 채 흩어져 있었다.

"중소기업 다니면서 한 달에 300만 원은 받았어요. 그런데 대기업은 자기 능력이 모자라서 잘릴 걱정을 하지만, 중소기업은 내가 잘리기 전에 아예 회사가 망할 수도 있겠더라고요. 애들은 커가는 데, 뭔가 해야겠다고 해서 시작한 거예요."

제2의 인생을 맞이하게 해줄 줄 알았던 공장 문은 2011년 5월에 열었다. 집을 팔아 마련한 9000만 원 가운데 생활비 2000만 원을 떼어놓고, 7000만 원을 투자했다.

"1년 동안 계약 1건도 못 땄어요. 큰 회사에서 이렇게 꽉 잡고 있는 줄은 몰랐어요. 다 제 잘못이죠." 이날 진씨와 김맹호 사장은 140만 원에 폐업계약을 맺었다.

조선일보

2 프랜차이즈 경영

1) 프랜차이즈의 개념

(1) 프랜차이즈 시스템의 이해

1980년대 중반이후 급성장한 프랜차이저 시스템은 동일한 상호, 실내장식, 취급상품, 유니폼, 가격 등을 사용함으로써 점포를 경영하는 사람만 다를 뿐 겉으로 나타나는 모든 것이 동일하다는 것이 특징이다.

서울에 있는 피자헛이나 부산에 있는 피자헛이나 점포의 주인과 종업원만 다를 뿐 점포의 외관, 내부, 피자의 종류, 가격, 심지어 맛까지 동일하다. 이렇게 전국각지에 동일한 형태의 점포가 생겨난 것은 우연히 발생한 것이 아니라 일정한 계약으로 이루어진 프랜차이즈 시스템에 의하여 점포가 운영되고 있기 때문이다.

프랜차이즈 시스템이란 상호, 특허 상표, know-how를 가진 자가 계약을 통해 다른 사람에게 상표의 사용권, 제품의 판매권, 기술 등을 제공하고 그 대가로 가맹금, 보증금, 로열티 등을 받는 시스템을 말한다. 여기서 상호, 상표, 노하우(knowhow) 등을 가진 자를 프랜차이저(franchisor)라고 하는데 우리말로는 본부, 본사로 표현한다. 그리고 프랜차이저로부터 상호의 사용권, 제품의 판매권, 기술, 상권분석, 점포디스플레이, 관계자 훈련 및 교육지도 등을 제공받는 자를 프랜자이시(franchisee)라고 하는데 보통 가맹점으로 표현한다. 이러한 프랜차이즈 시스템의 특징은 자본을 달리하는 독립사업자 즉 본사와 가맹점이 서로 협력하는 형태이기 때문에 본사와 가맹점 간에는 계약된 범위 내에서만 서로 간섭하거나 특정한 요구를 할 수 있다.

이처럼 프랜차이즈 시스템은 여러 독립된 사업자가 서로의 이익을 위하여 계약에 의하여 협력하는 판매제도로 본사는 큰 자본이 없어도 정보와 조직을 이용하여 독립 소매점 및 대형 소매점에 대항할 수 있고, 가맹주는 사업경험이 없어도 일정액의 자본금만 갖추면 쉽게 사업을 운영할 수 있는 첨단 마케팅의 한 분류이다.

반면에 이러한 이점을 이용한 사기성 계약이 빈번히 발생하여 사회적 물의를 일으킨 사례가 있으며, 경영능력 부족으로 인한 본사의 도산으로 가맹점이 피해를 입는 경우도 있다. 따라서 프랜차이즈 가맹점을 운영하고자 하는 사람은 제공받을 수 있는 내용과 지불하는 액수 및 이와 관련된 계약 내용은 물론 본사의 경영철학, 지원관리능력, 상품 개발전략, 재무상태 등을 상세히 검토해야 한다.

(2) 프랜차이즈 시스템의 형태

미국에서 1950년대 TV광고와 교통망 발전과 함께 전국으로 확산했던 프랜차이즈 시스템은 국내에선 1979년 10월 '롯데리아'가 처음 서울 소공동에 소개되었다. 우리나라 프랜차이즈 산업은 매출액 89조 원(2007년 기준)으로 GDP의 8.7%를 차지할 정도로 성장했다. 프랜차이즈의 본고장인 미국에서도 프랜차이즈 산업은 미국 민간 부문 총생산의 11.4%(2008년 기준), 미국 민간 부문 고용의 15.3%를 차지할 정도로 중요한 산업이 되었다. 프랜차이즈의 시작은 프랜차이즈 분야의 권위자인 미국 케이스웨스턴리저브대학교의 스콧 A. 쉐인 교수에 따르면 프랜차이즈 사업이란 가맹본부와 가맹점주가 프랜차이즈 계약을 체결해 가맹점주는 본부에 가맹비와 로열티, 기술 이전료를 지불하고 본부는 가맹점주에게 상품, 기술, 교육, 영업방식 등 사업에 필요한 모든 물품과 노하우를 제공하는 사업 형태라 정의된다. 가맹본부는 적은 자본과 인력으로도 신속하게 사업을 확장할 수 있고 가맹점주는 본부의 검증된 제품과 운영 노하우를 통해 안정적으로 사업할 수 있다는 장점을 가진다.

프랜차이즈 사업 형태가 본격적으로 발달한 곳은 미국이었다. 1851년 재봉틀 발명가인 아이작 싱어는 자신의 재봉틀을 최종 소비자에게 독점 판매할 수 있는 권리를 외판원들에게 판매함으로써 미국 최초의 프랜차이즈 가맹본부가 되었다. 그러나 이는 '상품 프랜차이즈(Product Franchise)'였다.

상품 프랜차이즈란 가맹본부가 가맹점주에게 '상품'만을 제공하는 것으로, 광의의 프랜차이즈 개념 중 하나이자 초기 형태의 프랜차이즈이다. 우리나라에서는 과거 1960~1980년대까지 흔히 사용되던 '대리점' 등의 개념이 여기에 포함된다. 오늘날 일반적인 개념의 프랜차이즈 혹은 협의의 프랜차이즈는 '상품' 외에 서비스, 점포운영 방식 등 사업에 필요한 '운영 시스템'을 하나의 패키지로 묶어 제공하는 것을 말한다. 학자들은 이를 '비즈니스 포맷 프랜차이즈(Business Format Franchise)'라 부른다. 우리나라 프랜차이즈 사업의 기원을 1979년으로 보는 것도 이러한 일반적인 개념의 프랜차이즈를 기준으로 한 것이다.

'체인(chain)' 이라는 개념은 직영점, 가맹점에 관계없이 본사가 여러 점포를 통일적으로 관리, 경영하는 사업 방식을 모두 포괄하는 개념이다. '스타벅스' 역시 체인점이라 불리지만 이는 100% 직영점 체제로 운영되는 회사이기 때문에 엄밀히 말해 프랜차이즈는 아니다.

비즈니스 포맷 프랜차이즈가 처음 등장한 시기는 미국에서 1920~1930년대였다. 이 시기에 소매점, 패스트푸드, 서비스 업종에서도 프랜차이즈가 도입되기 시작했다. 1950~1960년대에 들어서자 프랜차이즈 산업은 본격적인 성장을 시작했다. KFC, 맥도날드, 버거킹 등 오늘날 프랜차이즈 산업을 대표하는 회사들이 모두 이 시기에 설립되었다. 이 시기에 미국에서 프랜차이즈 사업이 급속히 발달한 데에는 두 가지 이유가 있었다. TV 광고의 등장과 전국적인 고속도로망의 건설이 그것이었다. TV 광고는 전국적인 브랜드 홍보를 가능하게 해 주었고 고속도로는 소비자들의 이동과 여행 범위를 확대시킴으로써 전국 어디에서나 동일한 품질을 가지는 제품, 서비스에 대한 수요를 창출했다.

프랜차이즈 시스템은 서비스나 제품 등 어느 업종에나 폭넓게 이용되고 있는데, 프랜차이즈계약의 주체에 따라 4가지 형태로 크게 구분할 수가 있다.

❶ 제조업자-소매업자 프랜차이즈 시스템

제조업자가 판매망을 확보하고 소매업자들의 영업방법, 상표, 상호 등에 관한 프랜차이즈를 개발하는 유형으로서 자동차업계와 석유판매업계에서 널리 활용되고 있다. 미국의 경우 G.M.(General Motors), 포드, 크라이슬러 등과 같은 자동차산업과 텍사코(Texaco), 모빌오일(Mobil Oil)과 같은 석유판매업이 그 대표적인 예이다.

❷ 제조업자-도매업자 프랜차이즈 시스템

이 시스템은 제조업자가 프랜차이즈를 개발하는 방법인데, 소매상의 수가 지역적으로 너무 분산되어 있거나 소량을 취급할 때에 도매상을 가맹점으로 계열화하는 방법으로서 코카콜라(Coca Cola), 펩시콜라(Pepsi Cola) 등 식료업계의 공급체인이 속한다.

❸ 도매업자-소매업자 프랜차이즈 시스템

제조업자가 생산하는 제품의 품목수가 한정되어 있으므로 도매업자가 제조업자로부터 다양한 품목을 공급받아 프랜차이즈를 개발하고 소매상을 계열화하는 방법을 활용하는 시스템이다. 이 유형에 속하는 동종으로는 제약업, 잡화상점, 자동차정비체인, 스포츠용구체인, 계절적 용구체인 등이 있다.

❹ 상표허가자(licensor)-소매업자 프랜차이즈 시스템

미국 내에 20년 전부터 크게 성장하는 유형으로 제조업자나 도매업자가 아닌 본부가 소매상의 성공적인 사업수행을 위하여 상호와 표준화된 영업방법을 제공하는 것으로 모텔 체인, 레스토랑 체인, 자동차, 트럭 대여회사 등과 같은 업종이 많다. 또한 프랜차이즈 협정(franchise agreement)에 따라 다음과 같은 여러 가지 차원으로 구분할 수 있다.

- 지역프랜차이즈(territorial franchise)
- 영업프랜차이즈(operating franchise)
- 이동프랜차이즈(mobil franchise)
- 분배활동에 따른 프랜차이즈(distributorship)
- 공동소유권(co-ownership)
- 공동경영(co-management)
- 제조권(manufacturing)
- 라이센싱(licensing)
- 서비스(service)

2) 외식사업의 프랜차이즈 경영

프랜차이즈의 유래는 약 100년 전 미국에서 양키페드라(행상인)에 대해 일정 지역에 특정상품의 독점판매권을 준 것으로 시작되어 맥도날드 햄버그의 번창으로 활성화되었고, 우리나라에서는 1979년 롯데호텔과 롯데백화점 연결 통로에 햄버그전문점인 롯데리아의 개점이 프랜차이저를 채택한 최초의 경우인 것으로 알려져 있다.

프랜차이즈의 정의는 점포운영 마케팅방법의 하나로서 가맹본부(Franchisor)가 가맹사업자(Franchisee)와 점포운영에 관한 계약을 체결하고 본부의 상호, 상표, 영업기법이나 조리의 노하우를 제공하여 음식의 판매나 기타 영업행위의 행사 권리를 부여한다. 반면 가맹사업자는 일정한 대가를 본부에 지불하고 사업에 필요한 자금을 투자하여 본부의 경영지도나 협조에 의해 사업을 운영하는 일체의 비즈니스를 말한다.

외식 프랜차이즈에 있어서 로열티 지급방법은 매출액 비율방식, 영업이익 배분방식, 정액제, 수수료수입 비례방식, 영업규모 비례방식, 상품공급 대체방식 등으로 분류하나 국내외식산업의 경우 업종 및 업태에 따라 다르므로 개점본사에 직접 확인이 필요하다. 특히 국내업체는 전문성, 자금력, 조직력, 노하우 부족과 짧은 연륜 때문에 불신과 도산과 부도가 지속되고 있다. 다점포 전개를 전제로 하는 외식 프랜차이즈는 본부의 기능과 역할은 당연히 가맹점을 최우선으로 하는 사업전개로 전환되어야 하며 우루과이 라운드로 인한 서비스개방과 더불어 생멸이 계속될 것으로 예측된다.

(1) 미국의 프랜차이즈

미국에 있어서 프랜차이즈 시스템에 의한 상품 및 서비스의 판매고는 눈부신 성장을 거두고 있다. 과거 20년간 미국경제 중 서비스 분야에서 프랜차이징은 혁신적인 역할을 수행하였다. 또한 프랜차이징은 많은 비즈니스를 창조해 관련 사업의 성장 기회를 제공하였으며 고용의 창출, 새로운 제품, 서비스의 창출 등 미국의 수출 증대에 지대한 공헌을 하였다.

1990년대에 들어서도 계속 이어가는 안정성장으로 판매고, 점포 수 그리고 종업원의 수를 꾸준히 늘려 나가고 있으며 프랜차이징이 계속 확대되어 나가는 과정에서, 자기 자신의 비스니스를 갖고자 하는 사람들 혹은 기존의 기업에 자사의 상품이나 서비스를 더욱 넓은 시장에 공급하고자 활로를 모색하고 있는 사람들 모두에게 그 기회의 폭을 넓혀주고 있다.

(2) 일본의 프랜차이즈

타산업과의 변화적응력 실패로부터 새로운 변화를 모색하고 있는 일본외식업체의 대부분은 앞으로 10년 후를 내다본 장기수립에 몰두하고 있다.

상품력 강화와 품질, 서비스, 청결을 근간으로 한 가치추구와 최적타이밍으로 영업력을 강화시키는 방안을 모색하고 있는데, 기존의 고객만족, 가치추구, 음식 제공 시간의 최적화를 위해 분위기와 접객서비스를 향상시키기 위한 다각도의 노력을 기울이고 있다. 또한 불황극복의 방법으로서 품질관리와 노동생산성 향상에 역점을 두고 있다는 사실이다. 식재와 상품의 표준화 · 규격화를 통한 매뉴얼화와 시스템화를 강화하면서 생산자에서 소비자에게 이르기까지 신선화와 비용절감을 통하여 유통 및 물류시스템을 구축해 가고 있다.

아울러 인건비 절감을 위해 고정 인원의 감소와 파트타임을 적극적으로 활용하면서 원가절감을 통한 경쟁력 확보에 연구의 초점을 맞추었다. 이러한 일본 외식업체의 발 빠른 행보는 우루과이 라운드에 대한 대응뿐만이 아니라 21세기 고감도산업으로서 발돋움해 가고 있음이 곳곳에서 발견되고 있다. 인테리어에 있어서는 명확한 점포이미지 추구와 고급화보다는 실용적이고 기능적인 방향으로 전개되고 초기 고정투자비를 최소화 하면서 투자비용을 절감하는 경제성 중심의 업종을 지향하고 있는 추세이다. 또한 홀, 주방, 설비, 객석 등의 레이아웃은 합리적이고 과학적인 동선을 중시하고 조명과 구조물에 의한 문화공간으로서 효율적인 점포경영과 관리에 역점을 두고 있다.

특히 외식 전 부문이 매뉴얼화, 시스템화, 기술혁신화가 정착되고 있는 것이 특징이다. 이러한 변화와 발전을 넘어 21세기 감성화로 전개시켜 나가면서 타산업과 변화·적응력 속에서 거품경제와 경기불황을 극복하려 애쓰고 있다.

(3) 국내의 프랜차이즈

국내 외식 프랜차이즈 산업은 국민소득이 2만 달러가 넘어서던 2013년은 자금력, 조직력, 전문성과 노하우 구축업체 중심으로 외식산업은 점진적 변혁을 모색하면서 고객가치와 고객만족지향으로 전개되면서 더욱 활성화될 것으로 기대한다.

■2016년 국내 외식프랜차이즈 현황

업종	가맹본부수	브랜드수	가맹점수	직영점수	전체매장수
전체	–	3,998	106,003	5,496	111,499
한식	1,088	1,206	19,313	820	20,133
분식	337	335	10,043	336	10,379
중식	56	60	970	36	1,006
일식	106	119	1,528	235	1,763
서양식	107	117	793	126	919
기타 외국식	54	55	478	65	543
패스트푸드	68	70	3,983	680	4,663
치킨	354	389	24,453	166	24,619
피자	99	103	6,015	264	6,279
제과제빵	172	183	7,277	877	8,154
아이스크림/빙수	50	51	2,325	225	2,550
커피	306	324	11,637	878	12,515
음료(커피 외)	75	77	966	282	1,248
주점	290	340	10,477	156	10,633
기타 외식	455	493	5,745	350	6,095

출처 : 공정거래위원회 정보공개서(2016년) 기준

국내 외식산업의 첫 번째 흐름은 하이테크와 하이터치가 접목한 고감도의 감각형 음식점의 태동이다. 아주 기능적이고 정시적이며 인간적인 고감성 연출이 자연스럽고 원조적으로 진행되는 쾌적성 점포의 출현이 바로 그것이다.

외식산업은 선진국에 비해 성장템포가 크면서 빠르게 진행되고 있는 것이 국내 산업의 실상이다. 따라서 21세기 국내 외식산업의 미래구도는 전문외식그룹의 성장이 등장할 것이다.

두 번째 흐름은 이문화와 이민족 간의 절충으로 한식에 일식이나 양식 감각을 도입하거나 역으로 양식에 한식이나 일식 혹은 중국요리의 기법을 도입하여 종래에 없었던 감각의 표현을 연출하는 다문화 레스토랑의 출현이다.

세번째는 새로운 미각, 식사형태, 삼삭을 연출하면서 차별화된 공간에서 지석인 사극을 받거나 이제까지의 식상한 맛과 분위기에서 새로운 민속, 민족 음식점의 출현을 요구하게 된다. 전통적인 것을 현대에 끌어들여 새로운 감각을 표출한다든지 혹은 복고풍을 반영한 현대적인 점포로 전통음식, 건축양식, 분위기 등을 종합하여 우리 옛 것의 정감어린 향수를 현대 속에서 새로운 가치로 되살리는 전통 재개발형 민속 음식점이 탄생하고 있다.

또한, 외식관련 산업인 인테리어 주방 설비, 컨설팅 관련 전문지 등의 발전이 시대적인 흐름이며 농장공원, 유원지, 휴게소, 휴양지는 물론 호텔, 스포츠센터, 리조트, 골프장, 패션 등과의 복합화와 건설 및 부동산, 유통, 식재, 식품산업과도 연결하여 시대적인 소비패턴에 맞게 점포연출이 필요할 것이다.

프랜차이즈 업계에서는 "가맹점 수가 100개를 넘어서면 어느 정도 성공한 프랜차이즈 본사"라고 평가하고 있다. 직영점 하나 없이 가맹점 모집에 나서 '순진한' 대기업 퇴직자를 설득, 20~30개의 가맹점을 모집한 후 프랜차이즈 본사가 소문 없이 사라져 버리는 경우가 적지 않기 때문이다.

공정거래위원회에 등록된 1700여 개의 프랜차이즈 브랜드 중 약 85%가 가맹점 100개 미만인 것으로 파악됐다. 그만큼 국내 프랜차이즈 본사들의 경영 여건이 취약하다는 것이다. 모방창업을 하는 바람에 프랜차이즈 본사만 난립하여 예비창업자들의 신뢰도를 떨어뜨려온 것이 사실이다. 이웃 일본과 비교해보면, 산업 규모(매출액 기준)는 일본의 30% 수준이지만, 가맹본부 수는 2배 수준이며 부실 가맹본부가 너무 많은 실정이다.

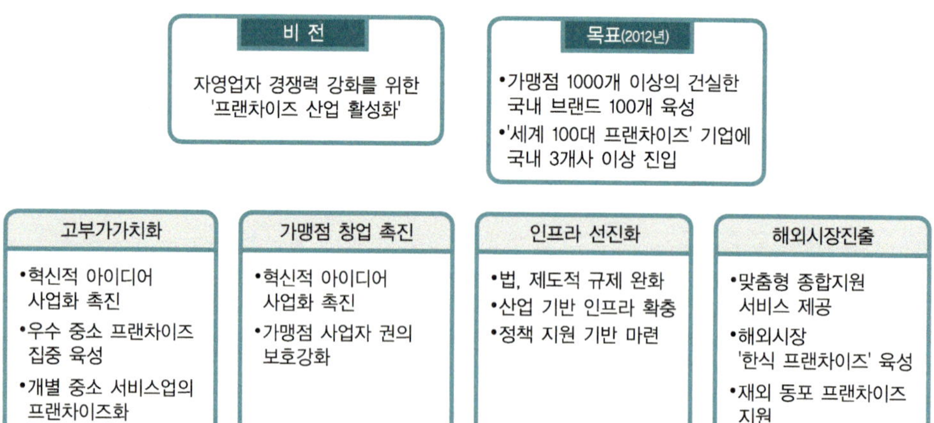

3) 프랜차이즈 본사의 업무

프랜차이즈 본사는 본사자신과 가맹점을 위하여 해야 하는 일이 있는데 이것이 바로 본사가 하는 일, 즉 본사의 기능이다. 그러나 프랜차이즈 본사에서 다음에 설명하는 기능을 반드시 수행하고 있는 것은 아니며, 업종 및 본사와 가맹점과의 계약 관계 등에 따라 다르다.

(1) 시스템 개발

본사의 가장 중요한 기능은 원자재 개발, 제품 및 서비스 개발, 교육 훈련, 지도, 판매촉진, 금융, 정보, 경영관리 등 개개의 기능을 유기적으로 통합하여 프랜차이즈 상품을 만들어내는 일이다. 본사가 시스템을 개발하고 실행하기 위해서는 본사에서 갖추어야 할 여러 기능을 어떻게 배분해야 하는지 그리고 각 기능과의 관계를 어떻게 구분할 것인지를 결정해야 한다. 모든 상황에 따라 각 기능이 잘 발휘될 수 있도록 본사의 조직이 정비되어야 한다. 본사에서 가맹점을 지원할 때 개개의 기능을 어떠한 순서로, 어떠한 방법으로 제시할 것인가를 결정해야 한다.

시장환경의 변화, 본사 내부의 변화 등 상황변화에 따라 시스템 전체가 어떻게 대응하고 개개의 기능은 어떻게 변화시킬 것인지를 명확히 해 두어야 한다.

(2) 식자재 개발

경쟁력 있는 제품을 소비자에게 판매하려면 가격, 품질 등 여러 측면에서 원자재가 우수해야 하므로 본사에서는 우수한 원자재를 개발하여야 한다. 그러나 본사에서 직접 모든 원자재를 개발할 수 없으므로 제품과 관련이 크며 본사가 제조하기에 부담이 큰 1차 원자재는 외부로부터 공급받아 가공하거나 원자재 회사와 공동으로 개발하는 방법을 선택할 수 있는데 그 어느 경우건 본사는 원자재 개발에 있어서 나름대로의 독특한 기술적 수준을 유지할 수 있어야 한다. 프랜차이즈 시스템의 본사는 수시로 또 지속적으로 양질의 좋은 식자재를 각 가맹점에 공급해 주어야 하므로 합리적인 식자재 공급체계를 갖추어져야 한다.

(3) 메뉴 및 고객서비스 개발

고객이 선호하는 독창적인 제품과 서비스 체계를 개발하는 것이 프랜차이즈 시스템의 성공을 위한 제일의 조건이다. 경쟁업체가 없는 제품이나 서비스 체계를 갖추게 되면 우수한 가맹점을 확보할 수 있고, 가맹점 또한 많은 고객을 확보하게 됨으로써 안정된 경영이 가능하게 된다. 본사에서 개발하는 제품 및 서비스는 경쟁업체보다 품질이 훨씬 우수하고 차별화된 새로운 제품을 만들어야 하고 새로운 메뉴를 적절한 가격과 적절한 방법으로 가맹점에 제공해야 한다.

경쟁업체와 차별화되어 있는 주력 제품을 중심으로 운영하되 관련 있는 제품의 구색을 갖추어야 하며, 소비자의 취향 및 기호변화에 유의하여 품질, 제품구성, 제공방법 등을 개선해 나가야 한다.

(4) 가맹점 교육 및 훈련

프랜차이즈 시스템에 있어서 교육 및 훈련은 주로 가맹점경영자가 경영능력 향상과 이익증대를 목적으로 하는 것이며, 특히 가맹점경영자가 사업의 경험이 전혀 없는 경우 본사에서 실시하는 교육, 훈련의 내용과 질이 매우 중요하다. 본사에서 아무리 훌륭한 프랜차이즈 상품을 개발하더라도 소비자와 직접 접촉하는 것은 가맹점이므로 가맹점이 소비자에게 확실한 판매활동과 서비스 활동을 실시하지 않으면 아무런 의미가 없다.

본사는 다음과 같은 교육, 훈련 체계를 갖추어야 한다.

❶ 상세한 교육 훈련의 내용과 방법이 담긴 교육 훈련 과정을 준비해야 한다.

❷ 가맹점이 되어 처음으로 영업을 하는 가맹점경영자에 대해서 필요한 지식과 기술 등을 몸에 익히게 하는 과정이 있어야 한다.

❸ 이미 가맹점이 되어 영업을 하고 있는 가맹점 경영자에 대해서 수시로 필요한 지식과 기술 등을 가르쳐 주는 과정이 있어야 한다.

❹ 기대한 만큼의 이익이 오르지 않는 가맹점 경영자를 대상으로 지식과 기술 등을 가르쳐주는 과정이 있어야 한다.

이러한 교육 훈련 과정에서 본사가 가맹점에 제공하는 지식과 기술은 본사의 이념, 상품 및 이에 관련된 지식, 상품의 제조기술, 고객에 대한 서비스, 상품 및 설비기계 등의 관리, 위생관리, 생산관리 및 재무관리, 점포관리, 판매촉진 이용방법, 사고대처 및 처리방법, 종업원관리, 수요예측 등이다.

(5) 판매촉진

본사에서 지원해야 할 여러 기능의 한 가지인 판매촉진활동은 ① 가맹조건에 포함되어 있는 판매촉진 지원활동과 ② 가맹조건과는 관계없이 본사의 영업 전략과 가맹점의 수시요구에 의하여 계속적으로 계획되고 실시되는 판촉활동으로 나눌 수 있다. 전자의 판매촉진 지원활동은 점포의 형태, 점포의 레이아웃, 간판, 진열대와 광고물, 통일된 색상유지 등 가맹점 개점과 동시에 지원되는 사항이고, 후자의 판매촉진활동은 시장환경 변화에 대처하고 영업이득을 높이기 위한 목표와 계획에 의하여 이루어지게 된다.

본사에서 시행하는 판매촉진활동은 가맹점의 경영이 계획대로 이루어지게 하고 프랜차이즈 시스템 전체의 이미지 상승을 꾀하거나 신제품을 보급시키기 위한 목적으로 전개되는 것이다. 이러한 목적 아래 전개되는 판매촉진 활동의 수단으로는 TV, 신문, 라디오 등 대중매체를 이용한 광고, POP 광고와 같이 점포에서 이루어지는 광고, 특별 상품이나 특가상품의 제공, 지역사회의 각종 행사에 협력, 사은행사 등을 들 수 있다.

(6) 금융지원

본사가 가맹점에 대한 금융지원 기능을 갖는 것은 프랜차이즈 시스템의 원활한 운영을 위하여 매우 유용한 일이다. 가맹점이 자기지본으로 경영을 하는 것이 원칙이라 하더라도 프렌차이즈를 확장 · 강화해 나가기 위해서는 본사의 금융지원이 필요한 경우가 많으며 본사의 금융지원은 다음 경우에 실시된다.

- 신규 가맹점의 개설에 필요한 자금 융자
- 기존 가맹점의 내부수리, 장비 · 비품의 설치 등 시설자금 융자
- 가맹점의 운영자금 융자

프랜차이즈 본사가 가맹점에 금융지원을 하는 방법은 다음과 같다.

- 본사가 자기자금으로 가맹점에 융자해 주는 방법

• 본사가 보증을 하고 금융기관으로부터 가맹점이 융자받는 방법
• 본사가 금융기관을 알선하고 가맹점이 금융기관으로부터 직접 융자를 받는 방법

(7) 정보제공

프랜차이즈 시스템 본사는 경쟁업체의 통합 및 가맹점의 경영과 영업활동에 필요한 여러 가지 정보를 수집 · 처리하여 제공하여야 한다.

(8) 경영관리

경영관리에서 가맹점은 당일의 매입과 매출집계 등 최소한의 업무만을 수행하고 합리적인 사업운영을 위한 기타의 잡다한 업무는 본사가 일괄 처리하는 방식을 택하는 것이 바람직하다. 이렇게 함으로써 경제규모의 이익을 극대화하고 프랜차이즈 시스템 전체의 효율을 높일 수 있을 뿐만 아니라 모든 가맹점을 일관성 있게 관리할 수 있다. 본사에서 가맹점에 지원해야 할 사무관리는 매출계산, 비용계산, 이익 계산, 급여계산, 보험처리 같은 업무이다.

4) 프랜차이즈 본사 선택 시 유의사항

1980년대 들어서면서 성장하기 시작한 국내 프랜차이즈 업종 중에서 관심있는 업종의 가맹점 개점에 대한 투자희망자는 무엇보다도 먼저 본사를 선택하는 것이 성패의 관건이 된다.

이는 본사의 도산이 대응력이 거의 없는 가맹점의 도산으로 직접 연결될 수 있기 때문이다. 국내 프랜차이즈본사 중에는 건실한 업체도 있지만 부실한 업체가 의외로 많은 실정으로 비교적 탄탄한 업체로 시작되었지만 비합리적인 사업운영, 관리능력 미비, 제품개발전략 부재 등 부실경영의 원인으로 도산하는 사례가 있으므로 본사 선택에 신중하여야 한다.

체인점 창업 시에는 사전에 체인본사에 대한 철저한 조사와 더불어 다음과 같은 사항을 살펴보아야 한다.

❶ 가맹 희망본사의 각 가맹점을 돌아보면서 손님들의 반응과 인테리어를 주의 깊게 관찰하고 기존 가맹점 경영자의 점포운영에 대한 경험담, 즉 개점에 필요한 총 투자비, 본사에서의 가맹점 경영지원내용, 초기사업시기의 어려운 점, 특별한 점포운영 방법 등 전반적인 의견을 들어보는 것이 좋다.

주요브랜드 해외진출현황

구분	해외매장 수
BBQ	350곳(중국, 미국 등 56개국)
롯데리아	136곳(베트남, 중국, 인도네시아)
파리바게뜨	100곳(미국, 중국, 베트남)
뚜레쥬르	47곳(중국, 미국 등 5개국)
본죽	10곳(중국, 미국, 일본)
놀부	8곳(중국, 싱가포르)
비비고	4곳(중국, 미국, 싱가포르)
카페베네	4곳(중국, 미국)

http://www.hankyung.com

❷ 체인본사의 신용상태를 정확히 조사해 보아야 한다. 창업이념은 무엇이며, 대표이사의 주요경력은 어떠하고, 회사의 일반적 지명도는 어느 정도인지를 세심히 살핀다.

❸ 상품 또는 원재료 공급시스템과 조직구성이 짜임새 있는지를 살펴보아야 한다. 상품이나 원재료를 미리미리 확보해 두는 것도 필요하겠지만, 때로는 예상치 못한 상황에 따라 급히 상품이나 원재료를 조달해야 하는 경우가 있는데 이런 경우 어느 정도 기동성을 갖추고 있는지를 조직구성과 함께 자세히 살펴보아야 한다.

❹ 경쟁업체를 반드시 비교하여 보고 결정하되, 타 경쟁업체에 비해 경영전략상 어떤 차이가 있는지, 향후 발전전망은 어느 정도인지를 조사해 보아야 한다.

❺ 영업상황을 일관된 통계자료에 의해 공개하는 회사인지를 살펴보아야 한다. 이미 영업을 하고 있는 기존 가맹점의 최근 매출실적과 가맹점주의 변동사항 등 영업상황을 숨기지 않고 공개하는 회사인지를 살펴보아야 한다.

❻ 혹시라도 허황된 아이템이거나 광고내용이 지나치게 과장된 점이 없는지, 그리고 한발 더 나아가 사기적인 측면은 없는지 여러 각도에서 살펴보고 나서 최종적으로 체인본사를 결정하여야 안전하다.

5) 프랜차이즈 시스템의 효과

계약에 의한 유통경로 간 수직적 통합을 통해 상호이득을 도모하고자 하는 프랜차이즈 시스템의 효과는 다음과 같다.

(1) 경로통합 주체자들의 효과

가맹점이 모든 것을 본부에 의지하려고만 한다면 그 본래의 의도와는 달리 오히려 유통시스템의 효율이 떨어지게 된다. 그러므로 프랜차이징 계약의 결과 본부와 가맹점은 긍정적인 측면과 부정적인 측면을 동시에 가지게 된다. 그 두 가지를 정리해 보자면 아래와 같다.

❶ 본부에(franchisor)에 대한 효과

■긍정적 효과

㉠ 자사의 직영점 설치에 비해 자본과 노력이 절약된다.

㉡ 가맹점은 자기의 사업이므로 적극적 영업활동을 기대할 수 있다.

㉢ 협동광고 등 규모의 이익실현여지가 많다.

㉣ 본부는 프랜차이즈 프로그램의 개발에 몰두할 수 있다.

■부정적 효과

㉠ 계속적인 지도원조에 비용과 노력이 많이 든다.

㉡ 가맹점이 본부에 대한 의존경향이 높다.

❷ 가맹점(franchisee)에 대한 효과

■긍정적 효과

㉠ 본부의 교육프로그램, 경영지도 등에 의해 그 사업에 경험이 부족하더라도 용이하게 적응할 수 있다.

㉡ 처음부터 지명도가 높은 경영활동이 이루어지므로 실패의 위험성이 적다.

㉢ 본부의 일괄적인 광고를 통해 영향력이 큰 판매촉진의 수행이 가능하다.

㉣ 제품의 품질에 대한 소비자들의 신뢰도가 높아 판매에 유리하다.

㉤ 본부가 기타 활동을 수행해 주므로 판매에만 전념할 수 있다.

■부정적 효과

㉠ 본부가 제공하는 서비스들은 경비항목으로서 애매한 가치를 가진다.

㉡ 가맹점자체의 문제해결능력이나 경영개선의 노력을 등한시한다.

㉢ 본부는 시스템 전체의 효과를 생각해서 정책을 계획실시하기 때문에 특정 가맹점의 실정에 맞지 않는 경우가 있다.

(2) 소비자에 대한 효과

한편 유통시스템이 프랜차이즈화될 때 소비자들에 대한 효과도 다음과 같이 긍정적 측면과 부정적 측면으로 나눌 수 있다.

■긍정적 효과

㉠ 서비스제공의 수준이 상승된다.

㉡ 본부에 의해 연구되고 표준화된 균질한 서비스와 상품을 언제, 어디에서도 공급받을 수가 있다.

㉢ 유통과정에서 요구되는 비용이 낮게 산정되어 염가(廉價)의 상품서비스를 제공받을 수 있다.

■부정적 효과

㉠ 본부의 힘이 강력하게 작용하면 거래상 가맹점은 불리한 입장에 놓이게 되어 결과적으로 가격, 서비스 면에서 소비자에게 불이익을 가져다 줄 수 있다.

㉡ 프랜차이즈 시스템을 악용하는 자가 생김으로써 거래상 부실이 일어나 서비스를 받는 소비자에게도 나쁜 영향을 줄 수 있다.

㉢ 영업상 책임의 소재가 불분명하여 소비자들이 불만을 처리할 수 있는 창구가 불명확하다.

(3) 사회경제에 대한 효과

■긍정적 효과

㉠ 프랜차이즈 시스템은 개인으로 하여금 독립기업인이 될 수 있는 기회를 증대시킨다.

㉡ 프랜차이즈본부들은 시스템운영에서 제품뿐만 아니라 서비스의 관리에 큰 관심을 가지게 될 것이므로 서비스의 표준화와 유통효과의 증대가 가능할 것이다.

㉢ 프랜차이즈 시스템은 자본에 의해 완전 통합된 수직적 체인에 비해 경제적 집중을 감소시킨다.

㉣ 프랜차이즈 시스템은 소비자에게 표준화된 제품을 제공해준다.

■부정적 효과

㉠ 프랜차이즈 시스템은 유통경로의 경쟁적 시스템으로서 영구적인 시스템은 아니다.

㉡ 프랜차이즈 계약은 프랜차이즈본부의 특권을 보호하기 위해(기간, 운영, 요구, 판매권리제한, 금지조항 등의 측면에서) 일방적으로 유리하게 이루어지는 경우가 많다.

㉢ 프랜차이즈본부가 프랜차이즈 패키지를 판매하는 데 있어 비윤리적인 수단을 동원함으로써 사회적 비판을 받는 경우가 종종 있다.

6) 프랜차이즈 가맹점의 입지와 상권분석

프랜차이즈 가맹점을 성공적으로 경영하기 위해서는 점포의 입지선정이 매우 중요하다. 다른 소매업종과 마찬가지로 프랜차이즈 가맹점에 있어서도 점포의 위치가 사업 성공의 절반 이상을 좌우한다. 실제로 소매업이 입지산업이라고 불리는 이유가 바로 이 때문이다.

좋은 위치의 점포는 고객유치나 같은 업종의 타 점포와의 경쟁 등에서 훨씬 유리한 입장에 서서 사업을 성공적으로 운영해 나갈 수 있다. 그러나 현실적으로는 해당 업종의 특성에 맞는 점포를 구하기란 그리 쉽지 않다. 또 좋은 장소의 점포는 당연히 높은 권리금이 붙어 있어 소규모 자본으로 가맹점 경영을 시작하고자 하는 가맹점 경영자에게는 큰 장애요인으로 작용하게 된다. 프랜차이즈 가맹점 경영을 위해서는 입지 및 상권에 대한 이해가 우선 고려되어야 한다.

입지란 어떤 점포가 위치한 곳이 사업하기에 얼마나 좋은 환경에 있느냐 하는 것이고, 상권이란 그 점포에 자주 오는 고객들이 분포되어 있는 지역을 뜻한다. 그러므로 입지는 고정적인 의미를 뜻하며 상권은 유동적인 의미를 갖는 것이다. 상권이 좋다는 말은 그 점포에 자주 오는 고객들이 사는 주거지 또는 일터가 밀집되어 있고, 점포에 대한 접근의 용이성, 즉 고객들을 쉽게 확보할 수 있는 지역이라는 의미이다. 일반적으로 좋은 상권의 조건은 다음과 같다.

❶ 특정한 점포나 상가에 고객들이 도달하는데 소요되는 거리와 시간, 교통편의, 주차편리 등 접근이 쉬워야 한다.

❷ 취급제품의 가격이 다른 지역보다 싸다면 다소 멀지라도 고객흡인력에 영향을 미쳐 큰 상권을 형성할 수 있다.

❸ 특정한 점포나 상가에 취급제품의 종류가 많을수록 고객흡인력은 높아지며 상권에 따라 형성되는 경우가 많다. 따라서 외딴지역보다는 여러 종류의 제품을 취급하는 점포들이 인접해 있어 그들이 취급하는 제품의 구색이 잘 갖추어진 지역이어야 한다.

❹ 유동차량이 많은 길목의 외딴 곳일지라도 의외로, 한적한 분위기를 즐기려는 다수 현대인의 출현으로 일반적 우수 상권과는 예외인 경우가 있다.

또한 좋은 상권의 일반적 요인과 더불어 현재는 상권이 좋은 곳도 점차로 쇠퇴하기도 하고 반대로 현재는 활기를 띠지 못해도 얼마 후에는 상권이 아주 좋아지는 곳이 있으므로 입지를 선정할 때에는 이러한 상권의 변화전망을 함께 고려해야 한다.

점포를 얻기 위해서는 먼저 관심지역에 대한 상권분석을 상세히 한 다음에 그 지역 안에서 해당업종의 특성을 고려하여 어느 지점이 가장 적합한 점포 위치인가를 판단해야 한다. 성공점포 확보를 위해 점포 후보지에 대한 도시계획에 의한 그 지역발전 및 제약 여건, 부동산 관련정보, 성장전망, 통행량 등 지역 환경특성을 확인하고, 지역 내 충분한 잠재고객들이 있는지를 판단하고 잠재고객들의 소득수준, 교육 정도, 직업분포, 소비성향 등을 분석하여 창업예정인 점포의 예상 매출액을 추정하여 최적점포 위치를 설정할 수 있으나 초보창업자에게는 이러한 상권분석을 해낸다는 것은 현실적으로 어려운 일이다.

점포의 입지선정 및 상권분석은 프랜차이즈 업종의 경우 본사에서 시장조사를 하여 가맹점 경영자에게 도움을 주고 있으나 전적으로 믿지 말고 본인이 여러 측면에서 충분히 조사하여 검토한 후 선택하고 결정하여야 한다.

참고 피자 · 치킨 · 빵집 45%가 프랜차이즈 가맹점

통계청 작년 첫 전수 조사 … 전국 335만 개 사업체 중 개인 사업체가 83%
매출액 비중은 11%에 그쳐 … 전체 산업 영업이익률 8.3%

제과점, 피자 · 햄버거 · 치킨 가게 두 곳 중 한 곳이 프랜차이즈 가맹점인 것으로 조사됐다. 이 같은 조사결과는 통계청이 29일 발표한 경제 총 조사에 따른 것이다. 경제 총 조사는 우리나라 전체 산업의 고용 · 생산에 대해 조사하는 것으로 지금까지는 표본 조사만 해오다 지난해 처음으로 전수 조사를 실시했다. 이번 조사에 따르면 2010년 기준으로 전국 소매업 사업체 61만6500개 중 6.1%가 프랜차이즈에 가입돼 있다. 음식점과 술집(58만6297개) 중에서는 14.6%가 프랜차이즈 가맹점이었다. 특히 제과점과 피자 · 햄버거 · 치킨 가게 등 기타 음식점 10만여 곳 중 프랜차이즈에 가입한 곳이 44.7%에 달했다.

업종별 영업이익 단위 : %
매출억대비 영업이익률

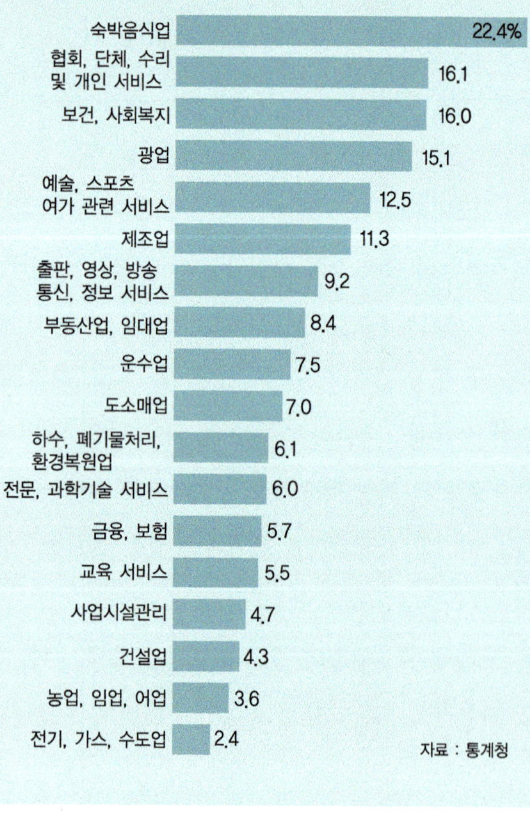

자료 : 통계청

전체 산업의 영업이익률은 8.3%였다. 100만 원어치 팔면 8만 원 정도 번다는 뜻이다. 업종별로는 주로 자영업자인 숙박 · 음식업(22.4%)의 영업이익률이 가장 높았다. 음식점과 주점은 100만 원어치를 팔면 22만 원 정도가 남는다는 뜻이다. 하지만 식당 · 여관 등 소규모 자영업의 경우 정해진 월급을 받지 않고 일하는 자영업주나 가족의 인건비가 그대로 영업이익으로 잡히는 바람에 영업이익률이 실제보다 훨씬 높은 것처럼 보이는 착시현상이 있다고 통계청은 설명했다. 통계상으로는 매출액 1억 원 미만인 소규모 업체들의 영업이익률이 33%로 집계된 것도 마찬가지 맥락이다.

음식점이나 주점의 평균 자릿수는 42석인 것으로 조사됐다. 100석 이상 자리를 갖춘 음식점·주점은 전체의 7%에 불과했다. 또 숙박업의 경우 평균 20개의 객실을 가지고 있고 100실 이상 보유한 대형 숙박업소는 전국에 461개(1%)밖에 없는 것으로 나타났다.

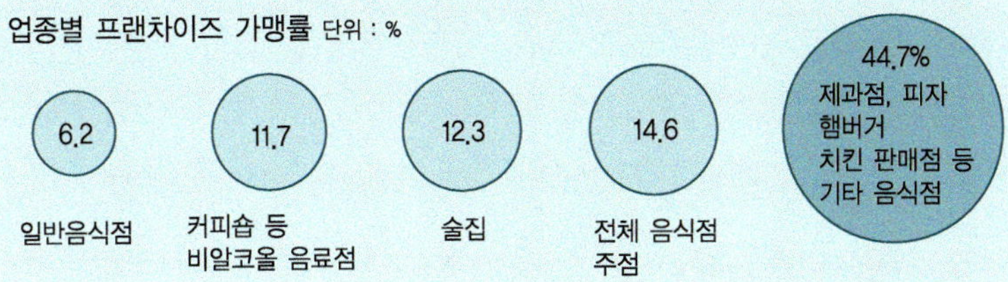

이번 전수 조사결과 2010년 현재 전국적으로 335만 개 사업체에서 1764만 명이 일하고 있는 것으로 집계됐다. 사업체 중에선 개인 사업체가 숫자로는 83%로 가장 많지만 전체 매출액에서 차지하는 비중은 11%에 그쳤다. 영세 사업자들이 작은 시장을 놓고 치열한 생존 경쟁을 벌이고 있는 셈이다.

제조업 중 가장 많은 업체가 밀집해 있는 업종은 떡 생산업이었다. 사업체 숫자가 9742개에 달했지만 한 곳당 연매출액은 5200만 원에 그쳤다. 간판·현수막을 만드는 업체, 인쇄업체도 7000개에 달해 사업체 수가 많은 업종으로 꼽혔다

조선일보

참고 **해외시장진출을 '해외 프랜차이즈 산업 동향 및 진출전략'**

미국

미국은 세계에서 프랜차이즈 사업이 가장 활발한 국가이다. 국제 프랜차이즈 협회인 IFA에 따르면 현재 미국에는 3천여 개의 프랜차이즈 브랜드들이 있으며 500여 사업체들이 프랜차이즈를 통한 사업 확장을 고려하고 있다.

미국 프랜차이즈 전문 리서치 기관인 FRANdata 조사에 따르면 2000년부터 2006년까지 프랜차이즈 가맹점 수는 28만3천 개에서 37만6천 개로 약 33%나 늘어났다.

미국의 프랜차이즈 산업은 크게 분류하면 패스트푸드업, 일반서비스업, 보수 관리업, 소매 판매업, 비즈니스 관련업종, 부동산업, 숙박업, 자동차 관련업, 요식업, 빌딩 관리업,

제빵제과업, 유아 및 아동 관련 서비스업, 교육업, 여행업, 인쇄업, 스포츠업, 인사 관련 서비스업 등으로 나뉜다.

FRANdata 자료에 따르면 미국 프랜차이즈산업에서 외식업 프랜차이즈가 차지하는 비중은 약 42%에 달하며 패스트푸드는 전체 프랜차이즈 산업의 31%나 차지하고 있다. 가정주부들의 사회활동 참여도가 높은 미국의 사회적 특징에 힘입어 적은 시간투자와 비용으로 맛있는 음식을 즐길 수 있기 때문에 소비자들에게 지속적인 인기를 얻고 있는 것으로 분석되고 있다.

현지 법인 설립 절차 준수해야

미국은 프랜차이즈에 대해 가장 많은 규제가 있는 국가이다. 연방정부의 Franchise Rule 규정이 대표적인 예이며 이외에도 주 별로 프랜차이즈 관련 규제, 투자법안, 관계정의 법안 및 신규 비즈니스 설립에 대한 제제가 까다롭다. Franchise Rule은 프랜차이즈 본점과 가맹점 사이의 사업 구분 및 합의 내용에 관해 공개돼야 할 정보들을 명시한 내용이다.

이러한 가운데 뉴욕, 메릴랜드, 버지니아, 위스콘신, 일리노이즈, 미네소타, 인디아나, 노스다코타, 사우스다코타, 하와이, 워싱턴, 로드아일랜드, 오리건, 미시간 등 14개 주에서는 연방규정인 Franchise Rule과는 별도로 프랜차이즈 공개법인 Franchise Disclosure Law를 채택하고 있다. 이러한 법안들은 프랜차이즈 가맹점 모집 이전에 이미 현지 법인 설립 절차를 거쳐 준수돼야 한다.

등록 △주식회사의 영구서류철 준비 △주식회사 사규 작성 △첫 이사 회의록 작성 △주식회사 연차보고서 보고 △시 영업허가서 신청 △회사 상호등록 △주정부 주식등록 △은행구좌 개설 △미 국세청 번호신청 △주정부 세금번호 신청 △주정부 부가가치세 번호 신청 등을 거쳐야 한다.

철저한 기초 시장 조사·현지 경쟁 사항 체크

미국에서 프랜차이즈 사업의 정의는 이미 상용화되고 있는 상품이나 서비스 브랜드에 투자해 이에 대한 일정한 수익을 거두는 것이며 또한 상품이나 서비스 아이디어를 구매하는 것으로도 정의되고 있다. 프랜차이즈 산업별 초기 수수료는 initial fee로 불리는데 이는 가맹점 신청 시 부과되는 투자비용의 한 부분이다. 산업별로 현저한 차이가 있는 가운데 패스트푸드 프랜차이즈 산업비용은 표준화된 프로그램의 경우 약 2만5천 달러 가량의 비용이 첫 수수료로 부과된다.

미국 시장에 성공적으로 진출하기 위해서는 철저한 기초 시장조사를 통해 본국과 현지와의 문화적 차이 극복 방안을 마련해야 하며 현지의 경쟁사항을 체크하고 경제 환경이 고려된 적절한 가격을 책정하는 것이 중요하다. 이 외에도 필수 인력 확보, 본국과 현지와의 인건비 차이 극복, 필요한 물품 공급, 현지 납품업체 선택, 세금과 수입관련 관세 확인 등이 중요한 성공 요소로 작용된다.

KOTRA

참고

모스버거-일본식 햄버거 패스트푸드점

모스버거는 확고한 프랜차이즈 본부의 경영방침에 따라 운영이 되며 운영본부의 다양한 심사를 거쳐 가맹점을 선정한다. 개점까지 일반적으로 180일 정도가 소요되며 평균 매장 평수는 30평으로 좌석 수는 약 50석이다.

성공요인으로는 기존 미국식 패스트푸드점의 빠른 음식 제공 방식에서 벗어나 일본인의 입맛에 맞는 독자적인 메뉴를 개발, 주문과 동시에 조리하는 등 맛과 질을 중시한 점을 꼽을 수 있다. 현재 모스버거는 대만, 싱가포르, 홍콩 등에도 진출해 있다.

- 가맹조건 : 가맹금(300만 엔), 보증금(200만 엔), 기타(원재료구입, 포장자재구입, 광고비, 개점잡비 310만 엔)
- 점포설비초기비용 : 시공비용(1150만 엔), 설비비용(1150만 엔), 기타(340만 엔)
- 운영비용 : 로열티 1%(판매월액 기준), 광고선전비 1%(판매월액기준)
- 계약기간 : 5년

일본 : Mr. Uchigawa Akihiko 일본프랜차이즈종합연구소 소장

외국기업이 일본 시장에 진출하는 것이 참 어렵다고 평가하는 사람들이 많다. 외식업을 예로 들면 일본의 소비자들은 각자의 취향이 매우 강하기 때문에 상당히 세세한 것까지 신경을 쓰지 않으면 이들을 만족시키기란 매우 어려운 일이다.

반면 일본시장은 미국의 사례처럼 법적인 규제가 강하지 않다는 특징이 있다. 체인사업을 시작할 때 허가 및 인가 신청 등을 전혀 하지 않고 임의로 전개할 수 있을 만큼 규제에 대해서는 비교적 자유롭고 느슨한 편이다.

(사)일본 프랜차이즈체인협회(JFA)가 지난 10월 29일에 발표한 '2008년도 JFA 프랜차이즈체인 통계조사'에 따르면 지난해 일본 프랜차이즈 체인본부 수는 1231개로, 이는 전년대비 1.2%가 감소한 수치다. 통계가 35년째 발표되고 있는데 체인본부 수가 감소한 적은 이번이 처음이다. 또한 2008년 일본 국내 총생산(GDP)도 -3.2%로 마이너스를 기록했다. 반면 프랜차이즈업계의 지난해 총 매출액은 20조8087억 엔으로 전년에 비해 2.5% 증가해 지속 성장에 대한 기대감이 고조되고 있는 상황이다.

일본에 진출하는 프랜차이즈 본부가 주의해야 할 사항은 크게 5개로 꼽을 수 있다. 우선 '명확한 사업 콘셉트'를 설정해야 한다는 것이다. 누구를 상대로, 언제, 무엇을, 얼마에, 어떻게 판매할 것인지에 대한 전략이 명확해야 한다는 뜻이다. 다음으로는 '점포 비즈니스 패키지에 대한 차별화 포인트의 명확화'다. 일본시장의 경쟁 상대와 '브랜드파워', '메뉴파워', '가격파워', '매입가격파워', '고객서비스파워' 등을 비교했을 때 자사가 가진 강점과 약점이 무엇인지 명확하게 분석해야 한다.

또한 자국에서 전개해 온 상품 및 서비스를 고수하기보다는 일본 시장의 특성과 소비자 취향 등에 맞게 개선하는 '로컬라이즈'가 선행돼야 한다. 아울러 출점할 때도 입지 선정 기준을 일본 시장에 맞게 재정립해야 한다. 마지막으로 간부급에 일본인 스태프를 채용, 적극적으로 활용해야 하며 일본 기업과 제휴할 때에는 융통성이 떨어지는 대기업보다 벤처기업과의 제휴를 검토하는 것이 바람직하다.

중국 : 온대성 북경온가찬음유한공사 사장

최근 중국의 프랜차이즈 산업은 놀라운 발전 속도를 보이고 있다. 최근 7년간 프랜차이즈 점포 증가율은 연평균 51%, 연간매출액 증가율은 38%에 달하고 있다. 프랜차이즈 산업의 발전에 대해 중국 정부가 집중적으로 연구하고 있는 것이 영향을 미치고 있는 것이다. 중국 시장에 성공적으로 진출하기 위해서는 어떤 마케팅 전략을 펼쳐야 하는 지 현재 중국인들에게 높은 인기를 끌고 있는 한식브랜드인 '대장금'을 예로 들어 설명해 보겠다.

북경온가찬음유한공사는 전주비빔밥을 캐비어, 송로버섯, 푸아그라와 더불어 세계 4대 음식으로 인정받도록 하기 위해 노력하고 있는 기업으로 전주비빔밥 프랜차이즈 '대장금'을 운영 중이다. 대장금의 성공적인 운영을 위해 비빔밥을 주제로 한 난타공연, 세계 미식대회 참가, 중국 대표로 세계 한상 대회 참가, 비빔밥 만들기 체험 행사 등 각종 이벤트를 진행하며 대장금이라는 브랜드와 전주비빔밥을 홍보하는 활동을 해왔다. 또한 다양한 이벤트를 통해 중국 사람들에게 한국 여행기회를 제공, 한국에 대한 관심을 자연스럽게 고조시켰다.

아울러 시단, 중관촌, 조양공원 등 중국인이 가장 밀집된 지역 중심으로 매장을 출점하고, 체계적인 매장 운영 및 서비스 매뉴얼을 개발했다. 조리 레시피, 부재료 레시피, 주방설비 사용·수리·청소 매뉴얼, 위생 매뉴얼, 창고 정리 매뉴얼 등의 주방매뉴얼과 부서별 운영 매뉴얼, 디자인 표준화 매뉴얼, 가맹사업 운영 매뉴얼 등의 본사 운영 매뉴얼로 나눠 필요할 때 바로 바로 이용할 수 있도록 시스템이 잡혀져 있다.

임대차 계약서를 작성할 때 비용을 절감할 수 있는 방법을 알려주자면 계약면적은 건축면적이 아닌 실제면적으로 하고, 계약시작 일자도 '계약서를 체결했을 때'가 아니라 '정식으로 영업을 시작했을 때'로 하는 것이 좋다.

앞으로 중국 내에 999개의 대장금 매장을 만들고 이를 통해 한국문화와 함께 식문화를 홍보하는 활동을 꾸준히 하며 한국 대학과의 산학협력으로 한국의 젊은 인력들을 채용할 수 있도록 할 것이다.

베트남

최근 베트남에서는 급속한 경제발전 및 외국인 투자 확대로 전반적인 서비스 산업의 성장에 따라 프랜차이즈 시장이 본격적인 성장의 궤도에 진입했다. 2007년에는 상표권 등록이 12만개에 달하고 2009년 100% 외국인 투자개방에 따라 등록 업체 수는 점차 늘어나고 있는 추세이다. BBQ, 롯데리아, 델리만쥬 등의 한국브랜드도 베트남에 진출해 있는 상태다. 또한 호치민에 있는 베트남무역투자진흥센터는 프랜차이즈 사업관련 정보제공, 관련전문인력 양성프로그램을 운영 중이다.

이러한 가운데 프랜차이즈 계약의 수정, 보충, 갱신, 종류 등과 관련된 구체적인 법률이 부족하고 프랜차이즈 상표 및 서비스표의 지적재산권 보호와 관련된 규정도 미비해 주의가 필요하다.

또한 외국인 투자에 대한 간접적인 제한, 은행자금 조달의 어려움, 사회주의 체제가 가지고 있는 비효율성, 임대료 급등 등의 요인이 산업발전의 장애요소로 꼽히고 있다.

베트남에 외식프랜차이즈 형태로 진출하기 위해서는 싱권, 밋, 고객시비스, 부동산 확보나 입지선정, 장비구입 및 자금조달 문제 등에 대한 분석이 선행돼야 한다.

베트남 프랜차이즈 시장 진출 형식으로는 직접 Franching, Master Franchising, Licensing Franchising, 직접 투자형식(Commercial Residence), 간접 투자형식(Cross-Border) 등으로 구분된다. 이 중 간접투자허가를 받기 위해서는 프랜차이즈 사업을 최소 1년 이상 영위하고 있어야 하고 산업통상부에 프랜차이즈 사업자 등록을 마쳐야만 한다.

베트남 프랜차이즈 시장에 진출하기 좋은 업종으로는 패스트푸드, 미용업, 의료서비스업, 교육서비스업 등이 꼽힌다. 그 중 패스트푸드는 베트남이 외식문화에 익숙한 민족이라는 점과 개방화 영향으로 서양의 패스트푸드를 접하고 선호하는 소비층이 급증하고 있다는 점이 유리하게 작용하고 있다. 특히 최근의 동향에 따르면 외국계 브랜드가 국내 브랜드보다 약 2~4배 정도 가격이 높음에도 불구하고 베트남의 젊은 소비층은 외국계 패스트푸드 음식점을 선호하는 경향을 보이고 있다.

프랜차이즈산업 업종별 고용인원(단위 : 명)

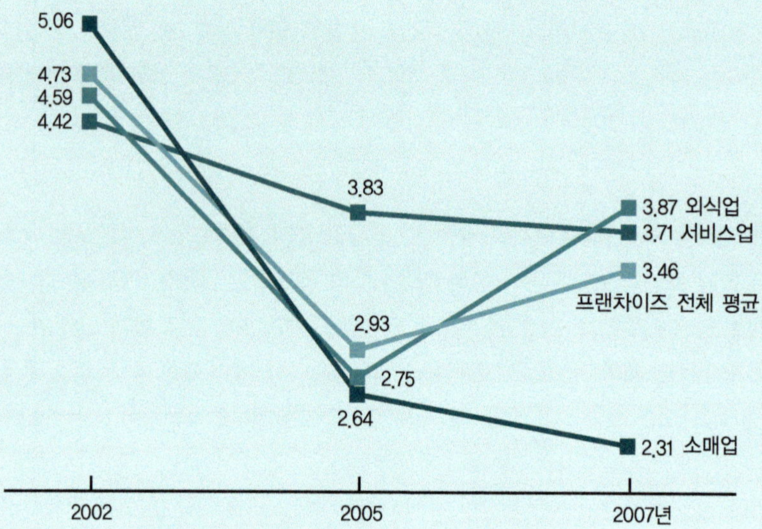

http://blog.naver.com/newhamer/20068562659

[표 11-1] 국내외식기업의 로열티 현황

구분	회사	브랜드	정보공개서(영업 중 부담)
한식	놀부NBG	놀부부대찌개와 철판구이	월15만 원(매월 1일)
	다영에프앤비	채선당	월10만 원(매월 점포개설일과 같은 날)
	대호가	죽이야기	해당없음(재계약 시 일괄납부, 연 120만 원)
	더본코리아	새마을식당	해당없음(계약체결 후 즉시 전액 지급-198만 원, 3, 5, 8년차 인상됨)
	본아이에프	본죽	해당없음(계약체결 후 즉시-200만 원)
	에프알푸드시스템	떡쌈시대	해당없음
	원앤원	원할머니보쌈	해당없음
주점	디즈	가르텐비어	3.3㎡당, 1만 원 별도협의 시 4천원 매월 21일
	리치푸드	피쉬앤그릴	3.3㎡ 월 1만5천 원, 원부자재의 구입으로 로열티를 대체 가능(매월 5일)
	에프앤디파트너	와라와라	카드매출액의 3%(매 익월 4일)
	인토외식산업	와바	해당없음
	치어스	치어스	3.3㎡당 1만5천 원(매월 말일)
	태창파로스	쪼끼쪼끼	해당없음(식자재 및 주류에 반영)
	해피코리아	비어캐빈	㎡당 9900원(매월 말일)
	홍가에프앤비	홍가	상표사용료 월 16만5천 원(매월 말일)
치킨	교촌에프앤비	교촌치킨	해당없음(상표사용료 원부자재 대금에 포함, 매일)
	네네치킨	네네치킨	해당없음
	농협목우촌	또래오래	해당없음
	대대에프씨	바비큐보스	상표사용료 등 정기지급금(로열티) 월 33만 원(익월 5일까지)
	맛있는 생각	굽네치킨	해당없음
	멕시카나	멕시카나	해당없음(최초 가맹비 내 영업표지사용비 400만 원)
	제네시스BBQ	BBQ	매출액×3.5% 또는 가맹점 사업자가 공급받은 물품, 대금액×2×3.5% 중 낮은 금액
	하산푸드시스템	핫썬	해당없음
	훌랄라	훌랄라 참숯바베큐치킨	상표사용료 월 15만 원

구분	회사	브랜드	정보공개서(영업 중 부담)
분식	김가네	김가네	해당없음
	명인 F&B	명인만두	해당없음(최초 가맹금 내 상호, 상표, 서비스표 등의 사용허가-500만 원)
	스쿨푸드	스쿨푸드	월 매출액 3%(다음월 5일)
	오투스페이스	아딸	해당없음
	호경에프씨	코바코	해당없음
피자/파스타	디피케이	도미노피자	상표사용료 매출액 6%, Period별 청구 후 6일 이내)
	미스터피자	미스터피자	2만9천 원 /피자생지(16kg)
	한국파파존스	파파존스	월매출액의 6%(다음월 10일)
	한국피자헛	피자헛	고정(매출)수수료, 월매출액 6%(익월 10일)
	썬앳푸드	스파게띠아	해당없음
	쏘렌토에프앤디	쏘렌토	해당없음
	한울푸드라인	솔레미오	해당없음
패스트푸드	롯데리아	롯데리아	해당없음
	한국맥도날드	맥도날드	해당없음
제과	파리크라상	파리바게뜨	해당없음
	CJ푸드빌	뚜레주르	해당없음
	비알코리아	던킨도너츠	해당없음
	빅이츠코리아	도넛플랜트뉴욕시티	해당없음
	GS리테일	미스터도넛	해당없음
커피/음료	롯데리아	엔제리너스	해당없음
	카페베네	카페베네	월 매출액 3%(익월 15일)
	탐앤탐스	탐앤탐스커피	월 88만 원
	할리스에프앤비	할리스커피	매월 순매출액(총매출-부가세)의 3%, 부가세별도
	스무디즈코리아	스무디킹	월 매출액 3%(월 2회)
아이스크림	비알코리아	베스킨라빈스	해당없음
	CJ푸드빌	콜드스톤 크리머리	해당없음

참고문헌

홍기운 & 김윤태, 외식점포서비스론, 대왕사, 2009

전영직, 외식산업 컨설팅과 마케팅, 기문사, 2010

박기용, 외식산업경영학, 대왕사, 2009

윤홍근, 프랜차이즈 입지 및 상권분석연구, 한국프랜차이즈협회, 2003

이정학, 서비스마케팅, 기문사, 2009

미야 에이지, 외식비즈니스, 한국산업훈련연구소, 2003

임현철, 외식창업실무지침서, 한올출판사, 2012

John R. Walker, The Restaurant, Wiley, 2012

The Culinary Institute of America, Remarkable Service, Wiley, 2009

Phua Wen Yi, Secrets of Food Millionaires, Rank Books, 2009

Jack E. Miller & David V. Pavesic, Menu Pricing Strategy, Wiley, 1996

월간식당, 월간마케팅, 식품저널, 조선일보

매일경제, 중앙일보, 삼성경제연구소 등

〈http://ko.wikipedia.org〉

〈http://bhilecture.blogspot.kr〉

〈http://www.tacosensenada.com〉

〈https://www.naver.com〉

〈http://images.search.yahoo.com〉

〈http://www.ninep.org/en/index.html〉

〈http://danmee.chosun.com〉

〈dulana@chosun.com〉

〈http://blog.naver.com〉

〈http://www.bostonkorea.com〉

〈http://seongnam.grandculture.net〉

〈http://www.seoul.go.kr〉

〈http://desktop.freewallpaper4.me〉

〈http://www.edaily.co.kr〉

〈http://www.fourseasons.com〉

〈https://www.google.co.kr〉

〈https://www.google.co.kr〉

〈https://www.daum.net〉

〈http://www.kotlermarketing.com〉

〈http://talkr.tistory.com/5〉

〈cmk@foodbank.co.kr〉

〈http://gis.seoul.go.kr〉

〈http://english.seoul.go.kr〉

〈http://news.mk.co.kr〉

〈http://biz.chosun.com〉

〈http://www.coex.co.kr〉

〈http://newsis.com〉

〈http://www.hankyung.com〉

저자소개

■김관식

- University of Nevada, Las Vegas. 호텔경영학과 학사
- 경기대학교 서비스전문경영대학원 호텔경영학 석사
- 경희대학교 대학원 관광학과 관광학 박사(호텔외식경영 전공)

  현) 대림대학교 호텔관광과 교수

[경력사항]

- Inter-Continental Hotel Seoul 식음료부, 세일즈 & 마케팅부
- MGM GRAND HOTEL, CASINO & THEME PARK, LASVEGAS, NEVADA, USA Food

  & Beverage, Entertainment Department
- (주) 쌍방울 개발, 무주 리조트, 호텔티롤 프로젝트팀
- Renaissance Seoul Hotel 세일즈 & 마케팅부
- (주) 푸드스타 TGI FRIDAY'S SEOUL, General Manager

[교육사항]

- InterContinental Hotel, 아시아 태평양 지역, 최고 세일즈맨상 수상
- Marriot Hotel, Sales Business School 1차, 2차 교육(식음료, 객실)
- 호텔식음료관리, 매출관리, 호텔객실, 서비스 프로그램 교육이수

  (Fidelio Management System) 교육이수
- International Management Skill for Restaurant Service, 교육이수
- TGI FRIDAY' S, Restaurant Management Essentials, 교육이수

[교육사항]

- 경희대학교, 한양대학교, 세종대학교, 전주대학교, 국제대학교 강의

[저서]

- 관광사업론(현학사-공저)
- 국외여행인솔업무론(현학사-공저)
- Bar 경영과 Wine 이야기(신정-공저)
- 호텔경영론(새로미)

■이 봉 식

- University of Nevada, Las Vegas. 호텔경영학과 학사
- The Culinary Institute of America. 조리학과 졸업
- 연세대학교 생활환경대학원, 호텔외식경영학과 석사

  현) 대림대학교 호텔조리과 교수

[경력사항]

- (주) 삼천리 외식사업부장
- (주) CJ 푸드빌 중식사업부장
- (주) 삼양푸드앤다이닝 대표이사
- (주) 세븐스프링스 운영이사

[저서]

- 레스토랑 메뉴가격결정을 위한 활동기준원가 분석 사례연구
- Cost-Volume_Profit 분석 및 목표가치 분석의 연계를 통한 메뉴분석 방법에 관한 연구

외식사업의 이해

2014년 2월 28일 초 판 발행
2015년 8월 31일 2판 1쇄 발행
2017년 8월 31일 3판 1쇄 발행

저 자 김관식 · 이봉식

발행인 한 인 환
발행처 도서출판 기 문 사
등 록 1978. 8. 9. NO. 6-0637
주 소 서울시 동대문구 안암로 50-1(용두동) 홍신빌딩 3층
전 화 02) 2265-7214/922-8662~8663
팩 스 02) 922-8772

homepage : www.kimoonsa.co.kr
e-mail : book@kimoonsa.co.kr

ISBN : 978-89-7723-757-5 93590

저자와의 협의하에 인지생략

정가 : 20,000원